OEUVRES COMPLÈTES
DE BRANTÔME

PARIS. — IMPRIMERIE A. LAHURE
9, Rue de Fleurus, 9

OEUVRES COMPLÈTES
DE PIERRE DE BOURDEILLE
SEIGNEUR DE
BRANTÔME

PUBLIÉES D'APRÈS LES MANUSCRITS
AVEC VARIANTES ET FRAGMENTS INÉDITS
POUR LA SOCIÉTÉ DE L'HISTOIRE DE FRANCE

PAR LUDOVIC LALANNE

TOME DIXIÈME

OPUSCULES ET PIÈCES DIVERSES. LEXIQUE.
POÉSIES INÉDITES PUBLIÉES PAR M. LE Dr E. GALY

A PARIS
LIBRAIRIE RENOUARD
H. LOONES, SUCCESSEUR

LIBRAIRE DE LA SOCIÉTÉ DE L'HISTOIRE DE FRANCE
RUE DE TOURNON, N° 6

M DCCC LXXXI

EXTRAIT DU RÈGLEMENT.

ART. 14. — Le Conseil désigne les ouvrages à publier, et choisit les personnes les plus capables d'en préparer et d'en suivre la publication.

Il nomme, pour chaque ouvrage à publier, un Commissaire responsable, chargé d'en surveiller l'exécution.

Le nom de l'éditeur sera placé à la tête de chaque volume.

Aucun volume ne pourra paraître sous le nom de la Société sans l'autorisation du Conseil, et s'il n'est accompagné d'une déclaration du Commissaire responsable, portant que le travail lui a paru mériter d'être publié.

Le Commissaire responsable soussigné déclare que l'édition du dixième volume des OEUVRES COMPLÈTES DE BRANTÔME, *préparée par* M. LUDOVIC LALANNE, *lui a paru digne d'être publiée par la* SOCIÉTÉ DE L'HISTOIRE DE FRANCE.

Fait à Paris, le 1ᵉʳ *décembre* 1880

Signé, Baron ALPHONSE DE RUBLE.

Certifié,

Le Secrétaire de la Société de l'Histoire de France

J. DESNOYERS.

OPUSCULES
ET PIÈCES DIVERSES[1].

TRADUCTIONS DE LUCAIN.

§ 1. *Arguments de ce que contiennent les dix livres de Lucain.*

Le premier contient et récite la cause de la guerre entre Pompée et Cæsar, comme il passe le Rubicon, et prend Reminy, comme le sénat s'estonne et s'enfuit, ayant entendu l'arrivée de Cæsar à Rome.

Le second contient comme Cæsar assiège Pompée dans la ville de Brundusie et luy donne la chasse, et le met en fuitte.

Le troisiesme exalte et loue aucuns grandz capitaines des armées ; conte aussy comme Cæsar met la main

---

1. Les pièces qui suivent ont été données pour la première fois dans l'édition de 1740, où elles occupent les 210 premières pages du tome XIII sous le titre d'*Opuscules*, bien que cette désignation ne pût guère s'appliquer aux testament et codicilles de Brantôme. On y a intercalé sous le n° xvi une pièce (*Combat*) qui n'est point de lui, mais lui a été adressée, et que nous avons rejetée à la fin. Je n'ai pu trouver aucun manuscrit de ces pièces, à l'exception du testament, dont il existe des copies à la Bibliothèque nationale (collection Clairambaut, n° 1133) et à la Bibliothèque de l'Arsenal.

sur le thrésor public et s'en faict accroyre à bon escient, et comme il assiège Marseille.

Le quatriesme raconte comme il combat Affranius et Petreius, deux capitaines pompeians, et les met en fuitte, puis les contrainct à telle faim et telle soif qu'ilz se rendent à luy.

Le cinquiesme représente Pompée gouvernant Rome, Appius craignant pour luy-mesme, la sédition punie, Cæsar abandonnant la ville, et ses plaintes contre Marc-Antoine.

Le sixiesme conte comme Pompée est assiégé dans son camp près d'Epidaure; de grandes et longues tranchées que fit faire Cæsar; et là introduit aussy Cneus Pompeius, filz du grand Pompée, aller à une devineresse thessalicque, pour invocquer quelques umbres et mânes rentrans dans les corps humains, pour sçavoir quelle fin ceste guerre prendroit.

Le septiesme raconte et contient la dernière fin et totale catastrophe du pauvre Pompée par la bataille de Pharsalle, et sa fuitte en Egypte.

Le huitiesme raconte la mort de Pompée en Égypte, et la trahyson qu'on luy usa, et en déplore la façon de mort si misérable.

Le neuviesme raconte comme Caton, ayant recueilly les pauvres bandes restées de l'armée deffaicte, s'enfuit et se retire en Lybie, dont il descrit les divers genres de serpens qu'il y trouva, et les remèdes contre leurs morsures et venins.

Le dixiesme déclare l'arrivée de Cæsar en Égypte, son entreveue et de la reyne Cléopâtre, le superbe festin qu'elle lui faict, ses pompes et magnificences : récite aussy les mystères de la religion des Égyptiens, leurs dieux, leurs façons et la source du Nil, son desbordement et son ressarrement dans son lict ; raconte aussi les menées de Photinus contre la vie de Cæsar, et comme il se sauva à grand hasard à merveille.

§ 2. *Commencement du premier livre de Lucain, poëte latin et chevalier romain, que j'avois accommancé; mais je l'ai laissé imparfaict.*

Nous chantons icy les armes et les guerres plus que civilles qui furent faictes ès champs émathiens de Pharsalle, ensemble une cause et un droict donné et abandonné à tout vice et meschanceté, un peuple aussy très-puissant, qui a tourné sa dextre victorieuse contre ses propres entrailles. Nous chantons pareillement les trouppes entre elles apparentées et très-alliées, bandées à outrance les unes contre les autres et contre le malheur de tout un public et de tout l'univers, enseignes contre enseignes toutes semblables, aigles contre aigles tous pareils, et mesmes armes et dardz contre mesmes armes et dardz, se menaçans et se tuans les uns les autres.

Mais dites, citoyens, quelle rage vous a esmeus d'avoir mis les armes en main de l'estranger et du barbare, pour espandre le sang romain, qui d'ailleurs l'aymoit assez sans l'y attyrer davantage, et mesmes ast'heure qu'il falloit oster et ravyr à la superbe Babylonne les despouilles et les enseignes dont elle triumphe, et que l'umbre vagabonde de Crassus soit sans sépulture et vangeance? Il vous a pleu maintenant faire la guerre, qui ne vous rapportera pas de grandz triumphes ny trophées : et combien pouviez-vous, par vos mains et vos espées civiles (qui ont tant espandu et tiré de sang), conquérir de terres et de mers fust aux régions d'où vient le soleil, fust en celles où la nuict cache ses estoilles !

---

§ 3. *Épistre dédicatoire à Marguerite de Valois, reyne de France et de Navarre, sur les harangues suivantes.*

Madame

Dernièrement que je vous estois allé faire la révérence à Usson, j'eus cest honneur d'entrer dans vostre salle, et vous veoyr manger tous les jours, où je notay une chose très-louable, que je ne vous ay jamais veu faire repas que, devant vostre table, vous n'eussiez de fort honnestes gens et sçavans, lesquels vous mettiez tousjours sur quelques beaux discours, disputes et propos non communs ; si que je n'ay jamais veu les tables des roys vos frères mieux remplies et garnies de ces beaux metz que la vostre ; et, ce qui estoit le plus beau et plus à priser, c'est que vous présidiez par dessus, et en disiez votre advis, et donniez vostre sentence, par de si beaux et briefz motz, que j'entray en admiration de vous, de vostre sçavoir et beau dire, plus que je ne fis jamais.

Or, un jour, entre autres discours, que l'on se mit à parler de Jules Cæsar, de ses louanges et de ses beaux faictz, vous en prinstes la parolle et l'allastes

---

1. Comme nous l'avons dit ailleurs (VIII, 72, note 3), Marguerite habita le château d'Usson de 1585 à 1605.

exalter par de si gentilz et briefz motz, qu'ilz pesoient et portoient plus de coup que cent longs discours que d'autres en eussent sçeu faire. Entre autres, en désapprouvant et taxant fort les meurtriers qui l'avoient mis à mort, fut cestuy-cy et le dernier : « Car, « distes-vous, la plus belle gloire qu'eurent jamais les « Romains, Cæsar leur avoit acquise, et Cæsar estoit « digne plus que de Rome. » Voylà vos propres motz, et très-beaux certes. Sur lesquelles louanges je me mis à traduire en prose françoise la harangue que ce grand capitaine fit le jour avant la battaille de Pharsalle, ensemble celle de Pompée, que ce grand poëte latin et gentil chevallier romain de son temps, Lucain, a faicte dans le septiesme de son livre.

Je ne sçay, madame, si vous les avez jamais veues; mais à tout hasard, je vous les desdie, et croy que vous en admirerez les parolles et l'asseurance de laquelle Cæsar les proféra, qui sentoit bien certainement son homme brave et courageux, et nullement saisy de peur; si qu'elle donne lustre[1] à celle de Pompée, qu'on diroit qu'elle sent son homme timide, qui s'advance à sa ruyne et la présage; mais pourtant il fait de l'asseuré et monstre bonne mine, ainsy que l'on a veu et voit-on plusieurs capitaines, et grandz et petitz, et autres, avant aller aux combatz, en telles altères, contrefaire des braves et tenir belle contenance.

Voilà pour ce coup, en cecy, la différence de Cæsar et Pompée. Aussy l'un demeura victorieux et l'autre

---

1. *Qu'elle donne lustre à celle de Pompée*, qu'elle lui donne tel air qu'on dirait....

vaincu, ainsy que la fortune ayde aux braves et courageux ; sans que je veuille pourtant toucher l'honneur de Pompée, ny à ses beaux exploictz qu'il a faictz en sa vie ; mais aussi il faut penser et considérer les ennemis avecques lesquels il avoit eu affaire d'autres fois, et Cæsar et ses vaillans soldatz, à ceste heure là et sa dernière.

Or, Madame, en lisant ce Lucain et mesmes ces harangues, qui me semblent très-belles, je me suis estonné cent fois que tant de nos sçavans poëtes françois, qui ont tant faict des gallans, ne se sont meslez de le traduire et tourner en françois, aussy bien qu'ils ont faict Virgile et autres autheurs. Je n'en puis excogiter une seule raison, sinon qu'ils l'ont trouvé un peu difficile, ou bien qu'ils l'ont tenté, et, trouvant le fardeau trop pesant, l'ont aussy tost laissé et jetté en terre : dont c'est dommage, car les livres en sont très-beaux, et les ay veus estimer à de sçavans personnages plus que ceux-là de Virgile.

Mais ce n'est pas tout, voicy le meilleur : car, ainsy qu'il se trouve par escrit [1], ledict Lucain n'en put faire et parfaire que quatre ou cinq livres d'autant que la mort le prévint, et luy empescha l'achèvement : mais sa femme, gentille dame romaine, belle, honneste, vertueuse, fort sçavante, le survivant, suivit

---

1. Où ? je n'ai pû le découvrir ; peut-être est-ce dans les *Épîtres* de Guevarra où Brantôme a déjà puisé les contes qu'il a débités sur la courtisane Flora (IX, 300, 351, etc.); mais si cette autre invention est encore de l'évêque de Zamora, le passage m'a échappé. Tout ce que je puis dire, c'est que la femme de Lucain, Polla Argentaria, publia, à ce qu'on croit, le poëme de son époux, et que Stace l'a célébrée dans le *Genethliacon Lucani* (*Silvæ*, l. II, vii) et dans le prologue du même livre.

ses erres et ses beaux desseins ; après avoir veu ses mémoires et sceu ses conceptions, mit la main à la plume et en paracheva l'œuvre tout entier. Grande gloire certes, et digne mémoire d'une si honneste dame, et ces livres parachevez d'elle fort à priser, ensemble ces deux harangues ! Si que, généreuse qu'elle estoit, elle monstroit bien qu'elle aymoit son semblable, Cæsar généreux.

Sur ce, Madame, j'ay souvent faict un souhaict de pouvoir traduire ces livres de Lucain en langue françoise ; j'entendz en prose, ainsy qu'a faict Vigenaire sa *Délivrance de Hierusalem*[1] ; car autrement je ne sçaurois, ny ne seroient aussy si beaux; et comme j'ay faict ces deux harangues, et en penserois venir à bout et à mon grand honneur, si je pouvois emprumpter de vous, pour quelque temps, vostre divin esprit et vostre beau parler, avecques l'ayde de quelqu'un qui fust meilleur latin que moy, car il y a des passages très-difficiles, je ne les desdierois à un autre qu'à vous, Madame, afin qu'il fust dict : Un gentil cavallier romain et une belle et honneste gentille dame romaine, sa femme, les ont faictz en latin, et un gentilhomme françois les a traduictz en sa langue pour les desdier à une reyne, la merveille du monde.

---

1. La traduction de Tasse par Vigenère est intitulée : *La Hierusalem du seigneur Torquato Tasso, rendue françoise* par Blaise de Vigènere, Bourbonnois; à Paris, 1596, in-4° (réimprimée in-8°, en 1599 et 1610); c'est une autre traduction (et en vers) par Jean du Vigneau, sieur de Warmont (1593, in-12), qui porte le titre de *La Délivrance de Hierusalem*.

La date de la première édition de la traduction de Vigènere, nous montre que l'*Épître dédicatoire* de Brantôme n'a pas été écrite avant 1596.

Or, toutes mes forces n'estans assez bastantes pour attenter si haute entreprise, je me contenteray de l'avoir désirée, ainsy que je désire, Madame, vous faire paroistre par mon très-humble service que je suis à perpétuité vostre très-humble et très-obéyssant subject, et très-affectionné serviteur.

BOURDEILLE.

---

§ 4. Harangue militaire et soldatesque de César, qu'il fit à ses gens le jour avant la battaille de Pharsalle.

AVERTISSEMENT.

J'ay traduict les deux harangues suivantes tellement quellement, et au plus prez, selon mon humeur, du livre VII de Lucain, ce grand poëte latin, ou, pour mieux dire, représentées et descrites par la femme dudict Lucain ; car il se trouve qu'il mourut après avoir faict et parfaict seulement cinq ou six livres de tout son œuvre, et que son honneste femme le survivant, et suivant les erres et les beaux desseins de son mary, qu'elle en avoit compris et veu ses mémoires, paracheva tout l'œuvre entier. Grande gloire certes, et digne mémoire de ceste honneste dame, et d'autant lesdictes harangues plus à priser [1] !

FORME D'ARGUMENT.

Aprez que Cæsar eut senty quelques rencontres dernières entre luy et Pompée, et recognu qu'une ruyne panchoit et estoit preste à tomber sur un des deux, il y songea, et quasy ceste rage animée à la battaille s'attiédit un peu en luy ; et son courage, hardy à se promettre des heureux évènements, s'arresta quelque peu aussy en doute, bien que ses destinées ne luy promissent d'appréhender rien de mal pour luy, ni espérer rien de bon pour Pompée. Ayant enfin plongé sa crainte, il se résout au combat, et, d'une belle disposition et asseurance, harangue ainsy ses gens :

Soldatz, qui jusques icy estes soubs moy dompteurs du monde, de la fortune et de mes affaires, voicy

---

1. Voyez plus haut, p. 6, note 1.

venue l'heure que nos souhaictz sont parfaictz, et venue l'occasion de donner la bataille que nous ayons tant désirée et demandée. Il n'est meshuy besoing de rien plus souhaiter ; il ne faut qu'advancer la mort à nos ennemys, avecques vos armes, sans rien temporiser. Vous sçavez qui est Cæsar, et quelle est sa prouesse. C'est aujourd'huy le jour mesme, dont bien m'en souviens, que vous me promistes sur le rivage du Rubicon que ne permettriez qu'à vous, ny à moy, on nous ostast les triumphes qui nous estoient par nos valeurs, peines et travaux justement deubz. C'est le mesme jour aujourd'huy qui nous rendra nos dieux, nos femmes, nos enfans, nos familles, nos biens et les ames de nos amys, et vous rendra manans, habitans et concitoyens de nostre ville, et désormais francz de toute guerre et de tout mal. C'est le mesme jour encor qui, avec le destin, sera tesmoing, et prouvera lequel aura pris plus justement les armes. Celuy qui sera vaincu en ceste journée aura le tort, et faira cognoistre si vous avez couru sus à votre patrie à feu et à sang par juste cause.

Soyez, je vous prie, furieux et terribles au combat, et délivrez vos armes et espées de toute coulpe et reproche. Il ne va rien en cecy du mien ny de mon intérest. Je suis prest de vivre sans aucune charge ny authorité, ny magistrature désormais, et vivre en privé et plébeyen ; mais que vous autres demeuriez libres et francs, et qu'ayez pouvoir sur toutes nations de l'Empire, et que tout vous soit permis et licite, comme vous l'avez bien mérité.

Je m'asseure que vous n'acheterez pas à grandz fraix de sang l'espérance du monde. Il se rencontrera devant vous une certaine jeunesse de Grèce, qui ne sçait que c'est de guerre, ny porter armes, ny aucun ordre de battaille, avecques une confusion de langages d'un divers amas d'estrangers que c'est pitié, et ausquelz leur semble que leurs crys et hurlemens soient dangers. Tant s'en faut, que, lorsque les trompettes sonnent et les trouppes s'esbranlent pour aller au combat, tremblent de peur et songent à fuitte. Peu de gens combattront contre vous autres, et démesleront ceste guerre civille.

Meslez-vous hardyment parmy ces peuples et royaumes si lasches, et d'abord abattez tout le monde; et qu'on sçache que Pompée, qui a mené ces nations par Rome avecques tant d'attelage, n'en a dignement mérité un seul petit triumphe. Et cuydez-vous bien qu'un Arménien ou un autre barbare se soucye qui soit capitaine ou général de l'armée romaine, et qu'il voulust, d'une seule goutte de son sang, racheter Pompée ny l'estat romain? Ilz hayssent trop les Romains et tous ceux qui les veulent dominer.

La fortune m'a mieux favorisé, car elle m'a mis entre les mains des miens et de mes amys certains et asseurez, la valeur desquelz j'ay cognue et expérimentée en mille hasards et autant de rencontres en la Gaule. Il n'y a soldat parmy vous duquel je ne cognoisse l'espée ny le dard quand il le met au vent: et si ne faudray de guières à cognoistre de quelle main et de quel bras le coup aura esté porté.

Je prendz pied aux signes qui jamais n'ont failly ny faillent à vostre général. Si je regarde seulement vos visages et vos yeux tous pleins de menaces, les ennemys sont à vous, et me semble d'en veoyr des rivières de sang, et ensemble plusieurs roys et le corps du sénat foulez aux piedz et estenduz par terre, et les autres nageans et flottans à grandz monceaux dans leur sang espandu de toutes partz.

Mais je retarde trop mon heure et mes destinées, et fais mal, soubz mes discours et entretiens, de vous arrester et retenir tous courans au combat.

Pardonnez-moy pourtant, soldatz, si je ne vous y mène, bien que jamais je ne senty les Dieux qui me promissent plus grande chose. Nous ne sommes plus guières esloignez d'un grand intervalle de chemin ny de campaigne pour en venir là. Je me sens celuy qui, à la fin de mars, espère avoir liberté et pouvoir de donner ce que les peuples et les roys ont en leurs mains et puissance.

O dieux ! par quelle influence et mouvement du ciel et des astres permettez-vous tant aux terres thessalicques ? Nous acquerrons aujourd'huy le loyer de la guerre ou la peine. Jettez un peu les yeux sur les gesnes de Cæsar, regardez ses chaisnes et ceste teste attachée sur le plus haut des rostres, et ses membres desmembrez. S'il nous baste[1] mal, nous avons la guerre civile avecques un capitaine cruel, partisan de Sylla, cruel aussi bien que luy. Je m'afflige fort pour vous autres : car, pour moy, mon sort acquis par ma main m'est tout asseuré et mourray avant que demander la vie.

Dieux ! qui, pour tout cest univers et pour la grande cité de Rome, par grande compassion avez quitté le ciel, celuy qui ne cuyde qu'il ne soit très-

---

1. *Baster*, réussir, tourner.

nécessaire de tirer son espée contre ses adversaires, qu'il soit vaincu et demeure tel au champ de battaille.

Lorsque Pompée a tenu vos bandes à destroict[1], desquelles la vertu estoit empeschée à se remuer, de combien de sang souilla et saoula-il son espée et ses armes ?

Toutesfois, je vous prie, soldatz nouveaux, de cecy : que nul de vous veuille frapper le derrière de l'ennemy. Celuy qui prendra la fuite devant vous, je veux qu'il soit tenu bourgeois et citoyen de nostre ville ; mais, tant que les armes seront au vent et qn'on vous fera teste, nulle image de pitié vous soit représentée ; non pas vos pères rencontrez face à face vous esmeuvent. Défigurez-moi le visage que plus vous respecterez ; n'espargnez frères ny parens ; tuez tout. Je prendz tout le blasme sur moy.

Or sus, abattez-moi ces tranchées et emplissez-en les fossez des ruines, afin que les trouppes en sortent en plus belle ordonnance : n'espargnez pas mesmes les tentes. Vous camperez bientost en celles, et dans les tranchées d'où sortent ces bandes qui viennent à vous pour se perdre.

---

1. *A destroict*, dans un lieu resserré. Il y a dans le texte :

          Pompeius in arcto
Agmina vestra loco.........
Quum tenuit.

§ 5. *Harangue de Pompée sur le poinct de la journée pharsalique, tirée du mesme livre VII de Lucain, comme l'autre précédente.*

FORME D'ARGUMENT.

Soudain que Pompée eut descouvert l'armée de l'ennemy sortir du camp droit à luy, et qu'il n'y avoit plus lieu ny moyen de temporiser ny de s'en desdire, et que le jour estoit agréable aux dieux, il se sent le cœur aucunement froid et glacé, voire esperdu ; qui fut un mauvais présage à un si grand capitaine d'appréhender les armes qu'il avoit veu si souvent reluire. Toutesfois, il couvre sa peur par certaine belle contrefaicte contenance, et, monté sur un cheval haut et grand à l'advantage, harangue ainsy les siens :

Soldatz, le dernier jour des guerres civilles que vostre vertu a tant recherché, et que vous avez tant demandé, est venu. Déployez maintenant toutes vos forces. Il ne reste plus rien que ceste dernière besoigne de vos mains, et une seule heure emporte tout l'univers au péril ou l'en retire.

Quiconque desire sa patrie, ses dieux familiers, ses enfans, sa femme et ses plus chers gages abandonnez, qu'il les cherche avecques l'espée ; Dieu a tout mis au milieu de ce champ.

Nostre meilleur droict nous commande d'espérer les dieux à nous tous favorables. Ilz guideront nos dardz dans les entrailles de Cæsar et establiront les loix romaines. S'ilz aprestoient une donnation de royaumes et du monde à mon beau-père, ilz pourroient haster et advancer ma vieillesse à la mort. Ce n'est le faict des dieux courroucez de conserver Pompée à la ville et son peuple.

Nous avons rapporté tout ce que nous avons pu pour vaincre. Les nobles, de leur bonne volonté, s'y sont exposez librement, et les vieux soldatz ne s'y sont non plus espargnez. Si les dieux vouloient faire revenir en ces temps les Curies, les Camilles, les Décies, qui si voluntairement se sont présentez à la mort pour leur patrie, ilz seroient maintenant de nostre party.

J'ay assemblé tous les peuples du haut Orient et des villes, qu'on n'en sçauroit nombrer les forces qui en ont esté tirées pour venir à ceste battaille, que jamais on n'en a tant veu sortir. Nous nous servons de tout le monde, dont nous avons fait revue de l'autain et de la bize[1]. Hé! ne mettrons-nous pas doncques nos ennemys au milieu de nous, renfermez de nos aisles qui fondront sur eux? La victoire ne demande pas grandes forces; mais les grandes trouppes espouvantent fort, et de leurs crys font un grand effort de guerre. Enfin, Cæsar n'est pas bastant[2] pour nous.

Croyez que les belles dames romaines, avecques leurs beaux cheveux espars, advancées pour vous regarder de là jusques ici sur les murailles de Rome, vous exhortent au combat.

Croyez que le sénat ancien, qui, pour son vieil aage et cassé, exempt de porter les armes, prosterne à vos pieds son chef blanc et vénérable, et que tout Rome, craignant et abhorrant la tyrannie, vient au devant de vous pour vous recueillir.

Croyez aussy que le peuple qui est à présent, et celuy qui est à venir, rapporte ses prières meslées

---

1. *De l'autain* (autan) *et de la bize,* c'est-à-dire depuis le sud jusqu'au nord.

2. *Bastant,* suffisant, assez fort. Lucain dit:

....Cæsar nostris non sufficit armis.

ensemble pour vous; car l'un veut naistre libre et l'autre veut mourir franc.

S'il y avoit quelque chose en moi digne pour vous faire prières, après de si grands gages, avecques mes enfans et ma femme, s'il m'estoit aussy permis sans offenser la majesté de l'empire, humble je m'estendrois à vos pieds pour vous supplier davantage, et de vous monstrer encor comme avecques moi autresfois vous avez eu part en mes conquestes.

Si vous n'estes victorieux maintenant, vostre grand Pompée est vaincu et banny, mocquerie de son beau-père, et vostre grand vitupère[1]. Je déteste ma dernière fatalité[2]. Jà n'advienne que j'apprenne à servir en mon vieil aage.

---

§ 6. *Comparaison des deux harangues précédentes.*

Il semble que les parolles de l'un et de l'autre de ces capitaines soient fort dissemblables, bien qu'elles soient braves et superbes. Toutesfois, on diroit que celles de Pompée sont prononcées de quelque certaine peur et d'une mauvaise pronostique de son propre malheur et de son armée. Cela est advenu souvent à plusieurs grands capitaines, qui, contrefaisans des gallanz et faisans bonne mine, sont descouvertz par gens d'esprit en leurs parolles, contenances et gestes. Je m'en rapporte aux plus braves discou-

---

1. *Vester pudor*, dit Lucain.
2. Le texte porte :
                Ultima fata
  Deprecor.

reurs et à ceux qui se sont trouvez en telles affaires.

Il n'y a qu'une chose, si me semble, qui manque en ceste harangue de Cæsar : qu'il debvoit toucher quelque mot des dames, comme faict Pompée, puisqu'il n'y a rien qui tant anime un courage que les dames et leur amour : ainsy que ce grand philosophe[1] desiroit une armée, ou pour le moins, une bande d'amoureux, lesquelz, si luy sembloit, fairoient rage de combattre plus que les autres.

Doncques je m'estonne que Cæsar fut court en cela ; car, le bon empereur et le bon compaignon qu'il estoit, il n'estoit nullement ennemy des dames ny de leur accointance, tesmoing le sobriquet que luy donnèrent ses soldatz marchans en triumphe avecques luy, ainsi que tout leur estoit permis ce jour là : *Romani, servate uxore; mœchum calvum adducimus;* c'est à dire : « Romains, serrez et gardez bien « vos femmes, si vous voulez; car nous amenons « avecques nous ce grand adultère le chauve[2]; » par là les advertissant de bonne heure qu'il les desbaucheroit toutes. Voylà de bons advertissemens, et à eux une obligation bien grande pour messieurs les marys.

1. Platon. Voici en effet ce qu'on lit dans le *Banquet;* mais il s'agit là d'amoureux d'une espèce tout autre que celle dont veut parler Brantôme. « Si par quelque enchantement un État ou une armée pouvait n'être composée que d'amans et d'aimés…. des hommes ainsi unis, quoiqu'en petit nombre, pourraient presque vaincre le monde entier. » *OEuvres*, trad. Cousin, t. VI, p. 250.

2. Voyez tome IX, p. 27.

§ 7. Épistre dédicatoire à très-haute et très-grande princesse, la reyne Marguerite, fille de France, ma très-illustre dame et maistresse, sur la harangue suivante.

Madame,

Je vous envoie encor ce second eschantillon, que j'ay traduit en françois du dixiesme livre de Lucain, ou plustost de son honneste femme, Polla Argentaria, gentille dame romaine, et l'une des plus accomplies en beauté et vertuz qui fust de son temps, comme je vous ay dict ailleurs. C'est la harangue que fit ceste belle reyne Cléopatre à Jules Cæsar, lorsqu'il arriva en Egypte, ensemble la forme du festin qu'elle luy fit par amprez.

Je m'estimerois bien heuréux, Madame, si vous y prenez quelque plaisir; car ma plume ne vole que pour vous, bien qu'elle ayt le vol trop bas *para calanzar sus altas virtudes y dignas alabanzas*[1]. Si j'eusse pu, Madame, au lieu de cest eschantillon vous en traduire un des livres tout entiers, ainsy que vous me l'aviez commandé, je l'eusse faict. Mais, despuis deux ans, j'ay eu mon esprit si inquietté et si vague de tout enthousiasme, que je n'y ay peu travailler. Possible que quelque jour il me saisira et surprendra tout à coup, que je vous en fairay une version de tel livre des dix que je pourray choisir vous estre agréable et digne de vous, ou que me le commanderez vous-mesmes.

1. Pour atteindre vos hautes vertus et vos dignes louanges.

§ 8. Harangue que fit la reine 'Cléopatre à Jules Cæsar, lorsqu'il vint en Égypte, poursuivant Pompée.

Argument pour mieux entendre le tout, tiré du livre X de Lucain, ou plustost de son honneste femme, qui paracheva ses livres, ainsi que j'ay dict en la traduction de l'harangue dudict Cæsar et Pompée, avant la bataille de Pharsalle.

Aprez que Cæsar eut gaigné la bataille de Pharsalle, ne se contentant de la victoire du champ, il la voulut poursuivre plus avant et tirer vers l'Egypte, où Pompée avait pris sa retraite ; sur les sablons de laquelle Cæsar n'eut plustost mis le pied, que sa fortune et le destin de la malheureuse Égypte entrèrent en contention, à sçavoir si la puissance royale de ces grands Ptolomées fleschiroit soubz les Romains, ou bien si les armes des Égyptiens osteroient à l'univers, avecques la teste du vaincu, celle du victorieux.

La mort et la calamité de Pompée servirent bien en cela d'instruction à Cæsar, pour se garder de la perfidie de l'Egyptien, et conservation pour luy et du peuple romain, à ce que désormais ces grandes plaines et longues campaignes du Nil ne servissent plus à les engraisser des sépultures des Romains. Et par ce, Cæsar, faisant semblant d'estre asseuré quelque peu de la foy de ces Egyptiens, sur le gage de la mort de Pompée, et les erres[1] d'une telle meschanceté, se met à suivre ses bandes et légions vers la ville de Paretonie. Mais le peuple, le voyant entrer dans le royaume avecques main armée, et enseignes desployées et marques d'un consul romain, com-

1. *Erres*, arrhes.

mança avoir peur, à murmurer et se plaindre que la majesté royale d'Egypte estoit fort diminuée par la présence de Cæsar et des Romains ses gens de guerre; ce qui donna à penser à Cæsar que les choses ne se passeroient sans bruit, et de croyre que Pompée n'avoit point esté perdu, tant à cause de luy ny à sa consideration, que pour autre meschant subject; ce qui le fit adviser à soy. Par quoy, faisant bonne contenance et dissimulant l'éminence du mal, nullement toutesfois estonné ny failly de cœur, s'en va à dessein visiter les temples et les dieux de là, ensemble les superbes sépultures des roys anciens, et surtout du grand roy Alexandre, qu'il admira fort, non qu'il se souciast autrement de leurs dieux, de leur révérence, ny de leurs reliques, non pas mesmes de leur or et richesses. Là dessus vous voyez fort bien escrite et représentée la fortune bonne et male dudict Alexandre, qui est chose certes belle à veoyr en ce livre.

Sur ces entrefaictes, arrive ceste grande et belle reyne Cléopatre, sur une gallère de deux rames par banc seulement, et la première et plus belle chose qu'elle fit d'abord, c'est qu'elle gaigne le capitaine et la garde de la forteresse du Phar (il n'y a rien qu'une grande beauté ne gaigne et ne corrompe), sans que Cæsar en sçache rien, monstrant elle par là son gentil esprit et courage, pour s'introduire là dedans pour le veoyr et l'aymer, et le tenir comme elle s'en asseure bien, par le remède de ses extresmes beautez qu'elle portoit sur elle; ne se promettant rien moins que de l'espouser, et avoir sa part et moictié avecques luy en l'empire romain, ou bien le gaigner autrement et le réduire à sa totale disposition. Quel brave cœur, et grand ambitieux dessein de princesse ! La voylà doncques venir vers luy avecques une fort belle grace et asseurance, et une mine assez triste, non pourtant qu'elle jettast jamais larme de ses beaux yeux ; et pour aorner[1] sa tristesse feinte, elle s'estoit accommodée de ses cheveux gentiment espars, en tant qu'il falloit selon sa grande beauté, dit l'histoire, fust ou négligemment, selon sa jeunesse, ou par curiosité[2] ; et puis elle parla ainsi :

« Cæsar, si, pour estre sortie de ceste grande et noble race de Lagus et des Ptolomées, mes anciens et braves prédécesseurs, et qu'en moy vous y recoignoissiez quelque certaine marque de vertu et de noblesse, je suis maintenant hors de mon royaume, bannie pour jamais de mon sceptre paternel. Mais si ta puissance dextre m'y veut une fois remettre et retourner à mon premier estat et félicité, lors estant reyne de faict, je vous embrasseray les piedz.

« Tu viens à nous comme un bel astre luysant et propice, et comme un juste et fort équitable juge : ce que m estant par toy octroyé, je ne seray pas la première qui a commandé en ce royaume et en a eu la domination ; car l'Egypte s'est apprise à rendre obéyssance à une reyne, sans distinction ny différence de sexe. Mesmes, par la loy testamentaire et dernière volunté de mon père, il voulut le droit du royaume et du lict royal m'estre commun par maryage avecques mon frère Ptolomée, et que je fusse héritière par moyctié du royaume. Quant à mon frère, je veux

---

1. *Aorner*, orner.
2. *Curiosité*, recherche.

fort bien qu'il ayme sa sœur, et jamais je ne luy desnieray toute obéyssance, mais que ce soit en tant qu'il sera remis à la franchise de sa première liberté, et qu'il ne soyt plus subject soubz la tyrannie et gouvernement de Photinus.

« Ce n'est pourtant, Cæsar, que je m'en veuille prévaloir ; mais, au moins, délivre-nous de c te honte et de ce meschant homme. Qu'est-il besoin qu'un tel petit gallant que celuy-là, serviteur de nostre maison, meschant et viscieux, soit officier de nostre couronne, et y règne, et que les vrays enfants soient repoussez et oppressez? Arrache-nous doncques, Cæsar, les armes et l'arrogance de ce vilain, qui sont pollues et exécrables par la mort de plusieurs, et principallement du grand Pompée.

« Commande doncques que le roy mon frère règne et aye la régence de ce royaume asseurée. Et quoy, Cæsar, penseriez-vous que ce maraut, estant devenu fier et arrogant pour avoir faict mourir Pompée, qu'il ne conçoive pas en soy et ne machine pas en son ame d'en user de mesme encontre vous, s'il peut, comme desjà il le semble, estant en armes, qu'il y bransle? Ce que les hautz Dieux veuillent destourner. Au reste, pour avoir faict mourir Pompée, ce n'est pas si grande gloire pour luy qu'il s'en puisse prévalloir ny tant se vanter, ny si grand bien aussy pour toy que tu luy en doives sçavoir gré ; et je m'asseure, Cæsar, que dans vostre ame généreuse vous n'en jugiez l'acte beau, ny luy en voulez pas plus de bien. »

Certes, ces parolles de ceste grande reyne furent

très-belles et bien dictes, et bien qu'elles fussent élégamment prononcées, et de grande majesté et belle grâce, car elle estoit très-éloquente et diserte, et de plus qu'elle parloit distinctement sept ou huit langues sans avoir truchement; mais il faut croyre, dit nostre Lucain, que toutes ces belles parolles estoient vaines sans son extresme beauté qui y fit plus que tout; car Cæsar ne l'eut pas plustost regardée qu'il en devint tout espris. Si bien que la nuict d'amprès (non de la façon sotte que le dit Plutarche[1], qu'elle entra en sa chambre, mais d'autre plus gentille) elle corrompit son juge qui s'y laissa aller fort doucement.

Après doncques que Ptolomée eut acquis et acheté la paix par dons et présens que fit Cléopatre à Cæsar, il la fallut célébrer par beaux festins et sumptueux banquetz royaux, pour l'esjouyssance[2] desquelz en fut faict un si superbe appareil, et si grande monstre de magnificences, que les Romains, auparadvant fort grossiers, disoient tous n'en avoir jamais veu de pareilles, car le palais royal, où estoit appresté le festin, estoit en forme et semblance d'un temple de Rome, et qu'à grand peine les aages advenir, tant dissoluz en délices seroient-ilz, n'en sçauroient faire un semblable. Les soliveaux du plancher estoient tous cou-

---

1. « N'ayant moyen d'y entrer (au château d'Alexandrie) sans estre cogneue, elle s'estendit tout de son long dessus un faisceau de hardes, que Apollodorus plia et lia par dessus avec une grosse courroye, puis le chargea sur son col, et le porta ainsi dedans à Cæsar par la porte du chasteau. » Plutarque, *César*, ch. xvii (trad. d'Amyot).

2. *Esjouyssance*, réjouissance.

vertz et lambrissez d'or, qu'on avoit mis dessus avecques artifice merveilleux. Et n'estoit ceste maison royale embellie ny ornée de marbre, comme estoit par l'yvoire et les perles précieuses meslées parmy. L'agate s'y faisoit bien recognoistre surtout par son esclair[1] brillant (le latin de Lucain l'appelle *non segnis achates*). De mesmes en estoit le porphyre rougissant ; la cornaline y estoit si abondante, qu'elle servoit de pavé et se foulloit aux pieds d'un chascun. Le bois exquis de l'ébenne égyptien ou indien ne couvroit ces grandz seuils des portes, mais servoit seulement pour soustenir la maison royale, non pour l'embellir nullement, tenant lieu là d'un bois vil et vulgaire. L'yvoire indien couvroit entièrement le devant de la salle. Les escailles de la tortue indienne, incisées en lames, servoient fort d'ornement avecques les perles entremeslées par un merveilleux artifice et plusieurs esmeraudes colorées, accompaignées ensemble. Les grosses perles fines, et très-exquises, paroissoient de toutes partz sur les litz où l'on festinoit, lesquelz estoient tenduz d'un fin pourpre tyrien. Bref, tout y reluysoit. D'une autre part, les pavillons tyssuz en forme de plumes reluysoient extresmement à cause de l'or sursemé par dessus et des filetz variez et diversifiez de diverses couleurs, que les Egyptiens ont accoustumé de mettre en œuvre parmy leurs toilles quand ilz les tissent ; si que c'estoit chose fort belle à veoyr.

Or après, pour le service des tables, l'on y voyoit un grand nombre d'esclaves et de serviteurs de

---

1. *Esclair*, lueur, éclat.

bonne façon, distinguez les uns d'avecques les autres, et différentz en couleurs, en beauté et en aage. Les uns portoient cheveux aucunement noirs, autres blondz, si que Cæsar mesme advoua n'avoir veu de telles ny si belles perrucques[1] en la Germanie, où il avoit faict la guerre. Les autres avoient les cheveux crespez, frisez, entortillez, regrillez[2] et fort renversez en haut. Là aussi estoit la malheureuse jeunesse des eunuques efféminez, privez de toute force humaine, à l'opposite desquelz estoient ceux d'aage plus robuste, sans qu'aucun poil leur couvrist le visage; après lesquelz se représentoit une belle bande de jeunes gens ausquelz à grand peine commançoit encor à pousser la fleur de leur première barbe.

En tel équipage et superbe appareil commancèrent à s'asseoyr le jeune roy Ptolomée, les consulz, préteurs et autres grandz capitaines, et Cæsar au plus haut lieu, et Cléopatre auprès de luy, qui, ne se contentant, pour se faire encor plus paroistre, de la grandeur de son sceptre égyptien, ny de son lict royal, avoit fardé un peu son visage, et paré de richesses infinies de la mer Rouge, qu'elle avoit tiré en grande despense et curiosité, son col, sa belle et délicate gorge, sa belle teste et beaux cheveux, qui estoient tellement chargez, qu'à grand peine les pouvoit-elle supporter. Surtout on voyoit ce beau sein royal, couvert seulement d'un ouvrage

---

1. *Perrucque*, chevelure.
2. *Regrillez*, lisez : *regredillez*, frisés avec un fer, testonnés.
   Le texte de Lucain porte :
   ....Pars sanguinis usti
   Torta caput, refugosque gerens a fronte capillos.

de soye de Sydon, faict à l'aiguille dans l'Egypte mesme, mais si industrieusement eslabouré, qu'on voyoit à plein, et à travers les entrelassures, l'allebastre de son excellente blancheur; ce qui tentoit fort le monde.

Les tables estoient rondes, faictes de bois de citronnier, si beau et si poly que Cæsar disoit luy-mesme qu'il n'en avoit point veu de plus beau en la région où il desfit le roy Juba. Les piedz des tables estoient tous d'yvoire. Tout cela fut cause qu'on réputa lors à grand blasme, ou d'une humeur fort estrange, ou fureur quasy aveuglée, à Cléopatre, laquelle par une certaine ostentation ambitieuse et vanité de gloire, alla ainsy monstrer et estendre toutes ses richesses et grands thrésors à Cæsar son hoste et armé, et l'exposer à son avarice. Elle estoit plus advisée que ceux qui en parloient, car sa beauté la garantissoit de tout; aussy que Cæsar avoit l'âme trop noble et glorieuse pour tendre à si vile entreprise d'avarice et en faire son magasin[1].

Il estoit pourtant à craindre que, bien qu'il fust si noble et généreux, qu'il ne fist (disoient aucuns du festin) de mesmes que firent les anciens Fabrices, les Curies et Cincinates, qui faisoient tant d'estat de la pauvreté; si desiroient-ilz pourtant tousjours en leurs charges d'accumuler de grandz deniers, thrésors et richesses pour les emporter à Rome, et en triumpher mieux: Cæsar, à leur exemple, en pouvoit faire autant. Mais de là il en sortit les mains vuides et nettes. Non, non, il ne vouloit rien de ceste belle princesse,

---

1. *En faire son magasin*, se les approprier.

sinon ce qu'elle portoit sur elle, qui valoit bien tout un thrésor d'or massif.

Nonobstant tout, elle fait servir tous ses metz en vaisselle d'or, où estoient toutes sortes de viandes que la terre, l'air, la mer et les rivières pouvoient fournir, qu'elle avoit faict rechercher de toutes partz très-curieusement, pour mieux embellir la feste et le festin, sa grande sumptuosité et généreuse ambition d'honneur; mesmes qu'elle ne pardonna pas aux dieux d'Egypte, qui n'y fussent mangez, comme furent aucuns oyseaux et animaux, lesquelz sont tenus là pour dieux, et pour telz révérez en grande vénération, et adorez dans leurs temples.

On bailloit l'eau à laver dans des bassins de cristal, et les couppes estoient de pierres précieusses, toutes d'une pièce, si grandes qu'elles recepvoient du vin pour boire en assez suffisance : et ce vin n'estoit celuy qui s'amasse en la vigne de Maréotide d'Egypte, qui se servoit à la table, mais c'estoit de celuy que produit l'isle de Meroé, ayant goust de vin vieux, pour estre de mesmes purifié en sa boette et sa parfaicte bonté; si qu'on eust dict que c'estoit vray vin de Falerne, la force duquel estoit telle qu'elle ne se pouvoit matter.

Ce ne fut pas tout; car les festinez receurent des chappaux et guirlandes tisseues de fleurs de narde[1] florissante, et rendant une odeur fort suave, entremeslées avecques des roses qui ne flestrissent jamais en Egypte, et gardent tousjours leur beauté et leur senteur. Si fut aussy respandu sur leurs cheveux

---

1. *Narde*, nard.

force cynamome d'Ethiopie, l'odeur et la sincérité[1] duquel n'avoit point esté altérée ny gastée par l'attouchement des hommes qui l'avoient apportée d'où elle estoit née et sortie.

Ce fut, de vray, où Cæsar apprit premièrement à consommer et despendre par vaine superfluité les richesses qu'il avoit de longue main, qui çà qui là, amassées des despouilles de tant de provinces gaignées par luy. Si qu'il eut grand'honte en soy d'avoir jamais faict la guerre au Pompée, qui, par manière de dire, n'avoit pas[1] que son espée et son cheval de guerre ; qui, ne s'estant jamais soucié d'amasser thrésors, n'estoit pas digne pour sa pauvreté, que Cæsar prist tant peine et travaux à luy faire la guerre au prix des biens, richesses magnificences et sumptuositez des Egyptiens, aprez lesquelz il pense désormais à trouver quelque juste occasion pour les tourmenter par les armes, et s'enrichir de leurs despouilles. A quoy ne tarda pas longtemps par celle que lui donna Photinus, qui luy dressa de grandes menées sur sa vie, luy donnant bien de l'affaire, et le mit à tel poinct de guerre, et à si extresme danger qu'il fut contrainct se jetter dans la mer, et se sauver à nage par grande merveille, comme le descrit trèsbien Lucain, où s'aydant de soy, de sa force et de son bon courage tant qu'il put, et de l'assistance que lui fit ce brave Sæva, l'un de ses plus renommez et favoris soldatz qu'il eust point, qui le secourut et le sauva là au besoin, comme il l'avoit sauvé aussy en Epidaure ;

1. *Sincérité*, pureté.
2. *Pas*, pas plus.

dont il l'en debvoit bien aymer : ce qu'il fit, et n'en fut jamais ingrat. Quel malheur pourtant pour ce grand capitaine, qui naguières avoir faict trembler tout l'univers, d'avoir esté réduict à telle destresse par ce Photinus, homme de peu, qui, possible, n'avoit pas tiré deux fois son épée en toute sa vie !

Ces grandz capitaines ont ainsy de telz malheurs, et font de ces fautes pour n'y pourvoir : ainsy que très-bien luy avoit pronostiqué Cléopatre, que l'autre luy machinoit sa mort ; mais Cæsar la lui rendit bien bonne et chaude, comme le descrit Plutarche,[1] et comme il laissa Cléopatre reyne paisible d'Egypte, ayant eu de lui un beau filz portant le nom de Césarion, qu'Octave puis amprès traicta fort mal[2] ; dont il eut tort, pour l'obligation qu'il avoit à son brave oncle.

Lucain ne toucha pas à cela, car il en demeure court à la fin de son livre X. Il dit bien une chose fort belle, où il traicte qu'aprez ce beau festin achevé, Cæsar, pour mieux passer et allonger la nuict, il prie Achorée, le grand maistre de la loi d'Egypte, de luy discourir de l'ancienneté de sa région, de leurs dieux et de leurs cérimonies, de leurs lois, des mœurs du pays et façon de vivre du peuple, et surtout de la source du Nil, de son regorgement[3], et ressarement puis aprez dans son lict. Ce qui est une très-

---

1. César le fit tuer (Plutarque, *César*, ch. xiv).
2. Il le traita aussi mal que possible, car il l'envoya au supplice après la mort de Cléopâtre (Plutarque, *Auguste*, ch. xxii).
3. *Regorgement*, débordement.

belle chose à lire, que j'espère un jour, possible, faire veoyr en la version que j'en fairay, si j'en suis en humeur et en bon enthousiasme qui m'ayt bien saisy.

II

Fragment de la vie de François de Bourdeille, père de Brantôme. — Préface ou lettre de Brantôme à son nepveu Henry de Bourdeille, chevalier de l'Ordre, conseiller d'Estat, capitaine de cent hommes d'ordonnance, lieutenant-général, séneschal et gouverneur de Périgord.

Vous voulez doncques, mon vicomte et cher neveu, sçavoir de moy, par la prière que m'en avez faicte, aucuns traictz et faictz de la vie de feu M. de Bourdeille, mon père et vostre grand-père, afin de l'en imiter et mieux ressembler; et vrayment de bon cœur j'en metz icy la main à la plume, pour en racconter aucuns que je luy ay veu faire et ouy dire aux vieux qui l'ont veu et cognu; car j'estois fort jeune et de l'aage de sept ans quand il mourut[1].

1. C'est, à ce que je crois, la première fois que Brantôme parle d'une façon précise de son âge. François de Bourdeille fit son testament le 28 janvier 1546, et mourut probablement peu de temps après. En tout cas, il était mort avant le 9 avril 1549, puisque dans un contrat d'hommage de cette date, Anne de Vivonne figure comme « vefve de messire François de Bourdeille. » (Bibliothèque Nationale, *Carrés* manuscrits de d'Hozier, art. *Bourdeille*). Brantôme ayant sept ans à la mort de son père, est donc né entre 1539 et 1542, mais probablement plus près de la première date que de la seconde.

Ce petit traicté doncques vous servira de sa représentation et image, que vous arregarderez quelquesfois, et y compasserez[1] vos actions, lesquelles vous seront toutes louanges si les rendez semblables aux siennes, ainsy que j'espère que Dieu vous en fera la grace, et aussy que je vois vostre semblance et naturel qui s'y rapporte fort, tant à l'air et traictz du visage qu'à aucunes façons, plus que tous nous autres quatre ses enfans, qui sont mon frère le capitaine Bourdeille, mon frère d'Ardelay et moy[2], je dis en aucuns linéamens de visage et aucunes actions, car, pour la valeur et la vertu, il ne nous en eust sçeu rien reprocher s'il nous eust pu veoyr en la perfection de nos aages et valeurs. Il faut que nous vous vantions jusques-là ; et croys que son ame qui repose en paradis s'en est beaucoup et souvent resjouye.

Sur cela je brise, et m'en vais accommancer ce que désirez sçavoir, après vous avoir baisé les mains, mon vicomte et cher nepveu, et asseuré qu'à jamais je vous suis un humble et obéyssant oncle.

BOURDEILLE.

Messire François de Bourdeille, vostre grand-père, fut filz de messire François de Bourdeille, et de Ylaire du Fou, en Poictou.

Je ne m'amuseray point à vous racconter l'antiquité de la maison de Bourdeille, ny des hautz faictz et

---

1. *Compasser*, régler, conformer.
2. Le quatrième frère dont il ne parle pas était André de Bourdeille, père de Henri à qui il n'avait pas besoin de le nommer.

beaux exploictz de guerre qu'ont accomplis nos pères, grandz-pères, ayeux, bisayeux et ancestres, aux guerres qui se sont faictes, tant à la Terre-Saincte que delà et deçà les montz, soubz nos braves et vaillans roys qui estoient pour lors.

Je ne m'amuseray non plus à vous parler de l'antiquité de la maison du Fou, venue de Bretaigne, et fort agrandie par le roy Louys XI et autres roys qui sont venuz aprez, mesmes du roy François I, qui fit espouser l'héritière du Fou[1], niepce de ma grand-mère, et la filliole et cousine de vostre grand-père, à messire Antoine des Prez, et le fit mareschal de France, d'où sont sortis messieurs de Montpezat que l'on voit aujourd'huy.

Je ne m'amuseray doncques à discourir de toutes les antiquitez de ces deux nobles maisons de Bourdeille ny du Fou, ny de leurs faictz et gestes, car cela seroit trop long, et n'aurois jamais faict, bien que, quand je l'aurois entrepris, j'en penserois venir à bout aussy bien que homme de nostre race. Venons doncques au poinct.

Messire François de Bourdeille doncques, vostre grand-père, fut filz de ces deux illustres père et mère que je viens de dire. Après qu'il vint à estre grand et en aage, son père le donna page à la reyne de France Anne, duchesse de Bretaigne, et y fut huict ans, et avoit cest honneur d'estre son premier page (ainsy luy parloit tousjours), et de monter sur son mulet de debvant, qui estoit un très-grand honneur et faveur

---

1. Lyette, dame du Fou, mariée (1521) à Antoine de Lettes, dit des Prez, seigneur de Montpezat.

de ce temps là pour les pages des reynes et grandes princesses, pour estre en cela préférez à tous les autres. Et le bonhomme feu M. d'Estrées, grand-maistre de l'artillerie, grand homme digne de sa charge, que nous avons veu, alloit sur le mulet de derrière, ainsy qu'il me l'a conté souvent, et que bien souvent tous deux ilz avoient esté fouettez l'un pour l'amour de l'autre; car vostre grand-père faisoit tousjours quelques petites natretez, ainsy que son esprit prompt, vif et gentil l'y conduisoit, et surtout quand il faisoit aller le mulet de debvant plus viste qu'il ne falloit. C'estoit lors à la reyne à cryer : « Bourdeille, Bourdeille, vous serez fouetté, je vous en asseure, et vostre compaignon; » et tant n'y failloient pas, car l'un se remettoit[1] sur l'autre, et disoit que la faute venoit de son compaignon, que le debvant s'advançoit trop, et qu'il falloit faire suivre l'autre; et l'autre disoit que le derrière advançoit et passoit trop l'autre de debvant; et, pour ce, de compaignie, sans ouyr leurs excuses et raisons, estoient bien fouettez; mais M. d'Estrées m'a dict que toute la faute venoit de vostre grand-père qui faisoit tout le mal.

Il demeura doncques ainsy page espace de huict ans....[2].... Ce qui luy nuisit un peu à sa taille qui estoit très-belle, et la rendit un peu voustée quand il

---

1. *Se remettre*, se rejeter.
2. Il y a ici sans aucun doute une lacune dont les précédents éditeurs ne paraissent pas s'être doutés. Le passage oublié ou supprimé contenait probablement le récit d'une maladie, d'une aventure ou d'un accident dont les suites avaient été nuisibles à la taille de F. de Bourdeille.

vint sur l'aage : et luy-mesme le confessoit et s'en plaignoit, et que son père l'avoit voulu oster de là s'il eust pu trouver quelque honneste excuse, ou qu'il eust osé; mais il apprit aussy que la reyne l'aymoit bien fort, ensemble et l'une de ses sœurs qu'elle avoit fille, mais elle mourut jeune à l'aage de quinze ans à la cour; qui fut fort regrettée et du roy et de la reyne, car elle estoit l'une des belles filles de la cour, et la tenoit-on pour un petit ange, et du plus beau esprit, et qui disoit et racontoit des mieux. Elle fut enterrée à costé du grand autel des Cordelliers à Paris, et en ay veu le tombeau engravé de bronze : mais lorsque l'église des Cordeliers se brusla, il y a vingt ans[1], il fondit tout, et n'en reste plus aucune vestige. Elle s'appelloit Louyse de Bourdeille, et le roy estoit son parrain, et l'aymoit si très-tant, que, à l'aage de huict ans qu'elle fut menée à la cour, le roy la trouva si belle, si jolie, et qui causoit des mieux, qu'estant petite garse[2], l'espace de trois ans il la faisoit quasy ordinairement manger à sa table quand la reyne n'y mangeoit, et la faisoit causer, si bien qu'il l'appelloit son *petit perroquet*, et luy faisoit ainsy passer le temps. Mais quand elle fut grandette, il la mit sur la sagesse et la réputation; car, à un enfant ou fille, il est bien séant de dire et faire tout; mais, quand on vient sur l'aage, il ne faut pas faire toujours l'enfant. Si faut-il que je fasse ce conte d'elle[3] :

1. L'église brûla en 1580. C'est donc en 1600 que Brantôme écrivait ceci.
2. *Garse*, fille; c'est le féminin de *gars*.
3. Brantôme a raconté toute cette histoire, t. VII, p. 190-193.

Comme j'ay dict, elle estoit des plus belles qu'on eust sçeu veoyr, et des plus aymables de la cour. Par cas, un père cordellier qui preschoit ordinairement devant la reyne, en devint tellement amoureux qu'il en estoit perdu en toute contenance ; et quelquesfois en ses sermons se perdoit quand il se mettoit sur les beautez des sainctes vierges du temps passé, jettant tousjours quelque mot couvert sur la beauté de ma dicte tante, sans oublier ses doux regards qu'il fischoit sur elle : et quelquesfois en la chambre de la reyne prenoit un grand plaisir de l'arraisonner, non de motz d'amour pourtant, car il y fust allé du fouet, mais d'autres motz umbragez[1] tendans à cela. Ma tante n'approuvoit nullement ses discours, et en tint quelques propos à la gouvernante d'elle et de ses compaignes. La reyne le sceut, qui ne le put croire à cause de l'habit et saincteté de l'homme ; et pour ce coup dissimula jusques à un vendredy sainct qu'il prescha la Passion à l'accoustumée debvant la reyne ; et d'autant que les dames et filles estoient placées et assises debvant le beau Père, comme est l'ordinaire, et qu'elles se représentoient à plein debvant luy, et par conséquent ma tante, le beau Père, pour l'introït et thème de son sermon, il commança à dire : « Pour « vous, belle nature humaine, et c'est pour vous pour « qui aujourd'huy j'endure, dit à un tel jour Nostre- « Seigneur Jésus-Christ ; » et, enfilant son sermon, il fait rapporter toutes les douleurs, maux et passions que Jésus-Christ endura à sa mort pour nature humaine et à la croix, à ceux et celles qu'il enduroit

---

1. *Umbragez*, couverts, voilés.

pour celle de ma tante; mais c'estoit avecques des motz si couvertz et paroles si umbragées, que les plus sublimes[1] y eussent perdu leurs sens. Quelle méditation pourtant ! La reyne Anne qui estoit très-habille et d'esprit et de jugement, mordit là-dessus : et en ayant consulté les vrayes parolles de ce sermon, tant avecques aucuns seigneurs et dames que sçavantes gens qui y assistoient, trouvèrent que le sermon estoit très-escandalleux, et le père cordellier très-punisable, ainsy qu'il fust en secret très-bien chastié et fouetté, et puis chassé sans faire escandalle. Voylà la récompense des amours de ce monsieur le cordellier, et ma tante bien vengée de luy, duquel elle estoit souvent importunée de parler à luy; car, de ce temps il ne falloit pas, sur peine, desdire[2] ny refuser la parolle à telles gens, que l'on croyoit qu'ilz ne parloient que de Dieu et du sallut de l'ame.

Après madicte tante Louyse, vint en sa place sa sœur et ma tante, Anne de Bourdeille laquelle estoit filiole de la reyne Anne : et de ce tempz, les grandz seigneurs, et mesmes mon grand-père, estoient fort curieux que les grandz roys ou princes, ou reynes et princesses, tinssent leurs enfants sur les fondz; ce qu'ilz n'offroient à toutes maisons, si non aux grandes. Ceste Anne de Bourdeille fut maryée aprez à la cour avecques M. le baron de Maumont, l'une des grandes maisons de Limosin. Elle ne fut si belle que

---

1. *Sublime*, ce mot n'a aucun sens ici. Je crois que c'est un mot mal lu ou une faute d'impression, et qu'il faut le remplacer par *sublins* (subtils), expression souvent employée par Brantôme.

2. *Desdire*, dénier.

sa sœur, qui l'estoit en perfection, mais elle l'en approchoit fort si non en taille, car elle estoit fort petite, et Louyse l'avoit grande et belle, comme son frère M. de Bourdeille.

J'ay faict ceste disgression, mon nepveu; car il faut que vous sçachiez des nouvelles aussy bien des uns que des autres, qui vous sont si proches.

Pour retourner à vostre grand-père, estant sorty hors de page il demeura quelque temps à la cour; et puis ses[1] père et mère qui estoient vieux, envoyèrent le querir pour le veoyr et les resjouyr, car ilz en avoient ouy dire beaucoup de bien (ainsy qu'est la plus grande joye aux pères et mères quand ilz voyent leurs enfants vertueux). Et, de faict, vostre grand-père fut trouvé tel et si fort, qu'ilz ne le voyoient pas à demy, et estoit leur enfant bien chéry : de sorte que le père le tenoit si fort subject[2] près de luy, qu'il ne le vouloist eschapper[3] ny donner congé pour tourner à la cour, ny aller à aucun voyage de guerre, craygnant de le perdre par son courage trop hasardeux.

Enfin, ceste subjection[2] et ceste délicatesse fascha fort à vostre grand-père : et, entendant que les François faisoient tant de belles choses au royaume de Naples, où la guerre pour lors estoit, ayant emprunté, qui de çà, qui de là, de ses amys, quelques deux cens escus, feignant un bon matin aller à la chasse, et ayant pris deux des meilleurs et bons travailleurs courtautz qu'il eust, sans faire bruict, partit avecques

---

1. L'édition de 1740 porte *son.*
2. *Subject,* assujetti. — *Subjection,* sujétion.
3. *Eschapper,* laisser partir.

son vallet de chambre seulement et un lacquais, et avecques tous ses chiens et levriers s'en alla jusqu'à une demy-lieue dans sa terre, tousjours chassant : et estant venu à un village, il faict entrer tous ses chiens dans une grange, et les bien renfermer léans[1], et donner bien à manger; et commande au maistre de la maison et de la grange que, sur la vie, il ne leur ouvre en façon du monde, jusqu'à ce qu'il soit de retour, qui pourroit estre sur le soir ; ou, si de cas il ne revenoit, qu'il ne faillist de leur ouvrir sur le soir, et qu'il les laissast aller seulement, car ilz s'en retourneroient à Bourdeille; ce que le paysan ne faillit. Cependant mon père gaigne chemin, et fait douze grandes lieues d'une traicte, tirant vers Lyon.

Son père le soir, voyant son filz n'estre tourné, s'en estonne, croyant qu'il se fust trop amusé à la chasse. Mais, le lendemain au matin, quand on luy vint rapporter que tous ses chiens et levriers estoient à la porte du chasteau, il fut en peine et allarme, et dépescha aussy tost gens partout pour sçavoir ce qu'il estoit devenu, qui luy rapportèrent au vray l'histoire qu'ilz avoient apprise du paysan qu'ilz luy amenèrent, qui confirma le tout. Soudain il songea qu'il s'en estoit allé à l'advanture veoyr le monde, et aussy tost il envoya vers Lyon et vers la cour pour en sçavoir nouvelles, se doutant qu'il prenoit l'un de ces deux chemins.

Cependant son filz gaigne pays, et ne demeura que six jours despuis Bourdeille jusqu'à Lyon, où l'homme de son père le trouva, qui luy dit la peine en laquelle

---

1. *Léans*, dedans.

le père et la mère estoient pour luy; et luy voulant persuader qu'il tournast, il luy dict seulement : « Recommandez-moy à mon père et à ma mère, et « dictes-luy que je fais ce qu'il a faict d'autrefois, et « que je m'en vais veoyr le monde, et chercher guerre « au royaume de Naples. Il ne me verra jamais que « je ne soye plus honneste homme que ne suis ny « ne serois, si je voulois le croire et me faire tenir « cher[1] dans une boëte pleine de cotton comme une « relique. » Il envoya aussi ses recommandations à sa mère et ses frères et sœurs, et ainsy s'en alla vers Naples : où estant venu, il fut très-bien receu de tous les grandz seigneurs et capitaines françois qui y estoient, et principallement de Louys comte d'Armaignac, son parent, de messieurs de la Palysse, de Louys d'Ars, de M. de Bayard et plusieurs autres.

Il n'eut pas faict long séjour en ces pays et guerres, qu'il s'y fit fort recognoistre pour estre très-brave et vaillant, et surtout pour emporter la réputation d'estre le meilleur et le plus rude homme d'armes de tous les François; car il estoit un très-bon homme de cheval, et ny avoit cheval, tant rude fust-il et allast tant haut[2] et incommodément qu'il pust, qui luy fist jamais perdre l'estrieu; et, de ce temps-là, les chevaux n'estoient dressez, ny alloient à temps, comme despuis. Et ay ouy dire à un vieux gentilhomme de nostre maison que sur tel cheval rude qu'il fust ne refusa jamais à monter dessus, ny que

1. *Tenir cher*, garder précieusement.
2. *Aller haut*, se cabrer.
3. *Aller à temps*, avoir une allure réglée, régulière.

luy fit perdre les estrieux, sur lesquelz il mettoit ordinairement des doubles ducatz, et gageoit, qu'en cas qu'il désemparast[1] l'estrieu et qu'ilz tombassent en terre, il les perdoit par gageure faicte, et s'ilz ne tomboient ilz estoient pour luy ; et disoit ce gentilhomme qu'en sa vie il luy avoit veu faire plus de deux cens gageures toutes pareilles, et jamais ne les perdoit. Outre qu'il estoit ainsy fort adroict et bon homme de cheval, il estoit grand, de belle haute taille, fort puissant et nerveux ; ce qui le rendoit encor plus furieux et rude homme de cheval.

Or, il demeura au royaume de Naples en tout environ quatorze à quinze mois, jusqu'à ce que les François en furent chassez par le grand capitan[2], qui obtint sur eux plusieurs belles victoires, et mesme à la rencontre du Garillan, là où mon père fit trèsbien et y fut blessé, sans que l'histoire de Belleforest en cest endroict le raccopte. Je l'ay ainsy aussy ouy dire aux vieux, et en portoit aussy la marque et la playe. En ce combat il secourut et seconda si bien M. de Bayard, qu'il[3] dict souvent despuis qu'il penseroit tousjours avecques M. de Bourdeille, son second, de combattre six Espaignolz et les desfaire, estans à cheval. Toutesfois, M. de Bayard estoit petit, et non si fort ny advantageux[4] que mon père. Voylà doncques les François chassez et renvoyez de Naples.

---

1. *Désemparer*, abandonner.
2. Gonsalve de Cordoue.
3. *Qu'il*, que Bayard.
4. *Advantageux*, avantagé (pour la taille).

La guerre s'esmeut en la Romanie[1], où le roy envoya secours au pape Jules, pour le recouvrement de Boulongne contre les Bentivogles ; ce que très-mal despuis et fort ingratement il recognut, comme il se trouve parmy les histoires. M. de Bourdeille faisoit tousjours parler de luy en quelque belle faction, et se rendoit fort aymable et agréable à un chascun ; car il estoit avecques sa valeur un très-beau jeune homme, et surtout de fort bonne conversation, et qui disoit fort bien le mot.

Le pape le prit doncques en amytié, et prenoit plaisir de causer et de jouer avecques luy, car il estoit bon compaignon et familier. Un jour ilz jouèrent ensemble, qu'il gaigna à mon père quelques trois cens escuz, et ses chevaux, qui en avoit de beaux, et tout son équipage. Après qu'il eut tout perdu contre luy, et qu'il luy en faisoit la guerre, et luy dit : « Chadieu bénit » (car c'estoit son jurement quand il estoit fasché, et quand il estoit en ses bonnes il juroit chardon bénit), « Pape, joue moy cinq cens escuz sur « une de mes oreilles, rachetable dans huict jours. « Que si je ne la rachète, je te la baille à couper, et « en fasses un paté si tu veux, et le manges. » Le pape le prit au mot, et confessa après que s'il ne l'eust rachetée il ne luy eust pas faict couper, mais il l'eust obligé tellement à luy qu'il l'eust contrainct de ne bouger d'avec luy de six mois, pour luy tenir compaignie, qu'il trouvoit très-aymable, comme vous oyrez cy après. Mais mon père s'asseuroit si bien de son faict, et du recouvrement de son oreille, qu'il ne

---

1. *Romanie*, la Romagne, ou les États romains.

s'en soucyoit point quand[1] il l'eust perdue, comme il luy dit despuis; car il avoit tant d'amys à l'armée qu'il eust trouvé tousjours plus de deux milles escuz à emprunter. Ilz se remirent doncques à jouer, et la fortune voulut que mon père se racquittast de tout, fors d'un fort beau coursier et d'un fort beau petit cheval d'Espaigne, et une fort belle mule, que[2] le pape coupa queue[3] au jeu, et garde ces trois, et ne voulut plus jouer. Mon père, luy dit: « Eh! chadieu,
« Pape, laisse-moy doncques mon cheval d'Espaigne
« pour de l'argent (car il l'aymoit fort), et garde le
« coursier pour te faire tomber et rompre le cou, si
« tu y monte dessus, car il est trop rude pour toy.
« Et pour la mule, garde-la, et f... la, si tu veux;
« mais garde qu'elle rue et qu'elle ne te rompe une
« jambe. » Le Pape ryoit si fort qu'il ne s'en put arrester, tant il prenoit plaisir à ses naïvetez et parolles. Le Pape après luy dict: « Je feray mieux; je vous
« rendray vos deux chevaux, mais non la mule, et
« vous en donneray deux autres beaux, si vous me
« voulez tenir compaignie jusqu'à Rome et y demeu-
« rer deux mois avecques moy. Et passerons bien le
« temps, sans qu'il vous couste rien. » Mon père luy
« respondit: « Chadieu, Pape, quand tu me donne-
« rois ta mitre et ta calotte, je n'en ferois rien; et
« pour ton bien je ne quitterois pas mon général ny
« mes compaignons. Adieu vous, garniment[4]. » Et le pape à rire, et les grandz capitaines françois et ita-

1. *Quand*, quand même.
2. *Que*, lorsque.
3. *Couper queue*, mettre fin.
4. *Garniment*, garnement.

liens, qui s'estonnoient et ryoient aussy de la franchise de parler de mon père, lesquelz si révéremment parloient toujours à Sa Saincteté. Enfin le pape, voulant partir luy fit un adieu le plus honneste du monde, et luy dict : « Que voulez-vous de moy ? vous l'aurez ; » le pape pensant qu'il voulust demander ses chevaux, il ne luy demanda autre chose si non une licence et dispense de manger en caresme du beurre, d'autant qu'il ne pouvoit manger l'huile d'olive ny de noix ; ce que le Pape luy octroya aysément, et luy en fit dépescher une bulle pour luy et les siens, qu'on a veu au thrésor de nostre maison longtemps ; je ne sçay si elle y est encore[1].

La guerre de Lombardie se continua, où mon père s'y trouva tousjours, et en la bataille de Ravenne, où il fut encor blessé. Et, ayant demeuré l'espace de trois ans en ces pays et guerres, il s'en retourna avecques ses compaignons en France et à la cour, où il trouva à dire la reyne Anne sa bonne maistresse morte, qui l'attrista grandement ; car elle estoit toute son espérance et son support. Elle l'aymoit et l'ap-

---

1. Brantôme avait sept ans à la mort de son père. Il est donc assez difficile de supposer qu'il tienne de lui ce conte plus qu'étrange d'un pape se laissant tutoyer et appeler garnement par un jeune gentilhomme français. Sans doute il l'avait appris de l'un de ces « vieux qui avoient veu et cognu » François de Bourdeille et qui ne se sera fait aucun scrupule d'enjoliver une aussi belle histoire. Il me paraît d'ailleurs y avoir cru si peu lui-même qu'il s'est bien gardé d'y faire la moindre allusion dans quelqu'un de ces passages où il a parlé soit de Jules II, soit de son père ; toutefois il a pensé qu'il lui était bien permis de la raconter à son tour dans des pages écrites pour son neveu et qui n'étaient pas, comme ses autres ouvrages, destinées à l'impression.

pelloit sa nourriture, et estoit fort ayse quand elle en oyoit dire tant de bien de luy. Le roy en fit grand cas, et luy fit très-bonne chère.

Il s'en vint en sa maison voir son père et sa mère, qui le receurent ne faut point demander avecques quelle joye; et n'y vint point gueux nullement, ny en l'équipage qu'il alla ; car les grands chevaux et tout son équipage valoit plus de deux mille escus, qui estoit beaucoup de ce tempz là, avecques de fort honnestes gens. Entr'autres, il mena un honneste maistre pallefrenier qui s'entendoit bien en chevaux, qui estoit de ce temps comme un créat d'aujourd'huy. Il a vescu cent ans. Je l'ay veu, mais fort vieux : encore montoit-il quelquesfois à cheval, tout vieux qu'il estoit. Il s'entendoit très-bien à la maladie des chevaux, et nous l'appellions le bon homme, et qui nous racontoit bien des jeunesses et vaillances de mon père. Il devint aveugle de vieillesse, et laissa des enfans assez honnestes gens, mais non pareilz à luy.

Le roy Louys XII mort, que ce beau voyage du roy François se présenta de là les montz pour la journée de Marignan, mon père y va; car ny père ny mère, ny tout le monde ne l'eust pas sceu retenir, car il estoit du tout à luy[1], et ne vouloit estre subject à personne du monde, et ne voulut jamais avoir charge, ny de capitaine, ny de lieutenant, ny d'enseigne, ny de guydon; rien de tout cela, tant il s'aymoit, et luy et sa douce liberté : ainsy que tous nous autres, et surtout moy, avons esté de cest'-

---

1. *Estre du tout à soy*, s'appartenir complétement.

humeur, dont mal m'en a pris pour mon advancement. Il se trouve doncques à ceste guerre et battaille de Marignan, combattant soubz l'estendart de M. de Bourbon, qui l'aymoit extresmement pour des raisons que diray ci-après, et en fit au roy de très-bons et hautz rapportz, ainsi qu'il se fit ce jour-là paroistre à clair; et le roy luy voulut dès-lors donner charge et le faire lieutenant des cent hommes d'armes de son oncle[1] René, bastard de Savoye; mais point. Après la bataille gaignée, il demeura à Milan quelque temps avecques M. de Bourbon, lieutenant général du roy, et puis s'en retourna en France avecques luy.

Estant en France, sa mère s'advisa de le maryer, car son père estoit mort, pour le retenir, afin qu'il fust arresté[2], et n'allast plus traverser ny vagabonder le monde et trotter tant qu'il avoit faict, et que le seul maryage, disoient ses parens, le pourroit arrester. Sur ce, il espousa Anne de Vivonne, ma mère, une fort honneste et sage damoiselle, et pour lors fille d'une des bonnes et riches maisons de Guyenne, voire de France, et fille de messire André de Vivonne, séneschal de Poictou, chambellan du roy et gouverneur de M. le Dauphin, et fille aussy de madame Louyse de Daillon, sa mère, de ceste grande maison du Lude, dame d'honneur de la reyne de Navarre, Marguerite, sœur du roy François. Ceste fille Anne de Vivonne fut fort aymée et chérie de son père et sa mère : et falloit bien qu'ilz eussent en grande estime M. de Bourdeille, et que M. le séneschal, qui estoit un des habilles hommes de son temps,

1. *Son oncle*, l'oncle de François Ier.
2. *Arresté*, fixé.

et qui avoit beaucoup veu, mesmes avoit faict le voyage du royaume de Naples avecques le roy Charles VIII, l'avoit cognu et remarqué pour un fort honneste homme et de grande valeur. Et, bien qu'il fust recherché de fort grandz partis et plus riches que M. de Bourdeille, si est qu'il eut la préférence sur tous autres de sa fille ; car il disoit qu'il estoit d'une très-grande et des plus anciennes maisons de Guyenne, et très-brave et vaillant, et surtout très-homme de bien et d'honneur. Pour toutes ces raisons il luy bailla sa fille, qui n'avoit que treize ans quand il l'espousa, qu'on craignoit qu'il la gastast, et ne pust jamais avoir enfans ; car il avoit un advitaillement[1] si grand et advantageux, qu'il eust faict peur et appréhension à une femme d'un plus grand aage.

Lorsqu'il l'espousa, il n'eut pas de maryage que vingt mille francs, qui estoient beaucoup pour lors, et comme aujourd'huy quarante mille, mais son père la rappella[2], puis après, ainsy qu'en est la coustume de Poictou : et despuis en hérita de plus de soixante mille escus, tant en terres que les beaux meubles d'Amville[3], qui estoient lors des plus beaux qui fussent en maison de Guyenne.

Elle fut superbement habillée pour ses nopces, car la reyne Anne, qui estoit sa maraine, et qui aymoit singulièrement M. le sénéschal, voire d'amour, luy légua par testament deux robbes de drap d'or, deux de toile d'argent et deux de damas rayez d'or et

1. *Advitaillement*, membrure.
2. *Rappeler*, appeler à prendre part à la succession.
3. Anville, dans l'arrondissement d'Angoulême.

d'argent, ainsy que ceste façon en couroit pour lors. Elle luy ordonna aussy deux paires de brodures[1], belles et riches, ainsy que la façon en couroit pour lors.

M. le séneschal son père, et madame la séneschalle sa mère, qui en avoit eu de belles de madame de Bourbon[2], avecques qui elle avoit esté nourrie fille, et l'aymoit fort, luy firent aussy de beaux présens, tant de robbes que brodures. Les nopces furent fort somptueuses et magnifiques, et bien fort aussy les amenances[3] qui se firent à la Tour-Blanche et à Bourdeille; car, ainsy que j'ay ouy dire à ma tante de Grezignat[4], allèrent au devant de la maryée jusqu'aux portes d'Angoulesme trois cens gentilshommes en deux bandes, l'une menée par M. de Bourdeille, et l'autre par M. de Grezignat son frère. Ceux de M. de Bourdeille estoient vestuz de grandes casaques de velours cramoisy à l'albanoise, et les chevaux bardez de mesmes. Ceux de M. de Grezignat de velours jaune, parce que c'estoient les couleurs de la maryée jaune et rouge; le tout pourtant aux despens de mon père. La maryée estoit montée sur une hacquenée blanche, harnachée de velours cramoisy et argent, fort superbement : et la faisoit très-beau veoyr à cheval, car elle s'y tenoit fort bien, et paraissoit très-belle comme de vray elle l'estoit, et fort agréable,

---

1. *Brodure*, bordure, garniture.
2. Anne de Beaujeu.
3. *Amenances*, conduite que l'on faisait aux nouveaux mariés quand l'époux amenait sa femme chez lui.
4. Anne Joubert, mariée le 8 avril 1529, à Jean de Bourdeille, seigneur de Saint-Just et de Grésignat.

ainsy que tesmoigne son portraict représenté dans le sépulcre d'Amville, et ceux de Catherine et Jehanne, l'une religieuse à Fontevaux[1], et Jehanne qui fut madame de Dampierre, toutes trois représentant les trois Maries.

Ladicte dame de Bourdeille avoit six damoiselles après elle, toutes montées sur hacquenées que mon père avoit donné, avecques harnois de velours noir. Entre autres estoient à elle les deux Marignys, l'aisnée maryée à Ursay[2] et l'autre à Chemeraut[3], d'où sont sortis MM. de Chemeraut qui sont annuit, une fille de Saveille, riche héritière, et mourut à la Tour-Blanche[4] et enterrée à Cercles, paroisse de ladicte Tour-Blanche.

Elle avoit aussy trois pages, dont un de la maison de Lammary[5], parent de la maison de Bourdeille, qui estoient vestuz de velours rouge pourpre, doublé de blanc, avecques des bandes de velours noir bordé d'argent, parce que c'estoient les couleurs de la maison de Bourdeille : blanc, noir et rouge[6].

1. Fontevrault.
2. Les éditions antérieures portent par erreur *Urfé*.
3. Jean de Vivonne, seigneur de Marigny, fut marié deux fois. De sa seconde femme, Honorée d'Authon, il eut deux filles : Françoise, mariée à Philippe de la Béraudière, seigneur d'Ursay, et Catherine, mariée à Geoffroy de Barbesière, seigneur de Chemeraut.
4. La Tour-Blanche est située dans le canton de Verteillac, arrondissement de Ribérac (Dordogne).
5. Pierre de Beaupoil de Sainte-Aulaire, troisième fils de Jean de Sainte-Aulaire et de Marguerite de Bourdeille, eut pour femme Catherine de Laurière, fille de Jean de Laurière, seigneur de Lanmary.
6. Dans l'édition de 1740 (t. XIII, p. 68), on lit ici la note

Bref, le convoy de ces nopces fut des plus pompeux et superbes qu'on avoit veu il y avoit longtemps en maison de Guyenne.

Or, chascun pensant que ceste belle femme arrestast mon père de ne plus trotter, et que ce lien de maryage le liast tellement qu'il ne bougeast plus sans aller tant voyager, il les trompa bien tous. Car, ayant touché argent frais (bien que son père durant son vivant ne luy espargnast jamais rien, quand il le vit si honneste homme, pour paroistre sur tous; car mon grand-père estoit très-riche de grandz biens et moyens et luy donnoit un entretien très-grand et digne d'un petit prince), il tourne encor de là les montz trouver M. de Lautreq, qui l'aymoit extresmement, et qui estoit lors lieutenant de roy, et y va avecques un fort beau et riche équipage de guerre, et avecques luy six ou sept gentilzhommes de ses terres, dont le sieur du Plessac en estoit un, à qui j'en ay ouy discourir.

Ne faut point demander si M. de Lautreq luy fit bonne chère, se voyant renforcé d'un si honneste et brave gentilhomme, lequel il voulut plusieurs fois honnorer de charges; mais rien moins il n'y voulut entendre, et demeura par de là un an et demy sans en bouger, faisant toujours quelque beau coup digne

suivante. « Ces trois pages et livrée de Bourdeille au mariage d'Anne de Vivonne, tirez de six grandes mains de papier écrites de la main de Brantôme, qu'on a perdues à la mort de Quinet, directeur de l'Opéra vers 1712, à qui on les avait données pour faire imprimer la vie de Brantôme. » Cela veut dire, si je ne me trompe, que ce paragraphe est une addition faite au récit de Brantôme, et qu'on l'a tiré d'un manuscrit égaré depuis. — Nous reviendrons ailleurs sur la perte de ce manuscrit.

de sa main. Mesmes un jour, ainsy que m'a dict une fois M. de Brouillac, qui estoit aussy avecques luy près de Crémone, il y eut un capitaine espaignol ou italien, qu'on tenoit pour très-bon gendarme, qui demanda à donner un coup de lance, ayant un ruisseau entre deux, et assez gros, si qu'on ne pouvoit aller à luy si-non sur un petit pont de bois, que les tables[1] trembloient toutes, et à demy usées. Feu mon père prend un cheval d'Espaigne sans dire garre, et passe sur ce pont si viste et légèrement, avec la plus grande course de son cheval qu'il luy put donner de l'esperon, qu'il passe de là, va à son homme, luy donne un si grand coup de lance, qu'il le porte d'un costé par terre à demy mort, la selle de son cheval va d'un autre costé, et le cheval de l'autre ; et, ayant faict cela, s'en retourne sur le mesme pont avecques mesme vitesse et prestesse qu'il avoit faict en allant, avecques un grand estonnement de tous les regardans, et crainte que luy et son cheval ne fondissent et pont et tout dans l'eau, et tourne sain et gaillard : et dit despuis que, s'il ne fust advisé de prendre ce cheval léger et viste, et en eust pris un plus fort, ou coursier, ou roussin, et ne fust allé ainsy viste, et d'aller le pas, il se fust rompu le cou ou noyé, et tombé et le cheval et tout. Il fut fort estimé de ce coup, et des François et des Espaignolz et Italiens : et parla-on fort de la bonne et rude lance du seigneur de Bourdeille, ensemble de son espée et son bras ; car il l'avoit fort robuste et fort nerveux, sans trop garniture de chair ; ayant de mesmes delà les montz

---

1. *Tables*, planches. Nous disons encore le tablier d'un pont.

esté en très-bonne réputation et fort aymé des François ; car il tenoit très-bonne table, despensoit tout, donnoit fort, estoit fort libéral. Quand il voyoit un honneste homme qui avoit faute d'un bon cheval, ou autre qui luy en demandoit un, aussy tost il luy donnoit. J'ay ouy conter à M. de Brouillac que le premier cheval de guerre et d'ordonnances qu'eût jamais M. de Burie, mon père le luy bailla. Aussy ne le celoit-il pas, et le disoit souvent, et honnoroit fort mondict père, et le venoit voyr souvent en sa maison quand il y fut retiré, et luy portoit grand honneur et respect, et parloit tousjours du bon temps avecques toutes les louanges de mondict père, bien qu'il eust eu dans le Piedmont et au royaume de Naples de belles charges. J'ay veu cela estant fort petit garçon, une fois à La Feuillade[1]. Aussy mon père luy pourchassa son maryage avecques sa femme, qui estoit sa cousine germaine, de la maison de Belleville : et jamais mondict père ne l'appeloit que cousin ou castron[2], parce qu'il estoit de Sainctonge ; car il avoit cest humeur et coustume, que guières il n'appelloit les personnes par leur nom ou surnom, ou de leurs seigneuries, mais leur en imposoit quelqu'un, comme souvent il se verra en ce discours.

Pour retourner encor à sa libéralité, feu M. d'Essé, ce grand capitaine despuis, eut aussy de luy son premier cheval de guerre qu'il eut jamais, et luy

1. La Feuillade était une maison de plaisance dépendant de la Tour-Blanche. (Note de l'édition de 1740, t. XV, p. 287).
2. *Castron.* En Bourgogne un veau châtré s'appelait *chastron;* en italien *castrone* signifie à la fois un mouton, un châtré, et un lourdaud.

donna avecques une très-belle et bonne espée dorée. Il[1] le disoit partout, comme je l'ay ouy conter à madame de Dampierre et à ma sœur de La Chapelle[2], qui luy ont ouy dire souvent. Aussy ne fut-il jamais ingrat, car, tant qu'il a vescu, il a tousjours fort honnoré nostre maison, d'autant qu'il avoit esté nourry page de feu M. le séneschal mon grand-père, et disoit avoir bercé cent fois ma mère, et ne voulut jamais laver avecques madame la séneschalle ma grand' mère, bien qu'il fust esté lieutenant de roy en Escosse, et ne lavoit jamais qu'avecques ses deux filles, ma mère et ma tante de Dampierre. Mon père ne l'appelloit jamais que Landrecy, parce qu'il avoit léans tenu le siège avecques le capitaine La Lande si bravement contre l'empereur Charles.

Mon père aussy donna son premier cheval de guerre, pour aller aux ordonnances[3] soubz M. de Montpezat, à Foussan, à M. de Sainct-Martin de Lisle, de Périgord, d'où sont sortis ceux de Lisle-Dieu; et me souviens de l'avoir veu une fois à La Feuillade, qui vint veoyr mon père, et ne se voulut jamais laver avecques luy, tant il luy portoit honneur et respect, et le disoit estre cause de son advancement quand il l'envoya aux ordonnances, et le bailla à M. de Montpezat, son cousin, qu'il luy recommanda fort. Aussy luy bailla-il[4] la commission d'aller le premier parlementer à Foussan avecques

1. *Il*, d'Essé.
2. Françoise de Bourdeille, mariée à *N*. seigneur de la Chapelle-Faucher, en Périgord.
3. *Aux ordonnances*, aux compagnies d'ordonnance.
4. *Luy bailla-il*, M. de Montpezat lui bailla.

Antoine de Lève. Et puis, quand la Savoye fut conquise, il fut faict gouverneur et capitaine du chasteau de Montmélian. Voylà son advancement par le moyen de mon père, lequel ne l'appelloit jamais que grand vilain pendard, non qu'il ne fust de très-bonne maison, mais parce qu'il estoit grand, gros, puissant et fort comme un vilain. C'est assez pour le coup parlé de ses libéralitez, jusqu'à une autre fois.

Quand l'entrevue du roy François et roy Henry d'Angleterre se fit à Ardres[1], mon père s'y trouva, où il y eut de grandes magnificences, et surtout de joustes et tournois. Madame la régente[2] luy fit commandement exprez de n'entrer en tournois, et luy deffendit la jouste, soubz peine de grande désobéyssance, et principallement contre le roy son filz, bien qu'il fust un des bons hommes d'armes de son royaume; mais mon père l'estoit bien plus, et souvent en avoient faict la preuve, et s'estoient essayez et tastez; et madame la régente craignoit qu'il ne le fist chanceller et quitter l'estrieu, et par ainsy qu'il en eust receu une honte devant une si belle assemblée.

Ceste deffense fascha fort à mon père, car il se vouloit fort faire paroistre pour tel qu'il estoit. Au pis aller, ne pouvant mieux, et les mains luy démangeant, il se mit un jour sur les rangz, et comparoist sur un de ses muletz de coffre[3], et avecques ses son-

1. En juin 1520.
2. Louise de Savoie.
3. *Mulet de coffre*, mulet servant à porter les coffres, malles, etc.

nettes il fait trois ou quatre courses sur ledict mulet qui couroit bien, et rompt trois ou quatre lances d'une grande et belle force et roideur, et puis se retira. J'ay ouy conter cela à ma mère, qui lors y estoit et sur l'eschaffaut des dames qui arregardoient, que quand l'on vit entrer ce gendarme, et en tel équipage, et qu'on eut dict que c'estoit le seigneur de Bourdeille, elle en demeura si fort estonnée qu'elle se mit à rougir et demeurer un peu muette, et dire aprez qu'elle eust voulu avoir donné beaucoup qu'il n'eust ainsy comparu, de peur qu'il ne fist quelque faute. Mais quand elle vit qu'il eut si bien faict, elle se rasseura et se resjouyt bien fort, mais bien encor plus quand il y eut un grand Anglois, fort et puissant gendarme, qui esbranloit tous nos François; et luy fut commandé par le roy et madame la régente d'aller parler un peu à lui. Il monta soudain sur un grand coursier fort et alla à luy. De la première course il le fit chanceller et luy faict toucher la lice ; de la seconde, il le porta par terre tout à trac, dont le monde s'en esbahit fort, car il estoit l'une des rudes lances de l'Angleterre; et à mon père resta une grande gloire.

Et, pour ce, le roy Henry[1] le prit en si grande amytié qu'il ne le voyoit pas à demy[2], et le mena avecques luy en Angleterre pour un mois, passer le temps; là où il le menoit souvent à la chasse des oyseaux et des chiens ; et parce qu'il vit que les siens n'estoient pas des bons, ny pour la perdrix, ny pour

---

1. Henri VIII.
2. *Qu'il ne le voyoit pas à demy*, qu'il le voyait sans cesse.

le lièvre, il luy dict qu'il luy en vouloit bayller une demy-douzaine des siens, qui estoient bien autres en beauté et bonté, et tous noirs comme taupes. De quoy le roy fut fort ayse, et l'en pria de les luy envoyer quand il seroit de retour chez luy; à quoy mon père ne faillit. Et, après avoir pris congé du roy, il luy fit présent de deux belles boettes d'Angleterre, et voulut qu'il fist mettre ses armoiries dans l'église de Sainct-Paul à Londres, sur le grand vitrail; ce qu'il fit, et les y ay veues paroistre bien avecques ces deux grandes pattes de griffon qu'il faisoit beau veoyr, lesquelles mon frère d'Ardelay et moy vismes et remarquasmes quand nous estions en Angleterre.

Mon père doncques estant de retour à la cour, le roy François luy fit bonne chère, et luy demanda force nouvelles de celle que le roy Henry luy avoit faictes, et puis luy dict : « Vous gouverneriez paisi-
« blement le roy mon frère. Il n'y a que pour vous. »
Mon père luy dict : « Ah ! chadieu, il est vray, sire
« roy, je le gouverne mieux que je ne vous gouverne,
« et l'eusse encor mieux gouverné si j'eusse voulu
« demeurer avecques luy; car il m'a présenté de
« meilleurs partis que vous ne me ferez jamais. Mais
« ny moy ny les miens, ne fusmes jamais Anglois ny
« traistres. Pour tous les biens du monde je ne le
« feray jamais, ny à vous ny à mon pays, bien que
« ne me donnez pas grande occasion de me conten-
« ter de vous. » Le roy se mit à rire, et luy dit qu'il ne tiendroit qu'à luy qu'il ne fust content de luy, et qu'il luy demandast. « Ah ! chadieu bénit, dit-il,
« vous autres roys vous promettez prou, quand vous
« avez affaire des gens de bien, et puis rien; mais

« que vous ayez vos petitz mignons près de vous,
« vous ne vous souciez de personne. »

Or, mon père, estant retourné en sa maison, il ne faillit pas d'envoyer audict roy Henry le présent de ces chiens noirs, qui furent à la demy-douzaine, des plus grandz et fortz espaigneuilz que l'on eust sceu veoyr, et des plus beaux et des meilleurs. Il y avoit quatre chiens et deux chiennes, tous couplez bien gentiment. La Souche, qui avoit esté son laquais de là les montz et estoit père de Pechonpe, les mena. Ne faut point demander comme le roy les trouva beaux et bons aprez les avoir essayez; et en loua cent fois mon père. Il bailla à La Souche cinquante escus pour s'en retourner, et une chaisne de cinquante escus qu'il portoit au cou. Quand il arriva il se présenta à mon père avecques son habillement de velours noir, que mon père l'avoit ainsy habillé avant que partir; si bien qu'on l'eust pris pour un gentilhomme, car il estoit de fort belle et haute taille, et avoit encor amené une fort belle guilledyne à mon père que le roy luy envoyoit. J'ay ouy faire ce discours au bonhomme Feu, lieutenant de La Tour-Blanche, qui avoit vescu quatre-vingtz ans, qui estoit présent à l'arrivée dudict La Souche, qui faisoit si bien sa myne, et se targuoit et se roguoit[1] (il m'usoit de ce mot), qu'il ne faisoit cas de personne avecques sa belle cadène, et la portoit ordinairement et disoit qu'il avoit gouverné le roy Henry à la chasse et par tout, et qu'il ne luy faisoit que souvent demander des nouvelles de son maistre, et qu'il le desiroit cent fois

---

1. *Se roguer*, faire le rogue.

prez de luy ; et disoit que c'estoit un bon roy, et qu'il avoit vescu tousjours en sa maison royalle ; et avoit commandé de luy faire boire de bon vin ; « car ces Gascons, dit-il, l'ayment autant que les Anglois, leurs anciens frères et compaignons. »

Cedict lieutenant me fit ce conte à propos qu'un jour, parlant et devisant avecques luy, je luy dis que j'avois veu parmi les espaigneuilz de la chasse de la reyne d'Angleterre deux douzaines de chiens noirs, les plus beaux que je vis jamais et que j'avois opinion que mon père en eust tiré de là la race des siens. Ce bonhomme lieutenant me réplicqua : « Ah! mon-
« sieur, c'est tout au rebours; car feu M. vostre père
« y envoya ceste race, puisqu'elle y dure encor, » et puis me fit tout ce conte cy-dessus.

Et quand la battaille de Pavie se donna, mon père s'y trouva sans aucune charge, car il n'en vouloit pas, mais pour son plaisir. Il y fit très-bien, comme il......

III

Oraison funèbre de feu madame de Bourdeille, faicte par moy, seigneur de Brantôme, son beau-frère, qui fut dicte et prononcée le jour de sa quarantaine[1] par un sçavant prescheur, cordelier de Bourdeaux.

La très-haute et très-vertueuse dame Jacquette de Montbron, madame de Bourdeille, a esté extraicte de ceste grande, illustre et antique maison de Montbron, l'une des premières baronnies d'Angoulmois. Encore la plus saine voix tient qu'elle est la première, tant pour son antiquité que pour les grandes alliances qu'il y a eu en ceste maison; si que de ceste maison est sortie une fille, reyne de Sicile, et autres grandz et grandes, comme il se verra en la généalogie cy-aprez; aussy pour les grandz biens, terres et seigneuries que les seigneurs de Montbron ont tenuz; car ilz sont estez comtes de Périgord : encor de bon droict ladicte comté appartenoit à feue madicte dame. Ont estez viscomtes d'Aunay, seigneurs et barons de Montbron, Mathas, Royan, Chef-Boutonne, Maulevrier, Sainct-Megrin, Mortague, Archiac, Sertonville, et plusieurs autres places. Et, si bon droict fust esté

1. Le quarantième jour après sa mort.

gardé à ladicte dame, elle fut estée en son vivant riche de plus de cent mille livres de rente.

Et pour éviter prolixité, et ne rechercher plus avant la généalogie de ladicte maison de Montbron, comme on la pourroit monstrer de temps immémorial, je commenceray seulement à

I. Messire Robert de Montbron, lequel espousa[1] madame Yoland de Mathas, duquel maryage vint :

II. Messire Jacques de Montbron, qui fut maryé avecques la fille et héritière de messire Regnaud de Maulevrier et de madame Béatrix de Cran[2], fille de messire Guillaume de Cran, viscomte de Chasteaudun, et madame Marguerite de Flandres, fille du comte de Flandres ;

III. Duquel messire Jacques, et de ladicte de Maulevrier, est issu messire François de Montbron, baron dudict lieu de Montbron, de Maulevrier, et viscomte d'Aunay qui fut maryé[3] avecques madame Louyse de Clermont en Beauvoysin :

IV. D'où vint Archambaud, comte de Périgord[4], nepveu de ce cardinal de Périgord, qui vint devant Poictiers traitter la paix entre le roy Jehan et le prince de Gales.

V. *Item*, dudict messire François et de ladicte ma-

1. En 1348.
2. Craon.
3. Le 25 mai 1403.
4. A partir de cet alinéa les erreurs abondent dans la généalogie. Archambaud IV, comte de Périgord et neveu de Talairan de Périgord, évêque d'Auxerre et cardinal, mort en 1364, n'était point fils de François de Montberon mort en 1470, mais de Roger-Bernard, comte de Périgord, et de Léonor de Vendôme.

dame Louyse, est descendu autre messire François de Montbron, maryé avec Françoise[1] de Vandosme, fille du comte de Vandosme.

VI. Et d'iceux est sorty messire Eustache de Montbron, qui espousa la fille puisnée du comte de La Marche[2], l'aisnée ayant été maryée avecques le roy Charles V[3], duquel sont venuz les ducs d'Orléans et les comtes d'Angoulesme, d'où sont venuz le grand roy François et ses successeurs de Valois.

VII. Dudict Eustache de Montbron et de ladicte de La Marche est venu messire Adrian de Montbron, qui espousa Marguerite d'Archiac, dame et principale héritière dudict lieu, fille aisnée de messire Jacques d'Archiac et de madame Marguerite de Lévy, deux des grandes maisons d'antiquité et de richesses qui fussent en Guyenne.

VIII. D'iceluy Adrian, et de ladicte d'Archiac, est issu François de Montbron, maryé avecques madame Jehanne de Montpezac, fille puisnée du viscomte de Chastillon ; M. le marquis de Villars, ayant espousé l'aisnée, de laquelle est issue madame la duchesse du Mayne[3].

---

1. La fille de Pierre de Vendôme s'appelait Jeanne et non Françoise.

2. Marguerite, la femme d'Eustache, n'était point fille du comte de La Marche, mais bien de Jean d'Estuer, seigneur de Lisleau. La femme de Charles V, Jeanne de Bourbon, était fille aînée de Pierre Ier duc de Bourbon.

3. Il y a une grande confusion dans cet alinéa. Voici comment il faut rétablir les faits : François de Montberon épousa Françoise de Montpezat veuve de Alain de Foix, vicomte de Castillon, laquelle avait eu de son premier mari une fille, Jeanne (*alias* Françoise) de Foix, mariée à Honorat de Savoie, marquis de Villars. La

IX. Dudict messire François, et de ladicte Jehanne, vint messire René, mort sans hoirs à la bataille de Gravelines, et madicte dame Jacquette de Montbron, dame des viscomtez et baronies de Bourdeille, Archiac, Mathas, la Tour-Blanche et Sertonville, maryée avecques feu messire André de Bourdeille, en son vivant seigneur des susdictes seigneuries, viscomtez et baronnies, chevallier de l'ordre du roy, capitaine de cinquante hommes d'armes de ses ordonnances, sénéschal, gouverneur et lieutenant de Sa Majesté en Périgord.

Entre autres belles preuves d'antiquité de ladicte maison de Montbron, je vous diray qu'il se treuve par escrit dans les vieux romans comme, lorsque le roy Artus, roy de la Grande-Bretaigne, institua les chevalliers de la Table-ronde, qu'on nommoit autrement les chevalliers errans, se trouva une Frédégonde de Montbron, qui, par sa richesse, beauté et vertuz, fut fort recherchée desdictz chevalliers errans, pour laquelle ils firent plusieurs beaux exploictz d'armes. Aussy le principal subject de leur institution estoit pour conquérir leurs femmes, plus par leurs beaux faictz que par leurs richesses et moyens, et surtout de secourir les belles et honnestes dames en leurs afflictions, si aucunes leur mésadvenoient[1].

L'on pourra dire que ce sont fables que ces contes de ce roy Artus et des chevalliers errans. Aucuns le disent, d'autres non. Certes, plusieurs contes s'en

---

fille issue de ce mariage, Henriette de Savoie, épousa en premières noces Melchior des Prez, seigneur de Montpezat et du Fou, et en secondes noces, Charles duc de Mayenne.

1. *Mésadvenir*, survenir malheureusement.

font, qui paroissent un peu fables, mais d'autres paroissent histoires, en ce qui contient les beaux faictz d'armes desdictz chevalliers, ainsi que nous en voyons aujourd'huy faire parmy nous.

Tant y a qu'il ne faut point doubter de ceste dicte institution du roy Artus : elle est trop certaine, et despuis s'est fort continuée parmy les armes, et mesmes du temps des braves palladins de Charlemaigne. Et, bien que lesdictz contes fussent fables, pour le moins ceste fille de Montbron, se treuve en estre de ce temps là : et que si elle n'y fust estée ny au monde, on n'en eust point parlé.

Il se treuve que, du temps et règne de Charles VI, les Anglois prindrent le chasteau de Montbron, estant le seigneur en France, servant son roy très-fidèlement. Il revint en aprez et le reprint, où s'estoit retirée une abbesse de là auprès, qui apporta toutes ses reliques, richesses et thrésors, parmy lesquelz on trouva deux grandes pièces d'or, chascune pesant cent escus, où y estoient gravez deux hommes armez de toutes pièces, à cheval, l'espée à la main, avec ces mots escritz : *Vive les nobles seigneurs de Montbron!* et lesdictes pièces estoient faictes et forgées il y avoit plus de trois cens ans d'auparavant.

Vous trouverez au catalogue des mareschaux de France un seigneur de Montbron, mareschal de France [1], faict dès la première institution.

Pour éviter la trop grande prolixité sur les grandes louanges de ceste noble race, je diray que tous les sei-

---

1. Jacques, sire de Montberon, maréchal de France, mort en 1422.

gneurs de Montbron de pères en filz ont estez tousjours estimez très-braves et très-vaillans chevalliers, et se sont faictz signaler en toutes les guerres où ilz se sont trouvez, tant en Terre-Saincte que de celles de delà et deçà de les monts : dont entre autres, pour parler briefvement, je ne nommeray que messire Adrian de Montbron, grand père de madicte dame, qui se trouva à la bataille de Fournoue, lequel le roy Charles VIII print pour l'un de ses neuf preux et confidens esleuz pour se tenir prez de sa personne ce jour-là, qui l'assista très-bien avec tous ses compaignons, et y fut fort blessé, et mesmes d'un grand coup de lance qu'il eut au cou, dont toute sa vie il le porta un peu tors le moins du monde, comme on en dit de mesmes du grand Alexandre. Et, despuis, nos roys Charles, Louys et François, l'advancèrent pour ses vaillances, et l'honorèrent de grandes charges; car il fut lieutenant de roy en Guyenne et gouverneur de La Rochelle, autant aymé et honoré des habitans que gouverneur ait esté.

Il se trouve par escrit comme le roy Louis XII, ce père du peuple, disoit qu'il avoit plusieurs jeunes gens favoris qu'il aymoit fort, mais que s'ilz lui demandoient quelque don qui foulast le peuple, il ne les aymeroit jamais, et que le seigneur de Montbron (qui estoit lors messire Adrian, et l'un de ses favoris), le luy avait ainsi conseillé. Par là vous voyez la bonté dudict de Montbron. Il laissa plusieurs enfants après luy, dont l'aisné fut messire François de Montbron, père de Madame dont nous parlons, très-brave et généreux chevallier, qui fut gouverneur et lieutenant de roy dans Blaye; de laquelle charge s'en acquitta tousjours très-dignement, et mesmes en une entreprise que firent une fois les Espaignolz et Anglois là-dessus, que sans la valeur, conduitte et hardiesse dudict messire François de Montbron, ladicte place estoit prinse d'amblée.

Ledict messire François aprez luy laissa procréez de sa chair, et de dame Jehanne de Montpezac d'Agenez, une très-sage et très-vertueuse dame, messire René de Montbron et madicte dame Jacquette de Montbron. Ledict René commença à porter les armes fort jeune, en l'aage de seize ans, aux guerres d'Italie et Toscane, quand nous la tenions soubs nostre grand Henri II. Puis, venant de là en France, il fut guydon de la compaignie de cinquante hommes d'armes de ce grand capitaine M. de Sansac, à laquelle commandant mourut à la bataille de Gravelines en Flandres, livrée entre ces deux grandz capitaines, l'un françois et l'autre flamand, le mareschal de Termes et le comte d'Ayguemond. Là mourut ledict sieur René de Montbron, après avoir rendu plusieurs beaux faictz d'armes, en très-grande réputation et regret de son roy et de tous les gens de guerre, pour lors estant en l'aage de dix-huit ans, laissant sa sœur, madame Jacquette de Montbron, sa seule sœur et héritière, riche en ce temps-là autant qu'héritière aucune de la France, et très-belle, très-sage et très-honneste, peu de temps avant maryée avec messire André de Bourdeille, désirée et pourchassée de plusieurs grandz de la France de fort bonne et grande maison; mais il l'emporta par dessus tous eux, autant par ses mérites que pour la grandeur de son antique race, de laquelle je ne m'estendray longuement pour en discourir, et me contenteray dire seulement que ceste race est des plus antiques de la France. Nos histoires françoises n'en font seulement mention, mais les italiennes et espaignolles. Aussi, vous trouverez dans les françoises et vieux romans que, comme j'ay dict, ne doivent estre à rejetter, quoy qu'on die (ou bien il ne faut advouer un grand empereur Charlemaigne, ses pairs, ses grandz barons, palladins et chevalliers qui ont faict tant de beaux faictz d'armes contre les Sarrazins et Infidèles); vous trouverez donc dans ces vieux livres imprimez en lettre gottique, et escritz à la main, comme ce grand empereur Charlemaigne, se plaignant à ses barons du peu d'assistance que luy avoient faict en une entreprise tramée alors des Sarrasins contre luy, il dit que sans le grand et bon secours que luy donna Yvon de Bourdeille, il estoit très-mal. On treuve force titres de cest Yvon encore dans le thrésor du chasteau de Bourdeille.

Les histoires italiennes et espaignolles parlent d'un Angelin de Bourdeille, qui fut commandé par l'empereur d'aller recognoistre les ennemis la vigile de la bataille de Roncevaux, où il fut tué et fort regretté de l'empereur et des siens. L'histoire le met au rang des palladins, qui n'estoit pas peu de chose de ce temps-là, et après les pairs marchoient les premiers, et tenoient grand lieu[1]. Ceste histoire se treuve dans un vieux livre italien nommé *Morgant*[2], et un roman espaignol qui s'intitule : *El suceso de la batalla*

1. *Lieu*, place, rang.
2. Voyez tome V, p. 393-394.

de Roncesvalles : et un autre qui s'intitule : *El espejo de cavalleria* [1].

Pour laisser ces antiques histoires, un Helias de Bourdeille se croisa en la première saincte guerre, et y mourut, dont le testament se treuve encore au thrésor de la maison.

Et, pour descendre aux plus récens, un Archambaud et Arnaud de Bourdeille servirent fort bien leurs roys de France encontre les Anglois, et mesmes Arnaud et Jehan de Bourdeille, son tiers frère (qui s'en alla après aux guerres de Naples d'alors sous Charles, duc d'Anjou, et s'y acaza), accompaignèrent tousjours ce grand foudre de guerre, le bastard d'Orléans, à chasser les Anglois de Guyenne, et furent faictz chevalliers devant Fronssac avecques plusieurs autres ; et puis Arnaud fut créé par le roy son sénéschal et lieutenant général en Périgord. Il s'en acquitta très-dignement, et avoit pour lors son frère le cardinal de Bourdeille, qui fut un prélat de très-bonne et saincte vie, qui pourtant, saisi par trop de superstitions vaines et resveries du temps passé, ne fit jamais de bien à la maison, estant de ceux qui disent qu'il valoit mieux faire du bien aux pauvres qu'à ses parens. Aussy ledict Arnaud ne s'en soucia guières, car il estoit un très-riche et très-puissant seigneur, tant d'antiquité et de ses biens que par ses services, devoirs et beaux faictz d'armes.

Et pour faire fin, sans tant rechercher de si loing, messire André de Bourdeille fut filz de messire Fran-

---

1. *Verdadero suceso de la batalla de Roncesvalles,* 1583, par Fr. Garrido de Villena. — *Espejo de cavallerias,* par P. Reynosa, Sevilla, 1545-1580, 3 vol. in-f°.

çois de Bourdeille, qui, en ses jeunes ans, se fit tant signaler au royaume de Naples, à la journée du Garillan, sous ce grand M. de Bayard, où il fut fort blessé, les histoires le prouvent, et puis à la bataille de Pavie. Et, pour ce, ledict messire André de Bourdeille ne voulant en rien dégénérer de son brave père et de ses prédécesseurs, estant fort jeune, se mit à la guerre de fort bonne heure. Il fut du temps du roy François, aux guerres de Landrecy, de Marolles, du camp de Jalon et de Boulongne; du règne du roy Henry, à la guerre d'Escosse, au voyage d'Allemaigne et siège de Metz, et puis a été prisonnier dans Hesdin, et demeura six ans prisonnier en Flandres, d'où n'en sortit qu'après la trefve faite entre l'empereur et le roy; et, la guerre espaignolle se recommençant, il continua tousjours les estrangères, et aux civiles servit très-fidèlement tous ses roys, et mesmes aux battailles de Jarnac et de Montcontour, ayant charge de cinquante hommes d'armes, et est mort chevallier de l'Ordre, lieutenant de roy en Périgord, son sénéschal et gouverneur, avec beaucoup de réputation d'estre mort fort pauvre au service du roy. Il estoit, du côté de sa mère, madame Anne de Vivonne, allié fort estroictement de la maison de Bretaigne, Savoye et de Nemours. Cela se peut monstrer au doigt sans grande prolixité. A tant, c'est assez parlé de luy et de sa race; car notre thème et principal subject tend plus à madame de Bourdeille, pour laquelle ceste noble et saincte cérimonie se célèbre aujourd'hui en sa commémoration.

Pour parler doncques de madame de Bourdeille, elle fut en son vivant une dame très-accomplie et de corps et d'ame. Du corps, ce fut une des belles dames de France, ainsi jugée par les grandz et grandes à la cour et en tous les lieux où elle a comparu : son visage très-beau, remply de tous les beaux traictz de la face et des yeux que peut loger une beauté, sa grâce, sa façon, son apparence, sa riche et haute taille, et surtout sa belle majesté, si que partout on l'eust prinse pour une reyne ou grande princesse. Aussy estoit-elle extraicte de si haut lieu qu'elle en pouvoit bien tenir, laquelle, à cause de la fille de la Marche, maryée en sa maison, comme j'ai dict, avoit cest honneur d'appartenir à ceux d'Orléans, d'Angoulesme, de Bourbon. Aussy feu Anthoine de Bourbon, roy de Navarre, se contentoit bien de l'appeler sa cousine : le roy d'aujourd'huy[1], et Madame sa sœur en ont fait de mesmes. Elle est morte tante à la mode de Bretaigne, à cause de la maison Mareuil[2], de M. de Montpensier qui est aujourd'huy. Bref, la grace et majesté paroissoient en ceste dame de toutes façons.

Aussy la reyne mère dernière, pour mieux embellir sa cour, la print à son service pour l'une de ses dames, et la chérit bien fort. Elle vesquit en sa cour avecques une belle et illustre réputation ; non qu'elle s'y voulust par trop assiduer[3] ny absubjectir, désirant plus eslever sa belle et noble famille, que séjourner à la cour tant comme d'autres font.

Elle fut très-belle en son printemps, très-belle en son esté, et très-belle en son automne ; et si de son

1. Henri IV.
2. Elle était arrière-petite fille de Gui de Mareuil.
3. *S'assiduer*, se rendre assidu.

temps les chevaliers errants eussent eu vogue, elle eust bien faict reluire plus leurs armes que n'avoient faict jamais sa prédécesseresse Frédégonde de Montbron, pour l'avoir à femme.

Advant qu'elle tombast en sa maladie, qui luy a duré et tenu sept mois jusqu'à son décez, elle paroissoit aussy jeune et belle comme en son esté, bien qu'elle soit morte en l'aage de cinquante-six ans. Et ne faut point doubter que, si elle eust vescu encore dix ans, sa beauté ne s'en fust nullement effacée, tant elle estoit de bonne et belle habitude, et prédestinée à toute beauté, qu'elle a laissée à messieurs ses enfants, et surtout à mesdames et damoiselles ses filles, comme à madame la comtesse de Dhurtal, à feu madame la viscomtesse d'Aubetterre, à madame d'Ambleville et madamoiselle de Mathas[1], très-belles, très-sages dames et filles.

Pour messieurs ses enfans, leurs belles armes, qu'ilz ont faict valoir jusques icy en leur jeune aage, font bien paroistre ce qu'ilz sont et seront un jour : la vraye semblance et imitation de leurs pères, grandz-pères, ayeulx, bisayeulx et leurs antiques prédécesseurs, tant du costé du père que de la mère, si qu'ilz se peuvent dire et vanter extraictz, de l'un et de l'austre costé, de deux aussy grandes maisons qu'il y en ayt en France. Aussy en ceste honneste dame est finie le vray chef et la vraye branche de Montbron ; car tous

---

1. Jeanne, comtesse de Duretal. — Renée, vicomtesse d'Aubeterre. — Isabelle, femme de Fr. de Jussac, baron d'Ambleville. — Adrienne, dite demoiselle de Mastas, mariée en 1602 à Léonard des Cars, seigneur de Saint-Bonnet. Elle avait alors près de 40 ans.

ceux qui en portent aujourd'huy le nom en sont d'une autre branche, longtemps séparée de la première et de la grande.

Pour parler de l'ame de ceste illustre dame, qui l'a cognue jugera avoir estée une des accomplies de la France. Elle estoit sage et fort vertueuse, et surtout très-bonne, aymant fort son peuple, et jamais ne le foula, ains soulagea tousjours. Il le peut bien tesmoigner. Elle avoit l'esprit fort bon et subtil, et le jugement surtout ferme et solide, qui ne se rencontrent pas tousjours en un mesme subject. Elle parloit fort bien, et avecques de très-beaux termes et de toutes choses, soit de théologie et d'histoires. Elle escrivoit très-bien et fort éloquemment. Plusieurs lettres qui se treuvent d'elle, escrites aux plus grandz et grandes, aux moyens et moyennes, communs et communes personnes, en font foy, quelque subject qu'elles traictent, soient guerres, affaires, et de toutes sciences, bref de toutes choses, car elle n'ignoroit rien ; et son entretien estoit très-beau, et tousjours plein de beaux discours et parolles.

Elle a faict et composé de très-belles poësies et d'autres belles choses en prose, qui se voyent et se treuvent en son cabinet parmy ses livres, de la lecture desquelz elle estoit très-curieuse, et s'y addonnoit ordinairement et jour et nuict. Elle parloit et entendoit bien la langue espaignolle et italienne, et quelque peu le latin.

Sur tous les artz elle ayma fort la géométrie et architecture, y estant très-experte et ingénieuse, comme elle a bien faict paroistre en ce superbe édifice et belle maison de Bourdeille, qu'elle fit bastir de son invention et seule façon, qui est très-admirable. Aussy Salomon dict que la sage et honneste femme faut qu'elle bastisse sa maison. Tousjours elle a faict bastir et remuer pierres en toutes ses maisons, estant toujours assidue en quelque belle action, comme à ses ouvrages, auxquelz elle fut fort industrieuse et labourieuse, et surtout en ceux de soye, d'or et d'argent, qu'elle aymoit plus que tous autres. Aussy de grandeur à grandeur il n'y a que la main.

Elle fut une grande et sage œconome, comme elle a faict paroistre ; car son mary la laissa endebtée de deux cens mille francs, à cause des debtes qu'il avoit faict pour le service du roy. Elle est morte désendebtée quasi du tout, ayant laissé à ses enfants de quoy à se désendebter du reste, qui est peu.

Et, bien qu'elle fust si bonne œconome et mesnagère, elle estoit très-libérale ; car elle n'estoit jamais à son ayse, si-non quand elle donnoit, disoit-elle ; et, comme on l'a veu, très-splendide aussy, ne voulant se retrancher de sa grandeur, tenant une grande maison, tousjours sans superfluité pourtant.

Son mary la laissa veufve en l'aage de trente-six ans venant au trente-sept, très-belle et très-riche de son costé, et garnie de quatre belles maisons, très-fort honneste et désirée, autant pour ses vertuz et beauté, que pour ses richesses, et recherchée de six ou sept grandz de la France, auxquelz ne voulut jamais entendre, non pas seulement d'ouyr parler de ce seul mot de second maryage, tant elle porta de révérence aux cendres de son feu mary, et à ses petitz enfans mineurs, lesquelz luy doibvent une obligation immortelle, et sont tenuz à jamais de la regretter et prier Dieu pour elle et pour son ame ; autrement ne faut doubter qu'il ne les en punisse ; car il faut croire que, si elle se fust remaryée, ilz n'auroient les biens qu'ilz ont.

Aussy où se treuve-il de telles dames veufves, si vertueuses et si généreuses que celle-là, que, pour solemniser la perte du mary et ne perdre la grandeur de sa maison, mena ceste vie retirée[1] de secondes nopces ? Monstrant en cela un grand et généreux cœur, comme certes elle l'avoit tel en son vivant, le monstrant grand et haut parmy les grandz, et humble envers les petitz.

Un de ces ans, durant ces guerres dernières, il y eut un grand qui est mort[2], qui la menaça de l'aller assiéger en l'une de ses maisons, et y mener le canon. Elle fit response qu'elle estoit extraicte en partie de ceste grande et généreuse comtesse de Montfort, qui endura si vertueusement le siège dans Annebon ; et, tenant d'elle et de son cœur, qu'elle l'attendroit en sa maison, de mesme vertu et courage.

Tant qu'elle a estée malade, l'espace de sept mois, de la maladie dont elle est morte, son bon courage l'a tousjours entretenue et supportée[3] jusqu'à la fin, bien qu'elle endurast beaucoup de douleur, ne faisant jamais prière à Dieu qu'il luy donnast santé, mais seulement de la patience ; et n'en pouvant plus, et ses forces venant à faillir, elle rendit l'ame à Dieu de la plus douce mort qu'on vit jamais mourir per-

---

1. *Retirée*, éloigné.
2. Henri Ier, prince de Condé. Voyez tome IX, p. 429-430.
3. *Supportée*, soutenue.

sonne; car on la tenoit esvanouye, comme le jour advant elle estoit tombée en trois sincoppes; et, tournant les yeux en la teste, aussy beaux et doux que jamais, trespassa si doucement qu'on ne la vit jamais faire aucune mine affreuse, ny geste effroyable, mais si doux et immobile, qu'on ne luy vit jamais remuer, ny bras ny piedz, ny jambes, ny teste; si qu'on ne la pensoit pas morte. Mort douce, certes, digne de sa douce vie. En quoy Dieu l'exauça en ses prières; car bien souvent, en sa plus grande santé et ses beaux discours, dont elle n'estoit jamais despourveue, elle souhaitoit et prioit tousjours Dieu de luy envoyer une mort très-douce, et nullement hydeuse, horrible et affreuse, comme elle en avoit veu mourir plusieurs. Ce qui a esté une grande bénédiction de Dieu, et signe assez évident que Dieu l'a reçue en son sainct paradis.

XI

Tombeau de madame de Bourdeille, en forme de dialogue, faict par son frère de Brantôme, qui parle avesques elle, et elle respond.

BRANTÔME.

Faut-il donc que je reste, et que soyez allée,
Madame, devant moy là-bas en la vallée
Des esprits bienheureux, d'où plus on ne revient !
Encore ne sçait-on ce que l'ame y devient.

MADAME DE BOURDEILLE.

Si vous estes resté n'en soyez en pensée :
Frère, c'est faict de moy, la chance en est passée ;
Dieu l'a ainsy voulu, qui nous oste et nous met
En tel lieu qu'il luy plaist, et de nous se démet.

BRANTÔME.

Dites-moy donc, pour Dieu, quelle est vostre demeure,
En cest autre beau monde ? Y est-elle bien seure ?
Quelz plaisirs y a-il ? Quelle en est la vraye foy,
Sans que je m'en arreste à ce qu'en dit la loy ?

MADAME DE BOURDEILLE.

Les ames icy-bas heureusement y vivent ;
Après la mort du corps renaissent et revivent ;
Et contentes n'ont plus de crainte ny soucy,
Sont franches de tout mal. Ainsy je vis icy.

BRANTÔME.

Je le veux ainsy croire. Et où est la promesse
Que me faisiez icy de si grande fermesse[1],
Estans en nos douceurs, de nous venir reveoyr
Si mouriez la première, et me le faire veoyr?

MADAME DE BOURDEILLE.

Ce sont des discours vains qu'on faict en nostre vie,
Moins pleins de vérité qu'ilz sont de fantaisie ;
Les espritz bienheureux ne s'en vont d'icy-bas,
Quand ilz sont une fois arrestez du trespas.

BRANTÔME.

Et les anges du ciel descendent bien en terre,
Voletent parmy nous, et tournent à grand erre
Là haut, en leur manoir, conter ce qu'on y fait :
Pourquoy n'en fait de mesme un esprit tout parfaict?

MADAME DE BOURDEILLE.

Dieu ne l'a pas permis ; car il veut que l'on croye
Ce que son filz a dict, et que par foy l'on voye
Nostre félicité, qu'on doit représenter
Par les yeux de l'esprit, sans d'ailleurs le tenter.

BRANTÔME.

Ah ! qu'un payen subtil vous pourroit bien respondre
A vos belles raisons, et mesmes les confondre,
S'il ne vouloit s'ayder des vers virgiliens,
Qui nous forment si beaux vos Champs Elysiens.

MADAME DE BOURDEILLE.

Un mescroyant croira ce qu'il voudra mal croire ;
Mais il ne peut oster par ses raisons la gloire
Qu'ont les ames d'icy en leur félicité,
Jouyssantes à plein de l'immortalité.

BRANTÔME.

Où est ceste beauté dont estiez admirée
Si fort de par deçà, et du monde adorée,

1. *Fermesse*, fermeté ; en italien *fermezza*.

Ravissant un chascun, ceste taille et ce port,
Ceste grand'majesté, ce geste et cest abord?

MADAME DE BOURDEILLE.

Ceste humaine beauté est du tout effacée ;
En une autre plus belle elle est du tout changée.
Vos beautez ne sont rien icy-bas parmy nous :
Nous avons d'autres yeux et des regardz plus doux.

BRANTÔME.

Je ne croy pas cela, vous estiez par trop belle
Quand vous estiez icy, pour changer de modelle [1] :
Ou bien le ciel vous a changée tout exprès,
Luy ostant sa clarté, l'approchant de trop près.

MADAME DE BOURDEILLE.

Je me contente assez que j'aye sa lumière,
Qui me donne au visage ; et me sens plus entière
En mes beautez ast'heure, et me décore plus
Que les yeux que j'avois, mondains et superflus.

BRANTÔME.

Je ne m'estonne plus si faictes peu de compte
De nous venir reveoyr, puisque l'heur qui vous dompte
Est un heur non pareil, et vous tient tellement,
Que ne faictes de cas plus de nous autrement.

MADAME DE BOURDEILLE.

Frère, j'abhorre tant ma demeure première
Comme j'estime autant ma demeure dernière,
L'une de tout bien pleine, et l'autre de tout mal,
Que je m'arreste icy sur mon destin fatal.

BRANTÔME.

Invoquez donc pour moy la divine puissance.
Le ciel, les bons démons, des astres l'influence,
Que je sorte bientost de ce fascheux séjour,
Et que j'aille reveoyr encor vostre beau jour.

1. *Modelle*, forme.

MADAME DE BOURDEILLE.

En cela ne se peut contenter vostre envie;
Car vous estes escrit dans le livre de vie
Dès le commancement que le monde fut faict.
Ce qui est arresté ne peut estre refaict.

BRANTÔME.

Pourquoy ne puis-je aller contre ceste ordonnance
En me donnant la mort? Ma propre violence
Me peut faire jouyr bientost de vos beaux yeux.
Je ne fais que languir, le mourir est mon mieux,

MADAME DE BOURDEILLE.

Ne faites pas cela. Qui sort sans la licence
De Dieu hors de sa place, il commet grande offense;
Il gagne son enfer. Estant là désormais,
Faudroit dire l'adieu pour ne me veoyr jamais.

BRANTÔME.

Rien donc que cela seul n'empesche le passage
De la mort par moy-mesme, et ne me fasse[1] outrage;
Car je serois damné, et par ainsy privé
De vous veoyr en cest heur qui vous est arrivé.

MADAME DE BOURDEILLE.

Vivez doncques, vivez tant que la destinée
Voudra rouler vos jours. Puis, estant débornée[2],
Venez nous veoyr icy, frère, je vous attens.
Vos désirs et les miens en seront plus contens.

BRANTÔME.

Puis donc qu'il me faut vivre ainsy par la contraincte,
Madame, donc adieu : je finis ma complainte.
Je ne finis pourtant mes soupirs ny mes pleurs,
Ny finiray pour vous à jamais mes douleurs.

1. Et que je ne me fasse.
2. *Estant débornée*, ayant atteint les bornes.

XII

Autre tombeau de madame de Bourdeille, faict par son mesme dict frère.

Passant, arreste-toy un peu, je te prie, et t'amuse à veoyr et admirer ceste tombe, bien qu'elle ne soit construite d'aucune excellente matière, ny de grand artifice, comme tu vois ; mais dedans y gist un corps de très-haut prix.

Icy gist doncques la très-haute, puissante, noble et illustre dame Jacquette de Montbron, issue de ceste grande, riche et ancienne maison de Montbron, première baronne de l'Angoulmois, du costé du père, et de la noble et ancienne maison de Montpezac d'Agenès, du costé de la mère.

Elle fut femme de messire André de Bourdeille, de ceste grande aussy et ancienne race de Bourdeille, en son vivant chevalier de l'ordre du roy, capitaine de cinquante hommes d'armes et lieutenant du roy en Périgord.

Elle fut l'une des dames fort favorites de la reyne mère de nos roys.

Elle fut dame de Bourdeille, Mathas, Archiac, La

Tour-Blanche et Sertonville, cinq maisons de très-grande marque.

Toutes ces qualitez ne sont rien, car ce sont biens de la fortune, qui tombent communément à plusieurs personnes. Celles que je vais dire sont autres.

Ce fut une des belles dames de la France en son printemps, son esté et son automne. Son beau visage, et ses beaux yeux sur-tout, en faisoient la foy, avecques sa belle et riche taille, sa grace, sa façon, son port et son abord, et sa majesté, qui la parangonnoit à une reyne. Aussy de son estre[1] en est-il sorty une reyne de Scicille. Toutes ces beautez, en son temps, ne l'ont rendue moins admirable que désirable.

Ce n'est encor rien que tout cela. Elle eut une ame très-belle, un grand esprit, un jugement solide, qui peu se rencontrent en un mesme subject; fut sçavante en toutes sciences, fut bien parlante en très-beaux termes, bien et disertement escrivante de toutes choses, fort remplie de beaux discours et entretiens; fut fort sage, vertueuse, généreuse, magnanime, splendide et très-libérale.

Voicy chose rare : fut vefve à l'aage de trente-six ans, belle, jeune, riche, désirée et recherchée de tout un monde, et se contint toúsjours pourtant en sa viduité seize ans et plus, au bout desquelz mourut d'une mort très-douce, comme elle avoit tousjours désiré, en son chasteau d'Archiac, le 28 juin 1598, regrettée à toute outrance de toutes personnes qui l'avoient cognue, et qui en avoient ouy les louanges. Elle n'estoit qu'à son demy automne, autant belle et

---

1. *Estre*, race.

de corps et d'ame que jamais ;. mais son destin alors sans aucune apparence la nous ravit. Que maudict soit le destin !

Voylà, passant, ce que d'elle je vous en puis dire pour ce coup, le plus grandement et le plus briefvement. Mets-le en ta mémoire, et puis va racontant partout où tu passeras que tu as icy veu et laissé un corps d'une dame icy gisante, en son vivant l'une des plus accomplies et parfaictes dames de la France.

XIII

Epitaphe ou tombeau de madame d'Aubeterre ma niepce, faict par moy de Brantôme, son oncle, en forme de dialogue; l'oncle et la niepce parlans.

L'ONCLE.

Au lieu de beaux œilletz, de lys et roses tendres,
Je vous offre mes pleurs, mes larmes, mes sanglots :
Au lieu d'un marbre beau pour en couvrir vos cendres,
Je vous offre mes yeux pour arrouser vos os.

LA NIEPCE.

Mais, plustost que pleurer et des larmes répandre,
Jetez à pleins paniers sur mon triste tombeau
Roses, lys et œilletz. J'yray tant mieux descendre,
Et tant plus doucement, là-bas en ce champ beau.

L'ONCLE.

Mais qui est-il celuy, fust de fer, fust de roche,
Qui, vous ayant perdu, si parfaicte en vertuz,
Songeant à un tel deuil d'une perte si proche,
Ne crève de pleurer, et n'ayt les sens perduz ?

LA NIEPCE.

Tant de pleurs me sont vains, et tant de larmes vaines,
Ores que j'ay mes yeux sillez[1] pour désormais.
C'est bien pour appaiser les personnes humaines,
Mais non les dëitez qui n'en veulent jamais.

1. *Sillez*, fermés.

####### L'ONCLE.

Au moins si je pouvois, par bonne destinée,
De la mort qui me prinst vous oster de là-bas.
Ah! qu'il me seroit doux n'attendre pas l'année,
Non pas un seul moment, pour aller au trespas!

####### LA NIEPCE.

Cela ne se peut pas. Le souhait s'en envole,
Et ne vous sert de rien. Pour quoy résolvez-vous
N'aller encontre Dieu, et changez de parolle,
Ou bien de supporter un repos qui m'est doux.

####### L'ONCLE.

Doux vous est-il bien? Ainsy je le veux croire
Par vos mesmes propos que m'avez dict souvent
Ensemble en nos discours, et que pour telle gloire
Vous vouliez triompher sans aucun tardement.

####### LA NIEPCE.

Souvent vous l'ay-je dict. Souvent m'avez reprise
De si fascheuse humeur; vous l'appelliez ainsy.
Mais aux tourments humains j'estois trop bien apprise;
Et, pour m'en garantir, je voulois estre icy.

####### L'ONCLE.

Encor s'il se pouvoit par quelque art vous refaire,
Ou vous faire sortir de ce lieu ténébreux,
Et vos membres poudreux en tel art vous portraire,
Que je pusse reveoyr les traitz de vos beaux yeux!

####### LA NIEPCE.

Ceste curiosité, mon oncle, n'est pas pie,
Et Dieu encontre vous s'en pourroit irriter.
Si vous m'avez aymé, cessez-la, je vous prie,
Et mes mânes laissez icy-bas habiter.

####### L'ONCLE

Mais quoy! ma chère niepce. Eh! faut-il que je vive
Après vous ainsy morte, et que j'aille icy haut
Traisnant mes jours sans vous, et que je vous survive?
Non, non; il faut mourir, de vivre ne me chaut.

LA NIEPCE.

Je ne suis pas, mon oncle, encore toute morte;
Car je veux que mon ame aille en vous, voletant,
Et y fasse maintz tours : si que feray en sorte
Que la vostre verra luy paroistre souvent.

L'ONCLE.

Mais où sera ce ciel et ceste belle face,
Ceste belle façon et ceste majesté,
Ce beau corps, ce beau port, ceste naïve grace,
Ce doux et beau parler tout plein d'honnesteté?

LA NIEPCE.

Cher oncle, en tout cela perdez y votre attente :
Il n'en faut plus parler. Le ciel m'a tout osté
Pour en orner son siège. Il faut que me contente
De ce que fais ast'heure, et ce que suis esté.

L'ONCLE.

Hé quoy! Le ciel ainsy prend-il ces belles ames?
Ne se contente-il pas de ses luysans flambeaux,
Sans nous désenlever tant de parfaictes dames,
Pour encor y admettre autres astres nouveaux?

LA NIEPCE.

C'est tout ainsy qu'on voit une belle pucelle
Avarement cueillir de sa blanchette main
Force nouvelles fleurs pour paroistre plus belle,
Et parer ses cheveux, sa tête et son blanc sein.

L'ONCLE.

Encor si vous eussiez comply[1] quelque long aage!
Mais, sur vos plus beaux ans, ceste fière Atropos
Vous a ravy sitost, vous mettant au passage
De ce fascheux Caron, sans droict ny sans propos.

LA NIEPCE.

Qu'y feriez-vous, cher oncle? Ainsy, ainsy périssent
Les belles jeunes fleurs en leur plus beau printemps.

1. *Comply*, accompli.

Les roses n'ont qu'un jour, qu'aussy tost ne fanissent.
Ainsy jeune je suis la proye de ce temps.

L'ONCLE.

Mon Dieu, qui m'ostera de vostre longue absence
Le soucy que j'en porte et porteray tousjours?
Mon Dieu! je ne voy point aucune apparoissance
De pouvoir donner joye à mes langoureux jours.

LA NIEPCE.

Cher oncle, vous avez ma très-honneste mère,
Et mes trois bonnes sœurs des quatre ayant esté.
Mes frères et ma fille, en leur ame très-chère
Vous ont toujours aymé, et grand honneur porté[1].

L'ONCLE.

Vous dites vray, ma niepce. Aussy j'en prends créance.
Qui est le mescroyant qui n'en veut s'asseurer?
Pourtant je veux en moy avoir la souvenance
De vostre belle idée[2], et tousjours l'honorer.

LA NIEPCE.

Le voulez-vous ainsy? Puis donc que la première,
Cher oncle, je m'en vais au Champ Elysien,
Je feray là pour vous quelque bonne prière;
Et, quand vous y viendrez, nous en causerons bien.

L'ONCLE.

Et cependant je vis en despit de ma vie,
Je vis les jours si longs, malheureux que je suis,
Que vous debviez survivre[3]! Hé! faut-il que l'envie
Me retarde le bien qu'à bonheur je poursuis!

---

1. Les sœurs de Mme d'Aubeterre sont mentionnées plus haut, p. 69, note. Ses frères étaient Henri, comte de Bourdeille, et Claude de Bourdeille, baron de Mastas. — Sa fille unique, Hippolyte Bouchard, fut mariée en 1597 à François d'Esparbez de Lussan qui devint maréchal de France sous le nom d'Aubeterre.

2. *Idée*, image.

3. C'est-à-dire : les jours que vous deviez vivre.

LA NIEPCE.

Mais bien mieux, mon cher oncle, afin que puissiez vivre
Encor plus longuement, vivez très-bien vos jours :
Vivez encore les miens, ne vous pouvant survivre,
Sans aucuns longs travaux, ni peines, ni détours[1].

L'ONCLE.

Puis donc que le voulez, je m'en vay donc contraindre
A ce vivre fascheux; mais ce n'est pour autant
Que parfournir[2] mes jours à vous tellement plaindre,
Que je vis seulement vous seule en regrettant.

LA NIEPCE.

Pour Dieu, mon très-cher oncle, achevez[3] vostre plainte;
J'en sens en moy troubler ma joye et mon repos,
Pour vous voir si dolent, j'en sens mon ame atteinte.
Ce n'est ce que demande un corps icy enclos.

L'ONCLE.

Adieu doncques, Madame. Ainsy que je vous donne
Mes larmes et mes pleurs, je voudrais vous donner
Mes yeux pour ne voir plus, sans que je leur pardonne,
Pour vous pleurer sans cesse et rien qu'un deuil mener.

1. *Détour*, traverse.
2. *Parfournir*, achever.
3. *Achevez*, mettez fin à.

XIV

Autre tombeau en prose, pour madicte aame d'Aubeterre.

Passant, je te voy tout pensif, comme un qui veut sçavoir de qui est ce sépulchre, et quel noble corps il peut enclorre. Je te le vais dire pour t'en oster d'esmoy.

Je suis icy gissante, en mon temps ceste belle Renée de Bourdeille, issue, du costé du père, de ceste noble et ancienne maison de Bourdeille, et de celle de Montbron touchée de mesme marque noble, du costé de la mère.

Je fus femme de messire David de Bouchard, chevallier fort renommé, à moy pourtant peu esgal. Je luy fus très-loyalle en maryage : je le fus encor en vefvage ; car, luy mort, je ne voulus le survivre sans sa fille, qu'il me laissa en bas aage ; et, pour l'amour d'elle, je voulus maugré moy encor vivre trois ans, après lesquelz je fus contente que la tristesse m'achevast et m'ostat de ceste vie, bien que j'eusse assez de quoy pour la desirer si j'eusse voulu, car on me donna le los en mon vivant d'estre l'une des plus accomplies dames de la France, fust pour la beauté de l'ame, qui me firent fort desirer de plusieurs honnestes gens d'une recherche de second maryage. Je n'y voulus jamais entendre, pour reporter au ciel à mon mary la foy à luy donnée et si bien gardée en terre.

Adieu, passant. Dis, en te retirant, à ceux qui t'enquerront de moy, que toutes les plus grandes beautez et les belles graces, et toutes les perfections qui ont estées avecques moy autresfois, ne me sont rien au prix de la félicité dont maintenant je jouys. Je mourus en ma trentiesme année, le huitiesme de septembre l'an 1593.

Je romps icy ma plume, et à jamais je ne trace plus de vers, que j'avois quitté despuis vingt ans, comme il paroist à ma grossière rime, et qui sent son antiquité à pleine gorge. Mais, pour honnorer la mémoire de ces honnestes dames, je me suis advanturé d'escrire cecy tellement quellement. Aussy dès-lores je prendz congé des Muses, et leur dis adieu pour jamais. Qui aura bien cognu ces dames, des belles et des honnestes du monde (il faut que la vérité m'en fasse ainsy parler), pourra dire me sçavoir bon gré si pour elles j'ay faict telz regretz.

XV

Nombre et rolle de mes nepveux, petitz-nepveux, ou arrière-petitz-nepveux à la mode de Bretagne, que moy Brantôme je puis avoir, et que j'ay faict aujourd'hui, 5 novembre M.DC.II[1].

Premièrement, mes deux nepveux, messieurs le viscomte de Bourdeille et le baron de Mathas, enfans de M. de Bourdeille mon frère aisné[2].

Messieurs de Sainct-Bonnet et d'Ambleville, qui ont espousé mes deux niepces, Isabeau et Adriane de Bourdeille[3], filles de mondict sieur frère aisné, bien que je ne mette guières en compte M. d'Ambleville,

---

1. De tous les écrits de Brantôme, c'est celui-ci — on s'en doutera d'après la multiplicité des notes — qui m'a donné le plus de peine à commenter. Malgré mes recherches, je n'ai pas toujours trouvé soit dans les ouvrages spéciaux, soit au cabinet des titres de la Bibliothèque nationale, des renseignements suffisants pour éclaircir tous les faits mentionnés dans le *Nombre et rolle de mes nepveux*, et je ne puis répondre qu'il ne me soit pas échappé quelque erreur au milieu de ces généalogies de famille qui se croisent et s'entre-croisent et où plusieurs personnages portent le même nom de baptême. Brantôme lui-même s'y est trompé quelquefois; ce sera là mon excuse

2. Henri qui fut le premier comte de Bourdeille, et Claude baron de Mastas, tous deux fils d'André de Bourdeille. Cf. p. 84, note 1.

3. Voyez plus haut, p. 69, note 11.

despuis que de gayeté de cœur, il s'est distraict de mon amytié, et sans subject.

M. d'Aubeterre, pour avoir espousé ma petite-niepce, fille de madame Renée de Bourdeille, ma niepce, dame d'Aubeterre, l'accomplie du monde.

Messieurs de la Chastaigneraye l'aisné, dict M. d'Ardelay, le second M. de La Barde, le troisiesme M. le baron d'Ehoulmes[1], filz de feu M. de la Chastaigneraye, mon cousin germain à cause de ma mère, et messieurs de Chalandray, de Boyrogue, de la maison d'Argenton, et le comte de Chasteauroux; ayant tous trois espousé les trois sœurs de leurs susdictz trois frères. Elles sont dignes de leurs frères, et leurs frères dignes d'elles.

Du maryage de madame de Chalandray, autrement madame de Fontaines, sont sortis deux enfans : l'un, le baron de Chalandray, et l'autre, le sieur de Beaumont.

Des autres deux filles n'est encor sorti de fils, pour n'avoir longtemps qu'elles sont maryées.

Du maryage de madame de Raiz, ma cousine germaine à cause de ma mère et madame de Dampierre,

---

1. Charles de Vivonne, IIe du nom, baron de La Chastaigneraie, seigneur d'Ardelay, marié à Renée de Vivonne, fille et héritière de Jean, seigneur d'Oulmes. Ses enfants vivants, au moment où Brantôme écrivait, étaient : Louis, seigneur de la Chastaigneraie, mort en 1612; Charles de Vivonne, baron de La Chastaigneraie; André, seigeur de la Béraudière, puis de la Chastaigneraie; Héliette, mariée à Louis de Montberon, seigneur de Fontaines-Chalandray; Marie, mariée à Gilles de Châtillon, baron d'Argenton, seigneur de Boisrogues; Élisabeth, mariée à Charles de La Tour-Landry, comte de Châteauroux. — Il eut encore deux autres filles Isabelle et Suzanne, toutes deux religieuses.

sœurs, sont sortis le marquis de Bellisle, qui fut tué en ces guerres dernières, à une entreprise qu'il fit sur le mont de Sainct-Michel ; M. l'évesque de Paris ; M. l'abbé de Sainct-Albin, et M. de Dampierre[1], qui se nomme encor ainsy, bien que la place soit vendue : autres le nomment M. le général des gallères, estat certes très-beau et très-grand.

Les filles de madicte dame de Raiz sont mesdames de Magnelay, de Vassé, de Criq et de Raigny[2]. Madicte dame la marquise de Magnelay est resté vefve du marquis son mary, luy estant demeurée une fille pour ast'heure[3]. Son petit frère estoit mort. Messieurs de Vassé, de Criq et de Raigny vivent, qui peuvent avoir de ensfans, et en auront, car elles[4] sont fort jeunes.

1. Charles de Gondi, marquis de Belle-Isle, tué en 1596. — Henri, dit le cardinal de Raiz, évêque de Paris. — Jean François de Gondi qui fut le premier archevêque de Paris. — Philippe-Emmanuel de Gondi, seigneur de Dampierre, général des galères.

2. Françoise, mariée en 1587 à Lancelot Grognet, seigneur de Vassé. — Gabrielle, mariée en 1594 à Claude de Bossut, seigneur d'Escri-Longueval. — Hippolyte, mariée en 1607 à Léonor de la Magdeleine, marquis de Ragny. Nous avons rétabli le nom de la fille aînée omis dans toutes les éditions, et que Brantôme n'avait certainement pas oubliée, car il en parle une ligne plus loin : Claude-Marguerite, alliée en 1588 à Florimond d'Hallwin, marquis de Maigneletz, morte en 1638.

3. Toutes les éditions portent *pour asseuré*; ce qui n'offre aucun sens et est évidemment une faute de copiste. Au moment (1602) où Brantôme écrivait, il ne restait plus qu'une fille, Anne, à Mme de Maigneletz veuve depuis 1592 et qui en 1598 avait perdu son fils Charles. Cette fille épousa d'abord Henri comte de Candale, puis, le mariage ayant été cassé, Charles de Schomberg. Elle mourut avant sa mère en 1641.

4. *Elles*, leurs femmes.

De M. le marquis de Bellisle et sa femme, de la maison de Longueville¹, maintenant réduicte², par sa bonne volonté et dévotion, au monastère des descalses³, à Tolose, est resté un petit-filz qui promet beaucoup de luy, dict M. le marquis de Bellisle, comme le père.

M. le comte du Lude d'aujourd'huy est filz de ce brave messire Guy de Daillon, duquel le père et ma mère estoient cousins germains, à cause de Louyse de Daillon, dicte la séneschalle de Poictou, ma grand-mère, laquelle estoit tante propre de M. du Lude, cousin germain de madicte mère, comme j'ay dict. Dudict M. du Lude, Guy de Daillon et de madame du Lude, de la maison de La Fayette, sont sortis M. du Lude d'aujourd'huy et trois filles⁴ : l'une, mariée avecques M. le comte de Sancerre, et morte ; l'autre avecques M. de La Guyche, et la troisiesme avecques M. du Charlut, grand seigneur d'Auvergne, mon nepveu ainsy est doublement, comme je parleray ici en son lieu.

M. du Lude⁵ eut plusieurs fils et filles. Les fils sont

1. Antoinette d'Orléans-Longueville, morte religieuse en 1618. Son fils Henri, né en 1590 mourut en 1659.
2. *Réduicte*, retirée.
3. *Descalses*, (carmélites) déchaussées.
4. Les enfants de Gui de Daillon, comte du Lude, et de Jacqueline de la Fayette, furent : François de Daillon, comte du Lude, sénéchal d'Anjou ; Anne, femme de Jean de Bueil, comte de Sancerre ; Diane, mariée à Jean de Lévis, comte de Charlus ; Antoinette, mariée à Philibert de la Guiche, grand-maître de l'artillerie.
5. Il s'agit ici de Jean de Daillon, premier comte du Lude, qui, outre Gui dont il est question dans la note précédente, eut

messieurs des Chastelliers, estans d'Église, de Sarterre et de Briançon, lesquelz sont mortz sans enfans. Les filles furent une madamoiselle du Lude, qui mourut fille à la cour; l'autre, madame la mareschalle de Matignon, de laquelle est sorti M. le comte de Torigny, maryé avecques une fille de Longueville; l'autre fille fut maryée avecques M. de Ruffec, gouverneur d'Angoulmois, desquelz sont sortis messieurs de Ruffec d'aujourd'huy, qui sont quatre enfans masles; la quatriesme fut maryée avecques M. de Malicorne, de laquelle n'a eu jamais d'enfans.

M. de Lauzun, de long-temps allié à nostre maison de Bourdeille à cause de ma grand-tante, sœur de mon grand-père, dicte Marguerite de Bourdeille, maryée en la maison de Lauzun, de laquelle sorti est feu M. de Lauzun, père de M. de Lauzun qui vit aujourd'huy[1], très-honnorable seigneur, lequel se marya avecques Charlotte d'Estissac, de la maison grande d'Estissac, de laquelle il eut deux filz, dont l'un, le puisné, est mort fort jeune, et l'aisné, dict le comte

pour enfants : René, évêque de Bayeux; François, seigneur de Briançon, tué en 1569; François, seigneur de Sautré; Françoise, femme de Jacques de Matignon, maréchal de France; Anne, femme de Philippe de Volvire, marquis de Ruffec; Françoise, femme de Jean de Chourses, seigneur de Malicorne. Le P. Anselme (t. VIII, 191) ne parle pas de celle qui, suivant Brantôme, « mourut fille à la cour ».

1. Gabriel-Nompar de Caumont, comte de Lauzun, fils de François de Caumont, marié en 1560 à Charlotte d'Estissac dont il eut : François, comte de Lauzun; Jean et Jacques morts jeunes; Jeanne, mariée à François, baron de Fumel; Henrie, mariée à Charles-Élie de Coulonges, seigneur de Bourdez; Charlotte-Catherine, mariée à Alexandre de Castelnau, seigneur de Clermont-Lodève.

de Lauzun, vit en très-belle réputation. De filles, il eut l'une, l'aisnée, maryée à M. de Fumèl, mort en la battaille de Jarnac, d'où sont sortis messieurs du Fumel d'aujourd'huy, deux fort honnestes et jeunes gentilzhommes; la seconde avecques M. du Bourdez, d'où n'en sont sortis enfans; et l'autre maryée avecques M. de Clermont de Lodève, grand seigneur de Querci et de Languedoc. Faut noter que ces messieurs mes nepveux susdictz m'appartiennent doublement, tant à cause de leur père M. de Lauzun, que de la mère d'Estissac, d'autant que la mère de ladicte d'Estissac estoit de la maison du Lude, cousine germaine de ma mère, et niepce de madame la séneschalle de Poictou, ma grand-mère. Telle est doncques la grande alliance et proximité de la maison de Lauzun et la nostre.

Messieurs les marquis de Villars et de Montpezat sont aussy mes nepveux, à cause que madame la mareschalle de Montpezat, mère de leur père[1], estoit cousine germaine, à cause de la maison du Fou, d'autant que ma grand-mère et mère de mon père en estoit, et s'appelloit Hilaire du Fou, qui estoit sœur de messire Yvon de Fou, père de madicte dame la mareschalle de Montpezat, par conséquent tante de ladicte dame de Montpezat, et mon père et elle cousin et cousine. Du susdict maryage sortit M. de Montpezat, père desdictz messieurs les marquis de Villars et de Montpezat ; sortirent aussy deux

1. Melchior des Prez, seigneur de Montpezat et du Fou, fils du maréchal de Montpezat et de Lyette du Fou, eut, entre autres, d'Henriette de Savoie, marquise de Villars : Emmanuel-Philibert des Prez, marquis de Villars; Henri, seigneur de Montpezat, etc.

filles[1] : l'une maryée dans la maison de Couzan, grande maison en Auvergne, dont en reste aujourd'huy un filz, dict M. de Couzan. L'autre fut maryée avecques M. de Queilus, d'où sortit le fort brave M. de Queilus tué en duel[2]. Ce monsieur eut deux sœurs très-belles et honnestes : l'une, madame de Pescels, qui épousa M. de Pescels, la mère duquel estoit petite-fille ou fille du prince de Melphe[3] ; et l'autre, madame la viscomtesse de Panas. Elle ont des enfans ; mais je ne puis les spécifier, et pourtant nous sommes très-proches.

De ladicte maison du Fou sortit le seigneur du Vigan, frère puisné du seigneur Yvon du Fou, lequel eut M. du Vigan le dernier, qui, par conséquent, à cause de ma mère dicte ci-dessus, estoit cousin de mon père, comme madame de Montpezat cousine germaine. Ledict M. du Vigan mourut sans hoirs masles. Il laissa trois filles : l'une maryée en premières nopces avecques M. d'Archiac, frère de feue madame de Bourdeille la dernière, et n'eurent des enfans[4] ; en secondes nopces fut maryée en la maison

1. Baltazarde, mariée : 1° à Jean de Lévis, baron de Quélus ; 2° à Antoine de Lévis, baron de Quélus, son beau-frère. — Hilaire, mariée (1541) à Claude de Lévis, seigneur de Cousan, et mère de Pierre de Lévis, baron de Cousan.

2. Jacques de Lévis, comte de Quélus, blessé à mort dans le duel des Mignons. Il eut trois sœurs, savoir : Marguerite, mariée à Hector de Cardaillac ; Jeanne, mariée à Jean-Claude, seigneur de Pestels et de Salers, et Anne, mariée à Jean de Castelpers, seigneur de Pannat.

3. Camille Caraccioli, mariée (1547) à Claude, baron de Pestels, était fille de Jean Caraccioli, prince de Melphe.

4. Madeleine du Fou, fille de François, baron du Vigean, et de

avecques le seigneur de Mirambeau, d'où sortit madame de Fors mariée avecques M. de Fors desquelz est sorti M. le baron du Vigan, jeune gentilhomme, qui a faict desjà belle preuve de sa valeur. Il a encore deux autres frères fort jeunes qui promettent encore beaucoup d'eux, ensemble deux sœurs.

Ledict M. du Vigan eut encor deux filles, sœurs de madame de Mirambeau l'aisnée. L'une, puisnée, fut maryée à M. de Vérac en Poictou, d'où sont sortiz deux enfans, très-braves et vaillans gentilzhommes. La troisiesme s'est maryée par deux fois; et la dernière fut avecques M. de La Boulays[1]; et de l'un et l'autre sont sortis trois enfans fort jeunes, qui promettent beaucoup de leur valeur et vertu. Voilà comme est l'alliance de la maison du Vigan avecques celle de Bourdeille.

Le susdict M. du Vigan eut une sœur, cousine germaine aussy de mon père, qui fut maryée avecques M. de Rouet[2] de laquelle sortit M. de Rouet d'aujourd'huy[3], qui a deux enfans bien honnestes, qui sont doublement proches, tant à cause de ma-

---

Louise Robertet, femme de René de Montberon, baron d'Archiac, frère de Jacquette de Montberon. Elle épousa en secondes noces François de Pons, baron de Mirambeau, dont elle eut Esther de Pons, dame du Vigean, femme de Charles Poussart, seigneur de Fors.

1. Marie du Fou, mariée en secondes noces à Charles Eschallard, seigneur de La Boulaye.

2. Louis de la Béraudière, seigneur de l'Isle-Rouet ou Rouhet en Poitou, marié à Madeleine du Fou du Vigean.

3. François de la Béraudière, seigneur de l'Isle-Rouet, marié à Jeanne, fille de Claude de Lévis, seigneur de Cousan, et de Hilaire de Lettes des Prez de Montpezat.

dame de Rouet, sœur de M. du Vigan, sa mère, qu'à cause de sa femme, de la maison de Couzan, pour l'amour de sa mère madame de Couzan, fille de madame la mareschalle de Montpezat, et cousine germaine de mon père, comme j'ay dict cy-dessus.

Le susdict M. de Rouet a eu plusieurs sœurs, et très-belles, qui n'ont eu des enfans, sinon madame de Combaut, dicte jadis la belle Rouet à la cour[1], qui a eu des filles, et sont, je crois, maryées : ainsy sommes-nous fort proches, ceux de la maison de Rouet et moy.

Venons à d'autres. Il y a aujourd'huy messieurs de Riberac, les deux frères, lesquelz sont enfans de Marie de Bourdeille, héritière de la maison de Bernardières, à cause de son père M. de Bernardières, mon cousin germain[2], de mesme nom et de

---

1. Louise de la Béraudière, demoiselle de Rouet, fille de Louis de la Béraudière, seigneur de Sourches et de Rouet, marquis de l'Isle-Jourdain, et de Louise de La Guiche. (V. p. 95 note 2). Après avoir eu d'Antoine de Bourbon, roi de Navarre, un fils naturel, Charles, qui devint archevêque de Rouen, elle épousa : 1° Louis de Madaillan, seigneur de Lesparre, baron d'Estissac, mort en 1565 ; 2° Robert de Combaut, seigneur d'Arcis-sur-Aube.

2. Gabriel de Bourdeille, seigneur des Bernardières, était le second frère du père de Brantôme. De sa femme Claire de Pontbriant, il eut : 1° Jean de Bourdeille, seigneur des Bernardières, marié en 1550 à Claude de Gontaut, fille de Jean II, seigneur de Saint-Geniès, et de Françoise d'Andaux ; 2° François de Bourdeille, né en 1530, moine de Saint-Denis, puis évêque de Périgueux. — La fille de Jean de Bourdeille et de Claude de Gontaut, Jeanne, dame des Bernardières, épousa : 1° en 1575, Charles d'Aydie, vicomte de Ribérac ; 2° en 1584, son cousin Antoine de Sainte-Aulaire, seigneur des Coutures. — Voyez la note 4 de la p. 98.

mesmes armes. Elle fut remaryée en secondes nopces avecques M. de Coutures, mon cousin et nepveu, comme je diray cy-après, bien qu'ilz fussent enfans de cousins germains, et d'elle est sorti un filz, qui est encor fort jeune, mais promet beaucoup de luy, et s'appelle M. de Coutures : lequel a une sœur maryée avecques M. de Puyguillon d'aujourd'hui. Voylà comme va de ce costé-là nostre alliance de Bernardières.

Voyci celle de la maison de La Douze[1]. Mon père eut sa plus jeune sœur, dicte Jehanne de Bourdeille, qui fut maryée en la maison de La Douze. D'elle est sorti un fils, mon cousin germain, lequel estant maryé avecques madamoiselle de Poyremont, riche héritière en Limosin, eut plusieurs filz et filles d'elle. Les filz sont M. de La Douze qui est aujourd'huy, M. de Poyremont et M. de Rillac. Ledict M. de la Douze a trois petitz-filz de l'héritière de Lastour, qu'il a espousée. Ses deux frères ne sont point maryez. Ils ont leurs sœurs Lambertye et de Cireuil[2], et autres, qui ont force enfans, et principallement le sieur de Lambertye, qui en a six ou sept. Voylà l'alliance de La Douze, qui est très-grande, car il y a eu très-grande quantité d'enfans et de filles.

Voyci celle de Sainct-Aulaire. En la maison de

---

1. Jeanne de Bourdeille épousa Pierre d'Abzac, seigneur de la Douze. Leur fils, cousin-germain de Brantôme, Gabriel d'Abzac de la Douze eut pour femme Antoinette Bernard, dame de Peiramont, et entre autres enfants : Gabriel de Peiramont, marié à Jeanne de Lastours, et Pierre, seigneur de Reillac.

2. Jeanne, mariée à F. de Lambertye, et Françoise, mariée à Jean de Sireuil.

Sainct-Aulaire en Limosin fut maryée Marguerite de Bourdeille, sœur aisnée de mon père[1]. De ce M. de Sainct-Aulaire[2] et d'une fille de Rufet sortit M. de Sainct-Aulaire qui est aujourd'huy, M. de la Renaudie et M. des Estres, desquelz sont sortis force enfans, qui sont encor pour aujourd'huy fort jeunes. Dudict M. de Sainct-Aulaire sont aussy sortis force filles[3] : l'aisnée maryée à la Borz-Saunier, et la seconde à Fradeaux, qui a eu force enfans ; encor ensemble d'autres sœurs que je ne puis nommer.

Pour ce qui est à mon autre cousin de Coutures[4], il eut de sa femme, de la maison de Ferrand, force enfans et filles. Les enfans sont messieurs de Coutures, de Lamary et Celle, lequel dict Celle est mort sans enfans. Les autres en ont bien, comme M. de Coutures dernier mort, lequel fut maryé avecques Marie de Bourdeille, dont j'ay parlé cy-devant, estant tous deux enfans des deux cousins germains susnommez :

1. Marguerite de Bourdeille se maria en 1506 avec François de Beaupoil de Sainte-Aulaire.
2. Brantôme saute ici une génération. Sa tante Marguerite eut pour fils François de Sainte-Aulaire, marié (1542) avec Françoise de Volvire de Ruffec, dame des Estres, dont il eut trois fils : Germain, seigneur de Sainte-Aulaire, François et Gabriel.
3. Il en avait huit.
4. Cet autre cousin de Coutures est Pierre de Beaupoil de Sainte-Aulaire, seigneur des Coutures et de Celles, fils de Marguerite de Bourdeille, tante de Brantôme, dont il était par conséquent cousin germain. Il eut pour femme Catherine de Laurière, dame de Lanmary. L'un de ses fils (le dernier mort), Antoine, épousa en 1584 sa cousine Jeanne (et non Marie) de Bourdeille, petite-fille de Gabriel des Bernardières, oncle de Brantôme. Il en eut Marc-Antoine (le petit M. des Coutures) et Claude, femme de N. seigneur de la Martonie de Puiguillon.

sçavoir, MM. de Bernardières l'aisné et de Coutures, mes deux cousins germains. De ce maryage ilz en ont le petit M. de Coutures, qui est aujourd'huy jeune homme, et sera un jour fort riche, et une sœur maryée avecques M. de Puyguillon d'aujourd'huy.

La seconde fille de Bourdeille, dicte Marie de Bourdeille[1], sœur encore aisnée, voire puisnée de mon père, fut maryée en Limosin avecques M. le baron de Maumont, grande et riche maison. De là sortit M. de Maumont dernier mort[2], mon cousin, en qui finit le nom de Maumont, d'autant que de ce maryage ne sortirent que deux filles héritières de Maumont; l'une, l'aisnée, maryée avecques M. de Charlus, grand et riche seigneur d'Auvergne; et l'autre maryée avec le comte de Canillac, seigneur et baron du Pont-du-Chasteau en Auvergne. Aussy de ladicte madame de Charlus, ma niepce, fille de mon cousin germain M. de Maumont, est sorti M. de Charlus qui est aujourd'huy[3], qui a espousé une des filles du sieur de [Lude], ma propre parente, comme j'ay dict cy-dessus; et, pour ce, le mary et la femme sont mes

---

1. Anne (et non Marie) de Bourdeille, femme de Charles de Maumont.

2. Brantôme saute encore ici une génération. Jeanne, fille de Madeleine de Coulonges et de Jean de Maumont (fils d'Anne de Bourdeille et de Charles de Maumont), épousa (1559) Claude de Lévis, baron de Charlus, et sa sœur Jeanne, dame de la Roche, se maria (1562) à Jean de Montboissier, vicomte de la Motte-Canillac, seigneur de Pont-du-Château.

3. Jean-Louis de Lévis, comte de Charlus, marié (1590) à Diane de Daillon du Lude, fille de Gui de Daillon, comte du Lude, et de Jacqueline de la Fayette. (Voyez plus haut; p. 91, note 4.)

nepveu et niepce à la mode de Bretaigne, comme plusieurs que j'ay nommez cy-dessus. Je ne sçay pas bien si madicte niepce de Charlus la mère a eu d'autres filles. De madame la viscomtesse de Canillac, ma niepce aussy, et sœur de madame de Charlus, sont sortis trois braves et vaillans gentilzhommes, et pour tels réputez, qui en ont faict de belles preuves, et par le tesmoignagne du roy mesme. Sont sorties aussy deux filles, l'une, et l'aisnée, maryée avec M. de Forcas du Limosin près de Saint-Bonnet, et l'autre à maryer[1].

Or, de ma tante et mon oncle de Maumont, outre les enfans masles, car il en a eu un jamais maryé, qui fut un des sçavans hommes de France[2], duquel M. de Ronsard parle, sortirent deux filles : l'une, la belle et gentille Maumont, nourrie à la cour, qui fut maistresse de M. le Dauphin empoisonné, de laquelle fut faicte la chanson : *Brunette suis, jamais ne seray blanche*[3]. Elle fut maryée avecques M. de Penacon,

---

1. Mme de Canillac eut quatre fils : 1° Jean-Claude, vicomte de la Mothe ; François, seigneur de Mastres ; Henri, tige de la branche de Pont-du-Château, et Gabriel, tige de la branche d'Hauterive ; 2° deux filles : Françoise, mariée au seigneur de Fossan (le texte de Brantôme dit Forcas), et Marie, qui épousa Maximilien de Lamer, seigneur de Mathas.

2. Jean de Maumont, érudit. Il a traduit, entre autres, les œuvres de saint Justin, 1538, in-f°. On a voulu lui attribuer la traduction de Plutarque par Amyot. — Je ne doute pas que Ronsard n'ait parlé de lui, comme le dit Brantôme, mais je n'ai pas pu retrouver dans les œuvres du poète (1623, 2 vol. in-f°) le passage où son nom est prononcé.

3. Voyez tome III, p. 174. Je n'ai pu trouver le prénom de « cette gentille Maumont. »

dont est sorti M. de Penacon[1], mon nepveu, qui est aujourd'huy, qui fut maryé avecques mademoiselle de Couzoges, fille de M. le président Ruffignat[2] et gentilhomme, une très-belle et très-honneste damoiselle; duquel maryage sont sortis trois enfans, braves et vaillants gentilzhommes comme le père et grand-père, et les ayeulx. L'autre fille de Maumont, sœur de madame de Penacon, fut maryée à la maison de Montaignac; duquel maryage n'est sortie qu'une fille, belle et riche héritière, maryée despuis peu avecques le filz de M. de Montbas qui est aujourd'huy[3]. Voylà l'alliance de la maison de Maumont et celle de Bourdeille.

Il y a aujourd'huy madame de Montluc, fille héritière de feu M. de Montsalès et madame de Montsalès en premières nopces, car en secondes nopces, elle fut remaryée avecques M. de Guychy[4]. Ceste madame de Montsalès et Guychy estoit la seconde fille de M. d'Estissac et de madame d'Estissac, de la maison du Lude, cousine germaine de ma mère (car madame la vidasme de Chartres estoit l'aisnée, qui mourut sans enfans), et elle a eu dudict maryage et de M. de Montsalès ceste fille tant seulement, que

1. Ce nom est écrit dans l'édition de 1740 Penacor et Pennacon.
2. Christophe de Roffignac, 2e président au parlement de Bordeaux, puis président aux enquêtes au parlement de Paris.
3. François Barthon, vicomte de Montbas, épousa en secondes noces (4 août 1596) Jeanne de Beinac (?), veuve de Jean de Montagnac en Périgord (Cabinet des titres, dossier Barthon).
4. *Guychy*, ceci est une faute d'impression ou une mauvaise lecture du manuscrit de Brantôme. Il faut lire *Quélus*. Voyez la note suivante.

j'ay dit cy-dessus ; laquelle en premières nopces fut maryée avecques M. de Sainct-Sulpice tué à Blois par le viscomte de Tours, duquel eut deux filles. L'aisnée est maintenant maryée avecques M. le duc d'Usez, et l'autre à maryer, deux fort riches héritières de la maison de Sainct-Sulpice, comme est aussy celle de Montluc, que ma susdicte niepce a eu de mondict sieur de Montluc estant maryée avecques luy en secondes nopces. La dicte fille ne sçauroit avoir encor que douze à treize ans[1].

Je ne veux point mettre icy nostre alliance avecques celle de Savoye et de Nemours ; car ce sont de grandz princes avec lesquelz nous n'oserions comparer ny paroistre. Si est-ce, mais qu'il ne leur déplaise, si je ne sçaurois nyer que Claude de Pontièvre n'ayt estée cousine germaine de feu M. le seneschal de Poictou, feu mon grand-père, messire André de Vivonne. Cela se trouvera très-bien aux histoires et annales d'Aquitaine et aux généalogies des deux maisons,

---

1. Toute cette généalogie est assez compliquée. La voici exposée plus clairement : Louis, baron d'Estissac, eut deux filles de sa femme Anne de Daillon. L'aînée, Jeanne d'Estissac, fut mariée à François de Vendôme, vidame de Chartres ; la seconde, Suzanne d'Estissac, épousa : 1° Jacques, seigneur de Balaguier et de Montsalez ; 2° Antoine de Lévis, comte de Quélus. Elle eut de son premier mariage une fille Marguerite de Montsalez, mariée : 1° à Bertrand d'Eberard, seigneur de Saint-Suplice ou Saint-Sulpice, tué en duel dans la cour du château de Blois, le 20 décembre 1576, par Jean de Beaune, seigneur de Semblançay, vicomte de Tours ; 2° (1589) à Charles de Montluc, petit-fils du maréchal. Elle eut de son premier mariage deux filles : Claude, femme d'Emmanuel de Crussol, duc d'Uzès, et Suzanne qui mourut jeune ; et de son second, une fille qui fut mariée (1606) à Antoine marquis de Thémines.

laquelle dicte de Pontièvre fut maryée avec Philippe II, duc de Savoye, qui fut maryé deux fois : la première avecques Marguerite de Bourbon, et la seconde avecques ceste Claude de Pontièvre que je dis, cousine de mon grand-père ; duquel maryage sortit Charles, qui fut le neuviesme duc de Savoye, et troisiesme de ce nom, après son frère Philibert du premier lict, et Philippe, duc de Nemours, ayant épousé une fille d'Alençon[1]. Ce Charles doncques, troisiesme du nom, a été neuviesme duc de Savoye, fils de Philippe, septiesme duc, du second lict, succéda à son frère, luy desfaillant masles, par quoy ce Charles, qui eut Emanuel-Philibert, dixiesme duc de Savoye et premier de ce nom, pourroit estre nepveu, à la mode de Bretaigne, de mon grand-père, à cause de sa cousine germaine Claude de Pontièvre ; en quoy faut adviser ce que nous pourrons estre à M. de Savoye et à M. de Nemours aujourd'huy. J'en fis un jour audict monsieur de Savoye, Emanuel-Philibert, ce discours, et plus à plein, à Turin, en son jardin, tous deux seulz, parce que madame de Savoye luy avoit dict que j'avois cest honneur de luy appartenir ; mais, pour cela, je n'en metz pas plus gros pot au feu, et n'en lève pas ma bannière plus haute ; car les princes sont si glorieux qu'ilz desdaignent tout le monde, et leur semble à tous qu'ilz sont tous sortis d'un grand sang..... et Dieu sçait !

Je ne fais pas plus de compte aussy de M. de Montpensier d'aujourd'hui[2], duquel la mère estoit fille de

---

1. Lisez : *d'Orléans.* Philippe de Savoie, duc de Nemours, fut marié à Charlotte d'Orléans-Longueville.
2. Gabrielle de Mareuil, femme de Nicolas d'Anjou, marquis de

madame la marquise de Mezières, cousine de mon père, à cause de messire Guy de Mareuil, son père, lequel estoit cousin germain de mon grand-père, à cause de sa femme Marguerite de Bourdeille, maryée à Mareuil. Les alliances en sont encor peintes en la salle de La Tour-Blanche, aux vitrages.

Mon grand-père eut aussi une sœur, qui fut maryée en la maison de La Rochandry[1], et sœur de madame de Lauzun, ma grand'tante[2], de laquelle j'ay parlé cy-devant, d'où sortit une fille qui fut maryée avecques le père de M. de Lanssac le bonhomme, dernier mort[3]. Aussy sommes-nous alliez aujourd'huy à M. de Lanssac et son filz. De M. La Rochandry sortit en maryage madame la comtesse de

---

Mézières, eut pour fille Renée d'Anjou, marquise de Mézières, qui épousa François de Bourbon, duc de Montpensier.

1. Adrienne de Bourdeille, mariée à Humbert de la Roche-Andry, seigneur de Clan en Saintonge.

2. *Sœur de madame de Lauzun, ma grand'tante.* Il y a ici double erreur, soit du fait de Brantôme, soit du fait de ses éditeurs. Françoise de Bourdeille, mariée en 1484 à Jean Nompar de Caumont, baron de Lauzun, était sœur d'Arnaut II de Bourdeille, arrière-grand-père de Brantôme; elle était donc arrière grand'tante (et non grand'tante) de celui-ci; et de plus tante et non sœur de Mme de la Roche-Andry, dont il est parlé dans la note précédente.

3 Louis de Saint-Gelais, seigneur de Lansac, mort en 1589 et que Brantôme désigne habituellement sous le nom du bonhomme Lansac, avait épousé en premières noces (1545) Jeanne de la Roche-Andry, fille de Philippe, baron de la Roche-Andry, et de Jeanne de Beaumont. La phrase ambiguë de Brantôme doit donc s'interpréter ainsi : M. de Lansac le bonhomme, dernier mort, père de M. de Lansac qui vit actuellement (Gui de Lansac, mort en 1622).

La Chambre, maryée en Savoye avec le comte de La Chambre[1], que j'ai veu nourrir fille de madame de Savoye en sa cour, où M. le comte de La Chambre l'espousa. Je ne sçay s'il en est sorti des enfans. Je ne parle pas aussy de madame de Mercœur[2], laquelle est descendue de ce comte de Pontièvre, cousin germain de mon grand-père, M. le séneschal ; et pour ce, nous sommes fort proches.

Si faut-il parler un peu des alliances de Laval et de feu M. l'amiral de Chastillon. M. de Laval fut maryé en secondes nopces. Il espousa une fille du Lude, fille de Jacques de Daillon, niepce de ma grand-mère et sœur de M. du Lude, dont j'ay parlé cy-devant[3]. De ceste fille du Lude sortit une fille qui fut maryée avecques M. l'amiral de Chastillon dernier mort duquel estoient sortis MM. de Chastillon, mort au siège de Chartres, et d'Andellot, les deux frères, dont l'un est mort et l'autre vit, et madame la princesse d'Orange leur sœur. Mondict sieur de Chastillon espousa une fille de Péquigny, vidasme

---

1. François de la Chambre, marié à Isabeau de la Roche-Andry.
2. Marie de Luxembourg, duchesse de Penthièvre, femme de Philippe-Emmanuel de Lorraine, duc de Mercœur.
3. Gui XV, comte de Laval, eut d'Antoinette de Daillon du Lude une fille, Charlotte, qui fut la première femme de l'amiral de Coligny, et la mère : 1° de Louise de Coligny, mariée en premières noces à Teligny, en secondes noces à Guillaume, prince d'Orange ; 2° de François de Châtillon, mort en 1591 ; 3° de Charles, marquis d'Andelot, mort en 1632. — François de Châtillon épousa, en 1581, Marguerite d'Ailly, de la maison de Péquigny, dont il eut Henri, comte de Coligny, mort en 1601, et Gaspard de Châtillon, mort en 1646.

d'Amyens, duquel sont sortis M. de Chastillon, tué dans Ostende, et son second frère qui porte le mesme nom. Madame la princesse d'Orange, maryée en premières nopces......,[1] et en secondes nopces au prince d'Orange, duquel a eu le petit comte de Nassau[2], qui est en Flandres, brave et généreuse race, certes, s'il en fut oncques, et grand dommage qu'elle se perde, si elle ne se renouvelle par M. de Chastillon qui est aujourd'huy, s'exposant pourtant à tant de hasardz tous les jours, desquelz Dieu le préservera, s'il luy plaist, pour ne perdre la race de ces bons haras si nobles et valeureux.

Je ne compte icy non plus MM. de Byron; car il y a long-temps qu'une fille de Bourdeille fut maryée à Byron, ny M. de Lanssac, la mère duquel est sortie de La Rochandry, et sa grand-mère de La Rochandry estoit sœur de mon grand-père, comme le tesmoignent les lettres qui sont au thrésor de nostre maison.

1. Le nom est resté en blanc. Il faut lire : à Téligny.
2. Henri-Frédéric de Nassau.

XVI

Les éditeurs de 1740 qui les premiers, nous l'avons dit, ont publié le recueil des *Opuscules*, y insérèrent la facétie suivante, avant le testament et les codicilles. Il est vrai que, si elle n'est point de Brantôme, elle a été composée pour lui, comme le prouve la note suivante qu'on lit à la fin de la pièce : *1593, en novembre, j'escrivois ce Discours à Bourdeille, en faveur de Monseigneur de Brantosme, mon maistre.* Ce Discours, puisque l'auteur lui donne ce nom pompeux, est, selon toute probabilité, et dans des circonstances qui nous sont inconnues, sorti de la plume du « secrétaire à gage » de Brantôme, de Mathaud qui, après avoir copié ou écrit sous sa dictée tant d'ouvrages de son maître, a voulu, en s'inspirant d'eux, lui donner un échantillon de son savoir-faire. Il y a par-ci par-là quelques traits assez plaisants dans cette pièce où se rencontrent plus d'un passage et plus d'une allusion dont le sens nous échappe, mais qui devaient être fort clairs pour celui à qui elle était adressée.

COMBAT.

Interprétation des huict vers qui se lisent dans les vitres de la grande sale du chasteau de Brantôme. M.D.XCIII[1].

FRANC-CŒUR parle ainsi en la première vitre :

Franc-Cœur, je suis monté sur Bon-Renom,
Pour ruer jus[2] de Nécessité chance

---

1. Ces vers sont probablement tirés de quelqu'une de ces pièces allégoriques comme en a tant produit le XVe siècle.
2. *Ruer jus*, mettre à bas.

Par ma vertu; nul ne die de non[1].
Qui bien me garde met jus outrecuydance.

Nécessité parle ainsi en l'autre vitre :

Danser me faut par ma male meschance[2].
Par mon orgueil je cuydois estre maistre.
Nécessité m'a mis en la balance[3],
Dont devant Dieu me faudra comparoistre.

Fin des vers, 1593, en novembre.

INTERPRÉTATION.

Nos prédécesseurs s'estant plustost advisez de bien faire que de bien escrire, nous ont laissé de tout temps perdre la mémoire de plusieurs batailles et combatz divers desquelz les victorieux, si eussent estez autant fortunez à rencontrer historiographes qui les eussent amplement descrits comme ilz s'estoient passez, et l'heur, d'autre costé, les eust voulu accompaigner de tout poinct, je ne veux faire aucun doubte qu'ilz ne fissent, non rougir, mais aller cacher ces fiers-à-bras imaginaires, qui, combattans et ayant donné seulement un coup d'espée sur les oreilles de leur ennemy, se trouvent leur avoir avalé un bras, une espaule, une jambe, voire leur avoir fendu la teste jusques aux dentz.

Or, telz personnages sont grandement redebvables à leurs parrains, qui leur ont ainsy tenu le menton de peur qu'ilz ne se noyassent dans la mer d'éter-

---

1. *Nul ne die de non*, que nul ne contredise.
2. *Meschance*, infortune.
3. Est-ce la balance où S. Michel pesait les âmes?

nelle oubliance; car, par-dessus toutes les nations du monde, le François est celuy qui a tousjours le mieux faict. A ce propos, il m'eschappe de raconter une histoire remarquable, qui mérite d'estre escoutée.

Le seigneur de Gondras[1], de Londe et de Magny, grand et riche seigneur au pays de Borbonnois, qui a espousé la fille de feu M. le capitaine de Sainct-Giran, frère du grand maistre de l'artillerie, M. de La Guyche, est maistre d'une belle et forte maison, qui s'appelle Veuvre[2], aux frontières du Charolois, de laquelle estoit sortie sa mère, portant ce nom de de Veuvre. En la grande sale de ceste maison seigneuriale se voit une belle et grande peinture à huyle, remplissant toute une muraille, d'un brave chien de chasse qui appartenoit à son grand-père maternel, gentilhomme grand veneur[3] : lequel chien se monstra si brave et courageux en un jour, qu'ayant attaqué une matinée un fort grand loup-cervier, et l'avoir estranglé, et au sortir de ce combat sortant du bois tout ensanglanté, après avoir receu plusieurs lardasses[4] des deffenses d'un sanglier qui estoit poursuivy par quelques autres veneurs qui n'estoient de la meute de son maistre, sur lequel il se jetta, et duquel il vint à bout avecques l'ayde qu'il eut, et duquel il eut la curée : l'après-disnée, se trouvant

1. Philibert de Serpens, seigneur de Gondras, marié (1588) à Marguerite de La Guiche, fille de Claude de La Guiche, comte de Saint-Géran (mort en 1592), et de Suzanne des Serpens, dame de Chitain.

2. Probablement Vesvre (Saône-et-Loire).

3. *Veneur*, chasseur. Ce mot six lignes plus bas semble s'appliquer aux chiens comme aux hommes.

4. *Lardasses*, blessures (coups de lardoire).

plus frais, plus gaillard, plus plein de cœur, voire plus animé qu'il n'estoit le matin, retourna pour la troisiesme fois à la chasse avecques son maistre, qui s'y aheurtoit¹ quasi plus qu'il ne debvoit. Or, la fortune voulut qu'un grand cerf fust élancé du fort, qui fut tellement couru par ce chien, qui l'ayant finalement forcé de se jetter dans une grande eau et luy avoir sauté au col, après plusieurs et diverses morsures l'aterra² finalement, comme il avoit faict la sauvagine³ du matin : tellement que ce chien s'eschauffa de telle façon toute ceste journée là, n'ayant faict autre chose que courir et combattre, que s'estant rendu dans la maison de son maistre plein de gloire et de despouilles, estant tout en feu, et aussy qu'il estoit percé comme un crible des dagades⁴ que le cerf luy avoit données, que haletant et tirant un pied de langue entre les jambes de son maistre, jouxte que c'estoit en esté, il mourut à la veue de celuy qui fut extresmement marry de ne l'avoir pu secourir. Tellement que, pour avoir recognu la bonté et grandeur du courage de son chien, il ne voulut jamais permettre que la charogne en fust portée à la voyrie, pour estre déchirée des chiens charoppiers⁵, ou bien des corbeaux, ains la fit enterrer en la sale où il couchoit, dessoubz son lict ; et, non

1. *Aheurter* (*s'*), s'obstiner, s'opiniâtrer.
2. *Aterrer*, terrasser.
3. *Sauvagine*, la bête sauvage, le loup-cervier, dont il vient d'être question.
4. *Dagade*, coup que le cerf donne avec son bois. *Daguet*, comme on sait, est le nom donné au jeune cerf.
5. *Charoppier*, faut-il lire *charostier*, mangeur de charogne?

content de cela, fit bravement peindre et portraire son chien, selon sa grandeur, retournant de la chasse de ces trois bestes faulves, à la paroy d'une des quatre murailles regardant son lict, ensemble quelque escriture au pied : histoire qui se voit et lit encor par tous ceux qui fréquentent léans. Ce récit m'a esté faict en ceste année 1593, estant en Forest[1], en la maison du capitaine Cozeau, oncle du susdict de Gondras; et me fut nommé le nom du chien par plusieurs fois, qui, pour s'estre monstré si brave, ne debvroit jamais périr, non plus que de celuy qui, aux Indes occidentales, du temps des Pizarres, alloit à la chasse des Indiens et tiroit paye de soldat hespaignol, qui estoit toujours le premier qui commençoit la charge.

Je veux doncques dire que, sans ceste peinture, la mémoire de chose si remarquable seroit périe, qui, sans faute, mériteroit d'estre rédigée bien au long par escrit avecques ses circonstances; comme aussy la gratitude du maistre, qui vivoit encor l'an 1558, doit estre célébrée.

Il en a esté de mesmes de ceste belle histoire qui est peinte sur le manteau de la cheminée de la grande sale du chasteau de Montargis[2]; car, sans la peinture, elle seroit ensepvelie pour jamais. Voylà pourquoy les Suisses et Allemands sont si fort curieux des peintures par toutes leurs villes. J'ay demeuré dans le canton de Soleurre, et ay veu les parois, murailles et frontispices de plusieurs maisons peintes, regardant

1. Dans le Forez.
2. L'histoire fabuleuse et bien connue du chien de Montargis.

sur les grandes rues, comme est entre autres la maison du colonel Tocquenet, qui a faict peindre toutes les battailles où il s'est trouvé, tant avecques le roy François au grand nez, que contre luy et Henry second son filz, où sont représentées des particularitez que les historiens ne pourroient jamais spécifier ou particulariser en telles journées. Et de faict, rarement la peinture se peut falsifier. Le marquis de Marignan a faict aussy peindre en une belle sale de son chasteau toutes les battailles où il s'est trouvé, vivant Charles le Quint. Cela a esté grandement louable en luy. La peinture et les chansons sont les gardeurs tant de la mémoire comme de l'histoire. Et sans la peinture qui est dans la maison de Veuvre, il y a piéça[1] qu'il ne se parleroit plus d'une chose si remarquable, qui mériteroit, non un Fouilloux[2] pour la descrire, ains un autre roy Charles neufviesme, qui mourut trop tost de par Dieu, qui, si luy vivant eust eu notice de ceste histoire, allègrement en eust voulu prendre la peine et le plaisir, pour la mettre en beaux vers françois, tant il aymoit la noblesse de ce mestier ; jouxte qu'il estoit bon gendarme et bon poëte, qui avoit composé un livre de la chasse en fort beaux vers de sa langue[3].

J'ay dict tout cecy à cause de l'histoire qui représente un combat qui est peint sur verre aux vitres de la sale du chasteau de Brantôme, qui fut édifié par

---

1. *Piéça*, longtemps.
2. Jacques du Fouilloux, auteur de la *Venerie*, 1561, in-f°, souvent réimprimée, et entre autres en 1844, gr. in-8°.
3. Le livre de Charles IX est en prose, voy. t. V, p. 285.

le cardinal de Périgord, archevesque de Pampelune[1], qui vivoit environ la prinse de Rhodes, qui nous font voir un combat furieux de deux gentilzhommes qui, armez de toutes pièces, combattent à cheval avecques l'espée et le bouclier; l'un des combattants portant le nom de *Franc-Cœur*; l'autre, asçavoir du vaincu, portant le nom de *Nécessité*, qui de faict fatalement fut tué, et le voit-on tomber de cheval blessé à mort, son cheval donnant du museau en terre, la teste posée entre les deux jambes de devant. Et voit-on ce gentilhomme, baptisé du nom de *Nécessité*, tomber de cheval à la renverse, levant les pieds et les jambes contre-mont.

De l'autre vitre de la fenestre qui regarde sur la rivière de Drone[2], on voit un gentilhomme portant la barbe longe, armé aussy de toutes pièces, avecques l'espée et l'escu, portant mine d'un mauvais garçon qui sçavoit bien chastier les foux pour leur apprendre à parler sagement, soit des dames, desquelles il ne faut jamais parler que bien à poinct, moins jamais les blasonner, soit de l'honneur d'autruy duquel nous ne devons estre larrons.

Et fut faict ce combat près la ville de Fontarabie sur le bord de la mer, se voyant peinte la ville joignant le champ du combat : le tout en présence des juges et présidens des combatz, accompaignez des trompettes de tous les deux costez, qui sonnent les fanfares deues au vainqueur.

1. Amanieu d'Albret, évêque de Pamiers, de Comminges, puis de Pampelune, mort en 1520. La prise de Rhodes par les Turcs eut lieu en décembre 1522.
2. La Dronne, rivière qui passe à Brantôme et à Bourdeille.

En chaque vitre il y a un escriteau de quatre vers, qui ne nous mettent point à deviner, mais bien au contraire nous font cognoistre la vérité du succez de l'histoire.

L'escriteau du vieux routier parle ainsy, disant :

> Franc-Cœur je suis, monté sur Bon-Renom,
> Pour ruer jus de Nécessité chance
> Par ma vertu; nul ne die de non.
> Qui bien me garde met jus outrecuydance.

L'escriteau du défendant dit :

> Danser me faut par ma male meschance.
> Par mon orgueil je cuydois estre maistre.
> Nécessité m'a mis en la balance,
> Dont devant Dieu me faudra comparoistre.

La quinte-essence de ces vers, icy extraicte et pressurée, nous fait entendre que ce gentilhomme, qui s'attitre du nom de *Nécessité*, pouvoit avoir intéressé[1] l'honneur de ce brave cavallier, vieux soldat et vieux guerrier, appelé *Franc-Cœur*, et que ne se pouvant rétracter, ne l'osant, ou peut-estre ne le voulant, il fut forcé de venir au combat pour maintenir ce qu'il avoit malicieusement inventé : tellement que Franc-Cœur, homme généreux et vaillant, cicatrisé en sa réputation, qui à tout gentilhomme doit estre plus chère que la vie mesme (car le premier vers monstre qu'il est monté sur Bon-Renom, qui vaut mieux que ne fait ceinture faicte en broderie), luy estant grief et amer d'avaler ceste griotte[2], en la façon qu'il

---

1. *Intéresser*, offenser, blesser.
2. *Griotte*, espèce de cerise un peu aigre.

n'eust monstré à ce diseur de quel bois il se vouloit chauffer, desfie et despite Nécessité, et toute autre personne, de luy pouvoir dire pis que son nom, s'il ne veut mentyr cent piedz dedans sa gorge; qu'il est homme de bien et d'honneur, qui ne fit jamais acte que galant homme de son calibre ne doibve faire; et qui le voudroit braver, ou dire de luy le contraire en façon qui fust, qu'il est prest de luy rompre la teste; exprimant ses conceptions par ces mots portez par le second vers : *pour le ruer jus;* c'est-à-dire pour le rendre corps sans ame, pour l'envoyer au royaume des taupes, pour l'estendre et joncher sur le carreau, froid et roide.

Et, pour en venir là, il dit qu'il n'eut jamais les mains engourdies quand il a esté question de les mener à bon escient; qu'il fait largesse de taloches et chinfreneaux[1]; qu'il n'est point apprentif de couper telles escharpes et telles livrées pour qui en voudroit porter; exprimant ce qu'il a dans le ventre par le commandement du troisiesme vers, qui est tel : *par ma vertu;* et, à cause du sens, il faudroit mettre et poincter là deux poincts que le peintre a oubliés.

Par ainsy, il veut bien que l'on sçache que qui dira du contraire, asçavoir qu'il ne soit gentilhomme comme le roy, chrestien et catholique comme le pape, de bon lieu et de bonne part, ou bien qu'il ayt parlé de madame de Sauve, de madame Raverie, de la Pressin, de madame d'Estrée[2], qu'avecques tout

1. *Chinfreneau*, coup à la tête.
2. Mme de Sauve et Gabrielle d'Estrées sont bien connues comme maîtresses d'Henri IV, « qui en a eu une quantité étrange » suivant l'expression de Tallemant des Réaux.

honneur et respect, ou bien qu'il ayt proféré quelques semblables parolles injurieuses et traversures[1] qui offensassent les oreilles de personne du monde, qu'il est prest avecques l'espée et le bouclier, l'espée et la cappe, l'espée et le poignard, avecques le seul sponton, à pied ou à cheval, armé, non armé, en chemise, de le faire mentyr par la gorge, au veu de tout le monde.

Au partir de là, qu'il veut bien que l'on sçache qu'il a la teste si prez du bonnet qu'il ne pourroit jamais endurer qu'on luy fist la part[2], qu'on lui passast la main devant le visage, qu'on luy menast le festu par la bouche[3], qu'on le lamponnast[4] par trop, qu'on luy chiquenaudast le bout du nez, qu'on ouvrist la bouche sur luy pour luy dire *be, ee, ee*[5], et que par le cap de Dious, pour estre Gascon, ne voulant plus outre jurer qu'il est si chatouilleux, que, plustost qu'il beust telles viellaqueries[6], il ne se pourroit jamais tenir, que, despartant subitement de la main, sautant au collet de son homme, il ne luy baillast cinquante poignaçades[7] dans le cœur; que le seigneur d'Albret, duquel il est vassal, n'ayme point les poltrons; et que luy ne tenant rien du fief de coyonnerie, il luy avoit permis de porter ses armes en son

---

1. *Traversures*, mots piquants.
2. *Faire la part*, faire tort dans un partage.
3. *Mener le festu par la bouche*, passer la paille par le bec.
4. *Lamponner*, brocarder.
5. C'est ce que dit le berger dans la farce de Pathelin.
6. *Viellaquerie* pour *vellaquerie*, coquinerie; de l'espagnol *bellaqueria*.
7. *Poignaçade*, coup de poignard.

escu au jour du duel, pour espousetter¹ à plaisyr son *hermanos*² ou autre pèlerin qui le voudroit attacquer; bref, qu'il ne pourroit jamais endurer d'estre superché³ en son honneur tant qu'il pourroit porter espée, tant s'en faut qu'il voulust endurer une démentie, qui est une paille en l'œil et une épine au pied de tout gentilhomme qui vit soubz les règles du poinct d'honneur, qui ne se peut arracher qu'avecques le gantelet⁴. A ceste occasion il adjouste : *nul ne die de non;* comme s'il vouloit dire : « Quant à moy, je n'ay pas
« appris de tant marchander : le faict m'est aussy
« prest que le dire. Jettant mon gage, j'empaulme⁵
« aussy tost qu'on le sçauroit avoir veu. Et qui ne se
« contentera de ceste monnoye, je luy donneray
« tousjours le passetemps de luy descoudre son
« harnois, luy mettre les trippes au soleil, voyre loysir
« de conter⁶, à la clarté de si belle chandelle, toutes
« les pièces de sa fripperie, une par une. »

S'ensuit par après :

Qui bien me garde met jus outrecuydance

C'est-à-dire, « qui voudra prendre garde de près à la
« justice de ma querelle, pour laquelle je suis entré
« en estaquade pour me couper la gorge avecques

1. *Espousetter*, épousseter.
2. *Hermanos*, frère.
3. *Superché*, outragé.
4. Le gant jeté en défi.
5. *Empaulmer*, en terme de vénerie, signifie suivre la piste; et en terme de jeu de paume, recevoir la balle dans le creux de la main (saisir la balle au bond); je crois que cette dernière acception est celle qu'il faut adopter ici.
6. *Conter*, compter.

« mon ennemy; qui voudra considérer comme le
« tout s'est passé; qui y voudra regarder de près et
« esplucher toutes choses par le menu, il treuvera
« que Dieu a favorisé ma cause, estant allé desmesler
« ceste fusée, armé d'innocence, y estant allé à la
« franche marguerite[1] et non de gayeté de cœur, ou
« que les cirons me démangeassent aux mains, ains
« seulement pour la conservation de mon bon droict,
« qui doit lyer tout homme pour avoir tousjours
« l'espée au poing. Mettant doncques cuyre sur la
« bonté de ma cause, ayant faict provision d'un cœur
« autant masle que lyonnois[2], Dieu m'a faict ceste
« grace d'avoir battu à dos et à ventre mon ennemy,
« cest outrecuydé, ce coquin, ce roguart[3], ce bavard,
« qui si cautuleusement à son dam a glosé mes parol-
« les. Je l'ay faict desdire, comme chelme[4] qu'il est,
« devant chascun : luy ayant appris, s'il a voulu rete-
« nir sa leçon, qu'il ne faut parler si gauchement
« d'un tel homme et si homme de bien que je suis.
« Je fusse crevé cent fois plustost que j'y eusse layssé
« rien du mien. J'eusse plustost espanché tout mon
« sang, voyre eusse veu la dernière goutte, que je
« n'en eusse eu ma raison. L'honneur est chose trop
« frétillante à ceux principallement qui veulent vivre
« en honneur aux cours des princes et y porter la

---

1. Franchement, à la bonne Franquette. — *A la franche marguerite*, suivant Littré, se dit d'un amant qui effeuille une marguerite pour savoir s'il est aimé.
2. *Lyonnois*, de lion.
3. *Roguart*, qui fait le rogue.
4. *Chelme*, coquin, de l'allemand *schelm*, mot importé par les reîtres, les lansquenets ou les Suisses.

« carre levée. Et, partant, ayant faict perdre la vie à
« ceste cane, qui m'en avoit presté d'une, j'apprens
« à mes semblables comme ils debvront faire par cy-
« après, quand ilz se trouveront invitez à de sembla-
« bles nopces comme moy. »

S'ensuit l'explication des quatre vers proférez pour *In manus*, lorsque Nécessité voulut verser les quatre fers [1].

> Danser me faut par ma male meschance.
> Par mon orgueil je cuydois estre maistre.
> Nécessité m'a mis en la balance,
> Dont devant Dieu me faudra comparoistre.

Ce pauvre malheureux dit qu'il a trouvé chaussure à son pied. Voicy que ce paillard se rétracte et se repent de ce qu'il a dict. Estant prest de rendre les derniers abboys, il se confesse et crye mercy à sa partie. Il dit qu'il meurt justement pour avoir blessé l'honneur d'un si homme de bien, qui l'a payé sur-le-champ de son démérite. Il regrette grandement que la trahison de son cœur soit cause qu'il meure si laschement qu'il fait. Il eust volontiers dict : *Señor Juliano, no te quiero*[2], mais qu'il a esté forcé de combattre, le dénotant par ce vers qui dit : *Nécessité m'a mis en la balance*, attendu que qui quitte la partie la perd.

Estant prest de rendre l'ame à Dieu, il se repent de bon cœur de ce que faussement il a dict de son

---

1. *Voulut verser les quatre fers*, fut renversé. — Nous dirions aujourd'hui *tomba les quatre fers en l'air*.
2. Allusion à une histoire rapportée par Brantôme qui la appelle plus d'une fois. (Voy. t. VI, 261 ; VII, 77-84.)

ennemy, qu'il tient pour homme de bien et d'honneur. Il confesse avoir mal parlé, il recognoist la justice de Dieu qui luy a osté le cœur, deffendant une mauvaise querelle ; il recognoist que Dieu est juste en toutes ses œuvres, qu'il n'a voulu que telle sienne meschanceté demeurast impunie devant les hommes, comme de faict il en porte la paste au four, à son dam, et au grand déshonneur et infamie, tant de luy comme de tous ses parens ; perdant pauvrement la vie pour avoir esté si outrecuydé maintenir ce qu'il sçavoit en conscience estre aussy faux que le diable est faux. Il lamente la petitesse de sa fortune, et recognoist que l'orgueil qui l'a tousjours accompaigné toute sa vie, a esté cause de son honnissement[1], de sa ruyne et confusion. Finalement qu'il luy est advenu ne plus ne moins qu'au chien de ce veneur appelé Meraudet, qui vouloit manger le loup et le loup le mangea ; dénotant cecy par le texte du second verset de son *In manus*, qui dict : *Je cuydois estre maistre*.

1. *Honnissement*, action d'être honni.

XVII

*Testament et codicilles de Pierre de Bourdeille,
seigneur de Brantôme.*

Au nom du Père, et du Filz, et du Sainct-Esprit, ensemble de la bénite Vierge Marie, et de madame saincte Anne, mes deux bonnes patronnes.

Je, Pierre de Bourdeille, seigneur et baron de Richemond, de Sainct-Crespin, de La Chapelle-Mommoreau, et conseigneur de Brantôme usufructuaire[1], chevallier de l'Ordre du roy, de son Sainct-Michel, ensemble de celuy de l'Ordre de Portugal qu'on appelle l'*Habito de Christo;* gentilhomme ordinaire de la chambre des feus roys Charles neuviesme et Henry troisiesme, mes maistres, et pensionnaire de deux mille livres par an du susdict Charles neuviesme en son vivant; chambellan de monseigneur le duc d'Allençon, mon bon maistre aussy, dont toutes les lettres et tiltres en demeurent en mon thrésor et titres, qui du tout en donnent foy; et ayant commandé à deux enseignes de gens de pied aux secondes guerres civiles passées, sans reproche, la grace

---

1. *Usufructuaire,* usufruitier; *usufructuarius.*

à Dieu ; je recommande mon ame à Dieu, et le supplie de bon cœur la recevoir en son sainct paradis.

Je veux estre enterré comme bon chrestien et catholique, sans pourtant aucune pompe funèbre, ny cérimonie nullement somptueuse. J'eslis ma sépulture dans la chapelle de mon chasteau de Richemond, que j'ay faicte et construite exprès pour cest effect avecques la voute, espérant que le tout sera faict et parachevé, s'il plaist à Dieu, avant que je meure, pour y estre enterré. Je veux que sur ma tombe soit gravé en grosses lettres cest épitaphe, avecques mes armoyries de Bourdeille et Vivonne, entourées de l'ordre de Sainct-Michel :

Passant, si par cas ta curiosité s'estend de sçavoir qui gist soubs ceste tombe, c'est le corps de messire Pierre de Bourdeille,

En son vivant chevallier, seigneur et baron de Richemond, et Sainct-Crespin, et La Chapelle Mommoreau, et conseigneur de Brantôme ; extraict du costé du père de la très-noble antique race de Bourdeille, renommée de l'empereur Charlemaigne, comme les histoires anciennes et vieux romans françois, italiens, espaignolz, titres vieux et antiques monuments de la maison le témoignent de père en filz jusques aujourd'huy ; et, du costé de la mère, il fut sorty de ceste grande et illustre race aussy de Vivonne et de Bretaigne, qui en porte les hermines pour cela en ses armoiries. Il n'a dégénéré, grace à Dieu, à ses prédécesseurs. Il fut homme de bien, d'honneur et de valeur comme eux, advanturier en plusieurs guerres et voyages estrangers et hazardeux. Il fit son premier apprentissage d'armes soubz ce grand capitaine M. de

Guyse, messire François de Lorraine ; et, pour tel apprentissage, il ne désire autre gloire et los : doncques cela seul suffise. Il apprit très-bien soubz lui de bonnes leçons qu'il practiqua, avecques beaucoup de réputation, pour le service des roys ses maistres. Il eut soubz eux charge de deux compaignies de gens de pied. Il fut en son vivant chevallier de l'Ordre du roy de France, comme j'ay dict, et de plus chevallier de l'Ordre de Portugal, qu'on appelle l'Habito de Christo, qu'il alla querir et recepvoir là luy-mesme, et avoir du roy dom Sebastien, qui l'en honnora au retour de la conqueste de la ville de Belis et son pignon en Barbarie, où ce grand roi d'Espaigne, dom Philippe, avoit dressé et envoyé armée de cent gallères, et douze mille hommes de pied. Il fut après gentilhomme ordinaire de la chambre des deux roys Charles IX et Henry III, et chambellan de M. d'Allançon, leur frère ; et outre fut pensionnaire de deux mille livres par an dudict roy Charles IX, dont en fut très-bien payé tant qu'il vesquit, car il l'aymoit fort, et l'eust fort advancé s'il eust plus vescu que ledict Henry III. Bien qu'il les eût tous deux très-bien servis, l'humeur du premier s'addonnoit plus à luy faire du bien et des grades plus que l'autre ; aussy que la fortune ainsy le vouloit. Plusieurs de ses compaignons, non esgaux à luy, le surpassèrent en bienfaictz, estatz et grades, mais non jamais en valeur et mérite. Le contentement et le plaisir ne luy en sont pas moindres. Pourtant adieu, Passant, retire-toi. Je ne t'en puis plus dire, si-non que tu laisses jouyr de repos celuy qui en son vivant n'en eut, ny d'ayse, ny de plaisir, ny de contentement. Dieu soit loué pourtant du tout, et de sa saincte grace !

Je ne veux surtout qu'en mon enterrement se fassent, comme j'ay dict, aucunes pompes ny magnificences funèbres, et surtout ny festins, ny mangeailles, ny convoy, ny assemblées de parens et amys, sinon d'une vingtaine de pauvres, avecques leurs escussons de mes armoiries, habillez en deuil de gros drap noir, et qu'on leur donne l'aumosne accoustumée, ensemble aux autres pauvres qui s'y assembleront. Je dis, non-seulement pour ce jour de l'enterrement, mais à la huictaine et quarantaine, et bout de l'an autant.

Je donne et lègue à maistre Pierre Petit, dict le sieur Contanho[1], la somme de cinq cents livres avecques deux des meilleurs chevaux qui se trouveront en mon escurie à l'heure de mon trespas, et le meilleur de mes manteaux, avecques deux de mes meilleures harquebuses à rouet et à mesche. Plus, luy donne le moulin, ses appartenances et rente deue sur yceluy, appelé le moulin de La Rode, situé en ma terre et paroisse de Sainct-Crespin, sur le ruisseau de Houlou, autrement appelé de Belesme, en faire et disposer comme de sa chose propre, et ce, pour avoir esté bon commandataire de l'abbaye de Brantôme pour moy, dont pourtant il m'a baillé beaucoup de peines et de traverses, et tourmens d'es-

---

1. Lisez, comme plus loin : Coutancie. Voici en effet ce que dit le *Gallia christiana* (t. II, col. 1495) : Petrus de Bourdeille hanc (abbatiam) tenuit per semetipsum usque ad annum 1583, ac deinde sub fiduciariis Johenne (*alias* Petro) L'Espinasse, Petro Petit, dicto La Coutancie, etc., ad annum 1614 quo migravit ex hoc seculo 5 julii.

prit en ce négoce¹; mais je luy pardonne, et, s'il est habile, en pourra tirer beaucoup après ma mort, selon le brevet du roy, qu'il trouvera dans mon petit coffre d'Allemaigne, qui est sur ma table à La Tour-Blanche.

Je lègue au seigneur Lorentio Splanditeur la somme de deux cens livres, pour estre mon ancien serviteur, bien qu'il n'en aye besoing, car il est riche, et a gagné assez avecques moy, mais afin qu'il aye soubvenance de moy tant qu'il vivra.

Plus, je lègue à tous mes serviteurs et servantes, demeurant tant à La Tour-Blanche, Richemond que Brantôme, qui se trouveront lors de mon trespas, la somme de cinq cens cinquante livres une fois payée, pour estre despartie entre eux, selon la qualitez desditz serviteurs et servantes comme héritiers et héritières y auront l'œil, ou bien personnes déléguées pour cela y adviser; de sorte que je les prie les en rendre tous contens et contentes de leurs services et peines.

Outre plus, je lègue et donne à mes serviteurs principaux, qui me servent à la chambre et autres lieux honorables, comme secrétaires, pages, tous mes manteaux, habillemens, linges, draps, c'est-à-dire des chemises, mouchoirs, chaussettes, sans toucher aux linceulz², ny serviettes, ny napes aucunement; désirant que cela demeure parmy les meubles de la maison, pour la succession de mes héritiers.

Outre mes serviteurs susdictz, je lègue et donne

---

1. *Négoce*, affaire; *negotium*.
2. *Linceuls*, draps.

à mes soldatz, qui sont à ma porte, pour chaque teste, à chacun cinq escus et leurs gages payez.

Plus, je lègue et donne à messire Hélie de Haut-marché, dict Monserogallard, abbé commandataire de Sainct-Sevrin[1], la somme de cent cinquante livres une fois payée.

J'en donne et lègue autant à Lombraud, mon recepveur de présent, qui m'a bien servy jusques icy, et qu'il continue, outre ses gages, dont il se paye tous les mois par ses mains, comme il paroist par ses comptes.

Je lègue et donne aussy à messire Arnaut Barbut, vicaire de Brantôme, la somme de dix escus seulement une fois payée, bien que luy aye bien payé tous ses gages, comme il paroist par mes comptes, qu'il y a beaucoup gaigné en faisant son service divin, et par ce n'aye pas grand besoing de récompense, mais afin qu'il aye soubvenance de moy.

Et de tous ces susdictz légatz, je veux et ordonne estre faict aux personnes vivantes seulement lors de mon décès, et nullement à leurs héritiers.

Je veux aussy, et en charge expressément mes héritiers, héritières, de faire imprimer mes livres, que j'ay faictz et composez de mon esprit et invention, et avecques grande peine et travaux escrits de ma main, et transcrits et mis au net de celle de Mathaud, mon secrétaire à gages, lesquelz on trou-

---

1. Abbaye d'Augustins (Charente-Inférieure), du diocèse de Poitou. Le nom decet abbé ne figure pas dans le *Gallia christiana*, qui du reste ne mentionne que sept noms d'abbés depuis le xiie siècle jusqu'au xviiie (t. II, col. 1348-1349).

vera en cinq volumes couvertz de velours tan[1], noir, verd, bleu, et un en grand volume, qui est celui des *Dames*, couvert de velours vert, et un autre couvert de vélin, et doré par dessus, qui est celuy des *Rodomontades*, qu'on trouvera tous dans une de mes malles de clisse[2], curieusement gardez, qui sont tous très-bien corrigez avecques une grande peine et un long temps ; lesquelz j'eusse plustot achevez et mieux rendus parfaictz, sans mes fascheux affaires domestiques, et sans mes maladies. L'on y verra de belles choses, comme contes, histoires, discours et beaux motz, qu'on ne desdaignera, s'il me semble, lire, si l'on y a mis une fois la veue ; et, pour les faire imprimer mieux à ma fantaisie, j'en donne la charge, dont je l'en prie, à madame la comtesse de Durtal, ma chère niepce, ou autre si elle ne le veut ; et, pour ce, j'ordonne et je veux qu'on prenne sur ma totale hérédité l'argent qu'en poura valoir l'impression, et ce advant que mes héritiers s'en puissent prévaloir de mondict bien, ny d'en user advant qu'on aye pourvue à ladicte impression, qui ne se pourra certes monter à beaucoup ; car j'ay veu force imprimeurs, comme il y a à Paris et à Lyon, que s'ilz ont mis une fois la veue, en donneront plustost pour les imprimer, qu'ilz n'en voudroient recepvoir ; car ilz en impriment plusieurs gratis qui ne valent les miens. Je m'en puis bien vanter, mesme que je les ay monstrez, au moins une partie, à aucuns qui

---

1. *Tan*, couleur de tan. Les éditions portent par erreur : *Velours, tant noir*.

2. *Malle de clisse*, malle en osier.

les ont voulu imprimer sans rien, s'asseurant qu'ilz en tireront bien profict, voire encore m'en ont prié; mais je n'ay voulu qu'ilz fussent imprimez durant mon vivant. Surtout je veux que ladicte impression en soit en belle et grande lettre et grand volume, pour mieux paroistre, et avecque privilège du roy, qui l'octroyera facilement, ou sans privilège, s'il se peut faire. Aussy prendre garde que l'imprimeur n'entreprenne ny suppose autre nom que le mien, comme cela se faict; autrement je serois frustré de ma peine et de la gloire qui m'est deue. Je veux aussy que le premier livre qui sortira de la presse soit donné par présent, bien relié et couvert de velours, à la reyne Marguerite ma très-illustre maistresse, qui m'a faict cest honneur d'en avoir veu aucuns, et trouvé beaux et faict estime.

Je veux aussy et ordonne que mes debtes soient payées, et en charge mes héritiers et héritières, lesquelles sont petites. Je recommande espécialement celle de M. de La Chastaigneraye, mon nepveu, qui est pour la somme de cinq cens escus que madame de La Chastaigneraye, ma bonne cousine, me presta; laquelle, advant sa mort, un mois, l'estant allé voir exprès à La Chastaigneraye, et luy parlant de ceste debte, et l'en remerciant de sa courtoisie, et la priant d'attendre un peu, que je ne faudrois la payer à ma première commodité, elle m'en renvoya bien loing de la main et de la parolle, et que je ne luy en parlasse jamais, et qu'elle me la quittoit fort librement; car elle m'aimoit plus cent fois que la debte, comme de vray, à cause de l'amitié entre nous deux jurée et entretenue tousjours dès nostre jeune aage, aussy qu'elle m'avoit de l'obligation d'ailleurs, que je ne dis. M. des Roches y estoit présent, qui l'ouyt, et me l'a ramenteu souvent, qui en pourroit servir de tesmoing : mais il est mort despuis, et la vérité est telle. Que si pourtant mesdictz héritiers et héritières en sont recherchez et contrainctz de les payer, il faut rabattre sur lesditcz cinq cens escus, deux cens que je prestay au filz aisné, M. d'Anville mon nepveu, à la cour, à Paris, à sa grande nécessité, dont j'en ay cédulle en mon petit coffre d'Allemaigne, ou elle s'y trouvera. Que si on en demande les intérests desditz trois centz escuz rabattuz, bien qu'on ne m'en aye sommé jusques icy, faut rabattre aussy et desduire sur les deux cens escuz de M. Danville de mesme les intéretz. Mais je pense qu'on ne viendra pas là ; car nous sommes trop proches et bons parens et amys.

Je veux aussy et ordonne qu'on paye à M. du Préau, gouverneur et lieutenant de roy à Chastelleraud, la somme de trois cens escuz qu'il m'a presté très-volontièrement, et qu'on luy en paye ses intérestz raisonnables. Mais je crois qu'il n'yra à la rigueur, pour l'avoir nourry et eslevé de telle sorte que c'est un des honnestes et vaillans capitaine de la France, et qu'il m'en a ceste obligation.

Je dois aussy à M. de La Chambre quelques six ou sept vingtz livres, que je veux et ordonne luy estre payées, bien que je suis cause en partye de tout le bien qu'il a, pour luy avoir faict espouser sa première femme, qui avoit force bien et surtout force escuz.

Pour mes autres debtes, elles sont fort petites, et

par ainsy aysées à payer, et que je veux estre bien payées : et crois que, après ma mort, on trouvera encor dans mes coffres, s'il plaist à Dieu, argent assez pour les payer et m'en acquitter, voire quasy payer tous mes susdictz légatz nommez : et, au défaut, faudra vendre de mes chevaux et quelques-uns de mes meubles, qui sont tous assez bastans pour me desacquitter, s'il plaist à Dieu qu'il ne m'envoye autre inconvénient.

Or, je ne doubte point que mes héritiers et héritières ne trouvent mes légatz et debtes grandz et grandes, comme je sçay qu'aucuns en ont faict leurs comptes, les ayant sceu par testament que j'avois faict et passé par Galopin, notaire, que possible l'avoient veu, et disoient que je les chargeois de trop de légatz et debtes, et, par ce, que je ne leur laissois grand part de mon hérédité.

A cela je leur respond et leur dis que je suis libre et franc de disposer du mien comme il me plaist, sans en rendre compte à aucuns, aussy que je leur laisse plus de cinq fois autant, voire plus, que je n'ay jamais eu de légitime de ma maison, qui ne s'est pu monter à plus haut de treize mille livres, à sçavoir, du père huict mille livres, et de la mère cinq mille livres, comme leurs testamens portent partage : certes, fort peu pour une si grande et noble maison que la nostre ; si que le moindre cadet de Périgord et de Poictou en eust eu et hérité six fois davantage.

De plus, j'ay quitté[1] mon frère aisné, M. de Bour-

---

1. *Quitter*, tenir quitte.

deille, pour les deux légitimes de mes deux frères morts et leurs successions, pour si peu de chose qu'il ne valoit pas la peine d'en parler, ne voulant tirer de luy ce que j'eusse pu par juste droit : mais je luy ay esté tousjours très-bon frère, et regardé tousjours la grandeur de la maison. J'ay eu aussy grand respect et amytié à madame de Bourdeille, ma belle-sœur et bonne, qui me rendoit la pareille.

De plus, j'ay laissé l'espace de douze ans jouyr à mondict frère et disposer de tout mon bien, comme il luy a pleu, dès la mort de ma mère[1], tant que[2] j'estois jeune et aux estudes, sans la jouissance qu'il a tousjours eue des bénéfices de Sainct-Vincent-lès-Xaintes, du doyené de Sainct-Yriers en Limosin, et du prioré de Royan. Il en a jouy comme il luy a pleu, et en estoit quitte à ne m'en donner que quatre cens livres par an pour mon entretien aux estudes ; lesquelz susdictz bénéfices le brave capitaine Bourdeille, mon frère, me donna et résigna, ne les voulant plus tenir, ny estre d'église. Je puis jurer et bien affirmer que mondict frère, M. de Bourdeille, a jouy du reste, qui montoit fort bien le revenu à plus de deux mille livres, et ce, jusques à mon retour de mon premier voyage d'Italie, lequel je fis pour une coupe de bois de la forest dudict Yriers, dont le roy m'en donna la permission, et en tiray cinq cens escus, dont j'en fis le voyage sans autre argent : dont bien me servit de le bïen mesna-

---

1. Le testament de la mère de Brantôme, Anne de Vivonne, est daté du 26 mai 1557. Brantôme à cette époque devait avoir de 16 à 18 ans.

2. *Tant que*, tandis que, alors que.

ger. Et si mondict frère a esté si mauvais mesnager et un peu joueur de sorte que son bien a beaucoup diminué, tant de son vivant qu'après sa mort, je n'en puis mais, me contentant en mon ame d'avoir faict le devoir d'un très-bon frère. Si diray-je pourtant de luy que, nonobstant son mauvais mesnage, ç'a esté un fort homme de bien, d'honneur, de valeur, et fort splendide, magnifique et libéral, comme je l'ay veu paroistre tel à la cour et armées.

Ce n'est pas tout que ceste susdicte bonté ; car, pour agrandir et maintenir dans son antique splendeur nostre maison, j'ay sacrifié et quitté ma bonne fortune; car je puis me vanter avoir esté autresfois à la cour, aussy bien venu, aymé et favorisé de mes roys et grandz princes, et cognu d'eux pour homme de mérite et de valeur : si que, sur le poinct de me ressentir de leurs bienfaictz et faveurs et estatz et beaux grades du feu roy Henry III, je quittai tout, après la mort de mon frère[1], pour assister à madame de Bourdeille, ma belle et bonne sœur, en son vefvage, et l'empescher de se remaryer, comme estant recherchée de force grandz et hautz partis, tant pour sa beauté de corps et d'esprit, que pour ses grandz moyens, biens et richesses, et belles maisons, comme chacun sçait. Je me rendis si bien subject[2] à elle, et si près, qu'aucun n'osa s'approcher d'elle pour la vouloir servir, sinon par ambassades sourdes et secrettes ; mais, par ma prévoyance et vigilance, j'en rompis tous les coups, menées et actes ; de telle

---

1. André de Bourdeille mourut en janvier 1582.
2. *Subject*, attaché.

sorte que si elle se fut remaryée, estant en l'aage de trente-sept ans, et pour porter encor force enfans, ceux-là qui sont aujourd'huy si riches et aysez, n'auroient pas mille livres de rente. Je n'en plains que leur peu de recognoissance en mon endroict, et mesme de l'aisné[1], dont je laisse à Dieu la vangeance, lequel je prie qu'elle soit petite et légère, car je luy pardonne.

Une chose y a-il : c'est que, par le premier testament de madame de Bourdeille, paroist comme elle me recognoist quatre mille deux cens escuz, par moy prestez à elle, comme de vray le sont estez par plusieurs fois qu'elle avoit affaire, sans jamais avoir voulu prendre cédulle ; car, aussy tost qu'elle me demandoit, aussy tost prest, comme quand mes nepveux allèrent en Italie et y demeurèrent. Une autre fois que je luy prestay cinq cens escuz pour payer ma sœur de Bourdeille[2], et la jetter hors de la maison, qu'elle ne faisoit que l'importuner du reste de son total payement, et oncques puis ne l'avons veue. Je prestay aussy trois cens escus pour mon nepveu le viscomte, pour aller faire son serment à Bourdeaux de son estat de séneschal de Périgord. Le petit Chabanes qui vit encor, les vint prendre et toucher des mains du sieur Laurentio à Brantôme, que nous y allasmes disner exprez, mondict nepveu M. le viscomte et moy, partant de Bourdeille ; de sorte que, sans cet argent et diligence que nous y fismes pour y aller, possible n'eust-il faict là si bien

---

1. Henri de Bourdeille.
2. Madeleine de Bourdeille.

ses affaires, pour des raisons qui se disoient et s'alléguoient pour lors, que je ne veux dire.

Et d'autant que le codicille que fit, puis aprez son testament premier, madicte dame de Bourdeille à Archiac, sans que j'en sceusse jamais rien, sinon après sa mort qu'on le me fit sçavoir, dont j'en fus fort estonné, car elle me disoit et conféroit de plus grandes choses, voire tous ses premiers secretz, elle le fit pour[1] l'advis du sieur Dumas, lequel y fit mettre ceste clause et article, que madicte dame desire que lesditz quatre mille deux cens escuz tournent aprez sa mort à M. le viscomte, son filz aisné, et à sa maison. Ce fut doncques ledict sieur Dumas qui en minuta ou en fit faire ledict contract, estant lors prez d'elle, et ce, pour faire son accord avecques mondict nepveu, d'autant qu'il l'avoit persuadé et poussé à luy laisser quelques rentes proches et commodes à luy, et du tout ennoblies, dont madicte dame fut fort en colère et mal contente contre luy, comme je le vis, et contre son filz, M. le viscomte, pour l'avoir faict sans son sceu, qui n'estoit non plus content dudict sieur Dumas de l'avoir ainsy abusé et trompé : et, pour ce, ledict Dumas, pour faire son accord avecques Madame et son filz, fit mettre ceste susdicte clause et article dans ledict codicille ; ce qui me rendit fort estonné quand je vis ce codicille et article aprez sa mort, et de quoy il m'avoit esté ainsy celé et caché ; de sorte que quasi j'entray en doubte si ledict codicille estoit vray ou faux, et si le suis encor ; dont je m'en rapporte aux consciences des

---

1. *Pour*, par.

personnes. Tant y a, d'autant que ceste dicte clause
et article me touche grandement, et à mon honneur,
pour des raisons que je ne veux alléguer ny desduire,
très-bonnes et pertinentes, que le monde sçauroit fort
bien aussy desduire, au moins aucuns, je veux et ordonne que mes héritiers et héritières participent tous
unanimement et esgalement auxdictz quatre mille
deux cens escuz, et les partagent ensemble doucement et par bons accordz et arbitres, estant une contradiction par le premier testament, qui dit et advoue
par madicte dame qu'elle avoit eu de moy par prest
lesdictz quatre mille deux cens escuz, comme il est
très-vray ; et puis, par le codicille, me les oster, et
quasy comme les désavouer, en quoy il y va de
l'honneur de madicte dame et de moy, et que c'est
une vraye fourbe. Par quoy mesdictz héritiers et
héritières en pourroient passer à l'amiable, afin que
l'honneur de madicte dame et le mien en cela soit
conservé, ainsy que je l'ay bien consulté par bon
conseil de Paris et Bourdeaux : et, par ainsy, je veux
mon bien en cela estre esgalement desparty, tant
aux uns qu'aux autres ; aussy que mondict sieur de
Bourdeille m'a fort maltraitté et faict force traictz et
frasques insuportables, et peu dignes d'un bon nepveu, (Dieu luy pardonne ! mais madame sa sage mère
ne luy avoit pas recommandé ny commandé cela,
ains de m'aymer et obéyr comme s'y j'estois son père,
et me porter pareil respect), non pas m'assister[1] d'une
seule sollicitation pour mes procez, et principallement
pour celuy de la conseigneurie de Brantôme contre

---

1. C'est-à-dire : comme de ne m'avoir pas assisté.

le sieur du Peraux, ny contre La Borde dict Servart.

Je sçay bien que mondict nepveu me voudra mal de cest article, et qu'il en dira prou aprez ma mort ; mais, s'il veut considérer bien le tout, il trouvera que j'ay beaucoup de raison. Et qui ne se contentera de si peu de bon bien, qu'il le quitte, il faira plaisir aux autres qui s'en contenteront bien, et ne le desdaigneront point.

Il y a encor une autre clause et article dans ledict codicille, que, par mesme coup et mesmes raisons que j'ay dict, ledict sieur Dumas y fit mettre et insérer : comme ma susdicte dame désire que la conseigneurie de Brantôme retourne à la maison du sieur de Bourdeille. Dieu me soit tesmoing et juge du conseil qu'en cela je luy donnay, pour l'avoir et acquérir pour elle, à cause de la nourriture de la damoiselle de Lisle l'espace de vingt ans, et pour autres raisons, et puis jurer que madicte dame mesprisoit cela sans moy, si qu'elle me dict : « Frère, « je desire doncques cest acquet ; mais je veux qu'il « soit pour vous. Je vous le donne, faites-en vostre « profict comme pourrez, car il est prez de vous à « Brantôme. » Pour si peu qu'elle vesquit après, je n'en jouys de quasy rien ; car le bien estoit tout brouillé et en litige : et ceux qu'i prétendoient, comme le seigneur du Peraux et autres, n'y osoient pourtant que peu toucher ; car c'estoit une dame de si grande authorité qu'on la craignoit plus que l'espée de son filz, comme il parust aprez sa mort, dont longtemps aprez s'en accordèrent tellement quellement, dont j'en fus bien ayse, non pour un grand profict que j'en aye tiré, mais pour la commo-

dité qui sera aprez ma mort audict seigneur de
Bourdeille. Et veux fort bien que la conseigneurie
tombe à luy et à nulz autres, pour agrandir tousjours
nostre maison, bien qu'elle m'ayt beaucoup cousté
d'en tirer quelques petitz fruictz; car ledict sieur du
Peraux intimidoit les tenanciers à ne payer, bien que
M. de Bourdeille, par la transaction qui se fit entre
nous deux, estoit tenu de m'en garantir et poursuivre
le procez; ce qu'il n'a jamais faict, non pas seulement le faire solliciter. Je passe doncques ledict
article et clause de ceste dicte conseigneurie fort
légèrement, mais non celle des quatre mille deux
cens escuz, qui me sont fort deubz, et en puis fort
bien disposer aprez ma mort : autrement il y va fort
bien de mon honneur, comme j'ay dict. Ce que ne
voulant débattre lors de madicte transaction, pour
n'entrer en procez et contestation avecques luy sitost
après la mort de feu madicte dame, craignant de
perturber ses honorables mânes sitost aprez son
décez, je me contentay seulement de la jouyssance
de la Tour-Blanche, à mon regret pourtant; car
j'eusse mieux aymé mesdictz quatre mille deux cens
escuz pour m'oster de ce pays fort fascheux à moy,
et m'en aller si loing qu'on ne me vist jamais; car
j'estois désespéré de la mort de ceste honneste sœur
et dame, madame de Bourdeille, et m'accorday de
ceste façon avecques luy, et aussy qu'il n'avoit nul
moyen de me donner argent. Il avoit d'autres
affaires d'ailleurs à me payer, et de plus que je
pensois qu'il me deust estre meilleur nepveu qu'il
n'est, et mieux recognoissant les bons offices et services que je luy ay faitz. Dieu luy pardonne ses ingra-

titudes, car j'ay crainte qu'il l'en punisse, estant un vice que ceste ingratitude fort désagréable à sa Divinité. Entre autres, en voicy une qui lève la paille : un jour, estant à la Tour-Blanche, dans la sale, il dit tout haut debvant force gentilzhommes et autres, sur le subject qu'il n'avoit obligation à homme au monde qu'au sieur de Marouatte, qui luy avoit faict avoir la résignation à M. de Périgueux[1] de son évesché, pour l'y avoir poussé et persuadé, dont je cuyday partir de collère contre luy ; mais je me commanday et m'arrestay, de peur d'escandale ; lequel mondict évesque j'avois faict et créé tel par la nomination et brevet du roy, car ce fut moy qui la luy demanday pour mon frère et pour moy, ayant veu ledict évesque un chétif petit moyne de Sainct-Denys, et l'avoir ainsy tel créé contre l'opinion de madame de Dampierre ma tante, qui ne le vouloit, en me disant plusieurs fois que j'en maudiray l'heure de le colloquer en si haut lieu, « ce vilain moyne », usant de ces propres motz, et que son père avoit faict souvent pleurer ma mère. Croyez que ceste honneste dame prophétisa bien ce coup ; car il fut aussy ingrat en mon endroict que son cousin, ledict M. le viscomte, que ceste fois m'alla payer de ceste sorte, pour n'avoir obligation qu'au sieur de Marouatte, nullement certes comparable à moy en obligation ny en valeur et mérite, pour n'avoir esté jamais autre qu'un amasseur de deniers, et que j'ay veu parmy les bonnes

1. François de Bourdeille, d'abord moine de Saint-Denis, puis évêque de Périgueux de 1578 (environ) à octobre 1600. Il était le second fils de Gabriel de Bourdeille, seigneur des Bernardières, frère cadet du père de Brantôme.

compaignies qu'on nommoit que *Petit Brodequin*, nom à luy donné par MM. de Coustures et La Boue-Saunier, bien contraire à mon nom tant bien cogneu et estimé parmy la France et ces[1] grandz, et autres pays estrangers, pour avoir tant battu de terres et mers, que l'on faisoit beaucoup de cas de moy.

Et pour parler de ceste grande susdicte obligation de Marouatte, ne faut doubter que si j'eusse voulu m'opposer à ladicte résignation, pour, après estre faicte, en demander la moictié de ladicte évesché, je l'eusse peu faire aysément, et en estois sur mes piedz pour en avoir la jouissance, selon l'ordonnance de nostre grand et bon roy d'aujourd'huy et de son conseil, par la mort du titulaire, qui ne déroge rien au droict du gentilhomme qui a sa part, comme paroist par mon brevet du roy Henry III, et comme Sadicte Majesté me donne la moictié de ladicte évesché, et à mon frère l'autre. Et si l'on vouloit alléguer la transaction faicte entre moy et l'évesque, c'est une chanson; car, qu'on la lise bien, elle ne fait rien contre mon droict, ny que j'en quitte ma moictié. Bien est vray que par parolles je promis que, tant qu'il vivroit, je luy quittois madicte moictié et ne luy demandois rien en son vivant. N'estois-je pas doncques, luy mort, tousjours sur mes piedz d'en répéter madicte moitié, et m'opposer à la susdicte résignation, et la demander par le dire du conseil privé, et selon l'édict et l'ordonnance du roy pour pareille chose? D'autant que, le titulaire mort, le gentilhomme, qui a sur sa pièce sa moictié, ou sa

---

1. *Ces*, ses.

part et pension, ne la perd nullement. Cela est très-seur; voylà pourquoy on peut bien considérer la gratification que j'ay faicte en cela à mondict sieur de Bourdeille, sans l'avoir nullement inquietté sur cestedicte moictié, comme j'ay trouvé fort bien par le conseil mesme du conseil privé, laquelle dicte évesché bien assemblée[1], vaut fort bien quinze mille livres de revenu, comme je l'ay faict valoir cela, quand je la faisois mesnager par mes mains par lesquelles tout se passoit, comme l'ayant demandé et obtenu du roy et de la reyne sa mère; et en fis faire toutes les dépesches, tant de Leurs Majestez que de Rome, à mes despens. Voylà doncques si ledict sieur de Bourdeille debvoit avoir si grande obligation au sieur de Marouatte plus qu'à moy! Et quand ledict évesque eust faict de l'asne, comme il estoit, je l'eusse bien faict tourner au baston et jouyr de son évesché, en luy donnant quelque part comme j'avois faict d'autresfois, selon le brevet du roy que j'ay vers moy, et M. de Bourdeille mon frère ne l'eut jamais. Et si M. de Bourdeille se fust fié en moy et m'eust conféré de tout ceste affaire, nous en eussions bien eu la raison et de l'évesque et de l'évesché; car il[2] me craignoit comme la créature fait son créateur que[3] luy estois tel; dont il m'en fut ingrat ingratissime. N'en parlons plus.

Or, venons maintenant à mon hérédité. Je fais et institue mes héritiers et héritières universels et universelles, messire Henry de Bourdeille et messire Claude

---

1. *Bien assemblée*, c'est-à-dire tous ses revenus réunis.
2. *Il*, l'évêque.
3. *Que*, comme.

de Bourdeille, mes nepveux, madame Jehanne de Bourdeille, comtesse de Durtal, ma niepce, et mesdames d'Ambleville et de Sainct-Bonnet, mes autres niepces. Je desire aussy que madame d'Aubeterre, Hipolite Bouchard[1], en aye quelque part en mon hérédité, non pour considération de David Bouchard, son père, car il ne m'ayma jamais, ny moy luy, bien qu'il me fust fort obligé, mais pour l'amour de madame son honneste et bonne mère Renée de Bourdeille, ma chère niepce, qui m'a tousjours aymé et fort honnoré. Aussy je l'ay aymée et honnorée de mesmes, et la regrette tous les jours. Mais je veux et entendz qu'au cas que mesdictz nepveux et niepces, héritiers et héritières, tant qu'ilz et qu'elles que leurs enfans, ne me portent le respect et amytié qu'ilz et qu'elles me doivent, ou leurs marys, ainsy que madame leur très-sage mère le vouloit, et leur commandoit et consideroit[2]; et qu'ilz ne fassent cas de moy en ma caduque vieillesse, si par cas j'y parvienne, que Dieu ne le veuille toutesfois, en cela sa volonté soit faicte ; je veux et entendz, le dis-je encor, que ceux et celles qui m'auront maltraitté et abandonné, sans faire cas de moy, ny presté ayde, ny faict de bons offices en ma vie, et donné des mescontentemens, n'ayent aucune part ny portion en madicte hérédité et succession, ains qu'elle aille et tourne à ceux et celles qui ne m'auront abandonné et faict de bons et pieux offices, et eu pitié de moy jusques à ma mort. Et dis bien plus, que si, par cas, je viens avoir et recepvoir

---

1. Voyez plus haut p. 84, note I.
2. *Considérer*, faire attention.

quelque injure, offense et attentat, voire l'exécution sur ma vie, tant des miens que d'aucuns estrangers, dont je n'en puisse avoir raison ny revanche, à cause de ma debolesse et foiblesse d'aage, ou autrement, je veux et entendz que mesdictz nepveux et niepces, ou leurs marys, en poursuivent et fassent la vengeance toute pareille que j'eusse faicte en mes jeunes et vigoureuses années, pendant lesquelles je me puis vanter, et en rendz graces à mon Dieu, n'en avoir jamais receu aucunes sans aucun ressentiment ny vangeance, ainsy qu'à la cour et aux armées on est fort subject d'avoir des querelles, soit de gayeté ou autrement : et ceux et celles de mes héritiers et héritières, ou leurs marys, qui en négligeront ladicte vangeance et ne la fairont, soit par les armes ou la justice, je veux qu'ilz n'ayent rien de mondict bien, ains qu'il aille tout à ceux et celles qui s'en ressentiront. Et si tous et toutes, ou aucuns ou aucunes, ce que ne puis croire, au moins de tous et toutes, ne s'en ressentent, je veux que tout mon bien aille aux pauvres, aux Quatre-Mandians et Hostel-Dieu de Paris. J'en avois donné une partye ainsy aux religieux de Brantôme; mais j'en révoque la donation, d'autant qu'eux, par trop ingratz des bénéficies[1] receus de moy, pour curieusement les avoir garantiz et conservez des guerres passées, comme un chascun sçait, m'ont suscité des procez et plaidé contre moy; et par ainsy, faut punir leur ingratitude par trop grande.

Et d'autant que le sieur de La Barde de Sainct-

---

1. *Bénéficies*, bienfaits ; *beneficia*.

Crespin, dict Guillaume Mallety, à cause de sa foire de Saunier, m'a faict plaider et tant chicanner l'espace de douze ans, tant pour son hommage à moy deub, que pour autres devoirs deubs à ma terre de Sainct-Crespin et chasteau de Richemond, dont le procès est encore pendant en la cour de Bourdeaux, qui m'a cousté fort bien mille escus, tant pour ses délaiz, remises, subterfuges, cavillations, et chicanneries et faveurs dudict Bourdeaux, je veux et entendz que mes susdictz héritiers et héritières en poursuivent ledict procez à toute outrance, s'il n'est avant ma mort assoupy, soit par accord ou par arrest, et le mènent jusques à la dernière fin; m'asseurant tant en mon droict qu'ilz en tireront fort bien la raison, jusques-là qu'ilz en pourront retirer la maison de La Barde; car il me peut devoir fort bien plus de douze mille livres, n'estant raisonnable de laisser en repos ce petit galland, extraict de belle famille, son grand-père ayant esté notaire, dont s'en trouve force contrats encor en Périgord signés Mallety. Et ceux et celles de mesdictz héritiers et héritières, qui ne poursuivront vivement ledict procez, je les déshérite, et en donne leurs parts aux autres qui s'en ressentiront[1] mieux et le persécuteront[2] à toute outrance, et en prendront mieux l'affirmative.

Je sçay bien que M. de Bourdeille et le seigneur d'Ambleville l'ont soustenu autresfois; mais je m'en remetz à eux sur leur honneur et conscience; car

1. *S'en ressentir*, s'y intéresser.
2. *Persécuter*, poursuivre.

ledict La Barde estoit fort proche dudict sieur d'Ambleville, à cause d'une sienne grande-tante maryée avecques ledict Mallety, notaire, comme je luy ay ouy dire. Mon nepveu le baron l'a aussy soustenu et aymé dez le voyage de Provance : mais je laisse le tout sur son ame, et des autres aussy.

Je ne veux ny entendz que ma maison et beau chasteau de Richemond, que j'ay faict bastir curieusement et avecques peine et grand coust, s'alliène, se vende, ny s'engage autrement, pour nécessité aucune qui soit, à aucun estranger; car je veux qu'elle demeure à la maison dont je suis sorty, en signe de mémoire. Car je serois bien marry, si, estant là-haut, où Dieu faira la grace de m'y recepvoir s'il luy plaist, je visse ceste belle maison et chasteau, que j'ay fait bastir avecques si grand travail, eust changé de main et tombé entre une estrangère. Cependant je veux et entendz que madicte niepce la comtesse de Durtal, ayt ledict chasteau avecques ses préclautures[1] du parc et du jardin, et ses bassecours, pour sa demeure tant qu'elle vivra seulement, et demeurera vefve sans qu'elle se remarye; et ce, pour n'avoir aucune demeure en ce pays prez de la maison dont elle est sortie, et pour s'approcher aussy de ses proches, bien qu'elle aye sa maison La Vasouzière de son douaire, mais elle est par trop loing des siens ; et de plus que l'air y est très-beau, bon et salutaire, qui luy a faict grand bien, et à sa tante, tant qu'elle s'y est tenue. Mais, estant remaryée, elle aura d'autres maisons de son mary, où elle s'y tiendra le plus souvent, et n'en

---

1. *Préclautures*, enclos.

voudra d'autres : et puis s'estant remaryée, ou bien morte, qui sera quand il plaira à Dieu, je veux et ainsy l'ordonne. Je veux aussy, et en charge madicte niepce comtesse, d'entretenir la maison comme il faut, sans la laisser desmollir ny despérir, et qu'elle la laisse aussy entière et belle comme je la luy laisse, cela s'entend tant qu'elle y demeurera, et ne se remaryera ; car autrement elle en auroit la conscience chargée, et me fairoit tort, et à son petit nepveu Claude de Bourdeille[1], qui est si bien né et si joly, qui, je m'asseure, l'entretiendra très-bien, et en célébrera ma mémoire pour tout jamais, en disant : *Voylà un présent que mon grand-oncle me fit.*

Je veux aussy que la moitié des plus grands livres de ma bibliothèque soient mis et serrez dans un cabinet de Richemond, et conservez très-curieusement sans les dissiper deçà, delà, et n'en donner pas un à quiconque soit : car je veux que ladicte bibliothèque demeure chez moy, pour perpétuelle mémoire de moy, dans un cabinet de Richemond.

Je veux de mesmes qu'aucunes de mes plus belles armes demeurent aussy en un cabinet de Richemont, et y soient en mesme garde, comme mes espées, et sur tout une argentée que M. de Guyse, mort et massacré dernièrement, me donna au siège de La Rochelle, me defférant cest honneur de dire qu'elle m'estoit bien deue pour la sçavoir bien faire valoir, et telles armes, ainsy qu'il avoit veu. Il y a aussy

---

[1]. Claude de Bourdeille, second fils de Henri de Bourdeille, si connu, sous le nom de comte de Montrésor, par le rôle qu'il joua dans la conspiration de Cinq-Mars et la Fronde, et par ses Mémoires. Il mourut en juillet 1663.

d'autres et longues, belles, hespaignolles, toutes de combat, et bonnes et esprouvées. Plus, deux harquebuzes de mesche, que j'ay fort aymées et portées en guerre, et faict valloir. Plus, mes armes complettes, tant de la curiasse, brassard, sallade et cuissot, que le seigneur Contanho me garde en sa chambre de Brantôme. Plus, une rondelle couverte de velour noir à preuve, que feu M. le prince de Condé me donna au siège de La Rochelle, au moins après, ne s'en servant plus, et me pria de la garder pour l'amour de luy, et porter en guerre; ce que j'ay faict, et bien gardé, comme j'ay faict l'espée susdicte de M. de Guyse, et leur promis les garder tout durant ma vie et aprez ma mort. Je veux aussy qu'on me garde avecques les susdictes armes un chapeau de fer, couvert d'un feutre noir, avecques un cordon d'argent, que je portois à pied aux sièges de places, où je me suis trouvé assez. Et, s'il est possible appendre toutes les susdictes armes dans ma chapelle de Richemond, je le voudrois fort, ainsy qu'on faisoit jadis aux anciens chevalliers : la mémoire en seroit beaucoup plus honnorable. Je laisse cela à madame la comtesse ma niepce, qui en aura le soin, puisque la demeure luy est assignée si elle ne se remarye, comme j'ay dict cy-debvant.

Et de tout ce que dessus, pour maintenir et bien entretenir, je fais exécuteur de mondict testament M. de La Chastaigneraye, mon cher nepveu, s'il luy plaist, et l'en prie; ensemble M. du Préau, lieutenant du roy et gouverneur à Chastelleraud, que j'ay nourry page, et s'est si bravement et généreusement poussé à ceste digne charge par ses belles armes et bon courage; avecques M. Thommasson, advocat en la cour présidialle de Périgueux, mon principal et ordinaire conseil, que j'eslis pour assister messieurs mondict nepveu et du Préau et les relever d'autant de peine; en ce qu'on luy paye ses peines et salaires, comme de raison, au dire de mesdictz sieurs exécuteurs, les suppliant très-tous de tenir main bonne et forte à mon intention et totale disposition.

Sur tout, je casse et révoque par cestuy-icy dernier tous autres testamens et dispositions par moy faictz et faictes cy-debvant, ensemble toutes donations qu'on pourroit supposer et prétendre par moy faictes. Je n'en fis jamais, ny prétendz d'en faire, dont j'en proteste devant Dieu. Pour testament, j'en ay faict un, passé par les mains de Galopin, notaire de Brantôme; mais je le casse et révoque du tout par cestuy-cy, ensemble le codicille passé par le mesme Galopin. Et si l'on en produit d'autres, je dis qu'ilz sont faux, et les casse comme telz et nulz; car je sçay bien que beaucoup de notaires d'aujourd'huy s'aydent de telles faussetez, aussy bien pour les grandes maisons que pour les petites, pour estre menacez et contrainctz : et pour ce, je prie messieurs les exécuteurs d'y adviser; et pour ce, par ces raisons, j'ay faict cedict testament solennel, escrit et signé de ma main.

Pour totale fin, je donne mes bagues et petitz joyaux à mes susdictz nepveux et niepces de très-bon cœur, et les prie de les garder et porter pour l'amour de moy, tant que leur vie durera, en souvenance de moy, leur bon oncle, qui les ay aymez et honorez d'une amytié très-ferme et fidèle. Sur ce, je fais fin à cedict testament, au nom du Père, du Filz et du Sainct-Esprit, et de la bénite Vierge Marie, et madame saincte Anne, comme je l'ay commancé.

Je ne doubte point que plusieurs personnes ne trouvent cedict testament par trop long et prolixe : tel a esté mon vouloir et mon plaisir. J'en ay veu d'autres en ma vie bien aussy longs. J'en ay pris le modelle sur ce grand chancellier M. de l'Hospital, de mesme aussy long que j'ay inséré dans mes livres[1], mais si l'ay-je un peu abrégé. De plus, je suis nay d'une grande et illustre maison; j'ay le cœur grand, qui[2] me l'a donné, et que j'ay faict paroistre en plusieurs beaux et divers endroictz; j'ay eu de l'ambition, je la veux encor monstrer après ma mort. Aussy que je n'ay voulu confier mes volontez et dire à ces petitz notaires, qui, la pluspart du temps, ne sçavent dire ny représenter nos intentions et vouloirs; et en eusse dict encor plus sans la trop grande prolixité. Je fais doncques fin selon mon vouloir et contentement, et y eusse mis et adjousté de beaux et gentilz exemples, pour mieux adoucir le tout; mais c'est assez.

P. DE BOURDEILLE.

PREMIER CODICILLE.

J'adjouste à ce susdict testament les soubzdictz[3]

---

1. Voyez t. III, p. 315 et suiv.
2. *Qui me l'a donné*, c'est-à-dire : comme mon illustre maison me l'a donné.
3. *Soubzdictz*, ci-dessous.

articles, par forme de codicille, que j'aurois oublié, dont je me suis advisé : que je veux et entendz que mes susdictz nepveux et niepces, héritiers et héritières, soient récompensez de seize mille escuz une fois payez, en récompense et desduction de l'estime du bastiment beau de Richemond, qui se pourroit estimer à beaucoup jusques à vingt mille escuz, veu ce que m'a cousté à le faire bastir et rendre en sa beauté, avecques le parc et le jardin, et les préclautures, que le tout m'est venu en despense de grand argent, comme un chascun peut juger, veu la grandeur et superbité[1] dudict chasteau ; et, pour ce, ladicte récompense se pourra prendre, desdictz seize mille escus francs, sur aucunes rentes et mestairies qui en sont despendantes, que l'on pourra vendre et engager selon qu'elles sont appréciées ; n'y comprenant en cela madame de Durtal, ma niepce, à cause de la jouyssance qu'elle aura durant sa vie, si ne se remarye, que pour n'avoir aussy d'enfans, ny en aage ny estat d'avoir : et, par ainsy, je veux que mes autres nepveux et niepces, héritiers et héritières, qui ont des enfants s'en ressentent : cela s'entend de ceux et celles qui m'auront aymé et faict cas de moy, ny faict de frasques, de mauvais offices ; autrement, rien pour eux, ny elles, ny leurs enfans.

J'avois aussy oublié de dire que le grand pont de Brantôme, dont l'on va au jardin, et le champ où sont plantez les ormeaux et le jardin, je prétendz qu'ils sont à moy et en ma totale disposition parce qu'ilz furent acquiz de messire Pierre de Mareuil,

---

1. *Superbité*, beauté.

M. l'évesque de Lavau[1] et abbé de Brantôme, et en acheta le champ des bonnes gens qui avoyent là leurs chanvres, qui lui coustèrent bon; mais, pour sa faveur, il fallut qu'ilz lui laissent avecques bon argent; avecques aussy le petit pré auprez de la rivière que j'ay mis maintenant en un cherebaud[2]. M. d'Auzances, mon bon cousin, qui courut ladicte abbaye pour moy aprez la mort dudict M. de Lavau, son oncle, comme son héritier en prétendit lesdictz pont, jardin et autres susdictz champs, estre acquetz faictz dudict son oncle, et pour ce, le tout appartenir à luy, et l'eust très-bien contesté contre quelque autre qui eust eu l'abbaye que moy : mais, pour la parenté et bonne amytié qu'il me portoit, il acquiesça, et m'en fit don librement du tout, sans jamais plus en parler; et, pour ce, je m'en appropriay[3], et jouys tousjours comme de mon propre et véritablement à moy très-bien donné, et non comme appartenant à l'abbaye. Mesmes, après la mort dudict M. d'Auzances, mon bon cousin, madame de Sansac, sa sœur et héritière, m'en voulut inquietter et demander le tout, pourtant par forme de ris, car elle m'aymoit; me disant que si c'estoit un autre que moy, qu'elle débattroit le tout par bon procez, et m'en priveroit. Mais je luy rompis le coup, tout en ryant aussy, et fus quitte de luy donner un diamant de cent escuz que j'avais au doigt. Par ainsy nous demeurasmes bons cousins et amys, et le plus souvent m'appeloit

---

1. Pierre de Mareuil fut évêque de Lavaur de 1542 à 1546.
2. *Cherebaud*, bail avantageux.
3. *Je m'en appropriay*, j'en pris possession.

monsieur mon cousin du Pont, ou *monsieur du Verger*. Et voylà pourquoy je veux et entendz que cedict grand pont, la place des ormeaux, le beau grand jardin et le pré qui en descend au dehors, se partagent entre mes héritiers et héritières, ainsy qu'ilz verront, et en fassent leur profit. Car tel abbé qui viendra après ma mort sera bien ayse d'acheter le tout, et beaucoup pour une si belle commodité. Mesmes que je fus une fois et longtemps en dessein d'y faire bastir un chasteau en forme de citadelle, par despit, pour commander aux environs et chemins; et avois là desjà faict le marché d'un champ là auprès, qui appartenoit à Rasteau, à cause de sa femme : mais la despense qu'il m'a fallu faire aux guerres, à la cour et aux voyages, me retrancha ceste despense, qui fust estée grande et belle chose à voir. Et par ainsy mesdictz héritiers et héritières se pourront prévaloir de mesmes, et y poursuivre ce mesme dessein s'ilz veulent; et n'est à mespriser d'y bastir au lieu où il y a eu autresfois un chasteau, dont les ruynes qui paroissent pourroient servir; car c'est un beau bien, et qui mérite bien une jolye maison.

P. DE BOURDEILLE.

ACTE NOTARIAL POUR CE TESTAMENT

Cejourd'huy, trentiesme du mois de décembre mille six cens neuf, après midy, au chasteau de la ville de Brantôme, pardevant moy notaire royal soubsigné, et en présence des tesmoings bas nommez, a esté présent messire Pierre de Bourdeille, conseigneur de

Brantôme et baron de Richemond, demeurant pour le présent au chasteau de Brantôme, lequel a dict et déclaré en présence de moy dict notaire soubsigné, et tesmoings bas nommez, ce présent papier et escrit cy-dessus estre son testament et dernière volonté, escrit et signé de sa propre main ; voulant yceluy estre valable, et cassant tous autres, et a requis à moy notaire soubsigné en faire et passer instrument après son décès à tous ceux qu'il appartiendra; ce que luy ay octroyé. Ledict testament est clos et fermé, et scellé du sceau dudict sieur, en présence de Laurens Splanditeur, escuyer, maistre Estienne du Chassaing, juge de Brantôme, maistre Victor Richard et Jean Girry, prestre, maistres Jean et Jacques Mathaud, practiciens, et Jean Giry, greffier dudict Brantôme, tous habitans de ladicte ville de Brantôme, tesmoings cognuz et appellez par le sieur testateur, qui a signé ces présentes à l'original avecques lesdictz tesmoings et moy.

Lombraud, notaire royal.

DERNIER CODICILLE
du 5 octobre 1613 (1).

Sçachent tous qu'il appartiendra que, comme il y a quelques années que je fis et escris de ma propre main mon testament solemnel et autentique, avecques quelques petits codicilles de ma mesme main, dont je faisois mes héritiers et héritières compris dans lesdictz

---

1. Brantôme mourut au mois de juillet de l'année suivante 1614.

testament et codicille, et veux qu'il soit du tout entièrement tenu et exécuté : et d'autant que les exécuteurs contenus audict testament sont décédez ; comme M. de Lauzun, mon bon cousin, M. du Préau, gouverneur de Chastelleraud, mon grand amy, et M. Thommasson, advocat à Périgueux, mon principal conseil, sont mortz, je me suis advisé m'instituer madame la comtesse Durtal, ma chère niepce très-sage et très-advisée, d'en estre exécuteresse, en y appelant tel sage et advisé personnage qu'elle sçaura bien choisir pour luy assister, d'autant aussy qu'elle est l'aisnée de tous ses frères et sœurs.

Et pour mieux approuver ce faict, j'ay donné toutes mes clefz tant grandes que petites, tant celles de Brantôme que d'icy, à M. Coustancie, pour les bien garder et serrer fidellement, jusques à ce qu'il les ayt commises[1] fidellement entre les mains de madicte dame la comtesse; lequel me l'a ainsy juré et promis de le faire, sans les autrement commettre en autres mains que de madicte dame, luy enchargeant surtout la récompense de mes serviteurs, comprise et escrite dans mon testament.

Et d'autant que le terme seroit trop long pour faire l'ouverture dudict testament solemnel, et faire trop attendre mes pauvres serviteurs et servantes pour leur vie[2], je veux qu'ilz vivent et soient entretenuz de mes biens qui me sont dus, et rentes de la Sainct-Michel, lesquelles me sont deues, et vivent céans, comme si j'estois en vie, jusqu'à ladicte ouverture,

---

1. *Commettre*, remettre.
2. *Vie*, subsistance.

et qu'ilz y fassent bonne chère; car, dieu mercy, je laisse force vivres, tant icy qu'à Brantôme, tant de bled que de vin.

Et pour ma sépulture, il y a longtemps que je l'ay faicte bastir, et choisir ma chapelle de Richemond : et deux jours après ma mort, que mon corps soit mis dans une caisse bien proprement comme il faut, et la faire charger sur mes muletz, accompaignez d'aucuns de mes serviteurs et officiers de Saint-Crespin, de Richemond et de Brantôme, et là y faire un service honneste pour la sépulture, y appellant messieurs les religieux, auxquelz j'ay laissé un honneste légat dans ledict testament; le tout sans pompe et solemnité.

En ce que dessus, et qui est enclos en mondict testament et codicille, veux et entendz estre suivy selon sa teneur. Et pour plus ample tesmoignage, ay prié et requis les soubsignez de signer à ma requeste au chasteau de la Tour Blanche, le cinq octobre 1613, et outre ay prié et requis M. de Bourdeille de prendre et gouverner le tout, ainsy que par ceste-cy je luy donne pouvoir, en présence de M. Domminge, prestre, et M. Girard, médecin, et de maistre Guillaume, apotiquaire.

LEXIQUE

INTRODUCTION

Si les auteurs des dictionnaires de la langue française, depuis Furetière jusqu'à M. Littré, ont mis plus ou moins à contribution les écrivains du XVIe siècle, si parfois un glossaire a été joint aux éditions récentes des poètes et des prosateurs de cette époque, il n'a pas encore été publié, à ma connaissance, pour aucun de ces écrivains, un travail spécial analogue à ceux dont plusieurs classiques du siècle suivant ont été l'objet dans ces derniers temps. L'édition de Brantôme, que j'ai commencée il y a tantôt seize ans, touche à sa fin et il m'a semblé qu'elle devait être complétée par un lexique qui, suivant la manière dont il serait rédigé, présenterait peut-être une certaine utilité pour l'histoire de notre langue. Afin qu'il n'eût pas une étendue trop considérable, je me suis borné en général à y insérer les mots qui ne figurent point dans le Dictionnaire de l'Académie ou s'y trouvent soit avec une acception soit avec une forme différentes de celles que leur donne Brantôme. Ils sont suivis de citations qui permettront de contrôler les définitions dont je les ai accompagnés.

Ce qui peut rendre un pareil lexique assez intéressant c'est que les ouvrages où Brantôme a déployé tant d'esprit et de talent, nous offrent ceci de particulier, qu'ils nous donnent une idée parfaitement exacte de la langue de la cour à l'époque où il y a vécu; et à ce propos, il est nécessaire d'entrer dans quelques explications.

La cour sous François Ier « donnoit loy à la France universelle, touchant le bon langage[1] », mais il n'en fut plus de même sous ses petits-fils. Pendant qu'à la suite des controverses religieuses, notre langue prenait, sous la plume des écrivains protestants, un éclat, une correction et une force inconnus jusqu'alors, un travail en sens inverse s'opérait à la cour. Catherine de Médicis, du vivant de son mari, avait déjà introduit près d'elle quelques-uns de ses compatriotes ; ceux-ci accoururent en foule lorsqu'elle eut en mains le pouvoir. « Pour quarante ou cinquante Italiens que l'on voyoit autrefois à la cour, dit Henri Estienne, maintenant on y voit une petite Italie. » Jamais la France n'avait subi une pareille invasion d'étrangers, et notre langue ne tarda pas à en subir le contre-coup.

De plus, lorsque la paix de Câteau-Cambrésis nous força d'abandonner le Piémont que nous avions glorieusement gardé pendant plus de vingt ans, les gentilshommes de l'armée d'occupation qui, pour la plupart, n'avaient qu'une fort médiocre instruction littéraire, rapportèrent à la cour, outre le laisser-aller grammatical du langage des camps, une foule de locutions et de termes italiens dont ils se servirent, et très souvent

---

1. H. Estienne, p. 78 des *Dialogues* dont nous parlons plus loin.

en les estropiant[1], soit par habitude, et pour plaire à la reine et à ses favoris florentins, soit pour faire parade de leur savoir et de leurs services militaires « delà les monts ». Aussi grâce à ces causes diverses le bon vieux français subit-il, dans les classes élevées de la société, une altération contre laquelle cherchèrent en vain à réagir les lettrés et, entre autres, Henri Estienne dans ses piquants *Dialogues du nouveau langage françois italianizé*[2].

« De dix courtisans, dit-il (p. 127), en exceptant ceux qui ont quelques lettres, vous n'y en orriez pas huict parler vint mots (de ceux qui ne sont pas des plus ordinaires et vulgaires), sains et entiers et sans aucune dépravation. Encores y a-il bien d'avantage, c'est que, comme si ce mal de dépraver ainsi le langage estet contagieux, les uns le prennent tellement des autres que ceux mesmement qui ont des lettres en sont un peu infectez[3]. » Cette « dépravation », le grand poète de l'époque, Ronsard, la signalait aussi en recommandant à ses disciples de « n'affecter par trop le parler de la cour, lequel est quelquefois très

---

1. « Les courtisans ne se soucient que d'amasser quelques mots nouveaux desquels, ou bien ou mal, ils puissent faire la piaffe. » H. Estienne, p. 558.

2. *Deux Dialogues du nouveau langage françois italianizé, et autrement desguizé*, principalement entre les courtisans de ce temps. De plusieurs nouveautez qui ont accompagné ceste nouveauté de langage. De quelques courtisanismes modernes et de quelques singularitez courtisanesques. — S. d. (Genève, 1578.) 623 p., in-8. Il y a eu deux autre éditions données à Anvers en 1579 et 1583, in-16. Le premier de ces Dialogues entre Celtophile et Philausone n'occupe pas moins de 301 pages. Le second, où figure un troisième interlocuteur, Philalèthe, a 21 pages de plus (322).

3. H. Estienne donne ailleurs (p. 264 et suivantes) des règles pour « bien barbariser et solécizer ».

mauvais, pour estre langage de damoiselles et jeunes gentilshommes qui font plus profession de bien combattre que de bien parler[1] ».

C'est au moment où les influences italiennes sur la langue et la littérature, aussi bien que sur les mœurs, y étaient toute-puissantes que Brantôme arrivait à la cour. Il les subit comme les autres, soit en jeune homme qu'il était, pour se conformer à la mode, soit pour montrer sa connaissance d'une langue qu'il avait parlée dans un long voyage au delà des Alpes[2]; et ses écrits nous représentent avec tant de fidélité le langage « courtisanesque » que l'on y rencontre la plupart des locutions ou des termes étrangers que Henri Estienne a cherché à ridiculiser. De plus, il avait voyagé en Espagne, accompagné les troupes de Philippe II à la prise du Peñon de Velez, fréquenté autant qu'il l'avait pu les Espagnols, alors maîtres de presque toute l'Italie, et il ne laissait échapper aucune occasion de faire étalage de ce qu'il appelle lui-même son « gentil parler » espagnol. De là, l'emploi de nombreux mots castillans qu'il a francisés à sa manière; et, en voulant sans doute suivre un précepte que son ami Ronsard donnait aux poètes[3], il a augmenté encore la bigarrure de son langage, en y mê-

---

1. *Abrégé de l'art poétique*, OEuvres, édition de 1622, in-f°, t. II, p. 1628.
2. Henri Estienne l'aurait certainement rangé parmi les courtisans « romipètes ayans desir de montrer leur savoir ». Voy. p. 35.
3. « Tu sçauras dextrement choisir et approprier à ton œuvre les mots les plus significatifs des dialectes de nostre France, quand mesmement tu n'en auras point de si bons ny de si propres en ta nation ; et ne te faut soucier si les vocables sont gascons, poictevins, normans, manceaux, lionnois ou d'autres païs, pourvu qu'ils soient bons et que pro-

lant par-ci, par-là, termes périgourdins, qu'il ne m'a pas toujours été possible d'expliquer.

On voit qu'il méritait d'être rangé parmi les gentilshommes « les plus signalés de la cour », car, suivant H. Estienne, c'étaient ceux là « qui entrelardoient plus leur langage » (p. 72).

L'introduction de mots nouveaux, tirés en partie de l'italien ou de l'espagnol, est surtout frappante dans les choses de la guerre. C'est là principalement que « les termes estrangers se sont emparez des domiciles qu'avoyent les termes du pays et les ont chassez bien loing[1] ». Qu'on nous permette de citer un passage des *Contes d'Eutrapel* qui nous en présente un tableau assez piquant :

« Lopolde, dit-il, estoit avant-hier sur la lice de Rennes .... et, voyant une compagnie de gens de pied assez bien en ordre, dit que c'estoient de beaux piétons et advanturiers. Mais il luy fut tout court respondu que c'estoit une brave fanterie; auquel fut, de pareil intérest, répliqué : fantassins ou infanterie. Il continua, disant n'avoir onc veu plus belles bandes, où il luy fut dit que c'estoient escadres et régimens ; et, pour avoir équivoquement pris tels mots l'un pour l'autre, savoir : escardes et reillemens, il fut presque en danger d'estre bien frotté. Jugea semblablement que l'un d'iceux avoit une belle salade, un casquet, un bassinet, un cabasset sur sa teste : à quoy par plus de neuf fut dit : morion. Pécha encore plus lourdement, car d'un heaume luy

---

prement ils signifient ce que tu veux dire. » *Abrégé de l'art poétique* Œuvres, 1622, t. II, p. 1628.

1. H. Estienne, p. 270.

fut appris un armet, une bourguignotte, un accoustrement de teste. Pour le plumail, luy fut reproché pennache ; pour capitaine, queytaine ; coronel, collonnel ou collumel ; pour dizenier, caporal ; cinquantenier, cap-d'escouade, etc[1] ».

Je n'ai point le dessein, comme aurait dit Oudin[2], « de déterrer les morts ni d'offenser les vivants », mais il me semble assez curieux à ces vocables, dont l'introduction scandalisait si fort H. Estienne, d'opposer quelques-uns de ceux qui font encore très bonne figure dans Brantôme, et que les caprices de la mode ou le pédantisme des grammairiens ont rejetés, bien qu'ils fussent, pour la plupart, d'une bonne, ancienne et logique facture. Certaines familles de mots, qui étaient alors au grand complet, ne nous sont parvenues que démembrées. Elles ont perdu en route, les unes leur verbe ou leur substantif, les autres leur adjectif ou leur adverbe. On retrouvera tous ces pauvres proscrits dans le lexique ; je me bornerai ici à en citer quelques-uns.

Accroissance.

Admonestement, remplacé par admonestation qui ne le vaut pas.

Adulater. Nous avons adulateur et adulation.

Appreneur, que l'on aurait pu garder comme on a gardé preneur.

Argut, subtil. Nous avons conservé argutie.

---

1. *Contes et Discours d'Eutrapel,* par le feu seigneur de la Hérissaye, Rennes, 1585, in-8º, p. 190. Voyez aussi sur ces changements de noms, H. Estienne, p. 273 et suiv.

2. *Curiositez françoises,* 1640, 8 ; *Avis aux étrangers.* C'est l'ouvrage que nous citons souvent dans le Lexique.

Assiduer (s'), se rendre assidu.

Assiègement.

Assoleiller, se mettre, se chauffer au soleil.

Bénévolence. Nous avons encore bénévolement.

Braillement. Formé de brailler, comme bâillement de bâiller.

Briganderie. Nous avons gardé le verbe brigander.

Chalanderie, marchandise. Nous avons gardé chaland et achalander.

Computer. Tout en remplaçant ce verbe par supputer, nous avons conservé comput.

Considéré, sage, avisé. Nous n'avons plus que le négatif inconsidéré.

Contrecarre, opposition. Il nous est resté le verbe contrecarrer.

Défavoriser. Nous avons défaveur et défavorable.

Desservice. On a gardé desservir.

Disposition, agilité. L'adjectif *dispos*, aujourd'hui sans féminin, en avait un, *disposte*, qui a disparu.

Émerveillable.

Entr'ouïr. Nous avons les verbes voir et entrevoir. La nuance qui sépare ces deux mots où il s'agit du sens de la vue, on la possédait pour le sens de l'ouïe avec ouïr et entr'ouïr. Rien n'a remplacé ce dernier verbe, dont la perte est vraiment regrettable.

Entourner. Nous avons, dans un sens restreint, conservé le mot entournure.

Fiance. Nous avons ses composés, confiance, défiance et méfiance.

Gourmander, s'adonner à la gourmandise.

Hautaineté, hauteur (de caractère).

Impérier, commander. *Impériosité*, domination.

Nous n'avons conservé que l'adjectif impérieux.

Inscient, ignorant.

Larronner.

Livrance. Nous avons : livrer, délivrer et délivrance.

Mauvaistié, mauvaise action.

Orer, haranguer. Nous n'avons plus que le composé pérorer.

Pérégriner. Pérégrination et pérégrinité nous sont demeurés.

Perturber. Nous avons les substantifs dérivés de ce verbe, perturbateur et perturbation.

Pourchas. Nous n'avons plus que pourchasser.

Rompure, son proche parent *rompement* ne tardera probablement pas à disparaître, car il ne s'emploie plus que dans une seule locution, qui est même peu usitée : rompement de tête.

Malgré l'étendue des ouvrages de Brantôme, l'orthographe de ses manuscrits, que nous avons suivie fidèlement en respectant son irrégularité, ne nous fournit, sur la manière dont on prononçait le français, que peu d'indications précises. D'abord, il faut tenir compte de la prononciation qui lui était personnelle. Arrivé jeune à la cour, il y avait apporté son accent périgourdin ; et il n'en avait certainement rien perdu quand il la quitta au bout de 23 ans, car il n'avait eu ni à en rougir, ni à s'en préoccuper, au milieu de cette foule d'Italiens et de Méridionaux dont il était entouré. La trace de cet accent se retrouve fréquemment dans ses manuscrits, soit qu'il les écrivit lui-même, soit qu'il les dictât à son secrétaire Mathaud, périgourdin comme lui. Ainsi il écrit : *aumenter, adotter, blaphéme, cattif* (captif), *cours* (course), *ditter, dont* (donc), *espécial, exation, péremptoire*, etc. L'x « que l'on commençoit fort à quitter, » dit H. Estienne, a pour lui la même valeur que l's : *expire* et *expion* (espier, espion), *excorte*, escorte, etc[1].

Toutefois en dehors de ces particularités qui lui sont personnelles, les manuscrits nous permettent d'en signaler quelques autres qui sont certainement caractéristiques de la prononciation usitée à la cour et à Paris. Telles sont les suivantes :

L'*a* remplace l'*e* : *guarir, raparation, sarrurier, sarment* (pour serment; ce que H. Estienne (p. 298) appelle un petit parisianisme de la place Maubart) ; *demandarent, manquarent, osarent*, etc.

Le *b* est substitué au *p* dans quelques mots comme *accoubler, couble, Constantinoble*[2].

L'*e* prend la place de l'*a*, mais rarement : *cherbon, cherbonnier; merque* pour marque.

Le *g* est la consonne dont la prononciation varie le plus. Tantôt il est l'équivalent du *j* (*Digon* pour Dijon ; *rangoit* pour rangeoit; *songa* pour songea); tantôt il est dur (*geule* pour gueule). Ailleurs il rem-

---

1. Henri Estienne se trompe (p. 552 et suiv., 573) en attribuant uniquement à l'influence italienne cette prononciation à laquelle aujourd'hui encore on reconnaît sans peine les gens du midi, qu'ils soient gascons ou provençaux.

2. « Aucune foes le *p* latin se tourne an *b*, pour l'afinité qu'iz ont ansemble, comme de *apricus*, abri; combien qu'il sinifie tout le contrere de son origine. Et pourtant ceus me semblet vouloir être trop sutiz (subtils) qui ecrivet *Constantinople* pour *Constantinoble*; car combien qu'en ce mot le *b* nous aporte, ce samble, autre origine que le vrei, si étce qu'il le faut andurer aveq la prolacion, joint qu'il net point autrement mal apliqué. (*Dialogue de l'ortografe e prononciacion françoese*, par J. Peletier, du Mans, Poitiers, 1550, in-8, p. 95-96.)

place soit le q (*guet* pour quai), ou le *ch* (*revange* pour revanche), soit lè c (*cagade* pour cacade, *gallemard* pour callemard), qui à son tour le remplace aussi quelquefois (*crotte* pour grotte). Dans le pronom *qui* l'i s'élidait devant l'e (leurs marys qu'estant là bas, IX, 654); dans le pronom *il* ou *ilz* l'l ne se prononçait pas et l'emploi fréquent de *qui* pour *qu'il* rend parfois obscures bien des phrases de Brantôme. La diphtongue *eu* avait le son u que lui donne encore de nos jours le peuple de Paris.

Avant la seconde moitié du XVIe siècle une lutte avait commencé au sujet de la dipthongue oi que les uns voulaient continuer à prononcer *oué*, tandis que d'autres, à la cour surtout, lui donnaient le son de *è*, qui a fini par prévaloir. « On n'oseroit, fait dire H. Estienne à l'un de ses interlocuteurs (p. 22), on n'oseroit (à la cour) dire François ni Françoise, sur peine d'estre appelé pédant; mais faut dire Francès et Francèses, comme Anglès et Anglèses; pareillement : j'estès, je faisès, je disès, j'allès, je venès, non pas : j'estois, je faisois, je disois, j'allois, je venois[1]. » Brantôme, qui pour rien au monde n'aurait voulu mériter le nom de pédant, a certainement suivi la mode de la cour; mais il ne faut pas s'étonner si l'on n'en retrouve pas le moindre vestige dans ses écrits, car le grammairien J. Peletier, que nous venons de citer, a soin de nous prévenir que, pas un de ceux qui prononçaient *j'alès, je fesès*, n'aurait osé écrire autrement que *j'allois, je faisois*[2]. Ce ne

---

[1]. Ailleurs il dit (p. 114) : « Je dis que bon *francès* c'est mauvais françois. »

[2]. *Dialogue de l'ortografe*, p. 57.

sont pas les seules différences qu'il signale entre l'écriture et la prononciation ; si l'on écrivait encore *col, fol, mol, sol,* on n'en prononçait pas moins comme aujourd'hui, cou, fou, mou, sou ; on prononçait même des lettres qui ne s'écrivaient point[1], comme le t euphonique, dans les expressions *ira-il, y a-il, dira-on,* etc., où nous le mettons aujourd'hui et où Brantôme, comme ses contemporains, ne l'intercale jamais[2].

Je signalerai aussi quelques petits faits qu'il est utile de relever. Plusieurs mots ont changé de genre depuis le XVIe siècle. Ainsi, dette, dot, feuille, horloge, conformément à leur étymologie latine, affaire, etc., étaient masculins, tandis que poison (*potio*) était du féminin. Diverses locutions qui amènent le sourire sur les lèvres quand on les entend aujourd'hui : *du depuis, je suis été, être péri, premier que,* étaient alors du meilleur français. Enfin il y a des mots dont le sens a singulièrement faibli. *Inconvénient,* qui ne signifie plus guère qu'un désagrément, était jadis synonyme de malheur et de ruine. *Meurtrir* est maintenant bien loin de sa signification primitive que l'on retrouve encore dans *meurtre* et *meurtrier.* Il en est de même de *géne* et *géner* (torture, torturer).

Pour rendre ce lexique aussi complet que possible, j'ai dû relire tout Brantôme la plume à la main et

1. *Dialogue de l'ortografe,* p. 57.
2. Les questions relatives à l'ancienne prononciation du français sont complètement traitées dans un ouvrage actuellement sous presse à l'imprimerie nationale : *De la prononciation française depuis le commencement du* XVIe *siècle, d'après les témoignages des grammairiens,* par M. Thurot, membre de l'Institut.

j'espère que si j'ai commis quelques omissions elles sont de peu d'importance. J'ajouterai que la comparaison des différents passages où figure la même expression m'a permis de rectifier plus d'une fois les explications que j'avais précédemment données en note.

Je terminerai en prévenant le lecteur qu'il y a certains mots pour lesquels je me suis borné à renvoyer au volume et à la page, sans les accompagner d'aucune citation. Les phrases dans lesquelles ils sont encadrés sont d'une telle nature que j'ai cru pouvoir me dispenser de les réimprimer une seconde fois.

LEXIQUE

A, avec, par. J'ay receu vos lettres..... qui font mention d'un nommé Huisson que vous dictes qu'a faict plusieurs maux à une commyssion qu'il dict avoir eue de moy » (lettre de Louis XI), II, 343.

A ce que, avec cela que. Il (Canaples) estoit grand, puissant et de haute taille et forte corpulance, si bien qu'il lui estoit bien aisé de faire de tels coups, à ce qu'il estoit fort adroict, III, 72.

A ce que, pour que. Licurgus ordonna que les filles vierges fussent mariées sans douaire d'argent, à ce que les hommes les espousassent par leurs vertuz, non pour l'avarice, IX, 694.

A tant, attant, cependant. A tant, c'est assez parlé de ce grand capitayne. I, 115. Attant le messager se départit d'avec Gruffy, IX, 241.

A tout, avec. Le prince d'Orange qui venoit d'Allemaigne à tout une grosse armée, IV, 88. Voy. *Mandil*.

Abattre, abbattre, mettre à bas, ruiner. En telles choses, les despans y sont grandz et excessifz et bien souvent emportent leur homme et l'abbattent, VI, 114.

Abattre une femme, en triompher. Que j'en ay cogneu plusieurs de ces dames.... qui contrefaisoyent leurs dames sages, prudes et censoriennes.... que bien souvent on abattoit plus tost qu'aucunes jeunes, IX, 351.

Abhorrable, qui doit être abhorré. Ilz (les Italiens qui jurent) prennent Dieu, la Vierge Marie et tous les saincts et sainctes, par le haut, par le bas, par le mitan, que c'est chose fort abhorrable, VII, 200.

Abboyer à la mort, être aux abois, être mourant. Il y combattit (Saint-Pol, à Pavie) si vaillamment qu'il fut trouvé après entre les morts, abboyant à la mort, III, 203. Oudin explique la locution *abbayer après quelque chose* par désirer, espérer, attendre.

Abois (rendre les derniers), rendre le dernier soupir. Et ce que ne peust faire Dom Jouan d'Autriche, peu devant qu'il rendist les derniers abois, I, 318. Voy. *abboyer*.

Abord, affluence. Il (un grand prince) le blasma fort (François I*er*) de deux choses.... L'une pour avoir introduict en sa court les grandes assemblées, abordz et résidences ordinaires des dames ; et l'autre, pour de mesmes y avoir appellé, installé et arresté si grande affluence de gens d'église, III, 127.

Abord, abordage, voy. *Afferrer* (s').

Abordade (d'), de prime abord. Et d'abordade (les impériaux) allèrent assiéger Marseille, VII, 269. Cf. V, 136.

Abrever, informer, instruire. Je cognois un gentilhomme..., lequel voulant abrever le monde qu'il estoit venu amoureux d'une belle et honneste dame, que je sçay, fit un jour... IX, 123. Voy. Oudin, art. *abbreuver*.

Absolu, complet. Et s'il (Salvoyson) l'heust peu dilayer..., l'entreprise fust estée du tout absolue, IV, 105.

Absoluement (régner), régner avec un pouvoir absolu. Mais aussi qu'est la chose que l'on n'endure et que l'on ne fasse pour régner absoluement et de se vanger de son peuple rebelle, et le ranger à son obéissance, VII, 423.

Abstraint, astreint. Or ne pensez pas que ce grand roy (François I*er*) fust si abstraint et réformé au respect des dames qu'il n'en aimast de bons contes, IX, 479.

Absubjectir, assujettir. Non qu'elle (Mme de Bourdeille) s'y voulust (à la cour) par trop assiduer ny absubjectir, X, 68.

Abus, erreur. La plus part des assiégeans avoient opinion qu'il (Biron) s'entendoit avec ceux de dedans (La Rochelle)....; ce qui est le plus grand abus du monde, V, 133.

Abuser, mésuser. Encor de ces deniers ceste dame (Diane de Poitiers) n'en abusa point, car elle fit bastir et construire ceste belle maison d'Anet, III, 247.

Acabrer (s'), se cabrer. Un meschant cheval malheureux, un jour en s'acabrant villainement, se renversa sur moy, me brisa et fracassa tous les raings, V, 211.

Acaignarder (s'), faire le cagnard. Estant jeune comme il est

(Henri II), il n'a garde s'acaignarder en oisivetté ny aux plaisirs de sa court, I, 29.

Acarer, mettre face à face, confronter. Il (Coligny) envoya prier la reyne de ne faire mourir ce malheureux (Poltrot) qu'il ne fust premièrement acaré à lui et affronté, pour le faire desdire des menteries qu'il disoit de luy, IV, 253.

Acaser, établir; en italien *accasare*. Estant à Turin, je passay pardevant la boutique d'un cordonnier.... maistre Blaize, de la Réole, mais acasé à Turin, VI, 156.

Accarer, tirer; de l'espagnol *encarar*. Le cruel Buzarto.... le tua cruellement (La Palisse), luy accarant une grosse arquebus de calibre dans sa cuirasse, II, 379.

Accessoire, embarras, perplexité. Je pense bien que ledict M. de Bressuire fut en grand accessoire, après ceste lettre receue, pour attraper ledict M. de Sainct-Lou, II, 342.

Accomparer, comparer. Ma grand'mère.... l'accomparoit (Charles VIII) à un gentilhomme près de nostre maison, et disoit que c'estoit sa vray semblance, II, 320. Cf. III, 206.

Accomplissemens, qualités accomplies. La vaillance.... qu'elle estimoit bien autant que les autres vertus et accomplissemens et perfections, IX, 384.

Accoster quelqu'un, s'entendre, s'arranger avec lui; voy. *Pardonroit*.

Accoubler, accoupler. Le maistre des cérimonies.... les accoubla tous deux, M. de Montluc et de Vassé pour aller et marcher ensemble aux cérimonies, IV, 94.

Accoustrer, préparer. Ainsi qu'on les convioit (les soldats espagnols) de se raffraischir et faire la collation que Don Sanche avoit faict très bien accoustrer, II, 185.

Accroire à quelqu'un (faire), le faire passer pour, l'accuser injustement. J'ouy dire qu'on luy (à l'archevêque de Tolède) faisoit tort, et qu'on luy faisoit acroyre qu'il avoit mangé le lard, pour jouir de ce fort revenu, I, 61.

Accroire (s'en faire), se prévaloir. Le Grand Seigneur.... commanda à Barberousse d'obéyr du tout en tout au capitaine Poulin.... En quoy il (Poulin) s'en sceut très bien faire accroyre, car Barberousse n'osa jamais....., IV, 142.

Accroire, faire illusion, tromper. Au contraire du naturel de la vengeance d'aucuns, laquelle du commencement est fort ardente et chaude à s'en faire accroire, mais par le temporisement et longueur elle s'attiédist, IX, 496.

Accroissance, augmentation. D'autant qu'on le (Vieilleville) tenoit lors pour fort suspect, à cause de la religion nouvelle et qu'il luy avoit donné trop grand pied et accroissance à Metz, V, 50.

Accroppi (être), croupir. Ainsi qu'a esté toujours leur coustume (aux gentilshommes français) d'aller chercher la guerre..., quand ne la treuvent près d'eux, se faschans d'estre par trop accropis en oysivetez, I, 27.

Accuyllir, accueillir. Fallut qu'elle (l'armée allemande) s'en retournast encor en Allemaigne..., ayant accuylly les seigneurs de Mouy, de Janlis, etc., IV, 88.

Achapter, acheter. De mesme en font les Turcs en leur basestan en Constantinople.... quand ilz achaptent des esclaves, IX, 279.

Ache, hache. Pour la façon et enrichissement des galères, de leurs poupes et proues, tant pour l'art de l'ache, qu'on appelle la charpente en Levant, que pour la menuiserie, III, 253.

Achever, cesser, mettre fin à. Pour Dieu, mon très cher oncle, achevez vostre plainte, X, 85.

Acommencer, commencer. J'acommence mon œuvre par l'exaltation d'aucuns grands capitaynes, I, 9, note 1.

Acousiner, traiter en cousin. Dès-là nous nous estions fort rendu privez et acousinez, V, 392.

Acquester, acquérir. Et n'a voulu faire (Espernon) comme un feu M. le connestable..., et autres favorys de roys qui se sont plus délectez à avoir et acquester de belles places, VI, 100.

Acquiescer, laisser aller. Toute la noblesse se formalisa pour ledict marquis (de Villanne).... et pour ce l'empereur le passa (le délit du marquis) et aquiesça tellement quellément, VI, 383, Cf. X, 150.

Acquisitif, acquit. Ce fut donq' (Marguerite d'Angoulême) une princesse d'un très grand esprit et fort habille, tant de son naturel que de son acquisitif, car elle s'adonna fort aux lettres, VIII, 115.

Acquitté (Être), s'acquitter d'une charge, d'une fonction. M. de Maugiron.... qui fut un très bon capitaine et bien employé en toutes ces guerres de ce temps et très bien acquitté, II, 423.

Acravanter, écraser. Ayant pris dedans (la tour de Montbrison) cent ou six vingtz soldatz qu'autres par composition et sur sa foy, il (des Adrets) les fit amprès tous précipiter du haut en bas et acravanter, IV, 33.

Acroyre, voy. *accroire*.

Adatter, adapter. Ce serait mal parler et l'adatter (un proverbe) très faucement à luy, II, 404.

Addresser, voy. *adresser*.

Ademal. Ce mot écrit ailleurs *à de mal* n'a été employé que deux fois par Brantôme et avec des acceptions un peu différentes; il ne se trouve, à ma connaissance, dans aucun lexique et je ne l'ai rencontré dans aucun autre écrivain, mais les deux sens que je lui donne (difficile, chagrinant) ne me semblent pas devoir soulever grande objection. Il paraît, à ce qu'on m'a dit, qu'il est encore en usage dans quelques provinces.

Nous autres catholiques l'appellions toujours M. le cardinal (de Chastillon), car il nous estoit fort ademal de luy changer de nom, III, 189. Vieilleville.... empescha MM. de Lude et Montsallez, avecqu'une fort belle noblesse de Poitou, de monter à cheval, auxquels il leur estoit fort à de mal qu'ilz ne menassent les mains à si bonne et belle occasion, V, 51-52.

Adextre, adroit. Le roy (Charles VIII) et toute sa court en furent en très grande admiration, pour veoir une telle beauté si adextre à cheval, VIII, 142. Voy. *Desultoire*.

Adextrer (s'), se rendre adroit. Et (les Turcs) se sont si bien adextrez et apropriez à ces harquebuz, que guières plus ilz font d'estat des arcz et flesches, V, 227. Cf. VI, 78.

Admirer, émerveiller. Cette belle fille espagnole.... estoit si excellente en beauté que partout où elle passoit, elle animoit et admiroit les yeux de tous à la regarder, IX, 291.

Admonestement, admonestation. Les exercices et l'administration de leur foy, de leurs saincts sacremens, et l'admonestement de les continuer, III, 135.

Adombrer, voiler, déguiser; en italien *adombrare*. Voilà les propres mots du discours de cette dame.... qu'elle fait au commencement de son compte (conte), qui se faisoit d'elle-mesme, mais elle l'adombroit par d'autres noms, IX, 215.

Adonner (s'), se prêter. M. le mareschal (S. André) s'estoit placé si bien, en lieu si advantageux et commode, ce qui fut un trait de grand capitaine ou que le lieu par hasard s'y adonnast, V, 44.

Adoter, adopter. Voy. *Desdire*.

Adoulourer (s'), s'affliger; en italien *addolorare*. S.-Augustin mesmes, en lisant le quatriesme livre des *Aeneïdes*, ne s'en esmeut-il pas de compassion et s'en adouloura ? IX, 573.

Adresse, direction, action de diriger. Ce grand roy (François I**er**), vouloit y faire passer (à Chambord) un bras de la rivière de Loyre.... et en destourner le cours, et luy bailler là son adresse, III, 125. Ce qui fut une chose de grand estime et de grand soing, tant pour l'adresse et conduitte du roy (Charles VIII) que pour son armée et son train, II, 302.

Adresser à.... (s'), s'en prendre à.... Si que tous ensemble (les croisés assiégés dans Antioche), désespérez de ceste malle rage de faim, peu s'en fallut qu'ilz ne s'addressassent à Dieu, ne le maugréassent, II, 193.

Adulater, aduler, flatter. Elle luy dit après : « Non, madame, ce n'est point pour vous *adultérer* », voulant dire *adulater*, IX, 249.

Advancer (s'), se mettre en avant. Voy. *Retiré*.

Advantage (d'), de plus, suffisamment. D'avantage quel tort tient-on à madame de Nemours, fille de madame de Ferrare, en partie héritière de la duché de Bretaigne ! IV, 273. Le marquis de Villanne, l'un des plus grandz seigneurs d'Espaigne, à qui l'empereur ayant ôsté.... deux de ses plus belles terres, néanmoins pour cela il n'en demeura si pauvre et desnué qu'il ne luy en restast encore d'advantage, tant il estoit oppulant, II, 144.

Advantageux, avantagé. M. de Bayard estoit petit, et non si fort ny advantageux (pour la taille) que mon père, X, 40.

Advènement, arrivée, entrée. J'ay leu dans un livre espagnol que son (à Ant. de Lève) premier advènement de guerre et de Naples fut lorsque.... I, 174. Voy. *Harauder*.

Advisement, sagacité, jugement. J'ay ouï dire.... qu'alors on ne parloit que de la beauté, sagesse et advisement de ceste princesse (Blanche de Montferrat), IX, 635. Cf. IV, 351.

Adviser, regarder. Eux (les cordeliers), après luy (à Strozzi), avoir demandé comment il luy alloit du corps et de l'âme, il les advise furieusement, et.... leur demanda...., II, 256. M. d'Estrozze et moy advisasmes derrière, et n'y vismes point notre homme ny nostre brave, II, 396. Cf. III, 176.

Adviser, viser. Ny l'un ny l'autre n'advisèrent guières au corps, mais aux cuysses, dont il en eut un qui donna à l'autre une grande estocquade dans la cuysse, VI, 284.

Adviser, pourvoir. Voy. *Tahut*.

Advitaillement, membrure. Il (F. de Bourdeille) avoit un advitaillement si grand et advantageux qu'il eust fait peur et appréhension à une femme d'un plus grand aage, X, 46.

Aesle, aile. Voy. *Brier*.

Affaire, occupation, besogne. Il (Montpensier) vint en Poitou où il trouva de l'affaire et un homme.... M. de la Noue, V, 15.

Affaner, ou *s'affaner*, se donner de la peine, se fatiguer, en italien, *affannare*; en espagnol, *afanar*. Ainsi ce seigneur (Montmorency) s'est agrandy peu à peu...., affanant fort et travaillant à mériter ce qu'il a eu, III, 341. Ainsi que son mari s'efforçoit et s'affanoit de forcer sa forteresse, IX, 561.

Affecté, voy. *Affetté*.

Affecter, affectionner. Toutefois (Louis XII) dans son âme ne l'affecta-il point (La Trémouille) tant, ny carressa le comme d'autres capitaines de ses compagnons, II, 399. Le roy Henry (II) jura.... qu'il iroit par ses gallères en la mer de Toscane, et delà à Sienne, pour voir cette ville si affectée à soy et à son party, IX, 417. Cf, V, 77.

Affermer, affirmer. Ces grandz et suffisans sénateurs, messieurs de la court du parlement de Paris afferment que les roys peuvent vendre, disposer et user des biens temporelz de l'Esglise, III, 108. Cf. V, 428.

Afferrer (s'), s'accrocher; de l'espagnol *aferrar*. Au troisième abord et combat, les petites galères vindrent de front pour s'investir et s'afferrer, III, 255.

Affetté, *affecté*, recherché, coquet, mignard. Par leur gentillesse.... et leurs habits mondains et affectez, on les prendroit pour fort débauchées, IX, 213. Leurs robes fort courtes qui monstrent à plein leurs belles jambes et belles grèves, et leurs pieds affettez et bien chaussez, *Ibid.*, 323.

Affettement, gentiment, coquettement. Et prenions pardessus tous très grand plaisir leur voir.... frétiller leurs pieds si affettement que rien plus, IX, 321.

Affiné, perfectionné, achevé; en espagnol *afinado*. Un soldat canarien, mais pourtant espaignollisé et affiné par les bandes espaignolles, VII, 23.

Affiné, serré. D'autant que lesdictes (manches de) mailles n'estoient pas trop affinées, mais assez longues et avantageuses, VI, 284.

Affouler (s'), se porter en foule. Le peuple s'y affouloit avecqu'une si grand'presse que (Guise) demeura près d'une grand'heure avant qu'arriver au logis du roy, IV, 233.

Affoullement, presse, en italien *affolamento*. M. du Lude.... n'en pouvant plus à cause du grand affoullement et rafraîchissement des gens des ennemis qui lui venoient sur les bras, II, 412.

Affront, obstacle, danger à affronter. Là où il y a plus d'hasard et d'affront, là plus de gloire s'acquiert, VII, 109.

Affronter, confronter. J'ay bien mis dans mes tablettes le jour et l'heure de vos nopces; quand on les affrontera à celuy et celle de vostre accouchement, vous aurez de la honte, IX, 98. Voyez *Acarer*.

Affronter (s'), se choquer. Ainsi que les battailles marchoient pour s'affronter, I, 347. Cf. VI, 148, 314.

A fiat. Voy *Fiat*.

Agasser, harceler. Les Mores qui agassoient à tout'heure l'armée, I, 201.

Age sec, vieillesse. En homme remuant qu'il estoit (Trivulce), aussi bien en son aage sec comme verd, II, 221, note 3. (Victor Hugo a dit dans une de ses *Orientales* : Un derviche soudain, cassé par l'âge aride).

Age verd, jeunesse. Voy. l'article précédent.

Agendarmer (s'), mener la vie d'un gendarme. Non que je vueille que cette dame face les actes d'un homme, ny qu'elle s'agendarme comme un homme, IX, 411.

Agent, acteur, celui qui agit. Cela gist en l'imagination qu'on en pourroit faire, tant pour les agents que pour les arregardans, IX, 304.

Agents, gens. Après avoir couru le cerf quelque temps, voyant le roy (François Ier) que ses agents estoient loing de luy, fors le comte, VI, 471.

Agraver, grever, charger, accabler. Le roy (Henri III) luy (à Matignon) commanda aveq'une grand'joye pour agraver sa sœur (Marguerite).... de plus en plus de desplaisirs, VIII, 70.

Agresser, attaquer. Je les prends (les armes) non pour agresser, mais pour me deffendre, VII, 245.

Aguet, piège, embûche. On luy (à Cosne de Médicis) avoit préparé une fois des espées très poinctues et dagues dans le fons du fleuve (l'Arno) fichées en terre, afin qu'ainsi qu'il se jetteroit du haut en bas (pour nager), il trouvast les poinctes de ces espées en l'air qui le lardassent.... Mais cet aguet fut découvert, II, 15.

Aheurter (s'), s'obstiner, s'opiniâtrer. (Le chien) retourna pour la troisiesme fois à la chasse avecques son maistre, qui s'y aheurtoit quasi plus qu'il ne debvoit, X, 110. Voy. *Ahurter*.

Ahir, haïr. Dieu n'ahist (rien) tant que le sang respandu de quelque créature que ce soit, IV, 301.

Ahurter (s'), se heurter, se choquer. Il (Gonzalve de Cordoue) se voulut ahurter et s'esprouver à ce brave chevalier M. d'Aubigny, I, 131. Voy. *Aheurter*.

Aiguillette (traisner l'), traîner sa vie. (Brancaccio) après avoir traisné l'aiguillette en France, nacquetté les trésoriers de l'Espargne sur quelque chétive pention qu'on luy donnoit...., il fit requérir dom Joan d'Austrie de sa grâce au roy d'Espagne, II, 28.

Aimable. Voy. *Amiable* et *Aymable*.

Aimer (s'), se plaire. Elle (Marie de Bourgogne) mourut d'une cheutte de cheval où elle s'aymoit fort, pour tenir aussi compaignie à son mary, I, 78.

Air, manière, allure. (D'Amville) avoit ordinairement une grand' quantité de très bons et beaux grands chevaux en son escuyerie, qui sçavoient aller de tous airs, III, 370.

Aise. Voy. *Ayse*.

Aisi, ainsi. Mais tout aisi qu'il avoit esté bienheureux en ceste belle entreprise et exécution, le malheur fut tel pour luy que....; IX, 661.

Aisse, ais. Ils advisarent de la boucher (la chatonnière) avec une aisse, IX, 549. Cf. VII, 439.

Ajamber ou *esjamber*, empiéter. (Charles VIII) ne se contentant.... de son grand et très ample royaume, et si estendu, duquel estoit la totale ambition du roy son père sans attenter ny vouloir ajamber sur un autre, II, 285. Cf. *Esgember*.

Alauter, haleter, IX, 197, note 1.

Alfier, porte-enseigne, de l'espagnol *alfierez*. Les capitaines, alfiers et force soldatz s'habillèrent de deuil, I, 198.

Allaine, haleine. Ce grand duc d'Albe le vint assiéger (Nassau), sans luy donner loysir de prendre allaine, II, 177.

Allaiter, téter, *lactare*. Charles-le-Quint, le plus brave et magnanime empereur qui allaicta oncques mammelles de mère, I, 56, note.

Allambiquement, distillation. Voy. *Atténuation*.

Allebastre, albâtre. Voy. *Entrelassure*.

Allebrené, pour halbrené, terme de fauconnerie, épuisé, éreinté. Et plusieurs y en a, qui aymeroyent mieux un bon artisan de Vénus, frais et bien émoulu que quatre de ceux de Mars ainsi allebrenez, IX, 400. (L'amiral d'Annebaut) mìt sur pied une très belle armée..., laquelle servit bien à raffraischir celle du roy qu estoit fort allebrenée et mal menée, III, 211.

Alleiner, halener, sentir l'haleine. J'ay cogneu plusieurs femmes, lesquelles.... alleiner autant vaudroit qu'un anneau de retrait, IX, 181. Et pour ce, ne vouloit estre alleinée, ny sentir à la sienne une bouche salle, IX, 59. Voy. *Hallainer*.

Aller (s'y en), s'ensuivre. Voy. *Orion*.

Aller devant quelqu'un, le surpasser, le précéder. Et me semble que vos filles (les filles de Catherine de Médicis) vous portent grand honneur, car elles ne vont point devant vous, VII, 343.

Aller à temps, avoir une allure réglée, régulière. De ce temps-là, les chevaux n'estoient dressez ny alloient à temps, comme despuis, IX, 39.

Aller haut, se cabrer. Il (F. de Bourdeille) estoit un très-bon homme de cheval, et n'y avoit cheval, tant rude fust-il et allast tant haut et incommodément qu'il pust, qui luy fist jamais perdre l'estrieu, X, 39.

Alors de, lors de. Mais après, ilz sceurent qu'il n'en estoit rien et qu'alors de la lettre il (Strozzi) estoit à la prise de Callais, II, 259.

Altération, inquiétude, fâcherie. J'en ay cogneu une, laquelle, ayant esté trouvée avec son amy par son mary, il n'en dit rien ny à l'un ny à l'autre...., et la laissa là-dedans avec son amy fort panthoise et désolée et en altération, IX, 77. Les dames le craignoient fort (Henri III).... et leur faisoit lui-mesme des réprimendes ou en prioit la reine sa mère, qui de soy en estoit assez prompte, mais non pour aymer les médisans..., auxquels y prenant pied et altération, que pouvoit-elle faire aux autres quand ils touchoient au vif et à l'honneur des dames? *Ibid.*, 498.

Altercat, altercation, querelle. M. le prince de Melfe voyant (à l'armée de Piémont).... les abus, insolences et escandalles, meurtres, esclandres, supercheries, strectes et altercats qui s'y commettoient, VI, 389.

Altère, trouble, agitation, angoisse, émotion. Et en ces altères (Egmont et Horn condamnés à mort) demeurarent jusques à neuf heures du lendemain matin, II, 160. Estans pasmées en ces doux altères de plaisir, IX, 522. Une fiebvre pestilencieuse la saisit (une comtesse huguenote) à Paris si contagieusement qu'elle luy causa la mort. Estant sur ses (ces) altères, se perdit fort en grands regretz. *Ibid.*, 668.

Altéré, inquiet. Mondict sieur le mareschal (de Montmorency) de son costé en estoit altéré, en allarme et en jalousie de son gouvernement (de Paris), III, 357.

Altérer (s'), se troubler, s'émouvoir, se mettre en colère. Le comte d'Aiguemont, trouvant fort estrange une si triste nouvelle (celle de sa condamnation), s'estomacqua et s'altéra outre mesure, II, 158. Et aimoit (Catherine de Médicis).... jusques à lire les belles invectives qui se faisoient contre elle, dont elle se mocquoit et s'en rioit sans s'en altérer autrement, VII, 373.

Altesse, *altezze*, grandeur, dignité. Demain matin, me despouillant de la grandeur et altezze que j'ay, je vous feray appeler dans la forest, VI, 473. (La Chapelle-Montmoreau) mourut à Nancy, ayant esté envoyé ambassadeur par l'empereur son maistre vers l'altesse de madame sa niepce, VII, 244.

Amasser, ramasser, réunir. J'ay leu dans une vieille histoire de France que j'ay veu traisner en un cabinet de nostre maison.... et l'aiant amassée, VII, 317.

Ambigu, douteux. Voy. *Trahistre*.

Amenances, conduite que l'on faisait aux nouveaux mariés quand l'époux amenait sa femme chez luy. Les nopces furent fort sompteuses et magnifiques, et bien fort aussy les amenances qui se firent à la Tour-Blanche et à Bourdeille, X, 47.

Amiable, digne d'être aimé. Aucunes autres (dames), lesquelles sont si belles, si nettes, propres, fraisches, caillées, si amiables et si en bon point, IX, 279. Cf. VIII, 16.

Amiablement, aimablement. Henri III.... s'alla jetter dans la foy de l'empereur, qui le receut très gracieusement et amiablement, IX, 600.

Amodérer (s'), se modérer, s'adoucir. Ces paroles prononcées si bravement.... donnarent à songer à l'empereur, si bien qu'il s'amodéra et visita le roy (François Iᵉʳ), VIII, 120. Cf. VI, 367.

Amour de (pour l'), à cause de, à raison de. Ilz (les Allemans) luy (à Henri III) en vouloient fort, pour l'amour de la feste de la Sainct-Barthélemy, IX, 600.

Amprès, après. On disoit pourtant que c'estoit en nom de mariage, mais par amprès on en sceut le contraire, IX, 489.

Amutiné, mutiné; en italien *ammutinato*. Ayant faute d'argent pour contenter et payer ses soldatz, mesmes les lansquenetz amutinez il (Ant. de Lève) s'advisa de la ruse..., I, 163.

Amutinement, révolte. Il eust mieux valu, qu'il (François Iᵉʳ) les eust (les soldats espagnols) entretenus en cest'humeur et amutinement, I, 233.

Anatomie, voy. *Anotomie*.

Anguaisner, engaîner. Elle (Anne de Beaujeu) luy (à une de ses filles) fist la comparaison d'une espée desgainée qui ne se peut jamais non plus qu'une autre anguaisner, si le fourreau se remue, VIII, 104.

Anicrochement, anicroche. (M. le connestable) en desdaignant la superfluité (du luxe des soldats) par trop grande...: advisa d'en faire plusieurs retranchements sur les payes..., bref y faire quelques petitz anicrochemens, VI, 107.

Animé, passionné, mal intentionné. Je croy que quelque malhabile de correcteur ou animé d'imprimeur ont adjousté à la lettre, VI, 276.

Animosité, animation, ardeur. On tenoit que l'animosité et le courage grand qu'il avoit de combattre, luy (à Imbercourt) esmouvoit ainsy les entrailles et le ventre, II, 404.

Anneau de retrait, lunette de privé. Voy. *Alleiner*.

Annichiller, annihiler, rendre propre à rien, inutile. Et d'autant que la noble coutume est là (à Malte) de ne les entretenir (les chevaliers) ny de les annichiller en oyzivetté, IV, 151.

Annoncer, dénoncer, déclarer. Lorsqu'il (Charles-Quint) annonça la guerre aux protestans, I, 35.

Annonciateur, envoyé. L'on changera tant de ces noms d'ambassadeurs et de nunce du pape qu'à la fin ou viendra dire: voylà l'ange ou l'anonciateur ou le précurseur du pape, qui vient parler au roy et à la reyne, IV, 295.

Annonciation, annonce. J'en voys (vais) nommer aucunes

(grandes dames) qui.... volontairement ont receu (accepté) la mort, bien que sur le coup l'annonciation leur soit fort amère et odieuse, IX, 453.

Anotomie, pour anatomie, squelette, corps desséché. Comment seroit-il donc dit qu'à la fleur de mon aage.... qu'au lieu d'une dame de belle chair je devinsse une carcasse ou plutôt une anotomie ? IX, 543. — D'Aubigné parlant du siége de Paris dit qu'on voyoit « les hospitaux pleins de charongnes de morts de faim, les rues bordées de languissans et pavées d'anatomies ». (*Hist. univ.*, édit. de 1626, t. II, col. 324.)

Anté, enté. Au bout du devant du morion, il y avoit enchassée et antée une courte dague, VI, 285. Voy. *Hanté*.

Aorner, embellir, orner ; *adornare*. Et pour aorner le tout, il y avoit un cabinet à part remply de toutes sortes sortes d'engins de guerre, II, 243.

Aposté, fait à poste (voy. *Poste*), fait exprès. On leur donna (aux huguenots) temps et loisir de s'esloigner et tirer de longue par un séjour de deux jours que l'on fit mal à propos sur la malladie du mareschal (de Cossé) qu'aucuns disoient apostée, IV, 86. Cf. *Appostement*.

Apopthème, apophtegme. (Montpensier) le fit (des Marays) exécuter aussi tost, se fondant sur son apophtème que je viens de dire, V, 10.

Apostumer, venir à suppuration. Laissant apostumer la playe et faire son effect, IV, 13.

Appareiller, apprêter, II, 137. Voy. *Traicteur*.

Appareiller (s'), s'apprêter. Si bien que luy (Antoine de Bourbon) s'appareillant pour aller à l'assaut, IV, 366.

Apparessance, apparence, trace apparente. Sa mort (de F. de Guise) fut amprès bien vangée à la Sainct-Barthélemy et bien autrement que celle de M. son fils dernier, dont on ne sçaroit dire une vangeance pour un seul double....; dont l'on s'en estonne fort, encores plus qu'il n'y en a aucune apparessance de vangeance, IV, 260. Sa beauté (de Marguerite de Valois) est telle que les coups de ladicte fortune n'ont nulle apparessance sur elle, VIII, 23. Cf. VII, 415.

Apparoistre (s'), apparaître, faire son apparition. Sachant (Montmorency) que l'ennemy se préparoit à la bataille, luy tout courageux se lève, monte à cheval et vient, s'apparoist ainsy qu'on marchoit, III, 298.

Appaster quelqu'un, lui tendre un appât, un piège. Ceux qui en eschapparent (de la Saint-Barthélemy) en blâmarent mondict sieur de Biron...., disans qu'il les estoit tous allé amadouer et appaster pour les mener tous au marché de la boucherie, V, 131.

Appertise, prouesse, exploit. Il y (François Ier à Marignan) combatist si vaillamment de sa personne, et y fit si grandes appertises d'armes que jamais on ne vist mieux fère à combattant, III, 137.

Appetisser, rapetisser. La taille luy appetissa un peu, IX, 358.

Appétit, gré, caprice. M. de l'Autrécq fit en cela une grand' faute de combatre soubz l'appétit de ses soldats, III, 26. Voy. I. Faut-il qu'à l'appétit et opiniastreté d'un marrane nous périssions ainsi misérablement, V, 317-318.

Appétit de.... (A l'), à raison de.... La principale occasion qui anima plus la reine d'Hongrie à allumer ces beaux feux vers la Picardie...., ce fut à l'appétit de quelques insolents bavards...., IX, 506. M. de Serre luy (à Guise) remonstra qu'il devoit faire r'abiller le pont de Sainct-Mesmin...., et que ce ne seroit qu'à l'appétit de quatre à cinq cens écus, IV, 257-258.

Appétit de (à l'), par la faute de.... Elle (la duchesse de Lorraine) mourut de mal d'enfant à l'apétit d'une vielle sage-femme et grosse yvrongne de Paris, VIII, 138.

Appostement, guet-à-pens. Il y avoit aussi le capitaine Bernardo, bon capitaine et bon françois, et pour ce fut tué d'un coup de pistollet à Paris par l'appostement et pourchas du duc Cosme de Florence, V, 298. V. *Aposté*.

Appréhensible, appréhensif, craintif. La reine-mère.... toujours appréhensible, IV, 367.

Apprendre quelqu'un, l'instruire, l'enseigner. Il (Brissac) avoit sa bande de viollons, la meilleure qui fust en toute l'Italie..., desquelz en ayant esté faict grand cas au feu roy Henry et à la reyne, les envoyarent demander à M. le mareschal pour apprendre les leurs qui ne valoient rien et ne sentoient que petits rebecs d'Écosse au prix d'eux, IV, 82. Sur quoy faut estimer une grande fidellité ancienne.... des maistres (d'armes) qui apprenoient leurs disciples pour combattre, que jamais ils ne les trahissoient, VI, 296.

Appreneur, voy. *Apreneur*.

Approchement, approche. Voy. *Cogitation*.

Apreneur, maître. Les pouvres filles.... se servent le plus souvant de leurs valletz...., des joueurs de luth...., des apreneurs de dances, IX, 575.

Aproffiter, profiter. Il y en a qui aproffitent plus en un morceau de guerre que d'autres en cent repas, IV, 122.

Aproprier quelque chose à quelqu'un, l'en mettre en possession. Et (Coligny) luy (à Charles IX) alloit conquester tout un pays aussi grand qu'un royaume et le luy aproprier, IV, 298. Cf. X, 150.

Araine, sable. Nous autres (femmes) sommes du naturel des hydropiques ou une fosse d'araine, qui tant plus ilz avallent d'eau et plus ilz en veulent avaller, IX, 540.

Arauder. Voy. *Harauder*.

Aray, aurai. Hélas! je voys bien que j'en aray (des enfants) encor tant de vous, IX, 694.

Arballestier, arbalêtrier. Il n'y a qu'arballestier gascon de jadis et d'aujourd'huy encores, V, 302.

Arballestière, endroit où se plaçaient les arbalêtriers sur les navires au moment du combat. Les soldats aux arballestières, poupes, rambades, proues et coursies, III, 254.

Arbre, mât de galère. Et outre fit monter le caro (pavillon) à l'arbre et la flamme à la peno (vergue), tous signalz de bataille, II, 114.

Arbre fourchu (faire l'), avoir les jambes écartées. Entra quelque compaignie qui la surprit faisant ainsi l'arbre fourchu, IX, 522.

Archès, archives, *arcæ*. Aussi ce bon seigneur (le grand-maître La Valette) voulut-il faire enregistrer tous nos noms dans le grand et principal papier de leur trésor et le garder là dans les arches à perpétuité, V, 233.

Archipelage (l'), l'Archipel. Quand il fut vers l'Archipelage, il rencontra une grand'nau vénétienne bien armée, IX, 463.

Aré, voy. *Haré*.

Aregarder, *arregarder*, regarder, aviser. Leurs maistres qui les (les chevaux) arregardoient piteusement périr et noyer devant eux, I, 72. A quoy doibvent arregarder les gens de guerre d'estre sçavans, s'ilz peuvent, IV, 104.

Ares, ores, maintenant. Il n'y a rien que nous avions le roy de Navarre, ares il est pour vous autres, IV, 38.

Argusil, argousil, alguasil. J'ay ouy dire que le marquis de Villane.... pour avoir menacé un argosil...., il cuyda estre en grand'peine, IX, 525. Cf. VI, 383.

Argut, rusé, habile. Il (le cardinal de Lorraine) estoit fort prompt, argut et très subtil en ses parolles et devis, IV, 277.

Armé, cuirassé. Aucuns ouyrent ledit La Chasnaye crier haut : « Ah! paillard, tu ez armé », ainsi qu'il l'avoit tasté (Sourdiac) d'un grand coup qu'il luy avoit tiré au corps, VI, 442.

Armerie, armoirie. Montez sur de très bons chevaux bardez de diverses parures, ung chacun scelon leur couleurs ou autrement leur blazons de armerie, II, 304.

Armes (avoir les), avoir le choix des armes dans un duel. Si celuy qui a les armes propose à l'autre de se battre en chemise, faut que cela soit, VI, 420.

Armurerie, ce qui concerne les armes. Voy. *Exquis.*

Arnois, harnois, armure. (M. de Mareuil) ayant esté blessé en trois endroits, l'un d'un coup de pistollet dans le bras gauche, et l'autre d'espée dans le corps au deffaut de l'arnois, VII, 106.

Arraisonnement, conversation. Et souvent aussi, quand il (François Ier) les voyoit en grand arraisonnement avec leurs maistresses, il les venoit accoster, IX, 479.

Arraisonner quelqu'un, lui parler, l'entretenir. La reyne l'accommance à l'arraisonner et luy demander...., II, 254.

Arrays ou *reïs,* capitaine de navire. Il (Dragut) se donna page d'un arrays, corsaire de sa mesme patrie, II, 48.

Arremens, erremens. Lors ledit héritier en pouvoit prendre arremens de la poursuitte, IX, 589.

Arrest, chose arrêtée, décidée. Ledict roy (Henri III) ne tint pas son arrest et résolution, V, 105.

Arrest, constance ; *arrestée* (mal), inconstante. Cette femme (Jeanne II) laissa ung bruit de femme impudique et mal arrestée, comme de qui l'on disoit qu'elle estoit arrestée en cella seul qu'elle n'avoit point d'arrest, VIII, 193.

Arrest de... (avoir l'), s'arrêter à.... Elles n'ont pas l'arrest d'ouïr ny songer à autre chose, sinon à leurs pettitz esbatementz, IX, 585.

Oudin rend la locution : *Il n'a point d'arrest,* par : Il est tousjours en action.

Arresté, prudent, circonspect. Lequel (La Palisse) n'estoit si posé ny si arresté qu'il n'aimast mieux tousjours de combattre et de venir aux mains que de donner conseil contraire, II, 377. Voy. *Arrest*.

Arrester, fixer. Voy. *Abord*.

Arrivement, arrivée. Et sur cet arrivement (de 6,000 Suisses), M. le Prince ne chauma pas de bastir pour soy, IV, 344.

Arroy, train, appareil. En tout ce grand arroy, æquipage et compaignie, s'achemina ainsin le roy (Charles VIII), II, 302. Nous avons conservé le dérivé *désarroi*.

Arsenac, arsenal. Il (Caumont) se sauva dans l'arsenac chez M. le mareschal de Biron, IV, 30.

Artiller, V, 301. Voy. *Eslabouré*.

Arzille, argile. Comme faict un potier, qui d'une mesme terre et arzille faict des potz et des vases, les uns pour l'honneur et la beauté, les autres pour l'infamie et la sallauderie, V, 25.

Ascendant, horoscope. Là est ceste ville (Rome) qu'au temps passé pronostiqua un sage astrologue de moy (le connétable de Bourbon) me disant qu'infailliblement à la prise d'une ville mon fier ascendant me menaçoit que j'y devois mourir, I, 266.

Aspergez, goupillons. Et monstrèrent leur deuil par leurs habits bruns, plus d'eau-bénistiers, d'aspergez d'or engravez, IX, 122.

Aspre, cruel Priant Dieu qu'il luy envoyast une mort douce et point aspre et langoureuse, IX, 459.

Asprezze, âpreté de douleur; en italien *asprezza*. Je m'étois résolu.... que je me peusse dellivrer et mon esprit d'une si grande asprezze, VII, 70.

Asquenée, haquenée. La planchette d'or qui estoit à l'asquenée de la duchesse (de Savoie) quand elle chevauchoit dessus, IV, 106.

Assaisiner, assasiner; en espagnol *asesinar*. Il (L. Strozzi) fit pendre tous ces maraux qui l'avoient (le cardinal de Saint-André) si misérablement assaisiné, IV, 123.

H. Estienne dit (p. 51) à propos du mot *assacinateur* : « Il a bien fallu que l'Italie ait dict *assasino* longtemps devant que la France dist assacin ou assacinateur, veu que le mestier d'assaciner avoit esté exercé en ce pays-là longtemps auparavant qu'on sceust en France que c'estoit. Et ce beau mestier ayant passé les monts, et estant venu jusques en France, on a esté assez empesché à se donner garde de ceux qui s'en mesloyent, sans s'amuser à luy cercher un autre nom que celuy qu'il avoit apporté de son pays. »

Ceci est une invective à l'endroit des mœurs italiennes, mais le mot, sous une forme un peu différente, est bien plus ancien que ne voudroit le faire croire H. Estienne. Voy. Littré, au mot *assassin*.

Assape, sapeur. Ilz (les Viennois) ne furent point battuz en batterie.... mais bien de mines et de sappes qui furent faictes par les assapes, I, 321.

Assaillement, attaque. Don Pedro... ne vouloit qu'ilz bougeassent..., voulans là attendre l'assaillement, V. 317.

Assaut, assaille. M. de Mandelot se trouve à l'audevant et l'assaut, VII, 292.

Asscavoir-mon. Voy. *sçavoir*.

Asseicher, dessécher. Il (Montsallez) avoit les poulmons et le foye tous bruslez, gastez et asseichez, V, 183. Cf. IX, 543.

Assemblée, chasse. Elle (Catherine de Médicis) alloit ordinairement avec luy (Henri II) à l'assemblée du cerf et autres chasses, VII, 345. Cf. *Ibid.*, 399.

— « Je croy, dit Celtophile, que je n'ay pas besoin de vous advertir qu'on dit : le roy est allé à l'assemblée, non pas à la chasse ; car desjà de vostre temps on parlet ainsi. » (H. Estienne, p. 265).

Assemblement, réunion, jonction. Messieurs le Prince et l'admiral le suivirent (Montpensier) pour se mettre entre deux (entre lui et le duc d'Anjou) et empescher leur assemblement, V, 15.

Asseuré, sûr, ferme. Il (d'Amville) mettoit peu souvent dedans (le but, en courant la bague), à cause de sa veue qu'il n'avoit trop asseurée.... Il falloit bien que celuy fust asseuré qui ne branlast soubs son coup, III, 371.

Asseurément, avec assurance. Luy (M. de Lorge), sans s'estonner, met sa cappe au poing et l'espée à l'autre main, et s'en va asseurément parmy ces lions recouvrer le gand, IX, 390.

Assidu, continuel. Ses combats (du baron de Lagarde) qui ont estez si fréquens et assidus, IV, 149.

Assiduellement, continuement. Elle (Yvoy) fut battue, deux jours durant, de trente-six pièces en batterie, si assiduellement qu'un coup n'attendoit pas l'autre, I, 305.

Assiduer (s'), se rendre assidu. Voy. *Absujectir*.

Assiègement, action d'assiéger. Je ne raconteray point l'assiègement du pape dans le castel Sainct-Ange, I, 280.

Assignation, rendez-vous. Il fut apporté à César.... un petit billet.... que Servilla, sœur de Caton, luy envoyoit qui portoit assignation ou rendez-vous pour coucher ensemble, IX, 506.

Assigné, fixé, assuré. Ayant esté contrainct pour obvier à la pauvreté d'aller prendre la croix à Malte...., pour avoir au moins de quoy se pourvoir et avoir la vie assignée pour la fin de ses vieux jours, VI, 288.

Assoleiller (s'), se mettre au soleil. Et pour ce qu'il faisoit froid et qu'il faisoit là beau s'assoleiller, je m'y plaisois bien, V, 333.

Assovy, assouvi. En cela M. de Bayard...., possible qu'il n'estoit pas assez assovy de la vengeance, VI, 268.

Assurer, rassurer. Tous les regardans qui estoient sur le port (de Syracuse)..... se perdoient d'admiration et d'ayse de nous voir...., les assurans de notre venue, qu'ilz n'eurent plus peur, disoient-ilz, de ceste armée turquesque, V, 408.

Assus (courir), courir sus. Un simple capitaine piéton aller deffier un colonnel, tout le monde luy devoit courir assus, VI, 429.

Ast (armes d'), armes de hast. Pertuzanes, hallebardes et autres diverses armes d'ast, III, 254.

Astheure, à cette heure. C'est assez parlé des princes, parlons astheure encor un peu d'aucuns par cy-devant, V, 30.

Astrophile, astrologue, astronome. Le principal présage de sa mort (de Charles IX) fut une estoille ou comete qui apparut.... au plus proffond de la planette de Mercure ; ce qui n'est jamais guières advenu, ainsi que disent les resveurs astrophiles, V, 272. Cf. V, 240.

Astrosite, astrologue. Les bons astrosites pourroyent là dessus en fayre quelque composition, VIII, 122.

Astuc ou *astut*, prudent, astucieux. Voylà pourquoy M. l'admiral fut fin et astuc d'user de très sobres parolles à l'endroict de ce maraut (Poltrot), IV, 254.

Athéiste, athée. Un grand docteur de la Sorbonne, nommé M. Poncet,... dict tout haut que telle parole estoit d'un vray athéiste, II, 327.

Attache, attaque. Aussi estime-on fort un beau et bon levrier d'attache.... qui ne s'attaque point à des simples animaux, mais aux plus furieuses et courageuses bestes. V, 187. (On appelait aussi chien d'attache le chien qui était ordinairement attaché, mais ici le sens n'est pas douteux). — « Ce mot attaquer, dit H. Estienne (p. 81) participe du françois attacher (qui est le vray mot et nayf) et de l'italien *attacar*.... Vous savez que les Picards, comme un cat et un kien, aussi disent-ils attaquer pour attacher. » Suivant Oudin, l'expression *limier d'attache* désignait « un païsan, un lourdaut. »

Attelage, attirail. Où ne pouvant arriver (Alviano à Marignan) avec son infanterie et tout le reste et attelage de son armée, prit l'eslite de sa cavallerie, II, 197.

Attenté (être), être l'objet d'attentats. Il (d'Espernon) a esté guetté, cavallé, vendu, attenté et conjuré en toutes façons, VI, 97.

Attenter, tenter, aspirer à.... D'autres dames ay-je cogneu qui n'avoyent nul cœur ny ambition pour attenter choses hautes, IX, 5. Cf. IX, 448.

Atténuation, exténuation. J'ay veu une vieille vefve qui mit sur les dentz, en moins de quatr'ans, son troisiesme mary et un jeune gentilhomme.... et les envoya dans terre non par assassinat ni poison, mais par atténuation et allambiquement de la substance spermaticque, IX, 683.

Atténué, affaibli, exténué, amoindri. Elle l'espousa, non pour l'amour qu'elle luy portoit, mais parce qu'elle le voyoit maladif, atténué et allanguy, IX, 144. Voy. *Estiomené*.

Attiffaict, attifet, coiffure de veuve. D'Espernon avoit juré cent fois.... qu'il tueroit Aubeterre et fairoit porter l'attifaict à sa femme, VI, 433.

Attirer, envoyer, aposter. Elle attira un jour un sien vallet de chambre.... en sa chambre (la chambre de Gruffy) qui luy vint dire un jour, IX, 239. M. d'Estrozze attira un courrier venir en poste et porter les nouvelles de la mort de Brusquet, avec son testament qu'il avoit supposé et faict faux, II, 258.

Attitrer, aposter. Cette dame de Milan qui, ayant donné assignation à feu M. de Bonnivet, une nuict attitra ses femmes de chambre avec des espées nues pour faire bruit sur le degré, IX, 388. M. de Salvoyson attitra des espions.... ausquelz fit courir le bruit et donna langue comme dans un tel jour assigné le remuement devoit se faire, IV, 114.

Attitrer (s'), s'intituler. Voy. *Intéresser*.

Attrempé, tempéré, adouci. Et ce que j'en escritz d'une plume attrempée, VI, 192.

Au devant (à l'), au devant. M. de Guise lui vint (au connétable) à l'audevant luy donner le bon jour, III, 298. Cf. *Assaut*.

Aumentation, aumenter, augmentation, augmenter. Ce fut le roy François qui les (les maréchaux) aumenta à cela (au nombre de cinq) Le roy Charles et Henri III et Henri IV en ont faict la grande aumentation, V, 185.

Ausmonnier, qui aime à faire l'aumône. Elle (Marguerite de Valois).... donnant à tout le monde.... tant charitable, tant ausmonnière à l'endroict des pauvres, VIII, 76.

Aust, août. Il y eut quelques-uns des nostres, auxquelz escheut, pour mesgarde, de manger de la chair la vigille de Nostre-Dame d'Aust, V, 409.

Austruchier, celui qui dresse des autours pour la chasse. Les autres l'appeloient (Biron) le faux perdrieur (les austruchiers, fauconniers et chasseurs cognoissent ce mot), V, 131.

Autain, autan, midi. Nous nous servons de tout le monde, dont nous avons fait revue, de l'autain et de la bize, X, 14.

Autant, grandement. Elle (Mlle d'Atrie) fut l'une des honnestes, belles et sages de la court.... et qui, par sa bonté et douceur, se faisoit autant aymer et honnorer, II, 28.

Autentique, certain, sûr. Lorsque M. d'Espernon vouloit aller en Provance, M. le mareschal (Matignon) manda au roy pour un grand conseil et fort autentique, qu'il rompist ce voyage, V, 170.

Auteur, hauteur. Fut pris dans une forteresse un soldat lansquenet de si extrême auteur qu'on le tenoit pour un géant, VII, 111.

Authorisable, qui fait autorité. Sur quoy j'allégueray un exemple plaisant.... non pourtant qu'il doive estre fort authorisable ny rejetable aussy, IX, 691.

Authoriser quelqu'un, lui donner de l'autorité. Parmy les estrangers, il falloit ainsi faire valoir et authoriser son roy, afin qu'ilz y prissent exemple à le mieux respecter, IV, 74.

Autrice, féminin d'auteur. On l'a (Catherine de Médicis) fort accusée du massacre de Paris, mais j'ay bien ouy dire qu'elle n'en fut la première autrice, VII, 363.

Avalé, tombant, pendant. D'autres sont opulentes en tétasses avalées, pendantes plus que d'une vache allaitant son veau, IX, 264.

Avantage. Voy. *Advantage*.

Avarice, cupidité. Il n'y avoit guières dame ou fille résidente à la cour.... qui ne fust débauschée ou attrapée par son avarice, IX, 482.

Avarois, Avares. Caucan, roy des Avarois, IX, 381.

Averlan, averlant, partisan, compagnon. Machiavel et ses bons averlans ou adhérans ont fort loué Cæsar Borgia, II, 203. Par le moyen de Sainct-Barthellemy, son bon averlant, il (le cardinal de Lorraine) le fit mourir (le prince de Portian), VI, 494.

Avezar (s'), s'accoutumer; en italien *avvezzarsi*. Enfin elles s'y avezarent si bien qu'elles ne firent plus de scrupule d'y boire (dans une certaine coupe du duc d'Anjou), IX, 48.

Avis (sembler), penser, avoir la conviction. Voy. *Foy*.

Avitallement, envitaillement, membrure. Son estrange avitallement le faysoit aymer d'elle, IX, 704.

Avoir à dire. Voy. *Dire*.

Avous pas (n'), n'avez-vous pas. A quoi luy répondant (l'infante Isabelle au duc d'Arschot) et luy donnant un grand soufflet, elle luy dist : N'avous pas honte de me dire ceste parolle? II, 128.

Aymable, agréable. Bien estoit-il (La Chastaigneraie) brunet, mais le teinct fort beau et dellicat et fort aymable, V, 88.

Ayse (à l'), aisément. Mais la majeur part (des troupes) qu'il avoit (le duc de Guise) les eust emportez à l'ayse (les compagnies du roi de Navarre), IV, 228.

Bacule, bascule. M. de Grillon faict ferme sur le pont avec deux ou trois et les autres les advance vers la bacule, VI, 188.

Badinement, d'une manière badine. Voy. *Salaudement*.

Bagasse, femme de mauvaise vie. Quand il alloit par les rues quelque belle dame..., il (Don Carlos) l'appeloit putain, bagasse, chienne, II, 106.

Bailyf, bailli. Il y avoit trois mill' Suisses, ausquelz commandoit le bailyf de Dijon, II, 298.

Baisser, baisser le ton. Et si m'asseure que j'en y ay veu (au siège de la Rochelle) des plus fandans et eschauffez s'attiédir et baisser bas, VI, 62.

Bajestan ou *Basestan*, bazar (c'est le mot turc). Un'infinité d'âmes chrestiennes.... mis en esclavitude et vendus comme bestes au bajestan de Constantinoble, V, 67. Voy. *Achapter*.

Balaffré, déchiré. Les chausses bigarrées, découppées, déchiquettées et balaffrées, V, 303.

Balay (traîner le), mener une vie débauchée. Ceux qui ont pratiqué les courtisannes d'Italie, aucuns en ont veu et void-on choisir tousjours les plus fameuses et antiques et qui ont plus traîné le balay, IX, 682. (Nous disons aujourd'hui : *rôtir le balai*.)

Balance (porter), être mis en balance, en comparaison. M. de Guyze qui fut tué à Blois, lequel ne porta jamais ballance avec personne de son temps pour ses actions, V. 167.

Baler, baller, danser. Les jeunes prothenotaires.... s'estudioient de dancer aussy bien et baler qu'un gentilhomme, II, 134. « Il se faudroit bien garder d'user en la cour, de ce mot danse (dit Philausone), ni de danser, ni de danseur. — Pourquoy? (demande Celtophile). — Pour ce qu'il y a long temps que tout cela a esté banni et qu'on a fait venir d'Italie *bal* et *baller* et *balladin*, lesquels trois on a mis à la place de ces trois autres ; non pas toutes fois sans quelque changement, comme vous pouvez voir, car de *ballo* on a faict *bal*, et *ballare* a esté changé en *baller* ; de *ballarino* ou *balladino* a esté faict *balladin*. Mais notez qu'on a fait venir les personnes avec les noms, voire non seulement des balladins, mais aussi des balladines » (H. Estienne, p. 199).

Balle, boulet. Il y en avoit (des canons) qui tiroient des balles de bronze et de marbre de onze palmes de tour, V, 220.

Bandé, garni de bandes. (Guise) vestu d'un pourpoinct et chausses de satin cramoisy..., un saye de velours noir bien bandé de mesmes, IV, 233.

Bander, dresser, soulever. Nous devons tenir M. l'admiral très admirable et un très parfaict capitaine, d'avoir bandé contre son propre roy son royaume, IV, 293.

Bandière, bannière, pavillon ; en italien *bandiera*. S'estant (Dragut) mis au large et arboré la bandière du rachaptement, II, 54.

Bandon, cri public, défense. Et (Trivulce), pour l'amour de lui (de Pescaire), avoit fait faire un bandon général après la bataille que nul seigneur.... I, 184.

Barbarisme, barbarie. L'accès de la Porte du Grand-Seigneur n'est si libre comme de nos princes chrestiens qui ne tiennent du barbarisme comme les Turcz, II, 60. Voy. *Civilité*.

Barbe (avoir en), avoir pour adversaire. Il ne faut doubter que si ce vaillant capitaine (Doria) n'eust eu en barbe Barberousse et Dragut, qu'il n'eust faict des choses très esmerveillables, II, 39.

Bardable, propre à être bardé. Ah! je ne m'attaque pas à vous, Méray, car vous estes une grande courcière bardable, IX, 485.

Bardot (passer pour), passer sans rien payer (le muletier ne payait rien pour un petit mulet ou bardot sur lequel il était monté). Il faut qu'elle (une digression) passe pour bardot sans payer péage, I, 45. Cf. IV, 14.

Barizel, officier de police à Rome, *barigello*. Nul barizel n'y eust osé y aller (dans la maison du cardinal d'Este) qu'il ne s'en fust très-mal trouvé, III, 43.

Baronnesse, baronne; en italien *baronessa*. Les marquises et marquisotes, les comtesses et contines, les baronnesses et chevalleresses, IX, 354.

Barricave, fondrière, précipice. Le Quercy pierreux, rabotteux, montagneux et tout plein de barricaves, III, 73. Cf. VIII, 75.

Bas (depuis cinquante ans en), à partir de cinquante ans. Plusieurs (femmes) y en a-il qui se donnent plus de bon temps en leurs amours despuis cinquante ans en bas que de cinquante ans en avant, IX, 338.

Bas (être au), être mourant. L'empereur l'alla voir (René de Nassau) en son lict, ainsi blessé et fort au bas, I, 246. (Nous dirions aujourd'hui être bien bas).

Bassesse, état restreint. S'il (Vieilleville) eust voulu il l'heust (la religion réformée) bien mise à plus petit pied et bassesse, V, 50.

Basseur, état de ce qui est bas. Voy. *Clouant*.

Bast, charge, poids. Si bien que ces pauvres femmes, pressées de tel bast de médisances, IX, 470.

Bastant, suffisant, de l'italien *bastare*, suffire. Aucuns courtisans brocquardeurs, la voyant (la botte du duc de Saxe) si grosse à toute extrémité, rencontrarent là-dessus qu'elle estoit propre et assez bastante pour servir d'un fourreau de bois de lict de camp, I, 23. Cf. VII, 87.

Bastard ou *bastarde*, la plus grande des voiles d'une galère. Nous vismes derrière nous quinze galères de Scicile venir d'un bon vent en poupe avec le bastard, VII, 82.

Baste, il suffit. Baste que c'est un grand roy (Philippe II), VIII, 145.

— Oudin donne le mot une *baste* avec le sens de tour, supercherie.

Basteiller, batellier. S'estant accommodé avec quelques autres en passager, luy qui sçavoit parler espaignol comme son françois .... comme pauvre basteiller convioit ces pauvres soldatz espaignolz de passer la Moselle, VI, 118.

Baster, arriver, survenir. Et quand mal leur (aux Français) bastoit en guerre, il (le prince d'Orange) en estoit perdu de joye, I, 244. S'il nous baste mal, nous avons la guerre civile avecques un capitaine cruel, partisan de Sylla, X, 14.

Bastimènt, action de bâtir, édification. On dira que ses debtes (du duc de Guise) se sont faictes pour le bastiment de la Ligue, IV, 274.

Baston (essuyer le), essuyer les premiers coups. Voylà pourquoy il les (les mercenaires) faut les premiers hasarder et les premiers perdre, et leur faire essuyer bien le baston, IV, 208.

Baston (tourner au), obéir. Il (Charles VIII) vouloit redresser une nouvelle armée.... pour apprendre au pape et aux potentats d'Italie à tourner mieux au baston, II, 310-311.

Baston (être assuré de son), être sûr de son fait. Je n'avois point peur que la vie y eust couru; j'estois bien asseuré de mon baston; car je savois bien...., IX, 488.

Battaille, corps de bataille. L'empereur menant l'advant-garde.., le marquis del Gouast menoit la battaille, I, 94.

Baudouiner, faire l'amour (se dit des ânes). Jusques aux petits chardons chauds, dont les asnes vivent et en baudouinent mieux, IX, 223.

Beau (avoir), avoir sujet de. Je veux faire fin...., bien que j'aye beau m'arrester pour dire qu'après sa mort (celle de Saint-André) M. de Vieilleville eut sa place de mareschal de France, V, 46.

Bec (faire le), faire la leçon. Ceux ausquels on avoit faict le bec respondoient que, grâces à Dieu, les maladies n'alloient plus en empirant, III, 31.

Bec (hausser le), prendre un air de défi. Sur ce, je maugrée le ciel, je mauditz ma fortune, je déteste la grâce du roy, je mesprise, en haussant le bec, aucuns maraux qui estoient pleins de fortune, V, 208.

Bec et de l'aile (donner du), user de tous les moyens. Là (Coligny) leur donna (aux reîtres) tant du bec et de l'aesle, comme l'on dict, qu'il leur fit laisser la pluspart de leur charriotz, IV, 320.

Bégace, bécasse. Voy. *Brider*.

Bellinier, de bélier. Cette fille.... en se levant.... pousse si fort ceste balle bellinière, pellue, velue, qu'elle fit six ou sept bons joyeux, IX, 486.

Bénéficie, bienfait. Les religieux de Brantôme.... par trop ingratz des bénéficies receus de moy, X, 142.

Bénivolance, *bénévolence*, bienveillance; en italien *benivolenza*. Ces grands, encor qu'ilz fassent pour le commancement bonne chère aux traistres et aux ingrats à leurs bienfacteurs et leur monstrent quelques signes de bénivolance, VII, 245. Le Grand Turc.... luy (à Charles VIII) envoya un'ambassade magnifique pour requérir son amour et bénévolence, II, 323.

Benoist, bénit. *Benoist saoul*, tout son saoul. Il se mit à dire que ces dames ne se contentoyent pas de manger de la chair crue en caresme, mais en mangeoient de la cuitte et leur benoist saoul, IX, 474. Cf. VI, 164.

Besoigne, besogne, bagage. Voy. *Cariage*.

Bestial, bétail. Quatre soldatz qui s'estoient deffiez avoient choisi pour camp et estaquade un parc de brebis, dont usent les pâtres en là pour y retirer et resserrer leur bestial, VI, 331.

Bestion, animal, bête; en italien *bestione*, en espagnol *bestion*. Un grand linceul.... tout ouvré d'or et d'argent en personnages et de petits bestions, II, 392.

Biard, *Béard*, Béarn. Le baron des Guerres.... estoit de Lorraine, ses prédécesseurs estant pourtant sortis de Basque ou de Biard, VI, 235. Cf. V, 327.

Bien que (si), quoique. Ainsi qu'on vist aux pleines de Farsalle, mesmes Romains...., mesmes aigles, mesmes armes...., si bien que Pompée mit force estrangers ramassez et vraie racaille, IV, 336.

Bienfacteur, bienfaiteur. Il (Aumont) regretta fort son roy et son bienfacteur, V, 176. Voy. *Bénivolance*.

Bien-veniat, *bien-veniatis*, bienvenue, accueil. A ce que m'ont assuré force personnes qui les (les fugitifs de Coutras) recueilloient et leur faisoient le bien-veniat, IV, 10. Le troisiesme jour (ceux qui arrivoient de l'armée) n'estoient plus que gentilz hommes qui deschoient du tout de leur grand bien-veniatis, IV, 75.

Bienveuillance, bienveillance. Belle démonstration certes d'une grande bienveuillance, I, 246.

Bifferie, bagatelle, niaiserie; en italien *beffa*. J'ay ouy dire à plusieurs anciens.... que celuy (l'habit) du Sainct-Esprit, tant à l'ordre qu'au manteau, n'estoit que quincaillerie et bifferie au pris de celuy de Sainct-Michel, V, 111. A voir dans les vieilles tapisseries de ce temps.... où sont pourtraictes les dames ainsy habillées qu'elles estoient pour lors, ce ne sont que toutes grosseries, bifferies et droleries, VIII, 31.

Oudin rend ce mot par mauvaise marchandise.

Bigarré, bizarre. Voy. *Natré*.

Bigu (donner le), donner le change. Ce gentilhomme ne voulut jamais déceler la sienne (sa maîtresse), ains en alla controuver une autre d'autre part, et leur donna ainsi le bigu, IX, 502.

Biscain, de Biscaye. Dom Pedro de Navarre, biscain, I, 161.

Biscaye, bisque, terme du jeu de paume. La fortune le debvoit (Gaston de Nemours) laisser un peu survivre et ne lui rompre sa partie sur laquelle il avoit desjà trois jeux et biscaye, III, 18.

Bisongne, bisoigne, recrue, de l'espagnol *bisoño*. Ainsi qu'est la coutume d'aucune racaille de soldatz et de bisongnes qui ne sçavent encor les courtoisies de la guerre, II, 385. Cf. V, 318.

Bizarre, brave, noble; de l'espagnol *bizarro*. J'ay veu autresfois son portraict (d'Ant. de Lève) à Milan qui monstroit bien à son visage qu'il estoit vray martial, bizarre et songeard, I, 179.

Bizarretté, bizarrerie. L'un (un soldat) le disant mort (La Chastaigneraie), l'autre afferma tout à trac le contraire et qu'il estoit impossible qu'un si vaillant homme.... fut esté tué.... Quelle bizarretté de ce soldat ! V, 83.

Blanc (armé tout à), armé complètement. Je pense qu'il la (Zénobie) faisoit bien aussi beau voir, aussi vestue si superbement et gentiment en habit de femme, que quand elle estoit armée tout à blanc, IX, 426.

Blanc (mettre à), ruiner. Les liguez le peuvent bien testifier, qui le vouloyent (Henri IV) mettre à blanc, s'ilz eussent peu, I, 122. Cf. III, 155.

Blanchet, diminutif de blanc.

> C'est tout ainsy qu'on voit une belle pucelle
> Avarement cueillir de sa blanchette main
> Force nouvelles fleurs.... X, 83.

Blandisse, caresse ; en italien *blandizio*. Ce qui doit bien servir d'exemple et d'advis à force capitaines qui ont gardé des places, de peur qu'ilz ne se laissent aller aux douces sommations, blandisses et belles parolles que leur disent et envoyent ceux de dehors, VII, 63.

Blanque, espèce de loterie usitée en Italie. Quelques dames que j'ay ouy dire...., quand elles en mangent (de certains pâtés et de certaines friandises) et y peschent, mettant la main dedans ou avec les fourchettes, et en rapportant et remettant en la bouche ou l'artichault, ou la trufle ou la pistache.... elles disent avec une tristesse morne : *blanque;* et quand elles rencontrent les gentils c.... de cocq, et les mettent sous la dent, elles disent d'une allégresse : *bénéfice*, ainsi qu'on fait à la blanque en Italie, IX, 222. De là la locution mentionnée par Oudin : *tirer blanque*, ne rien trouver.

Blanquet, qui est de couleur blanche (peut-être ce que nous appelons aujourd'hui albinos). Il y a des hommes qui n'ont que de petits bouquets de barbe au menton et n'en sont pas plus estimez de bon sang, ainsi que sont les blanquets et blanquettes, IX, 267.

Blasonner, médire, raisonner, discuter. Nos cours de France ont esté fort sujettes à blasonner de ces honnestes dames, IX, 469. Si faut-il, en matière de querelles et d'accord, s'en rapporter et se fier tousjours aux grands rois, capitaines, connétables et mareschaux, lesquelz.... doivent blasonner des armes, de leurs débats et accords mieux que nous autres pauvres diables, VI, 367.

Bleuf, bleu. Et au dessus estoit porté ung riche poisle bleuf en manière de ciel, VII, 322.

Boiteux (attendre le), attendre le temps, l'occasion. En ces choses.... il y faut bien adviser et attendre un peu le boiteux, V, 80.

Bon (voir son), trouver l'occasion bonne. Puis (Vitaux) voyant son bon et qu'il estoit temps, sort un jour de son logis, VI, 332.

Bon de quelqu'un (faire), compter sur lui, en répondre. M. de Montluc.... dist au roy François pour l'animer à la bataille de Serisolles qu'ilz estoient en Piémont...., six mille Gascons desquelz il faisoit bon, VI, 209.

Bon du faict (venir au), venir à l'effet. Et quand se vint au bon du faict (à la bataille de Pavie) il (François Ier) en trouva (des soldats italiens) un nombre si petit qu'ilz ne paroissoient rien, III, 148.

Bonhomme (le), le peuple. Mais comment (certains capitaines) les portent-ilz (les armes)? En les traisnant et en tenant les champs, cherchant les parroisses, en vivant et rançonnant le bonhomme, VI, 411.

Bonnes (être en ses), être dans ses bons moments, être en fête. Il (M. de Bure) demanda à boire en ce godet riche où il faisoit ses grands carroux avec les coullonnelz quand il estoit en ses bonnes, I, 317.

Bonnette, bonnet. Voy. *Calle*.

Boubances, bombance, magnificence. Rome.... devenant sur son déclin vieille et lassée, quicta toutes ses boubances et pompes venteuses, I, 63.

Bouche (être sujet à sa), être sur sa bouche, être gourmand. A manière des friands et de ceux qui sont subjectz à leur bouche, quand ilz ont envie d'un bon morceau, faut qu'ilz en tastent, IX, 577.

Bouché, caché. Cette honneste dame, de nuict, bouchée avec son touret de nez, car les masques n'estoyent encores en usage, IX, 236.

Bouchonné, fagoté. M. de Guyse ne l'appelloit jamais que moyne; car elle (Mme de Randan) s'habilloit et estoit bouchonnée comme un religieux, IX, 648.

Boucler, bouclier. Voylà pourquoy ces vefves doivent estre sages et ne bruire tant.... pour après faire ces belles levées de boucler, IX, 669.

Bouclette, petite boucle, anneau. Par la petite bottine brunette, et bien tirée et luisante, elle sert d'appeau aux jeunes gens, et d'amorces par le son des bouclettes, IX, 311.

Boucon, morceau; en italien *boccone*. Despuis il la fit (François Ier, Mlle d'Heilly) duchesse d'Estampes..., mais il ne s'y arresta pas tant qu'il n'en aymast d'autres; mais celle-là estoit son principal boucon, III, 245.

Boucon puceau, virginité. Il y a d'aucunes filles qui craignent si fort leur père et mère qu'on leur arracheroit plustost la vie du corps que le boucon puceau, IX, 99.

Boucquer, céder à la force, se soumettre. Enfin il falut qu'il (le duc de Saxe) vint boucquer et se rendre prisonnier, I, 21.

Bouge, sac. Devant avoit xxiv mulletz fort beaux, chargez de bahus, coffres et bouges, II, 207.

Bouil, troisième personne de l'indicatif présent du verbe bouillir. Rien n'est impossible à la jeunesse pour le sang jeune, neuf et bouillant qui leur bouil dans le corps et dans l'âme, V, 367.

Bouleversé, culbuté. (A l'assaut de Coni) mon oncle de La Chastaigneraie et luy (San-Petro Corso).... montés en haut sur la bresche...., le dict San-Petro fut bouleversé de haut en bas et blessé, VI, 215.

Bourcillement, action de boursiller. Après qu'ilz (les reîtres) en eurent un peu touché (de l'argent) par quelques bourcillemens que les huguenots eurent faict entr'eux, III, 286.

Bourdelerie, débauche. Combien de temps porta-il (Claude) les fredaines et sales bourdeleries de Valleria Messalina, son autre femme, IX, 30.

Bourdeller, se livrer à la débauche, IX, 54.

Bourguignotte, casque ouvert par devant. Tous l'armet en teste ou bourguignotte, I, 46.

Bourle, bourde, plaisanterie. S'il eust dit quelque chose de bon et vray, il (le roi) ne l'eust escouté....; et, pour ce, s'estoit advisé à trouver ceste bourle, VII, 129.

Bourre (sous), secrètement, sous cape. Qui en avoyent ouy parler du mestier, tant dames que filles, se mettoyent à rire sous bourre; les autres en crevoient tout à trac, IX, 46.

Bout (sus), debout. Car nostre grand roy Henry s'estoit remis sus bout avec une très bonne armée, II, 75. Cf. IV, 4.

Bout (au), à bout. Ce sont eux (les Espagnols) qui sont venus au bout des Allemans et leur ont mis le joug, VII, 10.

Brac, camus; en espagnol *braco*. Il (Henri III) en fit les lettres.... si .... rigoureuses, si qu'ilz furent tous estonnez, et demeurarent courts et hères et bracs, V, 136.

Braillement, action de brailler, II, 265. Voy. *Guitterne*.

Branchier, qui perche sur les branches. En ce mois d'avril qui en rameine la saison et venaison des cocus; je dis des branchiers (coucous), IX, 4.

Branle, espèce de danse. Ce conte (de Brissac) estoit universel en toutes (les danses), fust pour les branles, pour les gaillardes, pour la pavanne d'Espaigne, pour les canaries; bref pour toutes, VI, 141.

Bravade, pompe, magnificence. Voy. *Orgueil*.

Bravement, splendidement. Voy. *Planière*.

Bravement, magnificence. Si que ceste entrée (de Charles VIII à Rome) ne sentoit nullement sa pompe ny bravement, mais un vray tremblement ou foudre de guerre, II, 287.

Braver, faire le bravache, le fanfaron. Il (le marquis del Gouast) brava fort en ce festin, jusques à promettre ausdictes dames qu'il leur amèneroit ce jeune prince (le comte d'Enghien) prisonnier, I, 203.

Bravesse, furie; de l'espagnol *braveza*. Il y avoit quinze mille Suisses, lesquels poussez.... d'une superbeté opiniâtre et bravesse barbare, II, 380.

Bravetté, bravade; en espagnol *bravata*. Nous autres.... nous voyons bien qu'il luy (Henri III à Condé) parloit de hautes parolles et de grande bravetté, IV, 345. Cf. VI, 279, 393. Voy. *Dont*.

Bravigant (être), faire le triomphant; en italien *braveggiare*. M. du Mayne tenant la campagne, estant bravigant.... et sur le poinct de faire encore quelque chose de nouveau, VII, 213.

Brésil, bois rouge et sec. Les autres portoyent de petits dards de brésil, le fer doré, IX, 320.

Brevet, billet. Ce n'estoit pas pourtant la faute de César, car il falloit nécessairement qu'il manifestast ce brevet, IX, 507.

Brévière, *brévire*, bréviaire. Les autres (les évêques) qui crachoient quelque latin, c'estoit quelque latin de brévière, mal raffiné et tamisé, VII, 73. Goutery.... qui est mort à Thurin pauvre prebstre n'ayant que (ce que) sa messe et son brévire luy produisoient, V, 77.

Bride (tenir), s'arrêter. Ayant tué quelques hommes qui s'advancèrent d'essayer de passer les premiers, les autres tindrent bride, attendans leurs harquebusiers, VII, 299.

Bride (se fâcher soubs). Mondit seigneur (F. de Guise) répettoit souvent telles parolles devant M. le cardinal (lequel) pensant que ce fut une pierre jettée dans son jardrin, il en enrageoit et s'en faschoit fort soubz bride. (Je crois que cette locution peut s'expliquer ainsi : Il s'en faschoit fort en rongeant son frein), IX, 612.

Brider (se), se donner un coup (en tirant l'arquebuse). M. d'Estrozze s'y bridoit bien quelquefois, à cause des grosses charges, VI, 77.

Brider la bécasse (terme de fauconnerie), faire un coup. Sans les Souysses, la bécasse estoit bridée, V, 348. Il n'estoit plus temps de s'en desdire, car la bégace en estoit bridée, VI, 264.

Brier (terme de fauconnerie), rogner, couper. Il (le connétable de Bourbon) se vouloit faire roy des Romains, et eust bien brié les aesles aux papes, I, 285. Cf. III, 115.

Brigander, se livrer au brigandage. Il faut bien qu'ilz (les soldatz) vivent ; et vivre ne peuvent-ilz s'ilz n'ont leurs payes ou ne brigandent, VII, 153.

Briganderie, brigandage. M. le mareschal (de Brissac) fit desmanteler.... les murailles, pour vanger le pays d'un monde de briganderies et voleries que ceste ville (Volpiano) soulloit faire, I, 313. Cf. VI, 16.

Brigandine, armure légère. Apprez entroient.... les archiers de la garde.... armez de brigandines, II, 303.

Brigueur, solliciteur. M. du Gua mort, il y eut force brigueurs et contendans à ceste charge, V, 360.

Brinde, coup que l'on boit à la santé de quelqu'un. A cause des grands maux qui sortoient de ces brindes ordinaires et dissolus, I, 30.

Brindement, action de brider. C'estoit assez pour faire perdre la moitié du monde, à faute de ne le peupler, par tels brindements, serrures et fermoirs de nature (il s'agit des cadenas de chasteté), IX, 134.

Bris, débris. Et de ces bris et reliques de l'armée du duc d'Orange, plusieurs François se joignirent avec le duc des Deux-Ponts, II, 165.

Brodequiné, maroquiné. D'autres (femmes) ont la chair d'oyson ou d'estourneau plumé, harée (voy. ce mot), brodequinée et plus noire qu'un beau diable, IX, 264. (Je n'ai point trouvé d'autre sens pour ce mot que je n'ai pu rencontrer ailleurs. Au moyen âge *brodequin*, suivant Littré, désignait une espèce de cuir.)

Brodure, bordure, garniture. Elle (Anne de Bretagne).... luy (à Anne de Vivonne) légua par testament deux robbes de drap d'or.... Elle luy ordonna aussy deux paires de brodures, belles et riches, ainsy que la façon en couroit pour lors, X, 47.

Brouiller, mêler. Elle (la duchesse de Savoie) fit perdre l'estat à son mary, car elle ne cessa jamais qu'elle ne le brouillast au party de l'empereur, II, 141.

Bruire, voy. *Bruyre*.

Bruit, réputation. Voy. *Arrest.*

Bruslable, bon à brûler. Et pour ce (Charles-Quint) estoit indigne de sépulture en terre saincte et très bruslable comme un fagot, I, 60.

Brutte (mer), mer peu sûre; de l'italien *brutto*, sale. Le capitaine de l'isle d'Isquie (Ischia) advertist par trois vollées de canon que la mer estoit brutte; ilz usent de ces motz pour dire qu'il y a des corsaires en mer, II, 51-52. (Nous disons encore aujourd'hui *patente brute*, par opposition à *patente nette.*)

Bruyre, faire du bruit, parler. Il luy (à une dame de Milan) prend envye de voir ce M. de Salvoyson dont l'on bruyoit tant, IV, 118.

Buffe (grand'), le haut de la visière; en italien *buffa*. Il (François Ier à Marignan) s'y mesla si bien qu'il y fut en grand danger, car sa grand'buffe lui fut percée à jour d'un coup de pique, III, 137.

Bureau, tapis qu'on mettait sur une table. Après qu'on m'a mis sur le bureau (c'est-à-dire après qu'on s'est occupé de moi), on me laisse et en prend un autre, IX, 670.

Busquer, chercher; de l'espagnol *buscar*. Tous deux mettent la plume au vent.... et vont busquer fortune, V, 399. Il (D'Avila) avoit faict plus d'estat de garder son chasteau.... que non d'aller aux champs busquer advanture, II, 183.

Bût (au), à bout. Voy. *Bout* et *Venir.*

Buye, buire, broc, pot. Et s'ilz (les seigneurs) ne luy (à Brusquet) vouloient rien donner gratis, bien souvent quand il estoit dans leur salle.... et qu'il y vist quelque beau bassin ou buye d'argent, on se fust donné garde qu'aussitost.... il mettoit l'espée au poing, et faisoit accroyre qu'ilz luy avoient donné un desmenty...., si qu'il les dégastoit tous, II, 263.

Caballe, manœuvre. Cestuy-ci (Espernon) s'est advisé d'une certaine caballe d'œconomie, à laquelle les autres n'avoient jamais jeté l'œil;... car luy détestant toutes ces possessions, domaines..., il s'est faict donner force beaux gouvernements qui luy valoient plus que tous les acquectz du monde, VI, 100.

Cabron, peau de bouc ou de chèvre; en italien *cabrone*. Est-ce la boutique que j'ay veu d'autresfois où vous aviez d'ordinaire une douzaine de valletz... qui ne travailloient qu'en vellours et toutes sortes de marroquins et cabrons, VI, 156.

Cadène, chaîne; en espagnol *cadena*. M. Parisot, grand maistre de Malte, le voyant (Dragut, prisonnier) un jour ainsi à la cadène... II, 50.

Caguade, cacade; en espagnol *cagada*. Voilà une belle retirade, ou pour mieux dire coyonade ou caguade, VII, 282.

Caignardier, cagnard, poltron (gueux, suivant Oudin). Traisnant ainsi (d'Essé) sa vie en langueur, j'ay ouy dire qu'il la maudissoit cent fois le jour... et qu'il fust réduict à mourir en un lict, comm'un caignardier, III, 391.

Caillé, grassouillet. Se voyant ainsi belles, blanches, caillées, poupines et en bon point, IX, 220. Lesquelles sont si belles, si nettes, propres, fraisches, caillées, si amiables et si en bon point, *Ibid*, 270.

Je n'ai trouvé ce mot que dans un seul dictionnaire, celui de Cotgrave, mais son sens ne peut être douteux, comme le prouve le passage suivant de la 26ᵉ *Serée* de Bouchet (p. 433):

« Le maistre de la maison, qui estoit des plus gras, et pour cette cause on le nommoit l'enfant caillé, va demander à son médecin Rondibilis aussi gras et caillé que lui...

Calemart. Voy. *Gallemard*.

Caler, garder le silence, se taire; en espagnol *callar*. Là où sont les soldatz espaignolz, tous les autres doivent caler et se taire devant eux, VII, 8.

Calle, bonnet, calotte. En sa tête (Jacques de Bourbon) avoit ung gros bonnet blanc (que l'on appelle une calle et nous autres appellons callotte) ou bonnette blanche de layne, VIII, 187.

Callesson, *calson*, caleçon. Qu'elle les retrousse tant qu'elle voudra (ses habillements), jusques à laisser les callessons, ou mettre le vertugadin dessus eux, sans les mettre sur le cotillon, comme plusieurs le font.

La mode des caleçons était récente, suivant H. Etienne (p. 159) : « Les vertugales ou vertugades, demande Celtophile, qui avoyent la vogue de mon temps, sont-elles demeurées. — Ouy, répond Philausone; mais elles (les femmes) ont depuis commancé à porter aussi une façon de haut de chausses qu'on appelle des calçons. » Suit l'explication des motifs de cette mode nouvelle.

Callumnie, cabale, *calumnia*. Luy (Guise) et le cardinal son frère eurent toute la charge et gouvernement du royanme.... Ce ne fut pourtant sans de grandes envies et callumnies, IV, 222.

Camp, champ clos. Voy. *Bestial*.

Campane, cloche, clochette; en italien *campana*. Philibert (d'Orange) la nuict... fit mettre toutes les campanes des mulets dans les coffres, VII, 272.

Candeur, éclat, blanc. Ny plus ny moins qu'on voit un excellent peintre qui, après avoir faict le portrait d'une fort belle et agréable dame, luy appose auprès d'elle ou quelque vieille ou quelque esclave more, ou quelque nain très laid, afin que leur laideur et noirceur donne plus de lustre et de candeur à ceste grand'beauté et blancheur, II, 414. Tous trois regardoyent un fort beau tableau où estoit peinte une Charité toute en candeur et voile blanc, IX, 160.

Cane à.... (faire la), caner devant.... Je vis (à La Rochelle) l'armée du conte Montgoumery, montant à cinquante vaisseaux, faire la cane à six gallères, IV, 124.

Cangrène, gangrène. Et fut jetté sur luy (Randan) un artiffice à fœu qui lui gasta et brusla ses jambes jusqu'aux os, si bien qu'au bout de quelques jours il mourut, pour s'y estre mis la cangrène qu'on ne peut (put) jamais oster, VI, 33.

Canonnade, coup de canon. Et luy (à Gaston de Foix) fut tiré une canonnade qui tumba auprès de luy et des siens sans aucun mal pourtant, IV, 243. Cf. V, 333.

Canonnière, embrasure de canon. Charbonnière...., un des meilleurs et plus justes harquebuziers qu'on eust sceu voir, et ne faisoit autre chose léans...., regardant par une canonnière, que tirer incessamment, VI, 134.

Canton, coin. On nous avoit assuré qu'on le vouloit (Bussy) tuer par les rues, où nous pensions nous battre à chaque canton, VI, 188.

Capitainesse, capitane, galère montée par le chef ou l'un des chefs d'une flotte. La capitainesse noire, avec ses fustes et barques, parut la première, III, 254. — H. Estienne (p. 308) nous apprend que ce mot était d'origine récente et de plus (p. 270) que le mot capitaine « a esté accoustré en trois diverses façons. Les uns en ont fait Kaytaine, les autres Keytaine, les autres Kepitaine. » Enfin suivant Bouchet (25ᵉ *Serée*, p. 417), ce mot était encore défiguré par les soldats qui disaient non pas « mon capitayne », mais « mon cayntène ». Voy. *Cappitayneau.*

Capituller, régler les termes d'une capitulation. Jullian Romero... pensant faire condescendre M. le connestable, qui capitulloit, à plus honnorable party, le vint trouver, VII, 77.

Capot, manteau (nous n'avons plus que le féminin capote). Pareil traict de Denys le Tyran, quand il osta et arracha le capot d'or à son Appolo, III, 164 et note 1.

Cappitayneau, petit capitaine. Comment, dist M. l'admiral, et petit cappitayneau de merde, osés-vous controeroller mes actions? IV, 324, note 2. Voy. *Capitainesse.*

Capriche, caprice; en italien *capriccio*; en espagnol *capricho*. Ils portent (les amants supportent) des martels, des capriches, IX, 186. Cf. V, 31. — Ce mot *caprice*, qui est si bien passé dans la langue, était rejeté par H. Estienne (p. 114). « Je di que nous pouvons... nous passer de caprice, et que au lieu de dire : *Quelque caprice l'a pris*, ou *il a pris je ne sçay quel caprice*, ou *il est entré en je ne sçay quel caprice*, nous pouvons parler ainsi en bon françois : *Je ne sçay quelle mouche l'a piqué ;* ou (en usant d'un beau mot extraict de la langue grecque) *je ne sçay quelle fantasie luy a monté à la teste ;* ou *il a pris subitement une fantasie.*

Care, mine, air. Et Dieu sçait quelz hommes, tous cares de princes, voire de plus, VI, 102. Voy. *Carre.*

Caréage, carréage, cariage, charroi, train, convoi. Il (Pescaire) la trouva (son armée) si chargée, embarrassée de bagages, de caréages, mulles, mulletz et chevaux, VII, 5. Pour faire la queue de tout, y avoit encor vingt-quatre mulletz..... avec aussi force cariage de charriotz qui portoient force aultres besoignes, comme lictz de camp, vaisselle et autres choses, II, 211. Cf. VII, 270.

Carler, carreler, garnir. Quand ces messieurs furent à table qui avoient tous grand fain et s'attendoient à bien carler leur ventre, II, 250.

Carnacier, avide de carnage, féroce. En ceste deffaicte il (La Chastre) se montra grand meurtrier et carnacier, V, 427.

Caro ou *carreau*, pavillon carré que l'on arborait au mât de la galère amirale. Voy. *Arbre.*

Carolle, danse; en italien *carola*, danse avec chant. Telles filles que je viens de dire font de mesmes, lesquelles..... amprès elles se veulent mettre à la grand' dance et à la douce carolle de la déesse d'amours, IX, 586.

Caroux, voy. *Carroux*.

Carraque, gros navire rond. Il y avoit unze carraques, deux cents gallères et vingt-six gallées à voïlles, ainsin les nommoit-on alors, II, 300.

Carratique (fièvre), probablement pour *carotique*. Il luy (à Charles IX) survint une fièvre carratique, qui tantost estoit quarte, tantost continue, V, 271.

Carre ou *care*, visage, mine, air. Lui (Lautrec), se doutant à leurs mines et carres, non si allègres et joyeuses comm'elles devoient estre, III, 31. Voy. *Acarer* et *Care*.

Carréage, voy. *Caréage*.

Carreau, voy. *Caro*.

Carretier, charretier. Un médecin espagnol... chargea un jour un maquignon... de luy trouver *una mula que fuesse viuda*. Le carretier luy respondit... VII, 167.

Carrousser, faire carroux (voy. ce mot). Ce chevallier de la Toizon (de Bure) tumba soudainement mallade au lict, fust de quelqu'effort qu'il eust faict en avallant ces grandz verres de vin à mode du pays, carroussant à outrance, I, 314. — « J'ay ouy dire souventes fois depuis mon retour *faire carous* et quelques fois tout en un mot aussi *carousser*, et n'est-ce pas la raison de retenir le mot propre des Alemans, puisque le métier vient d'eux? » (H. Estienne, p. 43).

Carroux, caroux, débauche de boisson, I, 30. Voy. *Despendre*.

Cartier, quartier. Le roy des Ribaux.... avoit charge et soing de leur faire (aux filles de joie) départir cartier et logis, III, 128.

Cartier, quartier de pierre. Au siège de Chartres, où il (F. de Chastillon) alla à l'assaut, et eut un grand coup de cartier sur la teste, et sans le casque il estoit mort tout roide, VI, 204.

Cartiger, lever des plans; en italien *carteggiare*. Il (Biron) s'entendoit très bien à cartiger, et en faire luy-mesme des cartes, V, 155.

Cas, chose. M. de Guise loua les François, loua les Espaignolz, encor qu'ilz n'eussent faict si grand cas qu'on eust bien dict, IV, 248. Il (Montpensier) n'en peut (de l'héritage de Bourbon) avoir grand cas du temps du roy François, V, 6.

Casanier, de la maison (*casa*). Auquel, comm' est la coustume ordinaire des jeunes cadetz, prit envie de ne s'amuser aux cendres casanières, mais d'aller voir le monde, V, 399.

Casserie, licenciement. La paix arrestée... il y eut de très-grandes casseries; mesmes le roy cassa ses gardes et n'en voulut plus avoir auprès de soy, V, 352.

Casseron, espèce de poisson de mer. S'il (La Chastaigneraie) va jamais en enfer, il faira si grand peur aux diables qu'il les en chassera tous... et qu'il sera plus noir en sauce de casseron que tous eux, V, 88.

Castellan, châtelain, gouverneur de château. Quelques-uns des gardes nous dirent qu'ilz alloient parler au castellan, I, 282.

Castellane, femme de castellan, châtelaine. Ainsi ces geollières, castellanes et autres, traittent leurs prisonniers, IX, 163.

Castille, démêlé. Pour une querelle petite ou castille d'un pied de mouche, I, 118, note I.

Catarre, caterre, catherre, apoplexie, catarrhe. L'on parla fort diversement du genre de la mort de ce grand roy (Charles VIII). Aucuns la disoient d'un catarre ou apoplexie, II, 326. L'autre fit responce... qu'il mourroit de froid, et qu'il se morfondroit et engendreroit un bon rume, un catherre ou un bon purigi, VI, 420. Cf. VIII, 124.

Catif, captif. Libérateur de la mer, libérateur des catifz, I, 69.

Causer, dire. J'ay ouy dire... que volontiers aucunes personnes se souviènent à leur trespas des choses qu'ils ont plus aymées....; mourant ilz en causent quelque mot, IX, 465.

Causeur, bavard, railleur, voy. *Hauguineur*.

Caut, fin, rusé, *cautus*; en italien *cauto*. Charles de l'Aunoy, fin et caut, estant arrivé à Gênes avec le roy, I, 228. Cf. V, 253.

Cautemant, adroitement, par ruse. Quelle finesse de rusée pour atraper cautemant l'amour d'un grand, VIII, 172.

Cauthorisé, cautérisé. J'ay ouy dire à des grandz que mal voulontiers un' ame ou conscience cauthorisée de quelque grand forfaict ne reçoit une vaillance avec soy, I, 213.

— Suivant Oudin (p. 75), on appelait *esprit cautérisé* « celui qui avoit mauvaise qualité ou mauvaise conscience. »

Cavalcade, course à cheval. Il (Alviane) cuyda attraper ce grand marquis de Pescayre par une grande et longue cavalcade qu'il fit un jour, II, 195.

Cavaller, poursuivre. Voy. *Attenté*.

Cavallin, petit cheval; de l'italien *cavallino*. Deux bons chevaux, qu'on nommoit alors cavallins, qui sont de légère taille, II, 269.

Cavement, creusement. Ilz ne pouvoient plus trouver d'esclaves pour fournir au travail et cavement des mines, I, 49.

Cavillation, subtilité, chicane, *cavillatio*. Par ruses, subterfuges et despances et brouilleries et cavillations, il luy avoit fait despandre tout son bien, VI, 288.

Ce qu'il se peut, autant que possible. Mars, tout suant de la guerre d'où il venoit et tout noircy de poussière, et malpropre ce qu'il se peut, IX, 377.

Ceinture, voy. *Sainture*.

Celle, selle. Il (Borgia) avoit une belle petite mulle... qui avoit tout son harnaiz, comme celle, bride, poitral, tout couvert de roses de fin or, espois d'un doigt, II, 210-211.

Celuy, celui-là, celui-ci. Car jamais celuy ne dit mal qui dist que la vertu ressembloit le foudre qui perce tout, IX, 434. Voy. *Censer*.

Cendres casanières, foyer domestique. Voy. *Casanier*.

Censer, censurer, réformer. Que pleust à Dieu..... eussions un pareil censeur si digne que celuy (Montmorency), pour censer tous nos estats de la France, qui est très gentiment corrompue, III, 306.

Censié, censier, métayer. Laquelle (compagnie) auparavant M. d'Humières n'avoit composée que de Picards, vieux censiés, et Francimens, V, 84.

Censorien, qui tient du censeur, sévère. Voy. *Abattre*. En latin *censorius*, en italien *censorio*.

Centille, flammèche; en espagnol *centella*. Tous et toutes...... paressent auprès d'elle comme une petite estincelle, centille ou flammèche devant une grande fournaise de feu, VIII, 175.

Cercuil, cercueil. Mais tout celluy (triomphe) que l'on leur en peut donner, ce sont quelques belles parolles qui s'envollent aussi tost, et se perdent dans le cercuil et aussi soudain que le corps, IX, 654.

Cerveille, tête. (On appelait *cervelière* une armure de tête.) Voy. *Cervelle* et *Escarbillat*.

Cervelle (être en), être en éveil, en émoi, être sur ses gardes. (C'est la locution italienne *star' in cervello*.) M. de Guyse...

advertit soubz main les capitaines de cheval et de pied d'estre en cervelle, s'il en bougeoit aucuns (des reitres), IV, 221. Si bien que l'amant et l'amante, en estant en cervelle, se misrent en sursaut sur le lict, IX, 550.

Cervelle (tenir en), tenir en éveil, en inquiétude. Il (Nevers) refit encor un petit corps d'armée et fit tenir l'ennemy en cervelle et en bride, IV, 373. Cf. V, 329. — « Ceux, dit H. Estienne (p. 85, 86) qui ne sont pas accoustumez à ceste façon de parler italienne *stare in cervello*, ne cognoistront pas que ceux qui disent *tenir quelcun en cervelle* italianizent. ..... *Tenir quelcun en cervelle*, c'est en bon françois le faire penser à soy; quelques fois aussi ce qu'on dit luy donner bien à penser. »

Chaffourer, salir, barbouiller. Je m'en rapporte à eux, sans m'amuser d'en chaffourer le papier, V, 299.

Chagrigneux, chagrin. M. le connestable et M. le chancelier (L'Hospital)... qui estoient... non point chagrigneux et rébarbératifs ny séparez des douces conversations, III, 311.

Chaille, subjonctif du verbe challoir, importer. Et si nous sommes vaincus, ne vous chaille ! (gentil mot ancien), II, 317.

Chaire, pour chère, visage, mine; en italien *chiera*. Aussi l'empereur luy faisoit bonne chaire (à Le Peloux), I, 97. Cf. II, 181; IV, 96. Voy. sur ce mot H. Estienne, p. 79.

Chaisne, chêne. Chascun print un rameau de chaisne qu'il pendit sur son morion, II, 185.

Chalanderie, marchandise. Mesmes font-elles mieux (les femmes laides); car le plus souvent leur donnent de l'argent pour s'accoster de leurs chalanderies, IX, 171.

Chamberière, chambrière. Les troupes dudict Padilla vindrent à passer par le village dudict M. le curé, qui luy mangearent ses poulles, son lard et beurent son vin et, qui plus est, luy emmenarent sa chamberière, I, 222.

Chamberlan, chambellan. Un milord qu'on appelloit le milord chamberlan, III, 68.

Champ, champ de bataille, II, 191. Voy. *Esleu*.

Champs (tenir les), courir la campagne. Voy. *Bonhomme*.

Champisserie, tour (d'espiègle). Il (Thony) fut si bien apprès passé, repassé, dressé... par les nattretez, postiqueries, champisseries, gallanteries et friponneries de la court..., III, 343.

Changer (aller au), changer, être inconstant. Luy (Henri II) qui estoit d'amoureuse complexion, et aymoit fort à faire l'amour et aller au change, V, 342.

Chantepleure, arrosoir. Il (François I*er*) l'en arrousa (Bonnivet) en forme de chantepleure de jardin, IX, 712. Cf. VII, 350.

Chapitre, statut. Or, il y a un poinct, en nostre France, observé jadis estroictement, que parmy les chapitres de l'ordre du roy, les chevalliers dudict ordre ne peuvent envoyer ny accepter cartel, VI, 462.

Charger, revêtir, prendre. (M. de Bure mourant) chargea son collier et son grand manteau de l'ordre (la Toison d'or) avec un riche bonnet à la polacre, I, 315. Le commancement dudict mareschal (de Raiz)..... fust qu'il eust quelque charge de commissaire et clerc des vivres... et puis chargea l'espée et fut cornette du petit M. de Fayguyères, V, 141.

Charier, porter. L'ordre du Sainct-Esprit n'a esté traisné et charié que par personnes la plus grand' part plus bassès que hautes, VIII, 112.

Charité, méchanceté, médisance. Ayant grand sujet (Gruffy) de penser que ce fust quelque partie jouée de quelque ennemy de cour, pour luy donner quelque venue ou de mort ou de charité envers le roy, IX, 241. Encor que le roy l'eust tenu (Brissac) et pris prisonnier dans Fallaize..., luy disant quelques parolles de charité et d'opprobre, VI, 149.

Charoppier. Je n'ai trouvé ce mot nulle part. A-t-il été estropié par l'imprimeur ? Je n'en sais rien. Dans le passage suivant, le seul où je l'ai rencontré (et qui n'est point de Brantôme), il semble signifier chercheur de charogne : Il (un chasseur) ne voulut jamais permettre que la charogne (de son chien) fust portée à la voyrie, pour estre déchirée des chiens charoppiers ou bien des corbeaux, X, 110.

Chastieur, qui châtie. Je pense bien que ces grands chastieurs de séditions..., VII, 152.

Chatonnière, chatière. Et d'autant qu'il se trouva une chatonnière à la porte, IX, 549.

Chaud et couvert (la rendre à quelqu'un), lui rendre la pareille. Le seigneur dissimula pour ce coup, mais depuis, en temporisant son martel, la luy cuyda rendre chaud et couvert, IX, 504.

Chaudasse, de complexion amoureuse. Par ce brocard le donnant bon à la mère, qui estoit chaudasse, IX, 156.

Chaude-colle ou mieux *cholle*, sur le moment de la colère, de l'emportement, de la passion. (Le mot *cholle* est bien probablement le grec χολη, bile.) J'ay leu... qu'il (Pescaire) ne vouleust se présenter au roy (François Ier prisonnier), ni luy faire la révérance, à mode de plusieurs, sur la chaude-colle, I, 186, note 2.

Chaumable, chômable. Le bon simple curé estoit tenu tous les dimanches leur (à ses paroissiens)..... annoncer les festes de la sepmaine chaumables, III, 135.

Chaumer, chômer. M. d'Espernon ne chauma point et luy faict la guerre à telle outrance que..., VI, 432.

Chelme, coquin, de l'allemand *schelm*. Je l'ay faict desdire, comme chelme qu'il est, devant chacun, X, 118.

Chemin (faire son), continuer sa route. Les huguenotz ne veulent que faire leur chemin, sans s'amuser ny entendre à battaille ny combat, VI, 244.

Cher (tenir), garder précieusement. Il ne me verra jamais que je ne soye plus honneste homme que ne suis ny ne serois, si je voulois le croire et me faire tenir cher dans une boëte pleine de cotton comme une relique, X, 39.

Cherbon, cherbonnier, charbon, charbonnier. Unze cens maistres cherbonniers pour fayre cherbon, II, 298.

Cherebaud, bail avantageux? Avecques aussy le petit pré auprez de la rivière que j'ay mis maintenant en un cherebaud, X, 156.

Chétif, misérable. V. *Flasque*. — *Chétifverie*, misère. V. *Paouvretté*.

Chevaleureux, de chevalerie. Galeazzo de Mantoue luy fist veu (à la reine Jeanne) d'aller errant qui çà qui là parmy le monde et esprouver les faitz chevaleureux à tous hasardz, VIII, 176.

Chevalleresse, femme de chevalier, IX, 354. Voy. *Baronnesse*.

Chevance, richesse. N'eust-il pas mieux vallu pour elle de traitter cette vie en bombances, magnificences, chevances et honneurs...? IX, 427.

Chevaucheur de cuyssinetz (coussinets), envoyé, ambassadeur. Luy (Biron) qui n'avoit jamais traicté grandes affaires aux pays estranges, ny moins esté ambassadeur... comme un M. de Lansac... et autres chevaucheurs de cuyssinetz..., V, 149.

— « Il faut (à la cour), dit H. Estienne (p. 528), sçavoir en un besoing appeler un simple postillon monsieur le chevaucheur. »

Chevir, venir à bout. Il (don Carlos) menassoit, il frappoit, il injuroit; si bien que don Rui Gomez..... n'en pouvoit chevir, II, 105.

Chevir de..., disposer de... Quand elles (les Carthaginoises) virent leurs marys, leurs frères..... ne pouvans plus chevir de chanvre, de lin, ny de soie..., IX, 422.

Chinfreneau, coup à la tête. Il dit qu'il n'eut jamais les mains engourdies.....; qu'il fait largesse de taloches et chinfreneaux, X, 115.

Chiquenauder, donner des chiquenaudes. Il veut bien que l'on sçache qu'il a la teste si prez du bonnet, qu'il ne pourroit jamais endurer qu'on luy fist la part..., qu'on luy menast le festu par la bouche, qu'on le lamponnast par trop, qu'on luy chiquenaudast le bout du nez, X, 116.

Circuire, entourer, investir. M. d'Aunous... s'alla jetter dans Poitiers... en despit de l'ennemy qui le tenoit tout circuit et environné, VI, 59.

Citadin, hôte assidu, qui fréquente assidûment. Mais pourtant en ay-je veu force de ces dévottes et patenostrières mangeuses d'images, et citadines ordinaires des églises, IX, 582.

Civilité, chose polie. Voyez quelle vertu avoit une telle beauté et telle grâce, de faire tourner ung barbarisme grossier (il s'agit de la langue écossaise) en une douce civilité et gratieuse mondanité, VII, 407.

Clair, pur. Au reste, qui est le bon, il (F. de Chastillon) estoit homme de bien et de claire vie, craignant Dieu, VI, 203.

Clair (à), clairement. Voy. *Ouvertement*.

Claquade, claque. Voy. *Plamussade*.

Claqueter, claquer. Elle les claquetoit et fouettoit sur les fesses, IX, 285.

Claustré, cloîtré. D'autres disoyent qu'on le devoyt..... avoir mis moyne en une religion, bien claustré et renfermé, VIII, 131.

Clergesse, habile, savante. Et s'il faut prendre advis pour ce sujet d'une courtizanne qui a esté des plus fameuses du temps passé, et grande clergesse en son mestier, qui estoit. Lamia, IX, 529.

Clostral, claustral. Il (François Ier) trouva meilleur de récompenser ceux qui l'avoient bien servy de quelques abbayes et biens d'église, que les laisser à des moynes clostraux, III, 108.

Clouer, fermer, *claudere*. La ditte fleur (le souci) se tournant de toutes partz là où il va (le soleil)...., s'ouvrant aussi ou clouant selon sa hauteur ou basseur, VIII, 115.

Cloyse, indificatif présent du verbe *clouyr* pour *clouer* (voy. ce mot), IX, 267.

Cluchier, clocher. (Les petits hommes) voudroient fort estre toujours montez sur des cluchiers pour parler de plus haut, VII, 110.

Codempner, condamner. Pensant... que j'estois là arrivé à propos, et avois pris la poste exprès pour me produire à jour nommé là, pour luy servir de tesmoingt et juge, et la codempner en ceste cause, IX, 668.

Cogitation, pensée. Il fut dit et commandé à Mme la duchesse de Valentinois, sur l'approchement de la mort du roy Henry... de... n'entrer plus en sa chambre, autant pour ne le perturber en ses cogitations à Dieu que pour inimitié qu'aucuns luy portoyent, IX, 448.

Cogiter, penser. Voy. *Pourpenser*.

Cognoissant, reconnaissant. Je pense qu'il (La Noue) n'eut loysir de luy estre cognoissant (à Guise); car le pauvre prince vint à estre tué à Blois, VII, 228.

Cognu, reconnu. Et là dessus croyez si elle n'estoyt pas (Jeanne de France) bien au vray sa fame (de Louis XII) et très bien cognue, VIII, 102.

Cohersion, châtiment, *coercitio*. Si quelque femme avoit estée surprise en adultère, les Romains la punissoient, non par la cohersion du crime qu'ell' avoit commis, mais par plus grand embrazement de paillardise, V, 11.

Coigner, pousser (dans un coin). André Dorio, l'ayant (Dragut) là acculé et coigné qu'il n'en pouvoit jamais sortir sans sa miséricorde, car il n'y avoit nulle porte derrière, ny apparance, II, 55.

Coinct, coint, gentil, aimable. Le pays de Basle..... produict force personnes et choses bonnes, mais non pas les femmes si advenantes, coinctes et agréables comme les autres pays, VI, 204. En cela, il pouvoit avoir double plaisir....; le second à la contempler souvent devant le monde en sa mixte (voy. ce mot), cointe mine, froide et modeste, IX, 237.

Coissin, coussin. Une couronne mise en son chef dessus ung coussin de drap d'or, VII, 322.

Coissinet, coussinet. Il (Brusquet) le faict accommoder (un cheval de Strozzi), avecqu'une selle de poste et un coissinet, II, 248. Cf. *Chevaucheur.*

Colibet, quolibet. Comme un petit colibet que j'ay leu d'autres fois, IX, 52.

Colle (chaude-). Voy. *Chaude-colle.*

Colléré, colère. De quoy le dict marquis (de Pescaire) fut si colléré et despit qu'il en escrivit à l'empereur une lettre bravasche, I, 225. Cf. IV, 366.

Colleré (pour coloré), spécieux. Soubs un faux et colleré nom de constance, II, 376.

Colliger, recueillir. Sur ces exemples précédens, il faut colliger et notter une chose, VI, 371. Cf. *ibid.*, 360.

Collocution, colloque, *collocutio.* (Catherine de Médicis) s'esmaya (voy. ce mot) à quoy pouvoient tendre tant de menées, parlemens et collocutions qui se faisoient en secret, VII, 356.

Comédient, comédiente, comédien, comédienne; de l'italien *commediante.* On dict qu'il (le cardinal de Ferrare) despendit en la représentation de cette tragi-comédie plus de dix mille escus, aiant fait venir à grands cousts et despens des plus excellens comédiens et comédientes d'Italie, III, 256. Voy. *Varéable.*

Commant, commentaire; en espagnol *comento.* Voy. *Converser.*

Comme, aussi bien que. Les dictz muletz estoient pour servir à tous offices de la maison du roy comme pour sa chambre..., paneterie de bouche comme de commun, pour garde vaisselle de bouche comme de commun, II, 301. Voy. *Commun.*

Comme, que. Mais pourtant le tenoit-on (d'Aumale) malheureux; et n'a point donné pourtant de subject de luy donner ceste qualité comme la deffaicte que fit sur luy le marquis Albert de Brandebourg, IV, 281.

Comment, comme, combien. Si nos roys eussent eu et tenu telz respectz de parolles au Grand Seigneur, comment l'empereur en eust faict son proffit et s'en fust mocqué, V, 61.

Commettre, remettre. J'ay donné toutes mes clefz.... à M. Coustancie pour les bien garder.... jusques à ce qu'il les ayt commises fidellement entre les mains de madicte dame la comtesse, X, 153.

Commun, homme du peuple. Et n'y a si commun qu'en luy monstrant la tour (de Nesle) seulement, et en l'interrogeant, que de luy-mesme ne le die, IX, 244.

Commun (le), bas-offices de la maison du roi et des princes. Voy. *Comme.*

Commune (gens de), gens du pays. (Les Espagnols) allarent deffaire environ quatre ou cinq mille Zellandois de commune qui les attendoient sur le bord, VII, 12.

Commune (à la), à la façon ordinaire, I, 43. Voy. *Genette.*

Compagnée, compagnie. Il n'y eust pas un en la compagnée qui ne louast et estimast infiniment ceste beauté, VII, 344.

Compassément, d'une manière compassée, posément. Plusieurs (Italiennes)... (le) conduisent en leur marcher si sagement, discrètement et compassément, qu'il (leur pied) ne passe jamais devant la robbe, IX, 325.

Compasser, régler, conformer. Ce petit traicté doncques vous servira de sa représentation et image que vous arregarderez quelques fois et y compasserez vos actions, X, 31.

Compatible, sociable, facile à vivre. Son frère (le comte de Brissac)... est plus compatible et de plus douce humeur, VI, 152.

Compâtir, s'accorder. Si ne se peurent-ils (le dauphin et le duc d'Orléans) jamais bien compâtir ensemble; car M. d'Orléans vouloit un peu trop s'advantager, III, 184. Cf. V, 141. VI, 182.

Compétance, compétition, rivalité; en italien *competenza*. Ce brave roy (Antoine de Navarre) et M. de Guyze contendoient si très fort ensemble en compétance de gloire, IV, 371.

Complainte, plainte, doléance. De quoy en ayant fait sa complainte à une sienne grand' dame favorite, IX, 283.

Complexionné, qui est d'une certaine complexion, d'une certaine humeur. Il y a plusieurs de telz complexionnez qui, de leur naturel, ne sont pas trop hardys..., mais veulent estre mastinez, poussez, menassez et contrainctz, et après ont le diable dans le corps, IX, 24.

Complexionné (mal). Oudin rend ce mot par mal appris, mal instruit. La plupart (de l'infanterie) n'estoit composée que de marautz, bellistres, mal armez, mal complexionnez, faictz-néantz, pilleurs et mangeurs de peuples, V, 301.

Complir, accomplir. Encor si vous eussiez comply quelque long aage, X, 83.

Composé (bien), en bon état. Je croy que si cette dame (Diane de Poitiers) eust encor vescu cent ans, qu'elle n'eust jamais vieilly, fust du visage, tant il estoit bien composé, fust du corps,

IX, 356. — Nous avons encore le verbe *décomposer*, avec le sens d'altérer.

Composeur, écrivain. Ainsi que vollontiers font les poètes et autres composeurs qui se plaisent à sopposer (supposer) de grandz objectz et les fayre acroyre au peuple affin qu'ilz en escripvent mieux, VIII, 170.

Compromis, promis. Madame Louyse de France avoit esté compromise à l'empereur Charles, VIII, 127. Cf. *Ibid.*, 177. Voy. *Escot* (*s'abattre sur l'*).

Compte, conte, histoire. A Rome, la première fois que j'y allay où l'on m'en fit le compte, I, 71. Et par ainsi (les soldats de Bourbon) se mirent à cheminer, tous très délibérez de faire bien et mal, dit le compte, I, 263. Voy. *Conte*.

Computer, supputer. Lorsque... nostre grand roy (Henry II) alloit ainsy triumphant parmi les entrées des belles villes de son royaume, quasy en mesmes temps, comm'il est aysé à computer, le prince d'Espagne... en faisoit de mesmes en ses belles villes de Flandre, III, 258.

Concaver, creuser. Les vents marins minent et mangent les pierres d'en haut, et les concavent plustost que celles du bas, IX, 344.

Conchiement, ennui, embarras. Nous autres gentilz-hommes, estans vieux et cassez, ne devons estre ambitieux; car nous ne servons en une armée ou en une court que d'importunité, ou empeschement ou conchiement, II, 87.

Condempner, condamner. Voy. *Codempner* et *Peys*.

Condiction, humeur, naturel, manière d'être. Voy. *Rompement*.

Condictionné (mal), qui a un mauvais naturel ; de l'espagnol *condicionado*. Sigismond Malatesta, grand homme de guerre, certes, mais très mal condictionné, qui, ne se contentant de faire mille maux aux hommes, il s'addressa à ses propres femmes, II, 205.

Condictionner, soumettre à de certaines conditions, régler. Ainsi doit faire tout cœur généreux (dans les duels) et soubstenir son compagnon jusques à la dernière goutte de son sang, si n'estoit que le camp fust esté condictionné, ainsi que les Espaignols condictionnèrent le leur..... contre les François, VI, 317.

Condigne, digne. Et disoit bien plus (une courtisanne) que cette dame lui devoit faire un beau présent et condigne de sa peine et de son sallaire, IX, 53. Cf. VIII, 176.

Condignement, dignement. Le roy (Henri II) l'honnora fort (d'Essé).... et le récompensa bien condignement, III, 390.

Condition que (en), en sorte que. Et là elle se prostitua à luy en condition qu'elle en engroissa, IX, 285.

Confidant, affidé. Le baron (de Vitaux) donc le soir entra (chez du Gua) avec trois de ses lyons. Ainsi appelloit-on ses confidans qui luy assistoient en ses résolutions et entreprises meurtrières, V, 355.

Confidant, personne en qui l'on a confiance, qui est chargée d'une mission de confiance (entre autres dans les affaires de duels). Voy. *Content*.

Confider (se), avoir confiance, se fier. Le roy (François Ier) dès lors le prit en amitié (Montpezat) et se confida tant en lui qu'il l'envoya vers madame la régente, III, 151.

Congrégation, réunion, assemblée. Voy. *Falloir*.

Conille, femelle de lapin (Voy. *Connil*). D'autres (femmes) y a-il..... dont les jambes sont si grosses qu'on en diroit le gras estre le ventre d'une conille qui est pleine, IX, 274.

Conjoinction, conjonction. Et par ainsi elle désire conjoinction de celluy qu'elle a fait seigneur de sa pensée, IX, 534.

Conjuré (être), être l'objet de conjuration. Voy. *Attenté*.

Connil, lapin, *cuniculus*. Des poches de furet à prendre des connils, III, 108.

Conniller, courir comme un lapin, s'esquiver, chercher des faux-fuyants. Biron..... le fit (le roi de Navarre) fort tenir en cervelle et conniller, et faire plus du cheval léger que du roy, V, 143. Luy (Bellegarde) ores planant, ores connivant, et ores connillant, et amusant la reyne de belles parolles. *Ibid*, 203.

Connivance, dissimulation. C'estoit à luy (Charles-Quint) à bien se revirer et deffendre par faintises, connivances et temporisemens, III, 169.

Conniver, dissimuler. L'empereur luy (au duc de Savoie) manda qu'il se gouvernast à l'accoustumée, en connivant, sans autrement se déclairer ny pour l'un ny pour l'autre, II, 141. Voy. *Conniller*.

Conquerreur, conquérant. Que le monde sçache que jamais des Romains ny des Grecz, grandz conquerreurs de réaumes et de terres, il n'y en a eu de tel (que Barberousse), II, 67.

Conquister, conquérir; en espagnol *conquistar*. L'estat de Milan qu'il (le marquis del Gouast) deffendit très bien, voire conquista sur nous au Piedmont, I, 202.

Consente, conspiration, *consensio*. (Ce) qui fit penser qu'ils estoient tous de la consente de La Molle et Coconnas, III, 363.

Consente (être consente ou de), être complice. Aussi M. de Duras n'eust eu garde d'en estre de consente (d'un guet-apens), pour estre seigneur d'honneur et de valleur, VI, 325. L'histoire (du meurtre de Darnley) en est imprimée et escripte, mais non au vray pour l'accusation qu'on a suscité à la reyne d'y avoir esté consente, VII, 421.

Conséquemment, à la suite. Et conséquemment marchoit le grand escuyer de la dicte dame (Anne de Bretagne), VII, 319.

Conséquent (par), par conséquence. Mais au bout de quelque temps que le père (Cosme Ier) vint à mourir, par conséquent le mari la fit mourir (Isabelle de Médicis), IX, 12.

Conserver, voguer de conserve, II, 116. Voy. *Réalle*.

Consesque (faute du manuscrit, pour corsesque), zagaie; en italien *corsesca*. Ils (les gladiateurs, à Lyon)... combattirent premièrement à armes différentes, à sçavoir une consesque ou zagaye contre une espée à deux mains, III, 250.

Considératif, réfléchi, qui prend en considération. Feu M. de Guyze estoit en tout considératif, IV, 56. Vaudroit mieux... aller avec un' harquebuz ou une picque en la main, que manquer à son devoir, ny que d'estre ainsy considératif et appréhensif de ses commodités, III, 341-342.

Considération, prudence. Ainsi qu'il luy arriva (à Alviane) à la bataille d'Agnadel... qu'il (où il) donna et chargea furieusement sans considération, II, 190. Mon frère qui estoit jeune et sans aucune considération, IX, 339.

Considéré, sensé, prudent. (Alviane) estimé plus vaillant, hardy et hasardeux que sage, consideré et provident, II, 190.

Considérer, faire attention, avoir égard. Ainsy que madame leur très-sage mère le vouloit et leur commandoit et considéroit, X, 141.

Consommer à quelque chose (se), s'y ruiner. Le roy (Henry II) s'est adonné aux dames......, mais de s'y estre consommé, nullement; autrement il n'eust sceu fournir à si grandes despenses, III, 245.

Conte. Ce mot avait au XVI° siècle les deux sens actuels du mot histoire. Ce conte est très véritable, IV, 238. Voy. *Compte.*

Conte, comte. Le conte (de Bure)... fit appeller les deux plus grandz amis qu'il eust, I, 314.

Conte, compte. Voy. *Envazzé.*

Contendant, prétendant. M. du Gua mort, il y eut force brigueurs et contendans à ceste charge honnorable, V, 360.

Contendre, rivaliser. Ces clairs flambeaux accompagnoient ceux des yeux de ces belles dames, et contendoient quasy ensemble pour faire feu et clarté de toutes partz, III, 258. Cf. IV, 371.

Contendu, prétendu, réclamé. Par quoy ilz (nos rois) laissarent le tout, comme chose non jamais advenue, contendue, ny songée seulement, V, 111.

Content, comptant, immédiatement. Les parrains et confidans de l'autre (il s'agissait des conventions d'un duel) furent si impudens qu'ils disputèrent ce faict et le vouloient prouver par raisons, mais ils le perdirent content, VI, 293.

Contenter (se), se tenir pour satisfait. Il (un soldat) va louer fort M. de Guyze qui, après avoir tué son ennemy M. l'admiral, s'estoit contenté, IV, 38.

Conter, compter. Je luy donneray tousjours le passe-temps de luy descoudre son harnois..., voyre loisir de conter, à la clarté de si belle chandelle, toutes les pièces de sa fripperie, une par une, X, 117.

Contester (se), se disputer. L'un et l'autre..... advisèrent à s'accorder aussitost ensemble, et, comparoissant devant la reine, de dire que ce n'estoit qu'en jeu qu'ils se contestoyent ainsi, IX, 488.

Contine, petite comtesse. Voy. *Baronnesse.*

Continue, continuité. Ainsi que nous autres courtisans avons accoustumé de faire pour le premier assaut de l'amour; quoy qu'il tarde, avec la continue nous l'emportons, IX, 330.

Contrainct, persécuté. Il n'y a ligue ny association si ferme ny si obstinée que celle qui se faict pour la religion et mesmes pour une nouvelle et contraincte, IV, 355.

Contrárier, faire le contraire. Ceste dame avoit raison de me tenir ces propos, puisqu'elle n'y contrarioit point et ne les dissimuloit par effect, IX, 153.

Contrariété, contradiction. Et par là voyez-vous les contrariétez, VIII, 53.

Contrecarre, *contresquarre*, opposition, résistance (de *carre*, visage. Voy. ce mot). Ah! qu'il a eu belle peur que j'entrasse dans sa ville et que je luy fisse contrecarre à son authorité! III, 358. Cf. VI, 464.

Contrefaire quelque chose, en faire semblant. Autres très grandes dames et grandes princesses j'ay cognu, qui tous les jours s'amusant en leur cabinet à fayre escrire ou contrefayre, pour mieux dyre, en faysoyent de bonnes aveq leur segrétayres, IX, 574.

Contregarder, être préservé de..... J'ay une abbaye, celle de Brantosme, dont le titulaire..., sous mon nom, a contregardé toutes les guerres des huguenots que jamays ilz n'y ont fait mal, III, 105.

Contregarder (se), se soigner, prendre des précautions. Aussi étoit-ce la dame (Mme de Bourdaisière) qui se contregardoit le mieux, car elle étoit ennemie mortelle du serain et de la lune, IX, 357.

Contreporteur, colporteur. Ulixes l'alla descouvrir (Achille), en guise de marchant ou contreporteur, en la maison de ce roy où il estoit déguisé en fille, III, 119.

Contreroller, contrôler. Voy. *Cappitayneau*.

Contrerooleur, *conterroleur*, contrôleur. Il (Charles IX) se mit dans son grand bateau couvert, qu'on avoit veu longtemps devant le logis du contrerooleur Dumas, IV, 347 et note 1.

Controuveux, diseur de choses controuvées. J'allègue tous ces noms et circonstances, afin qu'on ne me trouve point menteur ni controuveux, VII, 228.

Convallescence, santé. Enfin, avec beaucoup de peine, de tant de maux il se remit et rentra en sa convallescence première, IV, 169.

Convenir, assigner, appeler, *convenire*. Ce qu'elle (Lamia) ayant sceu, le fit convenir devant le juge, qu'il eust à l'en satisfaire et la payer, IX, 235.

Conversation, fréquentation, commerce. La pire espèce (de maris)... que les femmes craignent... ce sont ces fols, dangereux,... cruels; et de tels la conversation est fort à fuir, et pour leurs femmes et pour leurs serviteurs, IX, 5.

Converser, fréquenter. Pour plus grande preuve que j'aye jamais veu de mon dict sieur le mareschal (Strozzi), pour ne l'avoir jamais conversé, car j'estois trop jeune quand il mourut, ç'a esté les *Commantaires* de Cæsar qu'il avoit tournés de latin en grec..., avec des commantz latins, áditions et instructions, II, 241. Cf. VI, 245.

Convollant, qui se remarie. (Mme de Guise) ne faisant point comme plusieurs dames que j'ay veu vefves et convollantes, IV, 187.

Copieux, large, généreux. J'en ay cogneu une grande (dame) qui a esté fort copieuse et libérale en cela, IX, 109.

Copieux de..., abondant en... Encor qu'on me pust dire que je ne suis esté assez copieux d'exemples de luy pour ce sujet, IX, 499.

Coporal, caporal. Un coporal n'ayant pas bien posé ses sentinelles comme il devoit, II, 230. Voy. *Corporal*.

Coquin, pauvre, misérable, mendiant. J'ai cogneu une dame qui disoit souvent à son mary qu'elle le rendroit plustost coquin que cocu, IX, 108. Elle (la marquise del Gouast) me pria cent fois ne prendre autre logis ny repas que le sien, mais je ne le voulus jamais, n'ayant esté mon naturel d'estre importun ny coquin, *ibid.*, 373. — De là le vieux dicton : « A coquin honteux, plate besace. »

Coquin, séduisant. Car rien n'est tant si coquin, ny doux, ny attirant qu'un butin, quelqu'il soit, soit de mer, soit de terre, V, 401. (Il y a peut-être quelque analogie entre le sens que je crois pouvoir donner ici au mot coquin et les locutions *minois fripon, yeux fripons.*)

Cordé, fini, terminé. Aujourd'huy qu'il (le concile de Trente) a vogue en plusieurs régions, cela est deffendu et les combats par luy sont cordez, VI, 273.

— Oudin (p. 121) cite la locution : *Cela est cordé*, et l'explique par : Il ne s'en trouve plus, il n'y a plus moyen d'en avoir.

Corne, aile d'une armée. La corne gauche (à la bataille de Lépante) portoit un gaillard (pavillon) jaune, la corne droite en portoit un verd, II, 120.

Cornette (faire un voyage à), être cocu. Voilà une folle curiosité pour envoyer son mary faire un voyage à Cornette, près de Civita-Vecchia, IX, 51.

Cornice, corniche. Le maistre masson luy ayant demandé s'il ne le vouloit pas (son château) illustrer de cornices, IX, 119.

Corporal, caporal. Je croy que le corporal qui lors commandoit à l'esquade (voy. ce mot) où estoit cette belle fille, IX, 416.

— « Nous avions corporal, dit H. Estienne (p. 271), qui tenet encore bon, et avet opinion qu'il ne seret point chassé; estimant que celuy qu'on nomme Corps de garde luy porteret faveur ; mais un je ne sçay quel *caporal* vint, portant des lettres de recommandation de monsieur Capo, par le moyen desquelles il fut bien receu, voire chéri et caressé ; et peu de temps après la place de corporal, qui estet natif du pays, fut baillée à cest estranger caporal ».

Corrival, rival. Ils (les amants) sont plus sujets à jalousies, mesmes qu'ils en ont des marys aussi bien que de leurs corrivals, IX, 186.

Corsage, taille. Il (Vandenesse) estoit fort petit de corsage, mais très grand de courage, II, 381.

Corsesque, zagaie. Voy. *Consesque*.

Corvée, expédition militaire. Ç'a esté le premier (Alviane) qui... a esté inventeur des grandes courvées et cavalcades de guerre, pour aller de bien loing rechercher son ennemy, II, 197.

Cotter, désigner. Madame la régente, Louyse de Savoie, que (comme) l'histoire la cotte nommément, I, 193.

Couble, couple. C'estoit un beau couble d'elle et de son mari, II, 24.

Coubler, coupler. J'ouys feu M. de Guyze dire : Les voylà (Montluc et Vassé) bien coublez ensemble, IV, 94. Voy. *Accoubler*.

Couche, enjeu ; *coucher*, mettre pour enjeu. Mais ce seigneur en rabilla le fait, disant que, de sa couche, il avoit réservé (il s'agit d'un portrait) le parchemin du dedans, et n'avoit couché que la boëte qui l'enserroit, qui estoit d'or et enrichie de pierreries, IX, 504. C'estoit la couche ordinaire de cinq à six mill' escus d'un coup de dé, II, 46.

Coucher de, viser à, prétendre à. Son prédécesseur (Charles VIII) ne couchoit pas moins que de la conqueste de tout l'empire d'Orient, II, 359. On ne sçait que plus louer à la vérité ou les beaux mots du roy (Charles VIII) ou la response de ses subjects qui ne couchoient pas moins que de l'engagement de leurs âmes, II, 318.

Coulper, reprocher, blâmer. Je suis esté un peu long en cet incident, et crains qu'on ne me coulpe de m'estre ainsy extravagué, VII, 276.

Coup (au), à la fois. Voy. *Variété*.

Coup (tout au), tout à coup. Et le soir venu, ne failloit d'aller coucher en gallères, pour quant le beau temps ou le bon vent s'esleva, tout au coup faire voyle aussitost, IX, 606.

Couper queue, mettre fin. Ilz (le pape et Fr. de Bourdeille) se remirent doncques à jouer, et la fortune voulut que mon père se racquittast de tout...., que le pape coupa queue au jeu..... et ne voulut plus jouer, X, 42.

Coupière, celle qui donne la coupe, échansonne. Mme de Nevers... avoit esté nourrie quelque temps avec la reine Elisabeth de France, estant sa coupière, luy donnant à boire, IX, 514.

Courcie, coursie, tillac. Sur la courcie de la gallère ou tillac de navire, I, 52, note 3. Cf. *ibid.*, 211.

Courcière bardable, jument bonne à être bardée, IX, 485. Voy. *Bardable*.

Courement, course. En tous les combatz à la barrière et couremens de bagues qui se firent là (à Bayonne), I, 113.

Courir, courir un risque, un danger. Je n'avois point peur que la vie y eust couru; j'estois bien asseuré de mon baston, IX, 488.

Courroucer si..., se courroucer de ce que... Elle (la reine de Hongrie) se mit à courroucer contre luy (Henri de Nassau) s'il n'avoit pas honte de n'avoir peu prendre ce coullombier (Péronne), I, 252.

Cours, course. Il (Cosme de Médicis) a toujours entretenu sept ou huit gallères... allant tousjours en cours, II, 18. Feu M. le grand-prieur de Lorraine prit une fois envie d'envoyer en cours vers le Levant deux de ses gallères, IX, 462.

Course (de), en courant (trot ou galop). Voy. *Précipitant*.

Courtine, rideau, au figuré voile, prétexte. Elle (Françoise de Rohan) se trouva grosse de six mois... et confessa le tout sous la courtine de mariage, IX, 489.

Coustemens, coûts, dépenses. Popea Sabina, outre qu'elle fust la plus profuse en toutes sortes de superfluitez..., de pompes et de ses coustemens d'habits, IX, 310.

Coustillier ou *coustrilleux*, soldat armé de coustille (espèce de grand couteau) qui accompagnait l'homme d'armes. Leurs pages, archiers et coustilliers, II, 304. Cf. IV, 316.

Coustrillieux. Voy. *Coustillier.*

Coustumier, habituel, ordinaire. Ce sont les propos coustumiers dont usent les dames inférieures à leurs supérieurs, IX, 508.

Coustumièrement, ordinairement, habituellement. Car coustumièrement la pluspart des François aujourd'hui, au moins ceux qui ont un peu veu, sçavent parler ou entendent ce langage (l'espagnol et l'italien), IX, 251. Cf. VI, 182.

Couvert (à), secrètement. En un tour de main le sarrurier eust ouvert le cabinet où ilz prindrent ce qu'ilz peurent emporter du plus beau et du meilleur, le plus à couvert qu'ilz peurent, II, 246.

Coy, coyement, sans bruit. Tel assaut et telle camizade se doit faire plus coy que l'on peut, I, 297. Toutes fois ils l'envoyèrent (Mlle de Rohan) tout coy chez ses plus proches parens, IX, 489. Voyant son frère un soir détenu mallade..., le laissant dans le lit, tout coyement se dérobe de luy, prend ses armes et ses habillemens... *Ibid.* 416. Cf. VI, 216.

Coyte, couette. Il (P. de Navarre) fut pris et muré à Naples, où par le commandement de l'empereur fut estouffé entre deux coytes, I, 159.

Crain, crin. Brusquet monte sur le cheval..., lui faict coupper le crain, II, 247.

Craindre (se), craindre pour soi. Car il (le marquis del Gouast) se craignoit despuis la mort de Rincon et Fregouse, I, 205.

Crainse, subjonctif de craindre. Voy. *Tourner.*

Créance, message, opinion, pensée. Ayant enfanté un bel enfant, ne sceut à quel sainct se vouer, sinon à son père (Cosme I) à qui elle décela le tout par un gentilhomme..... qu'elle luy envoya; duquel aussitost la créance ouye, il manda à son mari.., IX, 12. L'empereur lui escrist (au marquis de Marignan) qu'il n'estoit pas content de la longueur d'un si long siège (le siège de Sienne); voire luy avoit envoyé un gentilhomme de sa chambre pour luy en dire sa créance, I, 301.

Créance légère (avoir la), ne pas croire à grand' chose. Aussi qu'il (Ph. Strozzi) avoit la créance légère (ce disoit-on) et approchante d'aucuns anciens Romains... qui... ne craignoient pas de se deffaire eux-mesmes, IV, 138.

— Oudin, au mot *croyance*, donne une acception toute différente à cette locution et l'explique par *facile à persuader*.

Créas, domestique; de l'espagnol *creado*. Tamayo luy dict qu'il se servoit de serviteurs et créas plus gens de bien que luy, VI, 306.

Créditeur, créancier. La reyne et d'autres dames..... disoient qu'il n'y avoit droict ny raison... que venir faire prisonniers telles gens à l'appétit d'un créditeur importun qui plustot devoit estre mis en prison, VI, 40.

Créé, discipliné, élevé; en italien *creato*; en espagnol *creado*. Il n'y a insolence que le soldat mal créé et en tels endroicts ne face, III, 145. Ceste fille, dicte Anne, fort belle et honneste damoyselle et bien créée en la court d'Espagne, IV, 309. Cf. IX, 367.

Créon, crayon. Jamais nature ne sauroit faire une femme si parfaitte comme une âme vive et subtile de quelque bien-disant, ou le créon et pinceau de quelque divin peintre la nous pourroyent raprésenter, IX, 257.

Criminel, qui traite en criminel, rigoureux. Mais de dire.... que M. de Guyse eust faict faire le bandon un peu trop criminel contre les gens de guerre, il ne le faut croire, IV, 225.

Croire quelqu'un, avoir confiance en lui. Le bastard de Bourbon.... fut pris.... fort près de la personne de son roy et maistre (Charles VIII) qui l'aymoit fort et le croioit, II, 311.

Croisette, petite croix. (Charles VIII) avoit une très riche jacquette.... semée de croisettes de Jérusalem faictes de fine broderie, II, 307.

Crotte, grotte. En moins de rien, il (Lucullus) creusa ceste montagne et crotte de Naples, dont il fut tant admiré, III, 126.

Crouller, remuer, grouiller. Ayant (Montmorency) trouvé ce peuple de Paris.... mutin, séditieux, croullant et bouillant tout de mutination, III, 354.

Croye, craie. (Charles VIII) envoye ses mareschaux des logis et fourriers devant, la croye en la main, marquer les logis, II, 286.

Cuider, penser, faillir. Les fautes que luy (l'évêque de Mâcon) et son compaignon firent et qui cuydarent porter préjudice à nostre roy, VII, 73.

Cuirasse poltronne, prétexte servant à cacher la poltronnerie. Il y en a force grands qui ont fait de telz traictz.... pour combattre leurs inférieurs, à quoy ilz ont plus d'honneur que de s'ayder de telles cuyrasses poltronnes, VII, 122.

Cuissot, cuissard. Plus, mes armes complettes, tant de la curiasse, brassard, sallade et cuissot, X, 146.

Cunctation, lenteur, *cunctatio*. Mais comme un Fabius Maximus, par sa cunctation et temporisement, (le duc d'Albe) fit aller nos fœuz en vapeurs et fumées, I, 101.

Curiasse, cuirasse. Voy. *Cuissot*.

Curieux, soigneux, voy. *Tenser*.

Curiosité, recherche, soin; dans le sens de l'espagnol *curiosidad*. Après avoir mis (Catherine de Médicis) toute la curiosité du monde pour le faire guérir (Henri II), III, 273. Cf. X, 20.

Cuylly, cueilli. Voy. *Sarré*.

Cuyrassine, cuirasse; en italien *corazzina*; en espagnol *coracina*. Millaud estoit couvert d'une petite légère cuyrassine, VI, 327.

Cuyssinet, coussinet. Voy. *Chevaucheur*.

Dace, impôt. Don Pedro, vice-roy de Naples, y voulut mettre l'inquisition et y establir de nouvelles daces, III, 95.

Dagade, coup que le cerf (daguet) donne avec son bois. Estant (le chien) tout en feu, et aussy qu'il estoit percé comme un crible des dagades que le cerf luy avoit données, X, 110.

Dagasse, grande dague. De grandes dagasses au costé, comme j'ay veu d'autrefois nos enfants perdus en porter, I, 339.

Damaret, dameret, galant. Ayant fait (le marquis del Gouast) un festin aux dames de la ville, car il estoit fort damaret, s'habillant tousjours fort bien et se parfumant fort, I, 203. Cf. VI, 28.

Danser sous quelqu'un. Voy. *Sous*.

Dauphinat, dauphinois. De mesmes en devons-nous dire et faire de ce bon capitaine dauphinat (Lesdiguières), V, 187.

Davantage, d'autant plus. Voy. *Advantage*, *Inesgal*.

De, pour, avec. La pauvre femme, ayant peur (pour la vie) de son mari, pour le sauver lui ouvrit (au marquis de Marignan) la porte (du château de Chiavenne), I, 292. Le capitaine Franget.... au lieu de s'y (à Fontarabie) deffendre de la résolution de son prédécesseur, la rendit subitement, II, 414. Cf. VII, 310.

Dé (flatter le), aller, couler en douceur. M. le grand-prieur ne flattoit pas ainsi le dé à l'endroict des ennemis de sa religion, car il les haïssoit mortellement, IV, 155.

Oudin explique cette locution par : ne pas faire une chose avec résolution, ne pas dire ou faire librement.

Débattable, digne de débat, sujet à discussion. Le bois de la vraye croix et le chappeau d'espines.... estant un trésor et joyau plus débattable que l'espée de nostre petit et brave roy Charles, II, 362. Ceste cause demeura indécise qui estoit desbatable d'un costé et d'autre, V, 345.

Débattre, disputer. Le marquis de (Marignan) alla assiéger la ville de Sienne qui fut débattue comme M. de Montluc le dict en son livre, I, 296.

Debteur, débiteur. Puisque la chose alloit de corsaire à corsaire, il ne voulut pas demeurer debteur de telle courtoisie, I, 299.

Debolezze, faiblesse; en italien *debolezza*. Une grande dame disoit que nul samedy fut sans soleil, nulle belle femme sans amours, et nul vieillard sans estre jaloux; et tout procède pour la débolezze de ses forces, IX, 22.

Déborné (être), atteindre les bornes.

> Vivez doncques, vivez tant que la destinée
> Voudra rouler vos jours. Puis, estant débornée,
> Venez nous veoyr icy, frère, je vous attends, X, 77.

Décadance, ruine. Ce qui fut cause de sa décadance (de Lucellus) que Clodius, meschant garniment, aida fort à pourchasser, III, 39.

Décadant, en décadence, déclinant, affaibli. Ses devis furent grands et longs et point se ressentant d'un corps fany, esprit foible et décadant, IX, 458.

Déclinaison, déclin. Boccace a fait un livre, où il exprime la grandeur d'aucuns grands, et leur déclinaison par amprès, VII, 61.

Dédication, promesse, protestation, dédicace. Voilà comme je me présente à vous, aveq' veu et dédication que je fais à Vostre Majesté, de vous demeurer pour jamais vostre très humble et très obéissant subject, I, 7. Et tel livre.... la dédication en fust estée plus propre à quelque courtizanne. *Ibid.*, 197.

Dédier, consacrer. Il (Cosme de Médicis) érigea un très beau et sainct ordre de chevalliers de Sainct Estienne, dédiez et destinez pour cette guerre ordinaire des infidelles, II, 18. Cf. IV, 100.

Défavoriser, disgrâcier. Voy. *Quoy que.*

Défayrer, *deffairer*, *defférer*, attribuer, rapporter, accorder.

Beauvin.... a fait un fort beau livre de luy (le maréchal de Brissac).... attribuant qu'il avoyt tout fait, sans en défayrer que peu aux autres, IV, 64. Il est vrai qu'elle (Marie de Hongrie), qui estoit très habille, luy (à Charles-Quint) deffairoit le tout, IX, 615. Ce fut luy (S. André) qui ordonna l'ordre de la bataille de Dreux.... MM. de Guyze et connestable trouvarent ceste forme belle et bonne et la luy defférarent. V, 36-37.

Voici encore un autre passage que je dois citer tout en avouant qu'il m'est impossible de lui donner un sens précis. Il y a probablement une lacune dans le texte; mais je renonce à la remplir : « D'autres raisons philosophales apporta-il (un médecin), que je ne veux de me defférer en cet art », IV, 319.

Déféré, accusé. Ayant esté (Soubise) déféré par les Siennois de plusieurs choses qu'il avoit faict en Toscane..., M. de Guyze intercéda pour luy, IV, 252.

Deffaicte, tuerie. Ce monsieur le médecin Brusquet, en ce camp d'Avignon, donnoit de pareilles recettes à ses mallades et les drogues de mesmes. Mais le pis fut qu'il fut descouvert de la grande deffaicte qu'il fit de ces pauvres diables, et qu'il fut accusé, II, 261. Cf. V, 257.

Deffaicte, débarras. Et quand on luy demandoit pourquoy il le faisoit, veu que c'estoit son ennemy et autant de deffaicte pour luy s'il mouroit, il respondit.... VI, 425.

Deffaire, mettre à mort. Il (Urbain VI) les fit exécuter (les cardinaux rebelles) et deffaire avec une doloire, II, 200.

Deffaire (se), se suicider. Aucuns anciens Romains.... qui, pour immortaliser leur nom, ne craignoient de se deffaire eux-mesmes, IV, 138.

Deffansible, défendable, excusable. Est-il plus deffansible et aussi plus loysible à une femme avoir eu plusieurs marys...? IX, 684.

Deffaut (avoir le), avoir l'infirmité, le manque. Voy. *Oreille*.

Deffence (faire), ordonner. Pour fin et l'un et l'autre (le cardinal de Lorraine et l'Hospital) vindrent fort à se fascher devant Leurs Majestez.... de sorte qu'elles leur firent deffence de leur taire, III, 313. Voy. *Deffendre*.

Deffendre, ordonner. Quand il (François Ier) couroit avec luy (Bourdeille, au jeu de bagues)..., il luy deffendoit de cesser ces lançades, car cela ne le faisoit que desbaucher et empescher ses dedans, V, 85. Voy. *Deffense.*

Defférer. Voy. *Défayrer.*

Defferrer (se), se départir. Ce grand roy François, aux grandz affaires, ne se defferroit jamais de son beau parler françois, et n'en parla autre devant le pape Clément, le pape Paul, VII, 75.

Deffiance, défi. (Amé de Viry) luy (à Louis de Bourbon) envoya une deffiance (ainsi parloit-on alors, comme aujourd'huy deffi solennel), VI, 484.

Deffiment, défi. Sur ce deffiment que l'empereur faisoit au roy (François Ier) sur le combat, III, 101.

Deffinition, fin. Voy. *Diffinition.*

Deffluxion, fluxion, enflure. Il (Bouillon) mourut fort jeune d'une deffluxion qui luy tomba sur les jambes, III, 192.

Deffortune, desfortune, mauvaise fortune. Le Peloux qui avoit suivy M. de Bourbon en sa deffortune, I, 95. Cf. V, 293.

Deffrayeur, celui qui défraye, qui paye les frais. En quoy l'Espaignol ne fut pas sot d'avoir choisy un si bon deffrayeur et parrin, VI, 115.

Defraudé, détruit. Ne void-on pas souvent les sommets des hautes tours par les vents, les orages et les tonnerres estre emportez, defraudez et gastez, IX, 344. Voy. *Desfraudement.*

Dégaster, abîmer? mettre en fuite, chasser? II, 262. Voy *Buye.*

Dégouster, goûter; en italien *degustare,* IX, 492. Voy. *Desgouster.*

Déguiser (se), dissimuler. (Marguerite de Valois) pour rendre donq' contant son mari.... se desguisa de telle façon que, M. d'Espernon venant arriver en sa chambre, elle le recueillist de la mesme forme que le roy l'en avoit priée, VII, 67.

Délayer, dilayer, différer. Ledict connestable (de Castille).... en un tournemain exécuta aussitost ce qu'il avait tant délayé, VI, 461.

Délibéré, résolu. Louis XII.... envoya M. de la Palisse avecqu'une gente armée et bien délibérée, I, 79.

Délicater (se), porter de la délicatesse, du raffinement. C'estoyent les sottes, le temps passé, qui, par trop se voulans délicater en leurs amours et plaisirs, se renfermoyent, ou en leurs cabinets, ou autres lieux couverts, IX, 253.

Délices (tenir quelqu'un en ses), en faire ses délices. M. le Vidasme.... se mit sur ses jours à aymer une More, qu'il ayma et la tint en ses délices, de telle sorte qu'il desdaigna toutes autres beautez, VI, 123.

De mal (A). Voy. *Ademal.*

Demander quelque chose à quelqu'un, lui chercher querelle. Monsieur, leur maistre, leur commanda (à Bellegarde et à du Guast) de ne se demander rien ; mais jamais despuis ne furent amis, VI, 207.

Démettre (se), se défaire.

> Dieu l'a ainsy voulu, qui nous oste et nous met
> En tel lieu qu'il luy plaist, et de nous se démet, X, 74.

Demie, la moindre chose, rien. Tout le reste étoit mort de misère.... y ayant demeuré (au chasteau de Crémone) plus d'un an et demy.... sans secours, ny nouvelles, ny demie de la France, III, 64. Voy. *Demy*.

Demy, rien. Une court sans dames.... ressemble une sattrape ou d'un turc où l'on ny voit ny dames ni court d'un demy, III, 127. Voy. *Demie*. Cf. X, 54.

Dénoué, dégagé. Il (le grand prieur) estoit l'un des beaux princes qui fust de ce temps-là.... et de fort haute et belle taille et bien dénouée, IX, 366. Voy *Desnouer*.

Dénué, décharné. Il se void force dames.... si maigres, dénuées, asseichées, IX, 261.

Département. Voy. *Despartement*. — *Départir* Voy. *Main*.

Dépeint, qui a perdu sa peinture, son fard. D'autres sont fardées et pintrées comme images, belles au jour, et la nuict dépeintes et très laides, IX, 279.

Déplorant, gémissant. Il ouyt là près une voix fort déplorante, IX, 664.

Déporter (se), se dispenser. Parce que c'est une chose bien ressente, publiée et divulguée par toute la chrestienté, je m'en déporte d'en parler, VI, 149. Voy. *Desporter*.

Dépositer, mettre en dépôt (ici, comme ôtage) ; de l'espagnol *depositar*. Ilz (les princes) se servent de nous, comme de monnoye d'or et d'argent, qu'ilz font trotter, aller, virer, tourner, dépositer de la mesme façon les uns comme les autres, VII, 233.

Déprimer, malmener, dénigrer, blâmer. L'empereur en fut fort mal content d'eux et en déprima beaucoup, I, 19. Cf. VI, 251.

Der, dernier. Quand le concile de Trente der s'assembla, III, 98.

Dernier, derrière. Et se tournant dernier soy, I, 269.

Dès, depuis. Ce sont esté eux (les Espagnols) qui sont venus au bout des Allemans.... chose non encores ouye ny veue ni faite dès le grand Jules-César, VII, 10.

Désacoutré, sans accoutrements, déshabillé. De sorte que j'ay ouy dire à aucuns courtisans.... qu'ils les (les dames) aymoient mieux ainsi que désacoustrées... IX, 254.

Desacquitter, acquitter. Et au défaut, faudra vendre de mes chevaux et quelques uns de mes meubles qui sont tous assez bastans pour me desacquitter, X, 130.

Désadvanture, mésaventure, malheur. Ayant sceu (Prospero Colonna) que de sa propre main il avoit tué son nepveu, il en cuyda mourir de despit et de deuil. Quel désadvanture pour l'oncle! I, 148.

Desaffit, duel, de l'espagnol *desafio*. Ès lieux où se doibvent faire des combatz et désaffitz, VII, 47.

Désagrer ou *désagréer de quelque chose* (se), l'avoir pour désagréable. Si que, possible, aucunes qui en liront des contes d'elles-mesmes ne s'en désagréront, VII, 397.

Désapointer, destituer. Il (Mathieu de Bourbon) avoit très bien servy le roy Louys XI, et pour ce (le roi) l'avoit honnoré de belles charges.... mais il le désapointa et mesmes du gouvernement de Picardie, II, 311. Voy. *Vigier*.

Désassiégé, délivré d'un siège. Lorsqu'ilz furent désassiégez, II, 414.

Désassiéger une ville, en lever le siège. Amprès que le duc d'Albe désassiégea Sanjac, IV, 68.

Desbagouller (se), parler beaucoup. Telz marautz et trahistres en leur déposition gastent tout, et se desbagoüllent, et disent plus qu'il n'y en a quand ilz sont pris, IV, 254.

Desbaraté, défait, ruiné, de l'espagnol *desbaratado*. (Lautrec) s'en retournant en France pour la seconde fois desbaraté de là (de Naples), comm'il fit de Milan, il estoit pour jamais déshonnoré, III, 33.

Desbaucher, déranger, tirer. Advant ceste fonte, noz canons n'estoient de beaucoup si bons, mais.... subjects à estre souvent raffraîchis de vinaigre et autre chose, où il y avoit plus de peine et qui plus desbauchoit la batterie, III, 78. M. le Dauphin... l'osta et le desbaucha de ceste infanterie, V, 83, Cf. IX, 409.

Desbaucher (se), partir, s'en aller. Lorsque le jeune Crassus.... se desbaucha des trouppes de Cæsar en la Gaule, et y mena (contre les Parthes) une trouppe de braves Gaulois, V, 412. (Comborcier) se desbaucha jeune et s'en alla en Toscane, *Ibid.*, 414.

Desbordément, d'une façon débordée. On disoit qu'il (le mareschal de Raiz) l'avoit (Charles IX) appris à jurer ainsi desbordément comme il faisoit, V, 255.

Desbosquer (se), débusquer (ici avec le sens de s'échapper, prendre trop de liberté). Luy defférant assez (Catherine de Médicis à la duchesse de Lorraine).... mais tenant pourtant tousjours la bride, ores la main haute, ores basse.... de peur qu'elle ne s'esguarast ou se desbosquast, IX, 630.

Descalse, déchaussé ; en italien *discalzo*. De M. le marquis de Bellisle et sa femme..., maintenant réduicte (retirée)... au monastère des descalses à Tolose, est resté un petit-filz, X, 91.

Descente, descendance. Voilà comment ceste descente (de Felsinus) est bien esloignée de cette moderne que l'on suppose et attribue à sans propos à ceste famille de Médicis, VII, 335.

Deschiffrer quelqu'un, en parler mal, en médire, le dépeindre (en mauvaise part). Il n'y a gens au monde qu'ilz (les Espagnols) haïssent plus qu'un révolté, et le deschiffrent le plus et en disent plus de mal, I, 157. Voylà une grande imperfection de capitaine. Ainsy l'ay-je ouy deschiffrer tel (Lautrec) à plusieurs, III, 37-38.

Desconfiture, déroute. Belleforest ledict aussi en sa chronique sur le passage de ceste desconfiture, I, 134.

Descouverte, action de découvrir, de dévoiler. Possible pouvoit-elle faire cette descouverte (de ses amours), ou en resvant, ou que la vérité, qui ne se peut céler, l'y contraignist, IX, 465.

Descramponner, dégager de crampons. Après ce premier (combat) les plus foibles (navires) se descramponnarent, III, 255.

Descrier une trêve, la dénoncer, la rompre. Le roy de Navarre et le prince de Condé furent très mal contens (de la trêve).... et dirent et se résolurent nommément de ne veoir la reyne, ny traicter avec elle que ladicte trefve ne fust descriée, VII, 355.

Descroyre, ne pas croire, ne pas ajouter foi. Il ne sera pas damné qui le croyra ou descroyra, V, 404.

Desdire, refuser. Après la perte (l'enlèvement) de son fils, elle (la duchesse de Lorraine) demeura fort mal contente de M. de Guise et de M. le cardinal son frère, les accusant d'avoir persuadé le roy à cela.... tant pour voir leur cousin si proche adoté filz et marié en la maison de France que pour avoir desdit.... M. de Guyse de mariage, qui luy en avoit fait porter parolle, IX, 627. Cf. X, 36.

Désembarquer, débarquer. Un italien, un jour désembarqué à Marseille, allant en Espagne, IX, 251.

Désemparer, abandonner, quitter. Nous avons veu nos grandz, le temps passé, ne l'en désemparer (le collier de l'ordre) jamais, V, 94. Cf. X, 40.

Désengager, dégager. Charles de Launoy.... faisant oster et séparer tant de gens qui estoient à l'entour de luy (François Ier), qui l'avoient desjà désengagé de dessoubs son cheval, III, 143.

Désenlever, enlever.

    Hé quoy! Le ciel ainsy prend-il ces belles âmes?
    Ne se contente-il pas de ses luysans flambeaux,
    Sans nous désenlever tant de parfaictes dames? X, 83.

Désensepvely, déterré. Après il (Lautrec) fut désensepvely par aucuns marautz et puis porté à Naples, III, 33.

Désespérade, résolution désespérée. Elle, ayant un peu songé, tout à coup comme d'une désespérade, profféra ces mots, IX, 335.

Désespérer, se désespérer. Elle (Catherine de Médicis) luy (à Cosme) fit faire des obsèques à Nostre-Dame.... dont M. d'Estrozze en désespéroit, IV, 138.

Désespérer de quelque chose, ne plus y avoir d'espérance, en perdre l'espoir. Si bien que désespérez (il s'agit de chevaux jetés à la mer) de la terre, pour en estre trop loing, I, 72. (Dragut) désespéré de retraicte, car il n'en avoit aucune, parce que les gouverneurs des costes ne le voulloient aucunement retirer (recevoir), II, 54. Cf. IV, 49.

Désespoir, sans espérance, IX, 459. Voy. *Ores*.

Desfraudement, destruction. C'étoit grand dommage du desfraudement de ce beau navire, qui estoit de trois cens tonneaux, qui pourrait encor servir, III, 305. Voy. *Defrauder*.

Desgouster, prendre en dégoût. M. d'Estrozze et moy.... remonstrasmes à M. de Bussi le tort qu'il se faisoit de désobéyr ainsi à un capitaine des gardes, parlant de par le roy; aussi que le roy dès-lors commançoit à le desgouster, VI, 184.

Desgradement, dégradation. Ne pouvans estre induictz par l'honneur a bien faire, qu'ilz le fussent par la craincte du supplice ou du deshonneur ou desgradement des armes, IV, 24.

Deslascher (se), partir (en parlant du ressort d'une arme à feu). Mon compaignon, tenez vostre pistollet haut, car, s'il deslasche, vous m'en donnerez dans la cuysse, IV, 377.

Desloysir, loisir. Alors moy, voyant M. de Guyse à la ruelle du lit de la reyne, et fort à desloysir, je vins à luy et dis, VII, 226. Cf. *Ibid.*, 224.

Desmeslé, disputé. Un beau combat, bien signallé, bien sanglant, bien combattu et bien desmeslé.... vaut plus que cent petitz combatz, II, 37.

Desniaiser, attraper, filouter. Le roy (Charles IX).... ryoit quand il voyoit les autres (les filous) faire signe qu'ilz avoient joué leur farce, ou qu'il les voyoit desniaiser leur homme et femme, V, 279.

Desnouer le pied (se), se le démettre. Deux autres exemples ay-je veu de deux dont l'un estoit malade d'une fiebvre et l'autre qui s'estoit desnoué un pied, VI, 420.

Désobligé, délié d'obligation. La guerre ne se faisoit plus contre l'empereur, mais le roy d'Espaigne; et pour ce, n'estoit (le comte de Rhingrave) lié de serment et en estoit du tout désobligé, VI, 222.

Désolé, désolant, affligeant. Que te reste-il, Balagny, après ta désolée infortune, IX, 460.

Désordonner, mettre en désordre. L'infanterie espagnole et l'allemande.... attaquarent la cavalerie dudict Alviano avec telle furie qu'ils la désordonnarent aussi tost et la mirent en route, II, 192.

Despans, dépenses. Voy. *Deffrayeur*.

Despartement, *département*, séparation, action de quitter, départ. Et (Marguerite d'Angoulême) adjousta que si elle n'estoit bien ferme en la foy, qu'elle ne sçauroit que penser de ce deslogement et département du corps et de l'âme, VIII, 125 J'ay ouy dire que ceste parolle fut trouvée un peu trop altière et brave, et mesmes estant sur son despartement de sa charge, IX, 619. Et ne veux point raffraischir la mémoire des choses que j'ay souffertes en ce despartement de la court, III, 322. Cf. IV, 248.

Despartement, répartition, départ. Et pour le despartement des décimes, comment s'en sont-ilz (messieurs du clergé) desportez et enrichis? IV, 333.

Despartir, diviser, séparer. Prenez le cas que despuis ilz (les tribuns militaires) soient esté despartys, et que d'un qui estoit, aujourd'huy est le couronnel de l'infanterie, et l'autre est le couronnel de la cavalerie légère, V, 300.

Despartir le combat, séparer les combattants. Madame la duchesse (de Ferrare).... pria à joinctes mains M. de Nemours qu'il fist despartir le combat, et que l'autre ne poursuivist point son ennemy jusques à la mort, VI, 256.

Despartir (au), au départ. Voy. *Quinze*.

Despartir (se), s'éloigner. Voy. *Souffrener*.

Despend, dépense. Voy *Eslargir*.

Despendre, détacher, enlever. L'édict qu'il (Charles-Quint) fit publier aux Pays-Bas, que les Barbançons et Allemans ne peuvent encor despendre de leur mémoire, car ce fut un'ordonnance observée par toutes les dix-sept provinces, que l'on n'eust plus à faire caroux, I, 30.

Despens, dépendance, possession. Luy (Charles-le-Téméraire) venant à mourir, le roy Louis XI s'en vint ruer sur sa grandeur, sur ses despens et sur ceux de Savoye, VIII, 87.

Despesche, débarras. Les plus sages et les plus zélez à la France dirent que c'estoit une belle despesche de luy (la mort du duc d'Orléans), III, 185-186.

Despit, dépité. Voy. *Colléré*. Cf. VI, 413.

Despiter, maudire, se mettre en colère contre.... Les unes (les veuves) despitent le ciel, les autres maugréent la terre, IX, 658.

Despiteux, lamentable, désespérant. L'entreprise d'Alger en laquelle il fallit (Charles-Quint) par une trop despiteuse conjuration de tous les ellémens, I, 71. Cf. VI, 289.

Desplier, déployer. Car une femme, quand elle veut desplier ses espritz, comme on dit, est terriblement fine, IX, 725.

Desporter (se), se comporter. Voy. *Despartement* et *Déporter*.

Desprouver, désapprouver. D'autres disent.... que certainement il (Biron) se trouva à ce festin, entendit leurs parolles et dessains qu'il desprouva, V, 146.

Despuis (du), depuis. Charles d'Austriche qui fut du despuis empereur, I, 240.

Desrobade (à la), à la dérobée, secrètement. M. d'Estrozze estant venu en poste à Paris.... et s'estant retiré à la desrobade en son logis, II, 255. La partance du roy nouveau de Pouloigne (Henri III) qui fut à l'improviste et à la desrobade, V, 199. Cf. IX, 201.

Desrompu, déchiré. Voy. *Gris*.

Dessaigner, projeter. Ce qui fut cause que son festin (du duc d'Albe) fut imparfaict, pour les conviez faillis qu'il avoit dessaignez, II, 164. Voy. *Dessigner*.

Dessarer, lâcher, faire partir (en parlant du ressort d'une arme à feu). Deux de ces Escossois avoient des pistolletz, qui les dessarrarent, et l'un blessa M. de Bussi au bout du doigt, VI, 183.

Dessavouré, privé de saveur. Celles surtout qui se mettent à l'amour, et si elles ne sçavent rien dire, elles sont si dessavourées que le morceau qu'elles vous donnent n'a ny goust ny saveur, IX, 248.

Desservice, mauvais service. J'espère en faire un discours à part sur les services et desservices qu'ilz (les Suisses) nous ont faict, V, 69.

Dessigner, projeter. Nous estions en Brouage pour nous embarquer sur mer et faire un beau voyage bien dessigné, III, 314. Voy. *Dessaigner*.

Dessus (faire le), l'emporter. Le dict mareschal (de Cossé) acquist beaucoup de réputation..., mais M. de Tavanes faisoit le dessus, IV, 89.

Dessus (venir au), venir à bout. Nostre roy d'aujourd'huy (Henri IV) estant venu audessus de la conqueste de la Bourgogne, IV, 185.

Destiné, marqué par le destin. Estant donc venue la fin destinée, et gisant dans son lict, IX, 452.

Destordre, détourner; en italien *distorre*. M. de Guyze se destort viste de son chemin, et au grand gallop vint le trouver, V, 375.

Destourber, empêcher, détourner; en italien *disturbare*. (Montmorency) se trouvoit ordinairement président aux conseils et aux affaires du roy, s'il n'estoit empesché ou de maladie ou de quelque autre plus grand affaire qui l'en destourboit, III, 337.

Destresse, chagrin, douleur. Le malheur voulut que ceste honneste dame mourut dans six sepmaines, dont il cuida mourir de destresse, IX, 702.

Destroict, détresse; *districtio*. Eux (les Colonne et les Ursins), ayans recours à l'empereur, mirent le pape en tel destroict qu'il fut assiégé une fois dans le castel Sainct-Ange, IV, 210.

Destroict, défilé, passage resserré. Aprez ceste grande bataille et occision de Cannes pour les Romains, il y en heust environ dix mill'soldatz de reste de ceste grande routte, lesquelz eschapez, esperduz, esgarez et vagabondans par certains destroictz arrivarent de nuict à Canouze, VIII, 111. Allez donner ordre à l'armée, et retirez nos forces dans ce destroict du pont à Sainct-Vincent, VII, 297. Cf. X, 12.

Desultoire (cheval), cheval servant à faire l'exercice de la voltige, *equus desultorius*. Jamais jadis chevallier ou gendarme romain ne fut si prompt et adextre de monter et remonter sur ses chevaux desultoires, IX, 57.

Déterminément, avec détermination. Il (Jarnac) le (La Chastaigneraie) cognoissoit de longue main pour un des plus vaillans et déterminez hommes du monde, et qui ne faudroit d'exercer sa dernière furie déterminément. VI, 260. — H. Estienne (p. 72) signale comme nouvelle l'expression « un soldat déterminé ».

Détenu, retenu. Voy. *Coy*.

Détour, traverse.

.... Vivez très bien vos jours,
Vivez encor les miens, ne vous pouvant survivre,
Sans aucuns longs travaux, ny peines, ny détours, X, 85.

Détraquer (se), se déshabituer. Quand une femme une fois s'est mise à ce train, elle ne s'en détraque, non plus qu'un cheval de poste qui a accoustumé si fort le gallop qu'il ne le sçauroit changer en autre train d'aller, IX, 131.

Deub, dû, devoir, *debitum*. Le duc de Ferrare d'aujourd'huy se comporte avec ses subjects aussi doucement que prince de la chrestienté..., ne tirant d'eux sinon ce qui lui est deub, III, 41. Faire le deub de sa charge, VI, 429.

Devantière, devanture. Et traitant ainsi leurs pauvres femmes qui ont toute leur chaleur en leurs belles parties de la devantière, IX, 179.

Dévestir (se), se dépouiller. Et dès lors (Charles-Quint) prit occasion de faire la trefve.... et se dévestir de son empire, de ses estats et royaumes, I, 25.

Dévirginé, qui a perdu sa virginité. Ainsi que je l'ay veu appeler tel à aucunes filles estans dévirginées et à aucunes femmes prises à force, IX, 90.

Devisement, causerie. Cela se peut mieux dire et représenter par parolles, gestes, devisemens, que par escrit, VI, 115.

Dévorable, vorace. On dict que le dragon se faict et se forme d'un gros serpent, dévorable qu'il est, en dévorant et mangeant plusieurs autres serpens et serpenteaux, II, 206.

Dévot, dévoué, fidèle, *devotus*. Un gentilhomme de Xaintonge, nommé Saincte-Foy, ayant esté faict créature de M. le Prince.... le vint à quitter à Orléans, soubs le prétexte de dévot réaliste, VII, 248. — H. Estienne (p. 377) proteste contre la nouvelle acception que l'on commençait à donner au mot *Dévotion* et qui est restée. « On souloit user de ce mot, dit-il, quand on parlet de Dieu (asçavoir de l'affection qu'on met au service de Dieu), et maintenant on en use aussi quand on parle des hommes, car on dit : cestuy-ci est à la dévotion d'un tel seigneur. »

Dévotieusement, dévotement. Voy. *que*, comme.

Diantre, diable. Nous autres diantres provençaux, V, 427.

Diantrerie, diablerie, drôlerie, IX, 519.

Diète, régime. Nostre roy dernier Henry III°, faisant un jour la diète à Sainct-Germain-en-Laye, où il s'estoit retiré à part, hors de sa court, II, 211. Il (Du Gua) avoit changé de logis, ne quictant pas le sien pourtant où estoit son train; mais pour mieux faire la diette, il s'estoit sequestré et séparé à part, V, 354.

Diffame, mépris. Mais ils (les rois) sont chrestiens, qui ont la crainte de Dieu devant les yeux..., leur honneur, le diffame des hommes, X, 354.

Diffinir, terminer. En nos apels aussi tost on a diffiny par une belle gloire son différent, ou bien l'on y meurt en belle réputation, VI, 389.

Diffiniteur, celui qui sait donner les définitions. Je ne sçay si l'on doit apeler ceste fille simple et niaise, ou bien fine et rusée...; je m'en raporte aux diffiniteurs, IX, 558.

Diffinition, fin, terminaison, terme. Avant que ceste grand'bataille se donnast en Affrique entre Scipion et Anibal, qui fut la totale diffinition de la guerre de Rome et de Cartage, IX, 628. Et là fut la diffinition de sa réputation (à des Adrets), car despuis il ne fit jamais si bien pour le parti catholique comme pour le party huguenot, IV, 33.

Digne, capable. C'estoit (Strozzi) l'homme du monde qui estoit plus digne de loger un'armée, fust en leur assiette de logis, fust en campaigne pour battaille, VI, 160.

Digresseur, qui fait des digressions. Je les descrirois, (les fêtes de Bins) volontiers ici...., mais on pourroit me reprocher que je serois un trop grand digresseur, IX, 616.

Dire (à), faire défaut, à regretter. Il (Fonterrailles) eut à la bataille de Coignac une jambe blessée et coupée, qu'il a à dire, II, 411 : « Sire, vous estiez très bien armé selon que vous dictes; mais vous aviez à dire la meilleure pièce de votre harnois. — Et laquelle? respondit le roy (François Ier) — Le cœur de vostre noblesse, » III, 153. On le trouva à dire (S. André) sur la retraicte tout le soir et toute la nuit, jusques au matin l'endemain sur les neuf heures, qu'après avoir esté bien cherché et recherché parmy les mortz, il fut trouvé dans un petit fossé, V, 39.

Dire (vouloir), vouloir bien. Il ne faut que peu ou prou pour s'advancer en guerre, quand la fortune veut dire, III, 384.

Discordant de (être), être en désaccord sur. Les Espaignolz et François sont discordans du nom de celuy qui le combattit, IV, 176.

Discoste, distante; en italien *discosto*. Zara en Barbarie, discoste de la mer douze milles, IV, 134.

Discourir, exposer, raconter. Il (Bellegarde) part en poste et va audevant du roy (Henri III) qu'il trouve en la Carinthie, luy discour sa négociation, V, 199.

Dispensé (être), avoir une dispense. Pour complaire à son roy l'on est dispensé de tout, et pour faire l'amour et d'autres choses, IX, 482.

Disposément, en ordre. A moy tout est de guerre et de pardon, qui ne faictz proffession de coucher bien par escrit ny disposément, IV, 100.

Disposé à (être), être en état de. Voy. *Marette*.

Disposition, agilité, état de santé. La pluspart du temps (M. de Savoie) alloit tousjours en croupe derrière luy (M. de Nemours) et sans autre cérimonie.... y montoit d'une telle disposition qu'il estoit plus tost monté qu'il en sceust rien, IV, 168. Et puis (Henri II) la fit mener (Françoise de Rohan) dancer.... la gaillarde et les autres bransles, là où monstra sa disposition et dextérité mieux que jamais, IX, 489. Il (Henri III).... m'appella et me demanda de la disposition de mon frère que je luy dis très mauvaise, V, 206.

Disposte, (féminin de *dispost*), dispos, alerte. M. le comte (de Mansfeld), son père, le survesquist, ayant vescu près de cent ans en belle vie et fort disposte, I, 309.

Dispostement, lestement, avec souplesse. Auparavant elle (Diane de Poitiers) s'estoit rompue une jambe sur le pavé d'Orléans, allant et se tenant à cheval aussi dextrement et dispostement comme elle avoit fait jamais, IX, 356.

Dissimulé, déguisé. Et de fait cette dame, la voulant voir (une courtisane) alla chez elle en habit dissimulé, IX, 53.

Dissolu, résolu. Une question y a-il que je voudrois qui me fut dissolue en toute vérité, IX, 691.

Dissolvable, qui peut être dissous, dissoluble. Telz mariages, certes, sont dissolvables pour ces incapacitez, VIII, 92.

Divers à ou *de*, différent de. Un caresme bien divers à ceux qu'il (Montmorency) avoit veu de jadis faire à la court, III, 296. Voy. *Duellian*.

Diversifier, changer. Voy. *Varéable*.

Diversion, séparation. (Anne de Bretagne) aborrant fort le scisme et la diversion (du pape et du roi), VII, 318.

Divertir, détacher, séparer. Lorsque ce grand empereur (Charles-Quint) se voulut divertir du monde, I, 58; note 4. Cf. IV, 250.

Divise, devise. Aussi portoit-elle pour sa divise la fleur du soucy, VIII, 115.

Diviser, deviser. (Catherine de Médicis) avoit ordinairement de fort belles et honnestes filles, avec lesquelles tous les jours en son antichambre on conversoit, on discouroit et divisoit, tant sagement et tant modestement que l'on n'eust osé faire autrement, VII, 377.

Divulguement, communément. Un autre vieux capitaine.... qui d'autres fois avoit très bien faict, mais là (à Dreux) très mal.... et le publioit-on divulguement, IV, 9.

Divulguer, connaître Et là (les sottes du temps passé) faisoyent tant durer leurs jeux et esbats qu'aussitost elles estoyent découvertes et divulguées, IX, 253.

Doint, subjonctif du verbe donner. Dieu vous doint très heureuse et longue vie! II, 406.

Dollé, poli, *dolatus*. Voylà une plaisante rithme, mais mal dollée, IV, 92, note 2.

Dominatif, de domination, de conquête. Il (Lautrec) ne voulut entrer dedans (Pavie) par les portes de la ville, mais par la bresche tout à cheval, la faisant un peu esplanir, pour manifester plus grand triomphe dominatif, III, 29.

Dominations, possessions. Elle (Claude, duchesse de Lorraine) estoit vraye fille de France..., en bon esprit et habileté, qu'elle a toujours bien monstré en secondant sagement et habillement monsieur son mary au gouvernement de ses seigneuries et dominations, VIII, 139.

Donc, dont. L'assurance et la braveté qu'il eut de se battre ainsi contre ces trois l'un après l'autre, donc, selon toutes les loix duellistes, légitimement il se pouvoit excuser. VI, 319.

Done, dame, de l'italien *donna*. Ilz s'attachoient aux marquises, contesses, baronnesses et grandes dames et gentiles dones de la ville, I, 274.

Donrois, donnerais. A quoi respondit l'empereur : « S'il se jouoyt à cela, je luy donrois de mon espée si estroit sur l'oreille que.... » I, 41. Dans une variante de ce passage, p. 39, note, il y a : « Je luy donrois de l'espée si serré. »

Dont, donc. M. le connestable dont estant retourné à la court, III, 346.

Dont, d'où. Le grand pont de Brantôme dont l'on va au jardin, X, 149.

Doubler, faire un double, un duplicata, copier. Je priay cette honneste dame de me donner le double de ce conte ; ce qu'elle fit très volontiers, et ne voulut qu'autre le doublast, de peur de surprise, IX, 217.

Doubte, hésitation. S'il (Gonsalve de Cordoue) eust peu usurper et surprendre pour luy et pour son maistre, il l'eust faict sans doubte ny aucun scrupule, II, 213.

Doubter de quelqu'un (se), s'en méfier. Luy (du Gua) se doubtant toujours dudict baron (de Vitaux), il se fioit à un homme qui guestoit et espioit ledict baron, V, 355.

Douter, redouter. Nos ennemys sont soudoiers et mercenaires..., par quoy ne les devons douter, II, 317.

Douteux, soupçonneux, méfiant. Ces brindes et ces paroles et responses.... durèrent assez longtemps jusques à ce que le prince fin et douteux, se douta de quelque chose, IX, 83. Voy. *Doubter.*

Draperie, dénigrement, censure. Plusieurs en ay-je veu tels qui craignans de parler des hommes, de peur de la touche, se mettoyent sur la draperie des pauvres dames, IX, 501. (Nous disons encore *draper quelqu'un*).

Dresser, adresser. M. de la Force les devoit alléguer en son harangue qu'il dressa au roy, V, 265. Voy. *Droisser.*

Droisser, dresser, élever. Il (M. de Chièvres) l'ha sceu (Charles-Quint) si bien droisser que nous en avons veu l'œuvre, I, 216, note 4. Voy. *Dresser.*

Dronos, tape, horion. Les uns les assommoient de coups, les autres se contentoient à leur donner dronos, I, 273. Cf. VII, 155.

Duellian, duelliste, qui se bat en duel; en italien *duellante.* L'infidelle estant divers de relligion, il est esgal ennemy de l'un et de l'autre des duellians (aucuns Italiens usent de ce mot) ou combattans, VI, 303.

Duelliste, qui est relatif au duel. Voy. *Donc.*

Durer, vivre. Aussi a-il (Montmorency) sceu bien en soy entretenir ce christianisme tant qu'il a duré, III, 295.

Eau-bénitier, bénitier. Voy. *Aspergez.*

Économie, administration de la maison. M. de La Noue.... quitta le bureau et la marmite et l'économie du roy de Navarre pour aller guerroyer en Flandres, VII, 210. Cf. *Caballe.*

Efroyant, effrayant. Paulo Jovio en descrit ses forces et la forme efroyante qu'il (Charles-Quint) entra aveq elles dans Boulogne, I, 39, note.

Éjamber, enjamber, empiéter, gagner. Toutesfois ses ennemys n'éjambarent rien sur luy (Louis XII) ni sur un seul pouce de terre de son royaume, II, 364. Cf. *Ajamber, Esgember, Esgeambement.*

Élangory, languissant. Venoient-elles à estre veufves, les voylà remises et refaictes aussitost, comme un cheval maigre et élangory mis à l'herbe qui se reffaict, VII, 168.

Élevé, en relief. Au lieu de testes de mort qu'elles (les veuves) portoient ou peintes, ou gravées et élevées, IX, 659.

Embler, enlever (nous avons encore la locution adverbiale *d'emblée*). Il ne l'espousa, car un autre plus riche la luy embla, IX, 283.

Emboucher quelqu'un, lui faire la leçon, l'instruire, s'aboucher avec lui. Et (Strozzi) ayant embouché auparadvant ledict sarrurier, II, 246. Le roy François.... pensoit, s'il avoit une fois veu l'empereur.... et qu'il l'eust embouché, qu'il s'accorderoit aussi tost avec luy, I, 231.

Embourreur de bas, ardent en amour. J'en ay cogneu une (dame) qui avoit un mary très bon embourreur de bas, IX, 151.

Émeric, émeri. Une lame vieille, rouillée et mal fourbie, là où il y faut plus d'émeric que tous les fourbysseurs de la ville de Paris ne sçauroyent fournir, IX, 175.

Éminence, grandeur. Par quoy (César) faisant bonne contenance et dissimulant l'éminence du mal,.... s'en va à dessein visiter les temples, X, 19.

Emmener, amener. Le capitaine Charry vint après en nostre camp.... et emmena un beau et grand régiment de Gascons.... qui fut un bon secours, V, 338. Voy. *Matois*.

Emmollé, émoulu ; de l'espagnol *amolar*. Un jour..... entrant dans l'armée du roy à La Rochelle, il trouva un capitaine nouveau qui venoit d'estre nouvellement emmollé et ne cognoissant point ledict gentilhomme, VI, 168.

Emperière, impératrice. Tant y a que ce fut là une libérallité qu'une grande emperière ou reyne n'en eust voulu user, V, 31.

Empérière, dominante, impérieuse. Tellement que, pour la trop grande présomption qu'elle a de sa chasteté.... (son mari) ne la peut retenir qu'elle ne face de la femme empérière, IX, 173.

Empescher (s'), se presser, se donner de la peine. Cette belle dame, plus elle se remuoit à reprendre la couverture, tant plus elle se faisoit paroistre, ce qui n'endommageoit nullement la veue et le plaisir du gentilhomme qui autrement ne s'empeschoit à la recouvrir, IX, 281.

Empiété, ayant pied. Charles VIII ayant advisé avec son conseil qu'il n'estoit pas bon d'avoir un si puissant seigneur ancré et empiété dans son royaume, VII, 309.

Empietter. Dans la langue du blason ce mot se dit de l'oiseau qui tient la proie dans ses serres. Soliman.... l'achevoit de ruiner (la Hongrie) et l'emporter sans l'aigle de l'empeur qui l'eust empietté luy-mesme, sans qu'il se mit à la fuitte, I, 18.

Empistollé, muni de pistolets. J'ay ouy conter à feu M. de Ferrare que ces reistres ne craignent gens tant qu'ils font les Turcs...;

ce que je treuve fort estrange..., veu que les reistres estoient armez jusqu'aux dentz, et si bien empistollez, pour l'offansive et deffensive, IV, 204.

Emprès, après. Quand on en void aucunes garder leurs viduitez, il ne les en faut pas tant louer.... jusques à ce que l'on sçache leur vie, et emprès.... les en haut louer ou mespriser, IX, 725. Voy. *Amprès*.

Émulation, jalousie, envie. Monstrant par là (Charles IX) une compassion qu'il avoit de luy-mesmes, et une sourde émulation de Monsieur, son frère, V, 251.

En, à. Sa douceur et sa bonté le rendent (M. de Nemours) très aymable, surtout aussi sa grande libérallité..., car il n'a rien en luy. Ce qu'il prend d'une main, il le donne de l'autre, III, 185.

En ce que, à cette fin, à condition que. Après le massacre de la Saint-Barthélemy, le roy.... le remit en sa grâce (La Noue), le remit en ses biens, en ce qu'il aille à La Rochelle et persuade aux habitants de rentrer en leur deue obéyssance, VII, 216. Le roy et la reyne.... obtinrent de M. le prince (de la Roche-sur-Yon) qu'il oublieroit le tout et ne luy demanderoit rien (à Maulevrier), en ce qu'il ne se montrast jamais devant luy, V, 28.

En là, en ce pays-là. Voy. *Bestial*.

En main, à la main. J'ay veu ung petit traitté escript en main, III, 69, note 4.

En pour, empour, pour, au lieu de, à la place de. Et contrefaisant de l'endormy en pour son maistre dont il tenoit la place, I, 226.

En tant, entre-temps. Il (Charles de la Paix) nous a tenu en prison, mon mary et moy, ma fille et son mary. En tant est advenu que madicte fille et son mary y sont mortz, VIII, 163.

Enamouracher (s'), s'amouracher; en italien *innamoracciarsi*. Quand elles (les veuves) ont envie d'un homme et qu'elles s'en viennent enamouracher et encapricher, elles vendroient et donneroient jusques à leur chemise plustost qu'elles n'en tastassent, IX, 577.

Encadené, enchaîné, II, 86. Voy. *Grief*.

Encapricer, encapricher, encapricier, se mettre en tête, s'amouracher, s'éprendre; en italien *incappriciarsi*. Qui me fait ressouvenir.... de quelque belle dame vrenilleuse et vollage qui, encapricée désordonnément d'un nouveau amant, l'ayme, l'adore, III, 12. Voy. *Enamouracher*.

Encarcérer, incarcérer. Il n'y avoit pas longtemps qu'il (l'archevêque de Tolède) avoit esté encarcéré, I, 61.

Encharger, prescrire, ordonner. Voy. *Enderier*.

Encharner, se rassasier; en espagnol, *encarnar*. Il en devoit tousjours gouster en appétit, et faire comme l'on faict aux dogues en Angleterre, lesquelz leurs maistres ne laissent jamais encharner sur la beste qu'ilz ont attaquée, mais les en retirent aussitost qu'ilz les voyent acharnez et par trop aspres, VI, 164.

Enchouer, échouer. L'empereur Charles sçavoit.... très bien desbaucher, pour s'en servir, les pauvres estrangers; mais après les avoir enchouez comme un pauvre navire dans la vase et s'en estre servy, il n'en faisoit plus de conte, comme il fit de M. de Bourbon, du duc de Savoye Charles et du marquis de Salusse qui, tous trois, furent malheureux et fort fatalz pour avoir pris son party, II, 234.

Encloueure, obstacle. Mais l'encloueure estoit en ce qu'il eust de grandes guerres de tous costez, I, 40.

Encoffrer, coffrer, emprisonner. Voy. *Garde*.

Encontre, rencontre, hasard. Voy. *Fuye*.

Endemain (l'), le lendemain. Luy (Guise) et M. le Prince couchèrent ensemble, et l'endemain nous allasmes à son lever, IV, 350.

Endemené, endiablé; en italien *indemoniato*, en espagnol *endemoniado*. Il y a encor d'autres filles qui sont de si joyeuse complexion, et qui sont si follastres, si endemenées et si enjouées, IX, 585.

Enderier (à l'), au dernier moment. Tesmoing le légat qu'il (François Ier) fit à sa mort à M. d'Anebaud, son grand favory; à l'enderier en chargea à son fils de le lui laisser, III, 117. Cf. *Der*.

Enderse ou *anderse*, maladie de la peau. D'autres (femmes) y a-il encor qui sont.... subjectes à enderses farineuses et farcineuses, IX, 264.

Endevant (l'), au-devant. Ainsi qu'il (Guise) entra en son logis blessé, elle (sa femme) vint à l'endevant de luy jusqu'à la porte de son logis, toute esperdue et esplorée, IX, 442.

Enflambé, enflammé. M. du Mayne, accompagné d'une armée de quinze mille hommes, tous enragez, désespérez de la mort de leur brave M. de Guyse, et tous enflambez pour venger sa mort, VII, 213.

Enfuyr, fuir, éviter. Quell'honte, messieurs, proposez-vous à nostre brave roy.... de se retirer d'icy.... et enfuyr une bataille qui se présente à nous tant désirée, III, 65.

Engarder, prendre garde, empêcher. Le roy luy (à Lautrec) avoit mandé par un courrier exprès qu'il engardast sur toutes choses que l'ennemi ne passast point ce fleuve (l'Adige), III, 58. M. de Rambouillet.... nous pria d'aller ensemble dans mesme bateau pour engarder ceste batterie, VI, 183. On ne sauroit engarder aucun qu'i(l) ne s'enyvre de son vin propre, VIII, 155.

Engarder (s'), se défendre. Le roy Louis (XII).... ne se put jamais engarder de l'aimer (Anne de Bretagne) toute mariée qu'ell'estoit, VII, 313.

Engravé, gravé, ciselé. Grande gloire pour luy, qui luy demeure engravée sur sa sépulture, IV, 42. Voy. *Aspergez*.

Enhorter, exhorter. A son partement je luy (au roi de Majorque) enjoignis et enhortay espéciallement qu'il allast devers le roy Charles de France, VIII, 162.

Enlevé, relevé. (La couronne de laurier chez les Romains fut) puis entièrement changée de laurier naturel en laurier buriné et enlevé en cercle d'or, V, 101.

Emmasqué, couvert d'un masque, dissimulé. On s'estonna fort comme leurs Magestez pouvoient jouer un tel roole ainsi emmasqué, si auparavant elles avoient résolu ce massacre (de la Saint-Barthélemy), IV, 302.

Enmatin (l'), le lendemain matin. Je ne faillis pas de l'entretenir tout un soir à soupper et encor le lenmatin à desjuner, III, 5 et note 2.

Ennuy, annuit, aujourd'hui. Nos vefves d'ennuy n'osent porter des pierreries, IX, 638.

Énorme, déréglé. Ces figures énormes de l'Arétin, IX, 42.

Enquent, *enquant*, encan. Une fois luy (au cardinal d'Este) estant apporté une lamproye par son pourvoyeur.... et lui aiant dict qu'elle coustoit cinquante escus et qu'il l'avoit achepté comme à l'enquent, III, 44. Après sa mort (de Saint André) on les a veu (ses meubles) vendre à Paris aux enquans, V, 30.

Enrichisseure, enrichissement. Ceste reyne (Marguerite de Valois) que je peux dire en estre (de la cour) tout l'ornement et l'enrichisseure, VIII, 28.

Enrougir, couvrir de rouge. Le sang de leur père (Jacques d'Armagnac) les taignit tous et les enrougist tumbant de l'eschaffault en bas, II, 371.

Ensalaudir, gâter par la saleté. Et d'autres habillements se fussent ensalaudis, et ces blancs (les Rochelloises) en estoyent quittes pour les mettre à la lessive, IX, 420.

Ensallir, salir. Ce n'est pas tout que de faire un bon office, il ne faut puis après le deffaire ny l'ensallir par un autre mauvais, V, 141.

Ensépulturé, enseveli. Le corps de ladicte dame (Anne de Bretagne).... fut honorablement inhumé et ensépulturé dedans le sépulchre à elle préparé, VII, 324.

Ensuivre, suivre, continuer. Je voudrois bien sçavoir qu'estoit-il plus louable au roy, ou de recevoir une si honneste troupe de dames et damoyselles en sa court, ou bien d'ensuivre les erres des anciens roys, III, 128.

Entende, entente, sens. Ces motz ont deux entendes ; je m'en raporte aux personnes bien curieuses de les expliquer, V, 431.
— Nous avons encore la locution *à double entente*.

Entourner, entourer, investir. Et le falut (Rouen) désassiéger quelques mois après, pour n'avoir qu'un petit camp pour entourner et assiéger ceste grand'place, IV, 282.

Entrelasser, interrompre ; en italien *intralasciare*. Je me suis sur la fin un peu entrelassé de mon premier discours ; mais prenez le cas qu'après la moralité et la tragédie vient la farce, IX, 467.

Entrelassure, interstice, jour (de broderie). Surtout on voyoit ce beau sein royal (de Cléopâtre) couvert seulement d'un ouvrage de soye de Sidon, faict à l'aiguille.... si industrieusement eslabouré qu'on voyoit à plein et à travers les entrelassures l'allebastre de son excellente blancheur, X, 25.

Entrepreneur, faiseur d'entreprises. M. de Pontdormy a esté un bon, vaillant et exellent capitaine et fort grand entrepreneur, III, 70.

Entretailler (s'), s'entrecouper, s'embarrasser. La grand'confusion de parolles parmy lesquelles l'on s'entretaille gaste plus qu'elle n'édifie, III, 102. Oudin cite la locution *entretailler des maschoires*, et l'explique par « parler inconsidérément contre soy; parler sans distinction ».

Entretant, entre-temps. Entretant, La Mothe va courant à trouver M. de Bourbon, III, 143.

Entretenu, conservé. Non qu'elle (Catherine de Médicis) fust si fresche comme en ses ans plus fleurissans, mais pourtant bien entretenue, et fort désirable et agréable, VII, 344.

Entretenu, payé. Il (Espernon) avoit à sa suite plus (que le roi) de capitaines en chef, de lieutenans..., de capitaines entretenus, de payes réalles, VI, 102.

Entrevenir, survenir, intervenir. M. de Bellegarde alla en Piémont, où il n'y fut pas plus tost que la mort du roy Charles envint, V, 199. Sur laquelle (la prise de Louis XII à Saint-Aubin) entrevint Maximilian, duc d'Austriche.... qui l'espousa (Anne de Bretagne), VII, 308.

Entr'ouir, entendre. (Nous n'avons plus de mot pour rendre la nuance qui sépare *entr'ouir* de *entendre*, nuance semblable à celle qui existe entre les verbes *entrevoir* et *voir*). Et lors sa Majesté (Henri II) entr'ouyt aucuns cornets et trompes sonner, IX, 318.

Entusiasme, enthousiasme. Mesmes nos poëtes françois, flateurs de leur nature, qui par leurs entusiasmes veulent contreffaire les astrophiles, V, 240.

Envazzé, envasé (au figuré). Mais estant une fois (les transfuges) envazzez et engagez parmy eux (les princes), n'en tiennent plus de conte, I, 259.

Envestir, investir, attaquer, IX, 177. Voy. *Investir*.

Envieillir (s'), vieillir. C'est grand dommage quand ces grandz capitaines s'envieillissent et meurent, IV, 71. Cf. V, 83.

Envitaillé, membré. Ainsi qu'elle (une mourante) oyoit un de ses parents faire la guerre à un autre.... qui estoit terriblement envitaillé, IX, 669.

Envitailler, ravitailler. Il (M. du Ru) voulut..., en pleine paix, empescher M. de Villebon d'envitailler Thérouanne, I, 319. Cf. VIII, 280.

Envoyer au secours à quelqu'un, lui envoyer demander du secours. Toutes ces choses acumullées ensemble animarent le pape (Paul IV) d'envoyer au secours à nostre roy (Henri II), IV, 210.

Erres, trace, voie. *Reprendre les erres de quelqu'un*, revenir à lui. Pour reprendre les erres de nostre grand roy Henry, III, 266.

Erres, arrhes. Et par ce Cæsar faisant semblant d'estre asseuré quelque peu de la foy de ces Égyptiens, sur le gage de la mort de Pompée et les erres d'une telle meschanceté, X, 18.

Esbahir, *s'esbéyr*, s'ébahir. Or, il ne faut pas esbahir si mondict sieur de la Chastre...., V, 181. Il ne se faut esbeyr si telles manières de gens, bien créez et gentilz trouvoient ceste princesse (Marguerite de Valois) si belle, VIII, 27.

Esbarbat, imberbe; en italien *sbarbato*. Luy (le prince d'Orange) jeune capitaine et quasi esbarbat général, I, 241.

Esbéyr. Voy. *Esbahir*.

Esbobir (s') (probablement une faute, pour *esbodir*, *esbaudir*), se réjouir, s'amuser. Dieu sçait! Elle en avoit bien trouvé un pour s'esbobir ailleurs, IX, 719.

Escabreux, *escabroux*, scabreux, difficile, rude; en italien *scabroso*, en espagnol *escabroso*. (Le postillon de Don Juan) le passa par toute la France en un temps dangereux et pays escabreux, et mesmes en Guienne, sur la vigille de la guerre, II, 127. Le capitaine Bourdeille.... estoit un jeune homme escabroux, vieux capitaine pourtant, VI, 414. Cf. IV, 84. Voy. *Escallabreux*.

Escadre, escadron. Et puis tous ces gentilz fantassins despartys en quatre ou cinq bonnes bandes, quelquesfois par escadres, on verroit l'eschet, après, que ces gens fairoient sur ces gros (bataillons), I, 339. Suivant H. Estienne (p. 273) le mot *squadron* qu'on prononçait aussi *esquadron* était un nouveau venu apporté par les gens de guerre à la cour.

Escaldatif, échauffant; en italien *scaldare*, en espagnol *escaldar*, échauffer. Et que deviendroyent tant de bons potages restaurens, bouillons composez, tant d'ambre-gris et autres drogues escaldatives et confortatives....? IX, 337.

Escallabreux, *escalabrous*, qui a mauvais caractère, mauvaise tête. Et bien qu'il (le frère de Brantôme) fust un jeun'homme fort escallabreux, querelleux et prompt de la main, II, 236. Voy. *Escabreux*.

Escalle, échelle. Ainsi qu'ilz estoient dans la réale et qu'elle (Clarisse Strozzi) voulut monter après à l'escalle, l'esquif luy faillit et le pied par conséquent, II, 276.

Escaller, escalader; en italien *scalare*, en espagnol, *escalar*.

Le comte (de Brissac), désespéré du fruict de son amour, avoit un jour résolu d'escaller en pleine court de son roy la chambre de sa maistresse, VI, 142.

Escamper, décamper ; en italien *scampare*, en espagnol *escampar*. Asseurez-vous que si le gentilhomme n'eust sitost escampé, il estoit très mal, IX, 492.

Escandaliser, *s'escandaliser*, rendre ou devenir un objet de scandale. Sans vous escandaliser, je ne vous enquiers davantage, et qu'il s'en soit plus parlé, III, 310. J'ay cogneu deux femmes en France qui se mirent à aymer deux chastrez gentilshommes.... et si ne s'escandalisoyent, IX, 139.

Escapade, action d'échapper. André Dorio s'estonna de ceste escapade (la fuite de Dragut), II, 56.

Escaper, échapper ; en espagnol *escapar*. Ce seigneur (Espernon) escapa pourtant là un grand hasard, VI 99. Voy. *Eschapper*.

Escarbillat, leste, dégagé. Les bonnets estoient en usage qu'on ha perdu aujourd'huy, pour prendre de grands fatz chapeaux aveq plus de plumes qu'une austruche n'en peut produyre, qui ne frisent point si bien ny ne font sa cervelle escarbillate et gentile comme, le temps passé, les bonnets, I, 45.

Escarce. Voy. *Escarse*.

Escarpe, soulier ; en italien *scarpa*. Cinquante soldatz qui tous avoient le bonnet rouge ou de velours...., avec le fourreau et l'escarpe de vellours.... C'estoit une grande chose que d'avoir telle chaussure et le fourreau, VI, 106.

Escarre, équerre ; en italien *squadra*. Ainsy que fit le roy François en ces deux bastimens et tant d'autres en France qu'il a faict bastir...., que dès lors qu'ils avoient esté projectez, et la truelle, le compas, l'escarre et le marteau y rapportez, bientost après dans peu d'années l'on y voyoit venir loger la court, III, 126.

Escarse, *escarce*, ménager, avare, mesquin ; en italien *scarso*, (d'où escarcelle). Nostre roy (Louis XII) estoyt, au contraire, fort escarse et fort espargnant, I, 75. Que s'il se treuve quelques mescréant qui, par une foy escarse, ne veuille donner créance aux miracles de Dieu et de nature, qu'il la (Marguerite de Valois) contemple seulement, VIII, 23. Cf. IX, 176.

Escarter, égarer. Ainsi qu'on lui (au cardinal d'Este) dict un jour qu'il s'estoit escarté quelque vaisselle d'argent pour environ deux cens écus, en sa maison, et que cela venoit de ces chevaliers (de Malte), qui s'en estoient accommodez, III, 43.

Escerter. Voy. *Esserter.*

Eschafaut, tréteaux, théâtre. Voy. *Varéable.*

Eschansonner, goûter le premier comme font les échansons. Voy. *Traicteur.*

Eschapin, chausson en cuir. Gaston de Foix.... à la reprise de la ville de Bresse.... se fist oster les soulliers et se mit en eschappins deschaussez, IV, 243.

Eschapper, laisser partir. Le père le tenoit si fort subject près de luy qu'il ne le vouloit eschapper ny donner congé pour tourner à la court, X, 37.

Eschet, ravage, échec, désastre. L'arquebuserie fit (à Auneau) ce grand eschet sur les reistres, I, 340. Et tout l'eschet tomba sur le pauvre Mouvans et Pierregourde, et leurs gens, V, 429. Voy. *Escadre.*

Eschetz, échecs. Bien souvant on les a veuz jouer aux eschetz, M. de Bonnivet et luy (Brissac) despuis le disner jusqu'au soupper, sans profférer une vingtaine de parolles, IV, 74.

Escient (à bon), véritablement, tout de bon. Après qu'on luy (à Mme d'Espernon) eust remonstré qu'il falloit à bon escient s'en aller à Dieu et qu'il n'y avoit plus aucun remède, IX, 454.

Esclair, éclat. L'agate s'y faisoit bien recognoistre surtout par son esclair brillant, X, 23.

Esclairer, épier, observer (nous avons conservé dans ce sens le mot *éclaireur*). Ainsi les rois, qui sont esclairez de toutes partz, doibvent mener leurs vies et leurs honneurs, II, 74. Cf. IX, 252.

Esclandre (mot estropié pour esclame), grêle, efflanqué. Ainsi que j'estois à la poste.... me vint accoster un grand jeun'homme de l'aage de trente ans, maigre et esclandre, II, 22.

Esclavitude, esclavage, en espagnol *esclavitud,* en italien *schiavitudine.* Tel qu'il (un esclave) seroit, quand ce seroit le plus barbare et estranger du monde, ayant mis seulement le pied dans la terre de France, il est aussitost libre et hors de toute esclavitude et captivité, IV, 193. Cf. *Bajestan.*

Escoffion, coiffure de femme, bonnet. Aucuns disent qu'il (Brissac) eut aussi le beau et riche escoffion de la duchesse (de Savoie) tout garny de grosses perles et pierreries, IV, 105. Cf. VIII, 174. — On lit dans la cinquième *Serée* de Bouchet : « Parquoy les matrones leur commandent (aux filles, la nuit de leurs noces) de mettre leurs mains sur leurs coiffures afin que leur couvre-chef ou escoffion de nuit ne bouge de dessus leur teste. »

Escole (*Maistre-*). Voy. *Maistre*.

Escorne, affront, en italien *scorno*. Qui furent bien estonnez? Ce fut M. de Bourbon, le marquis et autres grandz capitaines, pour avoir receu un tel affront, telle escorne et baye, I, 228. Cf. IX, 131. H. Estienne dans le premier de ses dialogues fait ainsi parler Philausone (p. 91) : « En veci encore un autre (exemple) fort gentil, de ceux qui au lieu de dire : Il luy a faict un grand *scorne*, prononcent les uns : il *luy a faict un grand escorne* (qui est le moins mauvais), les autres, *un grand excorne*, les autres *une grande écorne*, les autres *une grande corne*. Je sçay, dit Celtophile, bon gré à ces derniers qui ne marchandent point tant; et pour le moins disent un mot qui signifie quelque chose. » Voy. encore p. 108.

Escort, excort, adroit. Voy. *Excort*.

Escossiment, langage écossais. Madame Flamin, d'Escosse, laquelle ayant esté enceinte du fait du roy (Henri II), elle n'en faisoit point la petite bouche, mais très hardiment disoit en son escossiment francizé..., IX, 490.

Escot, écot, somme à payer. Il (le duc de Savoie) les achepta à vil prix (les prisonniers) des soldatz et après en tira de grandes rançons, dont M. de Bourdeille, mon frère aisné, pris là à Hesdin en fut d'un grand escot, qui a porté grand préjudice à nostre maison, II, 145.

Escot (s'abattre sur l'), se rabattre sur le profit, la part qui peut revenir. Le roy de Navarre.... s'abattit lors sur l'escot, et débattit qu'il falloit faire ceste restitution (des places du Piémont) résolûment; autrement il n'auroit point le royaume de Sardaigne tant compromis (promis), V, 74.

Escot (compter d'), s'engager. Les François, ce coup-là, avoient raison de compter ainsy d'escot pour ce prince (Charles VIII), car jamais ne fust veu meilleur prince en France, II, 318.

Escot (être de même), avoir même sort. Où (à Saint-Quentin), possible, s'ilz (les reitres) eussent eu affaire et à parler à M. de Guyze, ilz eussent estez de mesme escot qu'à Ranty, IV, 196.

Escot (se trouver de l'), payer. Ils nioient tout; aussi s'en fussent-ilz trouvez de l'escot, s'ils l'eussent advoué, IX, 494.

Escoué, châtré. Les autres (les prêtres au sac de Rome) eschappoient comme pauvres escouez, I, 274.

Escoupetterie, coups de feu. J'estois lors mallade d'une grosse fiebvre tierce, et oyant ceste escouppetterie je creus que...., VI, 187.

Escrarcir, éclaircir. Il (d'Aumale) n'avoit l'armée complette.... pour forcer une telle place (Rouen) pleine et regorgée de si bons hommes. Mais pourtant après que M. de Guyze l'eust assiégée et prise, ilz furent fort escrarcys; car de soldatz et capitaines, il en fut tué un grand nombre, V, 417.

Escriteau, inscription. Voy. *Morte-paye*.

Escriture, écrit, relation. Voylà une sortie bien contraire à celle que M. de Montluc raconte, lequel a esté si malheureux à l'endroit des escritures espagnolles qu'elles ont parlé de luy comme vous voyez, I, 300. Cf. II, 255.

Escrupule, scrupule. Voylà la religion saincte et le sainct escrupule qu'avoit ce bon prince (Guise) à ne vouloir offancer Dieu, IV, 257.

Escumer, terme de fauconnerie, se dit de l'oiseau qui passe près du gibier sans s'y arrêter. Quand le duc d'Albe passa vers Flandres, tout le bruict commun estoit qu'en faisant semblant d'escumer Genefve, que tout à plat il l'alloit assiéger, V, 425.

Esgard, autorité, droit. Papinian.... dit : que l'héritier n'a nulle réprimande ou esgard sur les mœurs de la vefve du deffunt, IX, 588. Ces filles ainsi vierges et pucelles fussent estées jadis à Rome fort honnorées et fort privillégiées, jusques-là que la justice n'avoit esgard sur elles à les sentencier à la mort. *Ibid.*, 722.

Esgaré (lieu), endroit perdu. Un jour (le comte Claudio) estant à la chasse de l'oiseau et ayant vollé une perdrix, quand il fut à la remise qui estoit un lieu fort esgaré, il trouva quatre soldats...., VI, 350.

Esgeambement, enjambement, empiétement. Voyant (Montmorency) le grand esgeambement que faisoit la religion nouvelle sur la nostre, III, 296.

Esgember ou *éjamber* (s'), s'étendre. Si bien que s'ilz ne les eussent empeschez, ilz (les Anglais) se fussent esgembez sur nous mieux qu'ilz ne firent, VI, 222. Voy. *Ajamber*.

Esgualité, égalité. Par les coquilles (du collier de l'O. de Saint-

Michel) sont remarquées leurs esgualitez (des chevaliers) ou esgalle fraternité de l'ordre, V, 96.

Esjouir (s'), se réjouir. Cela faisoit grand bien aux foyes de la reyne sa mère (Catherine de Médicis) qui, quasi le croyant, s'en esjouissoit beaucoup, V, 240.

Esjouyssance, réjouissance. Après doncques que Ptolomée eut acquis et acheté la paix..., il la fallut célébrer par beaux festins...... pour l'esjouyssance desquelz en fut faict un si superbe appareil, X, 22.

Eslabouré, travaillé. Parmy les estatz de nos roys se treuve le maistre artiller, qui est celuy qui se mesle de faire des arballestes, des traitz et des flesches que j'ai veu faictes et eslabourées d'eux très gentiment, V, 301.

Eslargir, faire largesse. (Busa) eslargist à chacun d'eux (des soldats romains) de quoy faire ses despends sur leur chemin, VIII, 112.

Eslection, action de choisir. V. *Rabattu*.

Esleu, choisi, d'élite. Sinon quelques bons soldatz esleus dudict Barthélemy.... qui s'opiniastrans au combat, demeurarent sur le champ, II, 191.

Eslévateur, qui soulève, qui ameute. Il scroit bien employé à telz eslévateurs de peuple et vilenaille, qu'ilz allassent faire les vignes, labourer la terre, et les paysans se mettre en leurs places, V, 191.

Eslévation, soulèvement, révolte. M. de Nevers et luy (Montpensier) eurent une grande querelle pour quelque parolle que M. de Nevers avoit dict en secret de Monsieur, frère du roy, à M. de Monpensier, à cause de son mescontentement et eslévation, V, 23.

Eslever, soulever. Aymant mieux (Pontdormy) mourir des armes de son ennemy que de tumber à la mercy des vilains qui s'estoyent tous eslevez, III, 70. Cf. V, 191. Voy. *Pieds*.

Eslever les armes, se révolter. S'il (P. de Tolède) n'eust faict faire la citadelle dedans Sienne, les Siennois se fussent mieux comportez et n'eussent eslevé les armes, II, 20.

Esmayer (s'), s'étonner. Mesmes les huguenotz s'en esmayoient qu'on l'avoit (Lavardin) créé tel (maréchal de France), car ilz le tenoient tousjours pour fort vaillant, mais non si sage et advisé comm'il estoit requis en une telle charge, VI, 196. Cf. VII, 356.

Esmeu, embarrassé. Il (Parisot) estoit un très bel homme, grand, de haute taille, de très belle apparence et belle façon, point esmeue, parlant très bien, V, 239.

Espace, temporisation, lenteur; de l'espagnol *espacio*. Que nostre gent gaigne la force avec l'espace et la tardance, II, 377.

Espacieux. Voy. *Espatieux.*

Espalvérade. La Curne de Sainte-Palaye rend par espalmé (épalmé) ce mot que je n'ai trouvé dans aucun lexique, et auquel il donne ainsi la signification de *enduit de graisse*, qui ne me paraît guère satisfaisante. Peut-être faudrait-il lire *palvesade.* Voy. ce mot. — Et bien que l'on trouva les gallères françoises très belles, lestes et bien espalverades et surtout la *Réalle*, à laquelle n'y avoit rien à redire, IX, 365. Cf. *Spalvérade.*

Espargne (en), avec parcimonie. La fortune qui tient toutes choses mondaines en sa main, et se plaist en faveur, en disgrâce, en gloire et déshonneur, les donner en abondance et en espargne, ainsi que porte sa volonté, aux uns et aux autres, II, 401.

Esparte, Sparte. Un bouclier avec ces mots : *aut cum hoc aut in hoc* que donna ceste brave mère d'Esparte à son filz, VII, 36.

Espatieux, spacieux. Il (un château de bois) estoit fort grand et espatieux, III, 260. Voy. *Fourest.*

Espectacle, spectacle. La dame estant venue à l'espectacle du combat, dans un charriot, le roy l'en fit descendre, VI, 243.

Espelucher, énumérer. Je serois trop prolixe, si je voulois espelucher tous les couronnelz spéciaux, V, 314. Cf. IX, 535.

Espérer, attendre. Ainsi sauva son gallant par un acte et oprobre fort villain à son mary, celle.... qui l'avoit tant déploré et regretté qu'on en eust jamais espéré si ignominieuse yssue, IX, 662.

Espier, surveiller, veiller à. Voylà ce qui donnoit à M. le mareschal (de Montmorency) fort à songer en soy, et à espier son gouvernement, et surtout la ville de Paris, qui estoit pour lors fort guizarde, III, 357.

Espiné, déchiré par les épines; en italien *spinato*, en espagnol *espinado*. Les soldats (espagnols).... estans tous quasi sans souliers, étoient contraincts d'envelopper et couvrir leurs pauvres pieds, tout espinez et esgratignez, de quelques cuirs faicts de fraisches peaux de bestes, VII, 270.

Esplanade, aplanissement (du sol). Il (Annibal) fit rembarquer par terre tous les vaisseaux par la ville et les rues, l'esplanade en estant très bien auparadvant faicte, II, 57.

Esplanir, aplanir. Voy. *Dominatif*.

Espois, épais. Ny plus ny moins qu'on void un grand et espois chaisne parestre comme l'honneur du bocage parmy les autres arbres, IV, 233. Voy. *Celle*.

Espousetter, épousseter, battre. Il luy avoit permis de porter ses armes en son escu un jour du duel, pour espousetter à plaisyr son *hermanos*, X, 117.

Esquade, escouade; en espagnol *esquadra*; en italien *squadra*. Je croy que le corporal qui lors commandoit à l'esquade où estoit cette belle fille.... fut bien marry, IX, 416.

Essarneau, cerneau. D'autres disoyent pis : qu'on le luy (à Marguerite de France) debvoit cerner comme un essarneau, VII, 131.

Essayer, éprouver. Elle (Jeanne I de Naples).... a senty les guerres estrangères au millieu de son royaume, essayé, par la faute d'autruy, la fuitte, l'exil, VIII, 169.

Esserter, *escerter*, déchirer, arracher. L'autre luy ayant tout d'un coup escerté ses calleçons qui estoient bridez, IX, 406. Cf. *Ibid.*, 269, 560.

Essuyer, côtoyer. M. de Mouy (à la bataille de Dreux).... eut commandement de M. l'admiral de ne donner point à l'advant-garde qu'il sçavoit conduicte par M. de Guyze, mais de l'essuyer et de passer devant et fondre comme un foudre à la battaille, IV, 247. Voy. *Baston*.

Estame, espèce de tricot de laine. Pour lors les bas d'estame ny de soie n'estoient pas en usage, V, 304.

Estandre, s'allonger. Voy. *Gente*. Cf. *Estendre*.

Estaquade, enceinte entourée de palissades, et par suite, combat singulier livré dans cette enceinte, combat en champ clos. Sçavoir-mon si l'on doit pratiquer grandes courtoisies et en user, parmy les duels, combats, camps-clos, estaquades et appels, VI, 233.

Estaquade (se battre en), se battre en champ clos. Quelque temps amprès (Pusset).... se battit en estaquade à Joinville.,.. contre le seigneur de Querman, IV, 78.

Estat, charge, dignité. De quoy ladite reyne (Catherine de Médicis) l'a aimé tousjours (Guise), et le monstra bien à ses enfans après sa mort, leur donnant tous ses estatz, VII, 357.

Estat (faire), garder pour soi, se réserver. Les roys de ce temps-là estoient fort libéraux de leurs parties casuelles.... et leur estoit reproché s'ilz en faisoient estat, III, 247.

Estat de quelqu'un (faire), en tenir compte. Je dis à M. d'Estrozze soudain : « Il est mort, monsieur ; n'en faites plus d'estat ; allons-nous-en », VI, 70.

Estaze, extase. (Don Juan) voit danser toute la court, la contemple et sur tout par grand'admiration la belle reyne de Navarre..., demeure en estaze pour voir une telle beauté, II, 127. Cf. *Staze*.

Estelon, étalon. Vous en seriez bien aise, petit cousin, qui jà estes un jeune estelon pour elles (les dames de la cour), III, 406.

Estendre, étaler, exposer. Voy. *Magasin*. Cf. *Estandre*.

Estérille, stérile; en espagnol *esteril* et *esterile*. Lorsque l'empereur Charles eut pris la Gollette, et qu'il fallut marcher parmy les sables chauds et estérilles, VII, 33.

Esteuf, balle du jeu de paume. L'assistance s'en mit fort à rire et la dame à plorer, ayant opinion que le roy avoit fait jouer ce jeu; car il estoit coustumier de faire jouer ces esteufz, IX, 574.

Estime de (avoir l'), être réputé, passer pour. Encor que la guerre intestine et civile aye l'estime d'estre la plus cruelle de toutes, V, 384.

Estimé, réputé. Estant jeune (Saint-André), il fut estimé des gallans de la court en tout, V, 32.

Estiomené, mangé, rongé. L'autre (cuisse) elle l'avoit toute seiche, atténuée et estiomenée, qui ne paressoit pas plus grosse que le bras d'un petit enfant, IX, 261.

Estomach, poitrine, sein. (Maria de Padilla) entrant dans l'église.... piteuse, marmiteuse, battant son estomach, I, 165.

Estonnement, trouble. Il (L'Hospital) les (un président et un conseiller nouveaux) fit venir devant luy.... et leur montre à l'un après l'autre une loy à expliquer.... Ils luy respondirent si impertinemment et avec un si grand estonnement qu'ils ne faisoient que vaxiller et ne sçavoient que dire, III, 307.

Estonner, troubler. Dom Alonzo, de son costé, ne se monstra pas.... estonné, et vint droit à son ennemy, VI, 265.

Estonner (s'), s'émouvoir, se troubler. L'harquebuzade donna contre une coulonne de marbre de la fenestre où estoit appuyé le roy (François Ier) qui, à ce qu'on dict, ne s'estonna point autrement, I, 233.

Estrade, rue; en espagnol *estrada*, en italien *strada*. Il (Pedro de Tolède) demeura visce-roy dans Naples..., la décorant de ceste belle estrade de Tolède, II, 21. Cf. VII, 56. Voy. sur ce mot, H. Estienne, p. 32.

Estraindre, comprimer, étouffer. En pensant estraindre une querelle, plusieurs s'en renaissent, et en arrivent une infinité d'escandales, VI, 389.

Estrange, étranger. Un homme en païs estrange, s'il n'entend la langue du païs où il est, n'est tenu que pour un porteur de moumon, I, 33, note 2.

Estranger, éloigner; en italien *straniare*. Pour mon mal estranger, Je ne m'arreste en place. VII, 411.

Estre, race. Aussy de son estre (de Mme de Bourdeille) en est-il sorty une reyne de Scicille, X, 79.

Estre (sur), qui subsiste. Et mesmes qu'il y en a encores un (fort) sur estre et en nature, qu'on nomme le fort de Chastillon, V, 17.

Estre du tout à soy, s'appartenir complètement. Il (F. de Bourdeille) estoit du tout à luy et ne vouloit estre subject à personne du monde, X, 44.

Estre en estre, exister. Voylà, nobles François, comme vous estes estimez par tout le monde, parmy lequel la Renommée vous a pourmenez dans son charriot despuis que vous estes en estre, V, 412.

Estre jamais que (n'), n'être jamais sans que. Elle (Catherine de Médicis) ne fut jamais qu'elle ne fust très ambitieuse, II, 279.

Estrette, extraicte, strette, mésaventure, malheur; et aussi tour, malice. Le dit marquis (de Marignan) fut faict lieutenant général de l'empereur à la guerre de Sienne, où après plusieurs extraictes et deffaictes des siens, I, 295. Brusquet, qu'on tenoit pour mort partout, fut bien esbay.... et sçachant que ç'avoit esté une estrette de M. d'Estrozze, songea à luy rendre, II, 259. Voy. *Strette*.

Estrette, détresse. J'ay ouy dire que, lorsque le roy d'aujourd'huy (Henri IV) fut en telle estrette et dans Diepe, que M. du Mayne avec 40,000 hommes le tenoit assiégé, IX, 644.

Estrieu, étrier. Le (cardinal de Santiquatre) fut traisné, un pied dedans l'estrieu, jusques à la porte du chasteau par son cheval, I, 271.

Estrif, débat, querelle. Ainsi la fortune en tel estrif et contention les tourna et vira l'un et l'autre, en sorte qu'un chacun d'eux secourut et dellivra son adversaire, VI, 403.

Estroictement, strictement. Voy. *Chapitre*.

Estroit, serré. Voy. *Donrois*.

Estroit, lieu resserré. Ainsy se rendit M. de Guyse.... à la place de bataille de son armée qui estoit fort bien logée en un estroit, entre les vignes et la rivière de Modon, VII, 299.

Estropiat, estropié. Il (le duc de Somma) estoit fort entendu et sage capitaine.... et si avec cela ne s'espargnoit point aux coups, encor qu'il fust estropiat d'un bras, VI, 213.

Estudier à quelqu'un (s'), se consacrer à lui. J'en ay cogneu un qui avoit une fort belle et honneste femme, mais pourtant qui ne s'estoit point tousjours estudiée à luy seul, IX, 72.

Esvalluer, faire valoir; en italien *valutare*. Un'autre dame disoit qu'elle voulloit ressembler aux bons œconomes et mesnagers, lesquelz ne donnent tout leur bien à mesnager à un seul et faire valoir, mais le despartent à plusieurs mains; car une seulle n'y pourroit fournir pour le bien esvalluer, IX, 541.

Esvanouir, s'évanouir. J'ay ouy parler d'une femme.... qui faisoit de l'austère et réformée, que quand elle entendoit parler d'une putain, elle en esvanouissoit soudain, IX, 581.

Et, avec. Et... monteroient sur un bon cheval et une bonne pistole, et une espée ou lance ou autrement, VI, 417.

Évangille (l'), la religion réformée. Luy (Condé) et M. l'admiral se sont faictz craindre et ont planté l'Evangille qui bourgeonne et verdoye aujourd'huy encores, et sans lesquelz elle seroit seiche, et de couleur de feuille morte, IV, 360.

Évènement, avènement. Jusqu'à ce que le roy de Navarre parvint à la couronne; lequel à son évènement ne voulant rien innover..., VI, 201.

Exate, pointilleux, rigoureux. Quel humeur luy prit-il (à Labienus) d'abandonner et quicter Cæsar ?... Il trouva que sa cause n'estoit si juste que l'autre. Il faloit bien que cet homme fust exate en ses conceptions, V, 181.

Excessiveté, grand prix. Il (le pape) luy (à François Ier) avoit promis.... trois perles d'inestimable valeur, de l'excessiveté desquelles les plus grands roys estoient fort envieux et convoiteux, qu'estoient Naples, Milan et Gênes, VII, 340.

Excogiter, imaginer, inventer. Il (le cardinal de Lorraine) entendoit aussi très bien les finances et les sçavoit toutes sur le doigt.... et excogiter des moyens pour les affaires de son roy, IV, 276. Cf. VI, 367, IX, 27.

Excommuniment, excommunication. Soubz ombre de quelque meschant excommuniment que le pape Jules (II) avoit fulminé et jetté, I, 129.

Excort, avisé, adroit ; en italien *scorto*. Il (le comte d'Eu) fut aymé et recherché des belles et honnestes de la cour, et entr'autres d'une qui estoit telle, et avec ce très excorte et habile, IX, 514. Je vous asseure qu'il y en a eu et y en a (des femmes) qui sont plus escortes que cela, IX, 637. Voy. *Excortement*.

H. Estienne s'est trompé (p. 28) en prétendant que ce mot n'était qu'une corruption d'*accort*.

Excorte, escorte. Les mérites, allant de conserve avec qu'une noble extraction, sont plus fortz et se font meilleur excorte l'un à l'autre, I, 181.

Excortement, adroitement. Ce qu'ils (les gens de Dragut) firent si excortement et dilligemment que André Dorio n'en sceut jamais rien jusques à ce que...., II, 56. Il (Charles IX) commanda au capitaine La Chambre.... de luy amener.... dix ou douze enfans de la Matte.... et qu'ilz jouassent hardyment et excortement leur jeu, V, 278-279. Cf. V, 362, VII, 227. Voy. *Excort*.

Excuser, récuser, exclure. Ce bonhomme (Montpensier) s'alla proposer en son ambition.... qu'il tiendroit sa place en France, comme lors premier prince du sang après M. le cardinal de Bourbon, mais son chappeau rouge l'excusoit (le cardinal), V, 13.

Exécution, attentat. Et dis bien plus que si, par cas, je viens avoir et recepvoir quelque injure, offense et attentat, voire l'exécution sur ma vie, X, 142.

Exemplaire, écrit ; en espagnol *exemplario*. Que s'il y a eu quelque escrivain moderne qui les aye vouluz appeler couronnelz, il n'y faut adjouster foy, mais bien aux vieux exemplaires du passé qui en ont parlé naïfvement, V. 312, 313.

Exerciter, exécuter ; en italien *esercitare*. Le roy luy manda qu'il le remercioit (Matignon) de ce beau conseil.... mais que pour le bien exerciter.... il luy faudroit un autre homme que luy, V, 170.

Expeller, expulser, chasser ; *expellere*. Je m'estonne que ces femmes.... n'usent pour leur honneur de quelques remèdes reffrigératifz et potions tempérées, pour expeller toutes ces challeurs, IX, 687.

Expertise, expérience. Les soldatz espaignolz sont si rogues et si bravaches que mal voulontiers.... obéissent-ilz sinon à gens qui leur plaist et de grand'qualité et expertise, V, 320.

Expier, espier, épier. (S. André) le costoyant (Andelot) pourtant tousjours, pour en expier un'occasion pour le combattre, V, 36.

Expion, espion. Entre autres grands poincts de capitaine qu'avoit M. de Langeay, c'est qu'il despendoit fort en expions, III, 213.

Expugnateur, qui prend de vive force, en italien *espugnatore*. M. de Guyze, bien plus haut à louer et estimer cent fois que M. de Lautreq à qui l'on donna le nom de second Démétrius et grand expugnateur de villes, IV, 240.

Exquis, curieux, recherché. Si ce seigneur (Strozzi) estoit exquis en belle bibliothèque, il l'estoit bien autant en armurerie et beau cabinet d'armes, II, 243.

Exquis, très habile, dans le sens de l'espagnol *exquisito*. Voy. *Vitrine*.

Exquisement, soigneusement. Encore faudroit-il qu'il (le combattant) fust visité fort exquisement des médecins expers et chirurgiens, VI, 268.

Extoller, vanter ; *extollere*. Par quoy ses princes (de Charlemagne), barons, paladins et braves capitaines, voyans leurs faictz estre extollez dans ceste grande Rome, des hommes de toutes les partz du monde, V, 242.

Extraicte. Voy. *Estrette*.

Extrapontin, hamac ; de l'italien *strapontino*. Nous la trouvasmes (une nef vénitienne) fort leste et en deffences de pavesades et d'extrapontins à l'entour, V, 234.

Extravaguant, qui fait des digressions, qui s'écarte de son sujet. Plusieurs personnes qui me liront diront que je suis un grand extravaguant en mes discours, et que je suis fort confus, V, 337.

Extravaguer (s'), s'écarter. Je me suis un peu extravagué de mon desseing, mais parceque ce conte est rare et inusité, j'en seray excusé, IX, 579.

Extrémité (en), extrêmement. Cela vouloit dire, que de trouver sur Hélaine toutes les perfections de beauté, il n'estoit pas possible, encor qu'elle ait esté en extrémité très belle, IX, 255.

Extrémité (à toute), extrêmement, hors de toute mesure. Voy. *Bastant*.

Face (volter). Voy. *Volter*.

Faction, exploit, charge, fonction ; en italien *fazione*, en espagnol *faccion*. En ses trois principalles factions où il (le prince d'Orange) s'est trouvé.... il a toujours très bien fait : à la prise de Rome, au siège de Naples et au siège de Florance. Assiégeant, il faisoit tousjours ordinairement faction, non seulement de général, mais aussi de simple capitaine et soldat, I, 243. La belle faction qu'il (L'Ouchaly) fit à la bataille d'Élépanthe (de Lépante), II, 59. Ce dom Sanche s'estoit rendu si bon capitaine par ses continuelles factions, *ibid.*, 187.

Le mot faction était d'un usage récent, suivant H. Estienne (p. 285). « Comment (les courtisans) usent-ils de ce mot ? » demande Celtophile. « Sottement, répond Philausone; car ils disent *faire faction* pour faire quelqu'exploit de guerre ; mesmement quelques-uns disent *faire faction* quand il est question de faire la garde, soit sentinelle ou ronde. Mesmement on dit un homme factieux pour un homme d'entreprise. Vray est qu'il se dit aussi hors de la guerre. »

Factionnaire, qui appartient à une faction, à un parti. Les Vénitiens..... entrarent trois mille (à Brescia) par une grille..., à quoy leur tenoit la main ce gentilhomme avec force factionnaires des siens, qu'il avoit gaignez, II, 412. (en espagnol *faccionario*.)

Fadat, sot. J'ay veu force de ces grands (de taille) n'estre pas plus habiles que les petitz, voire très badautz et fadatz de nature et d'art, VII, 110.

Faignist (se), s'épargna. Et puis falut boire à la bouteille, à la mode du pays, et le bon conte (de Rheingrave) présenta sa bouteille au roy (Charles IX) qui beut le premier, et tous les autres après. Il n'y en eust ny d'un costé ny d'autre qui s'y faignist, car il faisoit un très grand chaud ce jour-là, VI, 222. — Un passage du *Loyal Serviteur* (ch. 52) ne permet pas de douter du sens de ce verbe (si les assaillans faisoient bien leur debvoir, ceulx de la ville ne se faignoient pas). Quant à son infinitif, on ne sait laquelle des trois formes *faigner, faignir, faindre* on doit adopter. En tout cas, il est plus que probable que le mot populaire *feignant* n'est autre que le participe présent de ce verbe.

Oudin se borne à citer la locution : *ils ne feignirent pas d'aller*, et l'explique par : ils ne manquèrent pas.

Faillance, manque, défaillance. Hier je commandois à plus de vingt mil'hommes; maintenant à l'apétit d'une trahyson et faillance de cœur, de tous eux à grand peine ay-je un serviteur, I, 306.

Faillement, manque, défaillance. Sans user de ces froideurs, respects, modesties et discrétions que j'ay veu souvent appeler à plusieurs cavalliers et dames, plus tost sottises et faillement de cœur que vértus, IX, 292.

Failli des espritz, défaillant, près de défaillir. Puis comme failly des espritz, il (Bayard) cuida tomber de cheval, II, 383.

Faillir, échapper. Un autre.... bien gallant cavallier.... par sa présomption trop libre qu'il prit de descouvrir sa maistresse.... en cuida estre tué par un assassinat qu'il faillit, IX, 503.

Failloyr, falloir. De courage il en avoit ce qu'il failloyt, comme d'ambition, I, 75, note.

Faindre de.... (se), se cacher de.... Si diray-je encor ce mot de luy (le baron de la Garde), comme je luy ay ouy dire, et d'autres avecques moy (car il ne s'en faignoit point et en faisoit gloire) : u'estant extraict de bas lieu, IV, 150.

Fainte, fiction; en italien *finta*. Voy. *Intermédie*.

Faire, opérer. Voy. *Ribler*.

Faire de quelqu'un, s'en servir. Après qu'ils (les rois) en ont faict (de nous leurs serviteurs), ilz nous plantent là et ne s'en soucient plus, VII, 233.

Falloyent, failloient. Et là où ils le sçavoyent aller à la messe ou autre lieu public et de congrégation, ne falloyent ny les uns ny les autres (les hommes et les femmes) de s'y trouver pour le voir, IX, 178. Cf. *Pratique*.

Fan, petit d'animal. Baudoin roi de Hierusalem.... luy (à la femme du soudan) fit assister de tout ce qu'il put en ses couches, et luy fit alletter, ne pouvant mieux, son enfant par une chamelle qui ne venoit que d'avoir un fan, VII, 257.

Fandace, fente. (Ces maistres d'armes) visitoient partout et soubs les licts, voire à adviser si à la muraille il n'y avoit aucune fandace ou trou dont ils peussent estre apperceus, VI, 296.

Fani, flétri, dépérissant. Grand dommage certes d'une si belle fleur fanie et emportée en son plus beau apvril, VII, 192. Ses devis (de Mme d'Aubeterre mourante) furent grands et longs, et point se ressentant d'un corps fany, esprit foible et décadant, IX, 458. Cf. *Ibid.*, 599. Voy. *Feny*.

Fantastique, bizarre, fantasque. Il (le comte de Tende) a esté longtemps gouverneur de Provence, avec beaucoup de réputation, pour en estre les gens bizarres, fantastiques, et mal aisez à ferrer, III, 386.

Fantastiquer (se), se mettre dans l'esprit, avoir la fantaisie. Francisque Sforce.... estant un jeune garçon labourant en la terre, voyant passer des soldatz bien en poinct..., telle veue luy pleust ; et entre en tentation et se fantastique soudain de les ressembler, V, 368.

Fantesque, servante ; de l'italien *fantesca*. Un matin, passant devant sa maison..., monte tout bellement, où estant entré sans rencontrer ny fantesque, ny page, ny personne, IX, 261.

Fany. Voy. *Fani*.

Fascher (se), s'ennuyer. (César Borgia) se faschant de la robbe (de cardinal).... la quicta, II, 204.

Fat, sot. Cela fût esté bon si M. de Bourbon fût esté un fat, III, 89.

Fatal, prédestiné. Tous ceux qui ont porté ce nom et titre de duc de Nemours sont estez très braves.... Tant (ce diroit-on) ce nom et titre est heureusement fatal en vaillance et prouesse à ceux qui le portent, IV, 182. Cf. VIII, 2. — Le pluriel *fataux* étoit en usage : Le cardinal Caraffe.... luy (à Henri II) porta une espée et un chappeau, dons que les papes envoyent aux roys pour les gratiffier en demandant quelque chose de meilleur ; dons, dis-je, qu'on a observé plusieurs fois estre fataux et funestes, *ibid.*, 210.

Fatal, frappé par la fatalité, par le malheur. Voy. *Enchouer*.

Fatalité, malheur. Je déteste ma dernière fatalité, X, 15.

Fatament, fatalement, d'une manière prédestinée. Tant ce nom de prince d'Orange est heureux en cela fatament, I, 239.

Faucée, *faussée*, action de percer (les armures). Il vouloit surtout que la poudre fust bonne et fine pour bien tirer d'assez loing et faire bonne faucée, I, 338. Voy. *Gay*.

Fausser, faucer, forcer. Quand il (le duc d'Albe) luy rompit ses dessaings et du pape.... qu'il eust bien faussé dans sa ville de Rome, voire pris, I, 101. Cf. *Ibid.*, 142, V, 257.

Fauvette (courir), perdre son temps et sa peine. Elle luy disoit souvent : Ha! mon amy, que tu eusses couru longtemps fauvette, avant que tu eusses eu ce diable (l'ordre de Saint-Michel) que tu portes au col, IX, 105.

Faveur (lettres de), lettres de recommandation. Quand je luy dis à Dieu (à la marquise de Pescaire), elle me donna des lettres de faveur à (pour) son fils le marquis de Pescayre, IX, 374.

Fayan, hêtre, *fagus*. On void des bois de telle et diverse nature que les uns bruslent tous vertz, comme est le fresne, le fayan et d'autres, IX, 577.

Féauté, loyauté. Et Dieu sçait! N'avoient-ilz pas leu force histoires modernes de la féauté de telles gens, II, 315.

Feint, hypocrite. Parce qu'elle faisoit de la sucrée, de la chaste, de la prude, de la feinte, IX, 237.

Fendeur de nazeaux, fanfaron, bravache. A la bataille de Coutras.... il y en eut force aussi des plus fringantz et fendeurs de nazeaux qui en firent de mesmes (s'enfuirent), IV, 10. — Au temps d'Oudin cette expression ne servait plus qu'à désigner « un meschant, un coupe-jarret. »

Feny, fané, usé. Il (La Valette) mourut.... encor en un aage assez verd et ferme, et point encor feny pour bien servir son roy et sa province, V, 214. Voy. *Fani*.

Fermer le pas, s'arrêter; de l'italien *fermar il passo*. Si faut-il encore que je face ce petit discours advant que fermer ce pas, III, 54.

Fermesse, fermeté; en italien *fermezza*.

.... Et où est la promesse
Que me faisiez ici de si grande fermesse? X, 75.

Festier, festoyer, fêter. Ilz (les Français) les festièrent si bien (les Flamands) qu'il en demeura plus de six cens sur le champ, II, 335.

Festiné, celui à qui on donne un festin, convive. Ce ne fut pas tout; car les festinez receurent des chappaux et guirlandes tisseues de fleurs de narde florissante, X, 26.

Festiver, festoyer. (Le roi de Navarre) s'estant acheminé devant pour faire des préparatifz à le bien festiver (Espernon), VIII, 66.

Festu par la bouche (mener le), passer la paille par le bec, frustrer. Voy. *Chiquenauder.*

Feu (de), en feu, enflammé. Voy. *Fougon.*

Feude, inféodation. De sorte que par ceste investiture et feude (du duché de Milan), l'empereur en a toujours jouy, et les siens, III, 167.

Fezarde, frayeur, peur. Aussi qu'il (Charles VIII) fit à lui (Guichardin) et à tous ceux de sa patrie si belle fezarde qu'il ne sçavoit comment s'en revancher, II, 320-321. Voy. *Vezarde.*

Fiance, confiance. N'eust esté la fiance que j'ay tousjours eue en vostre vertu et prouesse, II, 316.

Fiancer, se fiancer. Sophonisba dist autrement, car elle se repentit d'avoir fiancé, avant boire la poison, IX, 668.

Fiat (à), avec assurance. Amprès la furie totale de ce massacre (de la S. Barthélemy) passée, le roy l'envoya (La Noue) querir sur sa parolle et à fiat, comme l'on dict, V, 132. — Oudin cite la locution : « Il n'y a point de fiat », et l'explique par : « Il ne s'y faut pas fier. »

Fiçon, pointe. M. de Randan.... ayant un baston qu'il avoit pris à un laquais, où il y avoit un fiçon, en perça si dextrement, IX, 269.

Fiçonner, piquer. Tant cela le piquoit et fiçonnoit, IX, 277.

Fiens, fientes. Il (Jacques de Bourbon) se faisoit porter par quatre hommes en une civière telle, sans autre différance, que les civières que l'on porte les fiens, fumiers et ordures, VIII, 187.

Fileu, filleul. Voiez comme les fileux quelquefois tiennent de l'humeur de leurs parrains, I, 87, note 3.

Fillaude, petite fille, fillette. Son mary n'en faisant cas, comme d'une petite fillaude, ne l'aymoit comme il devoit, IX, 157. Et paissent ainsi de bayes ces paouvres fillaudes et femmes servantes, *Ibid.,* 546.

Fille, file. Estant le passage (d'un ruisseau) si estroict qu'on ne pouvoit que passer à la fille, V, 42.

Filler, filer. Encor qu'il y ait plusieurs qu'on ne leur sçauroit oster l'opinion de la teste que ceste fusée (la Saint Barthélemy), n'eust esté fillée de longue main, VII, 364.

Fillet, fil. Et n'aurois jamais fait, ny n'en sçaurois jamais sortir, non plus que d'un grand labyrinthe qui fut autresfois, encor que j'eusse le plus long et le plus fort fillet du monde pour guide, IX, 186.

Fin à dorer, adroit, retors. Le capitaine La Chambre n'y faillit pas (à l'ordre de Charles IX), car il vous en emmena dix (des filous), triez sur le vollet, desliez et fins à dorer, qui les présenta au roy, V, 279.

Finet, finaud. Ainsy qu'il (Louis XI) fit un jour d'un petit scribe, fin, finet et bon compaignon.... Luy voiant son escritoire pendu à sa ceinture, lui commanda aussitost de luy escrire soubs luy; et ainsy qu'il eut ouvert son gallemard que l'on appeloit ainsi jadis, II, 334.

Fiollant, qui aime la fiole (bouteille), ivrogne. (Cinquante soldats huguenots retirés dans un moulin) tirent force harquebusades et si vaillamment que quelques petits arquebusiers qui estoient là, pensez quelques fiollans, n'osèrent approcher, VII, 289.

Fiscaigne, danse maltaise. Pensez qu'il n'y avoit ny fiscaigne (que les chambrières et esclaves mores dansent les dimanches à Malthe, en pleine place devant le monde) ny sarabande qui en approchast (des danses romaines), IX, 302.

Fisionomiste. Il est évident que dans le passage rapporté à l'article *Hypochratiste* Brantôme, peu familiarisé avec les termes de science, a mis *fisionomiste* pour *fisiologiste*. Le mot physiologie se trouve dans Ambroise Paré. — Suivant H. Estienne (p. 139), le mot physionomie était aussi fort estropié par les courtisans qui le « dépravoient » en *philosomie*, *phisolomie*, *philonie*, etc.

Flacque, flasque. Qui ne fust ny laide, flacque, ny froide, IX, 241. — Suivant Oudin, un « grand flasque » était un lâche, un poltron.

Flambant, flamme, pavillon. Les estendardz, flambantz, banderolles, moytié de mesmes (en velours) et moytié de damas, IV, 149. Il ne faut demander si les flambans, estandarts et banderolles-manquoient en beauté, III, 254.

Flanqué, qui a des flancs, des hanches. Et me disoit qu'entre telles beautez c'estoit la dame la mieux flanquée et le plus haut qu'il eust jamais veue, IX, 282.

Flasque, *flasquet*, poire à poudre; de l'italien *fiascone*. Ce n'estoient (l'arquebuserie du temps passé) que meschantz canons.... en forme d'un'espaule de mouton; et le flasque, qu'on appelloit ainsi, estoit de mesmes, voire pis, comme de quelque cuyr boully ou de corne, bref toute chose chétifve, VI, 73. Leurs flasquetz ne valoient guères non plus, *ibid.*

Fleschade, coup de flèche. En italien *frecciata;* en espagnol *flechazo.* Voylà donc M. le grand prieur qui se retire victorieux..., blessé de deux fleschades grandement, IV, 153.

Fleurissant, florissant. Voy. *Entretenu.*

Fleuste d'Allemand, verre à boire long et étroit. Elle (une dame de la cour) ressembloit fort bien une batteleuse, ou pour plus proprement dire, de ces femmes en peinture que l'on porte de Flandres, et que l'on met au devant des cheminées d'hostelleries et cabarets avec des fleustes d'Allemand au bec. (On dit populairement encore aujourd'hui *flûter* pour boire).

Fleute, flûte. Pour ce qu'on la (Élisabeth reine d'Espagne) soupçonnoit de faire l'amour et qu'il y avoit quelque poussière dans sa fleute, comme l'on dit, IX, 155. — On trouve dans Oudin : Il y a de *l'ordure à sa fleute*, il y a quelque deffaut en luy, il n'a pas la conscience nette. »

Flori, fleuri. La beauté de la tante desjà en son esté.... vaut plus que tous les fruictz que son aage (l'âge de la nièce), maintenant flori, donne espérance d'en venir, IX, 609.

Fluant, coulant. Elle (Marguerite d'Angoulême) fist en ses gayettez ung livre qui s'intitulle : *Les Nouvelles de la reyne de Navarre*, où l'on y veoit ung stille si doux et si fluant, VIII, 125.

Fœuz, feux. Voy. *Cunctation.*

Foitter, fouetter. Si les pages et lacquais luy (à Thony, fou de Henri II) faisoient le moindre desplaisir du monde, il crioit plus, et bien souvent les faisoit foitter, III, 342.

Follet, mignon. D'autres (femmes) y a-il qui ont.... le sein aussi follet, comme si elles estoyent encor filles, IX, 265.

Follie aux garçons (faire la), se laisser séduire, faire l'amour. Il y en heut une pourtant.... qui (à qui) luy eschappa ung jour de faire la follie aux garçons, VIII, 104.

Forbanny, proscrit. Mais le malheureux (Énée) la trompa (Didon)...; ce qu'il ne devoit faire à cette honneste dame qui luy avoit donné son cœur et son amour, à luy, dis-je, qui estoit un estranger et un forbanny, IX, 381.

Force, armée. Ainsi que la force du roy arrivoit par une porte à Milan, il n'y avoit pas demie-heure que M. de Bourbon en sortoit par l'autre, III, 64.

Force (faire), faire force de rames. Le seigneur André dist à l'empereur, à l'oreille, s'il vouloit qu'il fist lever l'ancre et faire voylle et force à ses forçatz, II, 33.

Forceur, dompteur. Les Romains forceurs de (la) nature, II, 57.

Formiller, fourmiller. Bienheureux estoient-ilz au temps passé de nos pères, qu'on les entretenoit en une simple ignorance et ne les abusoit-on de tant de presches qu'on voit aujourd'hui formiller, III, 135. Cf. V, 95 et *Frémiller*.

Forteresse, fortification, force. Là (dans Rouen) où il (Montgommery) tint le siège plus longtemps que la forteresse, ne de la place, ne l'armée devant.... ne le requéroit, IV, 359.

Fortune, malheur. Voy. *Souffrener*.

Fortune (courir), courir risque de la vie. Possible eust-il (Furstemberg) couru fortune, si le roy eust voulu ; mais il voulut faire parestre en ceste occasion sa magnanimité plustost que le faire mourir par justice, I, 350.

Fortussi, *fortuscy*, banni, proscrit ; de l'italien *fuoruscito*. De bandolliers, de fortussis, de massacreurs et assasins, il n'en falloit point parler, VI, 44. Le malheur de la dame fut que.... vint à tumber, en se sauvant, parmy des bandolliers et fortuscys du royaume, VIII, 94.

Fouet. Voy. *Repasser*.

Fougon, cuisine ; en espagnol *fogon*. Ce chevalier gascon, résolu et déterminé de mourir par un faict généreux, vint au fougon et là prend un tizon de feu et soudain descend en bas dans la chambre de la munition et mit le feu dans les poudres, IV, 152.

Foulle, action de fouler, oppression. Ils ont, je croy, l'âme bien chargée pour les grands foulles qu'ils ont fait pâtir au pauvre peuple, III, 338.

Fourches, gibet, potence. J'ay veu de mon jeune temps.... les soldatz espagnols.... ne passer jamais devant les fourches où il y avoit des pendus et branchez, despuis les plus grandz jusqu'aux plus petis et leurs mochaches (voy. ce mot), qu'ilz ne levassent tous à la file le bonnet, I, 32.

Fourchu. Voy. *Arbre*.

Fourest, forêt. Un grand lion mort, gissant dessus le sable, qui souloit estre auparadvant la terreur de tout un terroir et de toute une grande et espacieuse fourest, IV, 303.

Fourreau, habillement étroit et tout d'une venue. Voy. *Escarpe*.

Fourvoyer de quelque chose (se), s'en écarter. Les Romains, qui ont été les premiers qui ont fait valoir ceste coustume (la mort pour la patrie) et qui l'ont tant louée et approuvée..., s'en sont bien fourvoyez autrefois, VII, 232.

Fouyer, foyer. Lorsque nous allasmes faire la guerre (aux Espagnols) en leurs fouyers, soubz M. de l'Esparre, V, 74.

Foy, confiance. (Le comte d'Egmont) se sentoit tant de foy qu'il luy sembloit advis que jamais le roy d'Espaigne ne luy fairoit mauvais tour, II, 54.

Foye, foie. Cela faisoit grand bien aux foyes de la reine sa mère (Catherine de Médicis, mère de Charles IX) qui.... s'en esjouissoit beaucoup, V, 240.

Fracas, perte par rupture; en espagnol *fracaso*; en italien *fracasso*. Telz mendians ne sont point pareilz à sept ou huict que je vis une fois à Séville, lesquelz, venans des Indes et ayant fait un fracas de leur navire, et s'en estant sauvez au mieux qu'ilz avoient peu, VII, 57.

Franchisé, francisé. Pour fin, et l'un et l'autre (Bourdillon et Birague) se laissarent aller (à la restitution des places du Piémont) avec qu'un très grand mescontentemeut des Piémontois franchisez qui les maudirent en diable, V, 78.

Franciman, français. Je parlois lors espagnol aussi bien que mon franciman, I, 104.

Frapper au marteau, heurter à une porte pour se faire ouvrir. Il est croiable que Dieu frapoit au marteau de sa conscience (de Charles-Quint), I, 56, note.

Frasque, tour, malice. Et voylà la frasque qui fut donnée audict de Montpezac, I, 84.

Fratresque, de moine; en italien *fratesco*. Quelle attacque fratresque! (Il s'agit d'une invective d'un cordelier portugais en chaire), VII, 123.

Frayer, contribuer aux frais. Il (Charles-Quint) se trouva avoir nonante mil hommes de pied payez et trente mille chevaux; car tous y avoient frayé, et pape et potentats d'Italie et d'Allemaigne, I, 19.

Fraze (phrase), façon de parler, de l'italien *frase*. C'est une fraze de parler que nous avons de dire : « Il est de grand cœur », II, 381.

Fremiller, fourmiller. Et le nombre (des chevaliers de la Toison d'or) n'en fremille point tant par tous ses pays (du roi d'Espagne) comme il (l'ordre du Saint-Esprit) faict au moindre coing de la France, V, 108, note 2. Cf. *Formiller*.

Fremillère, fourmilière. Les huguenotz de Poitou, Angoumois et Xaintonge, qui en ont esté la fremillère ou pépinière, tousjours criarent fort après luy (Coligny), IV, 296.

Frescheur, fraîcheur. Voy. *Serée*.

Frette, fret, marchandise. Celui-là (Louis duc d'Orléans) estoit un galant et trafiquoit de toute frette, comm'un bon marchant et marinier, II, 357.

Friand, fin, excellent. Il (La Chastaignerie) estoit fort crainct, ... car il avoit une très bonne et friande espée, V, 87.

Fringant, fanfaron, bravache. Voy. *Fendeur de nazeaux*. — Oudin donne au verbe *fringuer* l'acception de : « faire l'action charnelle ».

Fripperie de quelqu'un (donner sur la), médire de lui, le déchirer. Les mocqueurs et oguineurs d'Arras qui donnoient souvant sur la fripperie de nos roys, I, 24. Cf. *Draperie*.

Frizer, enlever, emporter. Dragut raffla et friza tout cela et puis se sauva, II, 56.

Frizon, boucle. Et se les frizonnoit ainsi comme des frizons de perruques, IX, 266.

Frizonner, friser, boucler. Voy. *Frizon*.

Froidureux, plein de froidure. Au beau mitan de l'hyver froidureux, pluvieux et fangeux, IV, 385.

Fronteau, bandeau.

> L'on voit soubs blanc atour,
> En grand deuil et tristesse,
> Se promener mainct tour,
> De beauté la déesse....
> Et Amour sans fronteau,
> Volleter au tour d'elle, VII, 408.

Fructerol, fruitier. En italien *fruttaruolo*. M. de Salvoyson.... avoit gaigné quelques-uns de ceste ville (Casal).... et en tira d'eux si bonne langue et principallement d'un fructerol, IV, 107.

Furette, femelle du furet (prise pour l'hermine). Elles (les femmes) désirent en guérir (de l'amour) et en tirer du plaisir, et ne mourir du mal de la furette, comme on dit, IX, 79.

Fuye, fue, colombier ; et par bon encontre va trouver une fuye qu'il contourna plusieurs fois, V, 29. Cf. IX, 556.

Gaigner pays, gaigner chemin, avancer. Cependant son fils (le père de Brantôme) gaigne pays et ne demeura que six jours despuis Bourdeille jusqu'à Lyon, X, 38. Voy. *Tirer.*

Gaigneur, envahisseur. Les Anglois sont grands remueurs et gaigneurs de terres, VI, 222.

Gaillard ou *gaillardet*, pavillon échancré à deux pointes. Voy. *Corne.*

Galant, Gulanterie. Voy. *Gallant, Gallanterie.*

Gallant, alerte, vert. J'ay veu d'autres fois un vieux maistre de poste dans Novare, qui avoit plus de 90 ans, mais pourtant gallant, gaillard et sain vieillard, III, 5.

Gallant, malin, coquin. M. le mareschal (Strozzi).... avoit bien veu, espié et recognu son cabinet où il (Brusquet) mettoit sa vaisselle d'argent, car il en avoit, le gallant, II, 245. Voy. *Natre.*

Gallant (petit), injure équivalente à petit compagnon, homme de peu. Voy. *Gallant* (faire du).

Gallant (faire du), faire l'important. Sans le roy et moy (dit Henri III à Biron) que seriez-vous? Et vous vous oubliez ; vous voulez faire du gallant !... vous m'avez trop intéressé le mien (mon honneur), petit gallant que vous estes, V, 137. Cf. X, 6, 21.

Gallantement, gallamment, adroitement. Enfin il (Maulevrier) se sauva gallantement, V, 29.

Gallanterie, fourberie, tour, affront. Il faut un peu parler de luy (Louis XI)..., par de petits contes..., de sesdictes dissimulations, fainctes, finesses, gallanteries, II, 328. Mondict sieur d'Oisel estoit bonhomme d'espée, brave, vaillant, collère.... et point endurant la moindre gallanterie qu'on eust voulu faire à son maistre, III, 97. Il (Biron) fit la guerre au roy de Navarre.... et luy fit tout plain d'affrons et gallanteryes, V. 142. Voy. *Champisserie.*

Gallée, galée, galère. Le livre dict qu'il avoit unze carraques, deux cents gallères et vingt-six gallées à voiles, II, 300. — « Il me souvient, dit Celtophile, que vous avez tantost dict galées aussi bien que galères. Ouy, répond Philausone, et toutesfois on dit aussi galères; mais galées s'accorde mieux avec le langage italien » (H. Estienne, p. 312-313).

Gallemard, calemart, étui contenant ce qu'il fallait pour écrire, *calamarium.* Voy. *Finet.*

Galoche, poulie employée sur les navires. Ce fut lui (La Garde) qui fit faire ceste belle galère qu'on appelloit la *Réalle* et qui l'arma à galoche, IV, 147.

Ganivet, canif. *Passer par le ganivet*, lacérer. Un gentilhomme que je sçay ayant une lettre à faire sceller à M. le chancelier, et luy aiant esté refusée et par deux fois passée par le ganivet, III, 310.

Garber (se), se donner bon air ; en espag. *garbar*, en ital. *garbare*. Je l'ay (Strozzi) veu souvent luy monstrer (au soldat) ainsi qu'il se faloit garber et se façonner en ses armes, VI, 78. Voy. *Guarbe*.

Garbouil, grabouil, grabuge, querelle, trouble ; en italien *garbuglio*. De peur qu'en son absence n'arrivast quelque garbouil, sédition, mutinerie, parmy ses capitaines, VI, 8. Elle (Catherine de Médicis) fust très aise que soubs le grabouil et rumeur d'armes, elle fust en sauveté, et le roy son fils et ses enfants, VII, 358.

Garçons (faire la folie aux). Voy. *Follie.*

Garçonnement, habillement et manière de vivre à la façon des hommes. Voilà pourquoy je ne veux ny estime trop tel garçonnement ; mais je veux et ayme une dame qui monstre son brave et valleureux courage.... par de beaux actes féminins, IX, 412.

Garçonner (se), s'habiller en homme. Voilà pourquoy il n'est bien séant qu'une femme se garçonne pour se faire monstrer plus belle si ce n'est pour se gentiment adoniser d'un beau bonnet avec la plume à la guelfe ou à la gibeline, IX, 313.

Oudin donne au mot *garçonner* le sens de hanter les garçons.

Garde (donner de), *donner ou se donner la garde*, locutions que Brantôme emploie fort souvent avec des acceptions un peu différentes et qui peuvent se rendre par : voir, apprendre, être averti, voici ou voilà que. Estant donc ainsi retiré (le duc d'Albe), il se donna la garde que le roy pour un matin luy envoya un courrier, I, 109. On se donna donc la garde que pour un matin, M. le mareschal de Montmorency et mareschal de Cossé furent encoffrez et faictz prisonniers au bois de Vincennes, III, 362. Nous nous donnâmes la garde qu'au plus beau de nos belles résolutions et déterminé partement la mort malheureusement entrevint de ce grand capitaine (Coligny), IV, 298. Le roy y depescha aussitost le sieur de Lussan.... pour la secourir (Carmagnole), mais nous donnasmes la garde que nous le vismes retourner, que tout estoit perdu, V, 203. Nous croyons tous qu'il (Charles IX) s'en alloit guéry, mais nous donnasmes la garde que, sur le matin, il commança à sentir la mort, V, 268. MM. l'Admiral et d'Andelot se donnaren la garde qu'ilz virent quatre mille harquebuziers sortir hors des rangs, V, 429.

Garde (se donner), prendre garde, se garder. M. l'admira avoit mandé et adverty mondict seigneur de Guyze, quelques jours advant, qu'il se donnast garde, car il y avoit homme attitré pour le tuer, IV, 253.

Garde faicte (de), de dessein prémédité. Toute la France se bandoit, comme à l'envy et de garde faicte, contre son roy, V, 161.

Garder (la), la garder bonne. Tant y a que ledict Chastellier la luy (à Charry) garda tousjours, jusques alors qu'un matin...., V, 342.

Garniment, garnement. Pensez que c'estoit quelque bon garniment de bas lieu, II, 340. Cf. X, 42.

Garrieur, caution, garant, répondant. Il (Léon X) eust bien voulu faire de mesmes à nos cardinaux françois et leurs partisans, s'il eust peu ; mais ilz avoient un bon garrieur que nostre brave roy, I, 144.

Garse, fille (féminin de gars). Le roy la trouva (Louise de Bourdeille) si belle, si jolie, et qui causoit des mieux, qu'estant petite garse...., il la faisoit quasy ordinairement manger à sa table, X, 34.

Gassouiller, gazouiller, souiller, salir. Venant (Bellegarde) d'une fontaine claire de fortune, s'aller baigner dans un'eau bourbeuse et toute gassouillée de disgrâce et deffaveur, V, 201. Cf. IX, 61.

Gast, dépense. Auparavant ce grand roy (François Ier), les autres faisoient bien paroistre leurs courts en toutes façons, mais non jamais en telles sumptuositez..., dont aucuns l'ont blasmé pour tel gast, III, 122.

Gasté, chagriné. Et me jura (Beaulieu) que jamais il ne se fascha tant que de sortir de cette si bonne prison, mais bien gasté de laisser ces belles filles, tant favorisé d'elles, IX, 165.

Gasture, défectuosité. Encor qu'elle (Renée de France) aparust n'avoir pas l'apparance extérieure tant grande, à cause de la gasture de son corps, VIII, 113.

Gaucher, gauchir, se détourner. Mais si l'on me disoit qu'ils fussent bons hypocrites de guerre, et gauchans aux coups, ouy bien cela, II, 397.

Gauchère (main), main gauche armée d'un gant de mailles, c'est-à-dire garni de mailles à l'intérieur et à l'extérieur et servant à saisir par la lame l'épée de l'adversaire. Brusquet luy-mesme, le premier, entre l'espée au poing avec sa main gauchère, faict du compagnon, crie : « Holà ! holà ! secours ! secours ! me voicy pour vous en donner », II, 256.

Gaudir, railler, plaisanter, bafouer. Son plus grand plaisir (à Louis XI) estoit de les gaudir (les femmes de sa cour), IX, 470. Une belle et honneste vefve.... voulant gaudir un jour avec un honneste gentilhomme, ou, pour mieux parler, le voulant attirer à l'amour, *ibid.*, 700.

Gaudisserie, folâtrerie. Quant aux (langues) estrangères, il les faut réserver par manière de devis, de causeries, de motz à propos, de gaudisseries, bravades et gentillesses, VII, 74.

Gay, aisé, qui a du jeu. Ny plus ny moins que l'on voit un canon ou une harquebuse, quand sa charge est bien battue et pressée de sa baguette, faict plus grand effort et faussée que quand ell'est par trop gaye, IV, 24.

Gayetté, gaîté. Voy. *Fluant*.

Gazouiller, souiller. Voy. *Gassouil*.

Gendarmer (se), s'habiller en gendarme. (Il s'agit d'une Siennoise allant monter la garde pour son frère.) Gentil trait, certes ! car bien qu'elle se fust garçonnée et gendarmée, ce n'estoit pourtant pour en faire une continuelle habitude, IX, 416.

Général (le), le public. Ou fût que le malheur du général le voulût ainsy, ou son destin l'y poussast, il (Henri II) fut attainct du contre-coup par la teste, dans l'œil, III, 272. Cf. IX, 166.

Générallité, généralat. Le roy l'alla mescontenter (Doria) et luy oster la charge et générallité de ses gallères, II, 30.

Genetaires, chevaux-légers. Les Vénitiens appelloient les leurs (leurs chevaux-légers) *estradiots*.... Les Espaignols appelloient les leurs *genetaires*, II, 410.

Genette (monter à la), monter (un cheval) avec des étriers assez hauts pour que les éperons portent sur {les flancs du cheval. Montez sur de très beaux chevaux, les uns à la genette, les autres à la commune, I, 43. Ne sçachant (Azevedo) de quelles armes avoit à combattre, s'estoit garny de tout ce qui luy estoit nécessaire, en homme d'armes, à la genette et à pied, VI, 258.

Gente, gentille, belle. Vous les voyez (les petits hommes) estandre sur la poincte des piedz, ayans leurs gentes mules ou pour mieux dire leurs eschasses de liège, VII, 110. Cf., I, 79. Voy. *Délibéré*.

Gentiment, passablement, joliment. Voy. *Censer*.

Gesner, mettre à la torture. Ilz les gesnoient si fort et les tourmentoient tant qu'il falloit, quoy qu'il fust, trouver de l'argent, I, 273.

Geule, gueule. Ces grands ont la geule si grande qu'ils sont insatiables, I, 170.

Gloire, gloriole, orgueil. J'ay ouy dire que ce mareschal de Montejean avoit si bien dressé sa femme à la gloire que...., III, 207.

Gode chère (faire), faire bonne chère. Comme d'une (servante) que j'en sçay qui, faisant un jour le guet cependant que sa maistresse estoit en sa chambre avec son amy et faisoit gode chère, IX, 546. — « Ce mot, dit Oudin, est corrompu du flamand. »

Goffe, grossier; en espagnol *gofo*, en italien *goffo*. Car pour lors nos dames françoyses estoyent goffes en leurs habits, ny si gentimant comme aujourd'huy, II, 289.

Gojat, goujat, valet d'armée. Et ceux qui les portoient (les mousquets) les nommoit-on *mousquetaires*, très bien appoinctez et respectez, jusques à avoir de grands et forts gojatz qui les leur portoient, I, 103.

Goldronné, godronné. Pierregourde se trouva bien mort avecqu'une chemise bien blanche.... et surtout une fort belle fraise, bien et mignonnement froncée et goldronnée, V, 428.

Golu, goulu. Il y a passé trop de golus et affamez, I, 166.

Gorge (rendre sa), vomir. Il (Antoine de Navarre) eut une grand'harquebuzade dans l'espaule...., dont il tumba à demy et rendit sa gorge, IV, 367. Qui fut estonné? Ce fut Brusquet, dont il en rendit sur le champ si fort sa gorge qu'il en cuyda crever, II, 253.

Gorgias, magnifique. Aussi ne voyoit-on rien si brave, si bien en poinct, ny si gorgias, ilz usoient de ce mot lors parmy les soldatz du Piedmont, VI, 106.

Gorgiasement, magnifiquement. On donne ce los à la reine Isabelle de Bavières.... d'avoir aporté en France les pompes et les gorgiasetez pour bien habiller superbement et gorgiasement les dames, VIII, 31.

Gorgiasetté, magnificence. Il n'y avoit que pompe et gorgiasetté parmy les soldatz du Piedmont alors, VI, 107. Voy. *Gorgiasement*.

Gorme, gourme. Je crois qu'après que ce prince (don Carlos) eust eu bien jetté sa gorme, comme ces jeunes poullins, II, 108.

Goujat, Voy. *Gojat*.

Gourmander, s'adonner à la gourmandise. Une infinité de gens d'église que je sçay, dont j'en ay honte, qui boivent, gourmandent et jouent tout, III, 113.

Gouspiller, houspiller, tracasser. Le roy Louis (XI) la gouspillant (Marie de Bourgogne), sans respect de son noble et beau et foyble sexe, I, 75, note.

Gouspiller, gaspiller, dévaster. Après qu'ilz y eurent (les Allemands à Vitry) tout mangé et gouspillé, I, 351.

Goute-crampe, crampe. D'autres ay-je ouy dire qui roidissent et tendent si violemment leurs nerfs, artères et membres, qu'ils en engendrent la goute-crampe, IX, 522.

Gouttage, maladie de la goutte. Au lieu que je vous deusse dire que je porte mon bras en escharpe pour une harquebuzade et vous pour le gouttage, il ne se peut, III, 403.

Goyon, goujon. (Mme de Dampierre) ne l'appelloit (Matignon) jamais que Goyon, parce que c'estoit son surnom, et que jamais Goyon, fust ou poisson ou homme, ne valut rien, V, 166.

Grabouil, grabuge, trouble. Voy. *Garbouil*.

Grandeur, morgue, hauteur. Cette princesse (la duchesse de Savoie) eut tort de tenir cette grandeur à l'endroit d'un tel prince de si grande maison et mesme cardinal (Jean de Lorraine), IX, 483.

Grappau, crapaud. Les jeunes...., pour avoir faict un ou deux coups de vaillance, en deviennent si insolans et enflez, comme grappaux, de gloire qu'il leur semble n'avoir jamais de peur, II, 196.

Grave, grève. Ils vous supplient de leur vouloir donner un navire qui est sur la grave, qui ne vaut rien..., pour le despecer et s'en chauffer, III, 305.

Gravelleur, qui a la gravelle. Vostre ancien bouffon (Brusquet) gravelleur, pierreux, borgne, bossu et manchot, VIII, 207.

Greigneur, plus grand. (Le roi de Majorque) s'en alla rendre au prince de Galles, qui luy promist de luy ayder et eut greigneur fiance au prince de Galles qu'au roy de France, VIII, 162. (Brantôme a emprunté cette phrase à Froissart.)

Grève, ce mot, déjà vieilli au xvi° siècle, désignait soit le devant de la jambe soit la jambe elle-même. D'après les passages qui suivent on pourrait croire qu'il désigne autre chose, mais Brantôme aimait fort les redondances et quand il se sert d'un mot vieilli ou d'un mot étranger, il l'accompagne fort souvent du mot en usage ou du mot français qui en est la traduction. — Elle (Catherine de Médicis) avoit.... ung enbonpoinct très riche, la jambe et la grève très belle, VII, 342. Les seigneurs de cette cour s'amusèrent à regarder et contempler les belles jambes, grèves et beaux petits pieds de ces dames, IX, 317. Leurs robes fort courtes, qui monstrent à plein leurs belles jambes et belles grèves, et leurs pieds affettez et bien chaussez, IX, 324.

Grief, pénible, douloureux. Et c'est ce qu'il (Bellegarde) nous dist un jour..., qu'il eust mieux aymé cent fois que le roy ne l'eust point eslevé si haut, que tout à coup l'avoir précipité..., et qu'une telle et si haute chute luy estoit plus griefve, V, 201. Voy. *Griotte*.

Grief (être à), être douloureux. Il luy (à Philippe II) estoit à grief de voir tant de chrestiens encadenez et menez esclaves, et traictez misérablement pour jamais, II, 86.

Griotte, cerise aigre. Luy estant grief et amer d'avaler ceste griotte, X, 114.

Gris, petit-gris, fourrure. (Jacques de Bourbon) estoit à demy couché, demy levé et apuié à l'encontre dung meschant orillier de plume, vestu par (pour) toute parure d'une longue robe de gris de très petit pris, VIII, 187.

Grison, gris, grisonnant. Capitaines et maistres de camp en barbe blanche et cheveux grisons, V, 322.

Groisse, *groise*, grossesse. Bientost après son mariage, elle (une Espagnole) fut enceinte, et en devint estonnée et honteuse, et fit ce qu'elle peut pour cacher sa groisse, VII, 164. Cf. IX, 103.

Grosserie, lourderie, balourdise; en italien *grosseria,* en espagnol *groseria.* C'estoit une grand' grosserie et mauvaise raison, III, 97.

Grosserie, chose grossière, mal travaillée. Il se faloyt ayder des canons (d'arquebuse) de Metz et d'Abbeville et fourniment de Blangy.... Certes ce n'estoit que grosserie, VI, 74. Cf. VIII, 31.

Grouler, grouiller, remuer. De plus aucuns (religieux) eslisoient (pour abbé) quelque bon homme simple de moyne qui n'eust osé grouler, ny commander faire autre chose sinon ce qu'il leur plaisoit, III, 107.

Guarbe (pour garbe), prestance, air; en italien et en espagnol *garbo.* C'estoit un François qui, s'estant longtemps raffiné parmy les bandes espaignolles, en parloit le langage et en avoit les mesmes gestes et mesmes *trajes,* comme dict l'Espaignol, qui est la mesme façon et guarbe, VI, 212. Voy. *Garber.*

Gué. Voy. *Guet.*

Guerre (aventuriers de), nom qui jusqu'au milieu du seizième siècle a désigné l'infanterie. M. de Bourbon ne craignoit rien tant que le dict Rance et ses compaignons, tesmoing le refrain de la vieille chanson des advanturiers de guerre d'alors, III, 195.

Guerre (rompre la), y mettre fin. Veux-tu que je te face monarque de tout le monde et que je rompe la guerre? II, 33.

Guet, gué, quai. Je la prends (la clef dorée de la chambre du roi) et la jette, du gué des Augustins où j'estois, dans la rivière en bas, V, 208. M. d'Estrozze et moy.... le vismes (Bussy) tout seul en l'isle (du Palais) qui attendoit son homme et les deux guetz bordez d'une infinité de monde, VI, 183.

Guet (être du), être trompé. Il est bien vray qu'il (Bourbon) fut fort compris dans le traicté de Madrid, mais le roy le rompit tout à trac quand il fut en France; si bien que M. de Bourbon fut du guet, I, 260. — Oudin, en citant la locution : je suis du guet, dit que le reste est : je seray demain de la porte.

Guet (s'en trouver du), se trouver mal de quelque chose. J'en ay cogneu force à nostre cour de telle humeur (des mauvaises langues) et les appelloit-on marquis et marquises de belle-bouche; mais aussi bien souvent s'en trouvoyent du guet, IX, 451.

Guet à quelqu'un (faire faire le), le faire épier, le faire guetter. Au bout de quelques jours, il (Guise) lui faict faire le guet (à Bonnegarde) quand il s'en iroit au parc de Sainct-Germain, luy seul avecqu'un autre se pourmener, IV, 266.

Guet, gué ; *tenter le guet*, tâter le terrain, faire un essai. J'ay ouy parler d'un'autre (dame) qui, luy estant demandé par un gentilhomme qui vouloit tenter le guet pour la pourchasser, IX, 700.

Guières, guères. Le roy (François Ier) appella le soldat et lui demanda combien son prisonnier luy avoit promis de rançon ; lequel la luy dict, qui ne pouvoit pas monter, pensez, à guières, III, 150.

Guignades, action de guigner. Le plus souvent il (Louis XI) n'usoit pas d'autres commandemens, sinon par guignades et signes, II, 132.

Guilledine, haquenée (en anglais, *gelding* signifie cheval hongre). Aussi disoit-on.... qu'il (Louis XII) avoit pris et chevauchoit une jeune guilledine qui bientost le mèneroit en paradis, II, 369.

Guischet (passer le), entrer en prison. Mais pour intériner sa grâce (de Martigues), si fallut-il pourtant qu'il passast le guischet, VI, 40.

Guitterne, guitare. Un vray maigre bouffon, avec sa guitterne et son braillement de chansons à l'espaignolle qui plaisoit fort maigrement, II, 265.

Habilité, capacité, intelligence. A l'autre (un évêque parti sans argent pour le concile de Trente) failloit esprit et habilité, péchant en cela par ignorance et bestise, si ce n'estoit qu'il se fioit à faire la queste estant là, IX, 636.

Habiliter (s'), se rendre habile. Et de fait, ce n'est pas la seule que j'ay veue qui s'est habilitée pour avoir traitté l'amour, IX, 217.

Habillé, équipé (en guerre). Envoyez audict lieu de Montagu trente ou quarante gentilshommes bien sûrs et qu'ils y soient sabmedy prochain, bien habillez et en poinct (lettre de Louis XI), II, 345.

Habiller, arranger, préparer. Faictes habiller la galerie qui est sur ma chambre et faictes faire trois licts pour mes femmes (lettre de Mme de Beaujeu), III, 409.

Habitation, fréquentation, commerce. Encor dit-on que l'habitation de telles femmes (les boiteuses) en est fort délicieuse, VII, 310.

Habitude, tempérament, complexion ; *habitudo*. Jacques de Clèves, s'il eust vescu, bien qu'il fust de foible habitude, si promettoit-il beaucoup de soy, IV, 379.

Habler, parler ; de l'espagnol *hablar*. J'ay trouvé une fois dans les tablettes d'une très belle et honneste dame qui habloit un peu l'espagnol, IX, 717.

Hagard, farouche, sauvage. Le feu roy, estant Monsieur, disoit qu'il n'avait veu femme si hagarde en sa perte et en sa douleur que celle-là, et que à la fin, il la faudroit abbattre pour la chaperonner, à mode des oiseaux hagardz, IX, 667.

Haire, maigre, pauvre, misérable. D'autres (historiographes), paouvres fatz et sotz, pensoient que leur histoire seroit manque et haire si elle n'estoit décorée et allongée d'une grand'crue et suite de motz, V, 118.

Haire, hère. (Le pape Léon X) les fit (les cardinaux dégradés) un jour venir et entrer à la veue et spectacle d'un chascun.... dans le consistoire, vestus de quelques meschantes robbes noires, comme pauvres haires et simples prebstres de village, I, 143. Cf. IX, 175. Voy. *Hère*.

Halbrené. Voy. *Allebrené*.

Hallainer, respirer. On ne sçauroit dire autrement qu'il n'ayt esté (de Mons) l'un des plus hasardeux et des plus déterminez soldatz de la France, et autant cherchant la fumée des harquebusades, et les alloit hallainer tousjours désarmé et en pourpoinct, V, 327. Voy. *Alleiner*.

Hanté, enté. Qui n'auroit de quoy à se battre, il ne faudroit que vous couper une jambe et la prendre par le bout et du costé de votre pied chaussé et hanté dans vos patins ; on feroit rage de bien battre, IX, 324. Voy. *Anté*.

Haras, race. Il (G. de Tolède) ha tousjours bien faict en sa charge et partout où il s'est trouvé ; aussi estoit-il de très bon haras, II, 44.

Harauder, arauder, railler, tourmenter, crier haro sur quelqu'un. A la court ordinairement on a de coustume de faire la guerre aux jeunes gens à leur commencement de leur advènement, et les harceller et harauder, VI, 144. Si bien que vous les verriez (les vendangeurs napolitains) crier, hurler après eux (les passants), et les arauder sans en espargner aucuns, IX, 527.

Haré, labouré. D'autres (femmes) ont la chair d'oyson ou d'estourneau plumé, harée, brodequinée, IX, 264.

Harpeur, qui joue de la harpe. Clairons, trompettes, saquebutiers, tabourineurs, harpeurs, joueurs de hautz bois, sonneurs de cornetz, II, 301.

Hary, cri des âniers. Ilz (les habitants d'Arras) représentarent un asne qui avoit un mors de bride tout à contre-rebours; et l'un disoit : Et qui a mis mon mors ainsy (Montmorency)? L'autre qui venoit après et qui touchoit l'asne, respondoit : Hary, Hary (Henri II), III, 346. Voy. sur ce cri une anecdote dans la 115ᵉ nouvelle de Sacchetti, citée dans la *Gazette des Beaux-Arts*, 1ᵉʳ juin 1878, p. 506, note 1.

Hasard (se mettre au), s'exposer. Voy. *Martel*.

Hauguineur, railleur, moqueur. Ceux de la ville d'Arras en Artois ont esté de grands causeurs de tout temps, et les appelloit-on hauguineurs et font des rencontres qu'on appelle des *rébuz d'Arras*, III, 346. Voy. *Ocquineur*.

Hausser le temps, boire. Finalement l'empereur fut contrainct de laisser hausser le temps aux bons biberons, comm'ilz avoient accoustumé, I, 31.

Haut (gagner le), se sauver. A la bataille de Dreux fuirent avec plusieurs autres deux très grands capitaines.... et gaignarent le haut fort vilainement, II, 395.

Haut (en), hautement. Voy. *Emprès*.

Haut à la main, altier, arrogant. Il (Pescaire) estoit haut à la main et prompt à la vengeance, I, 229.

Hautainetté, hauteur. Voyez quell'hautainetté de courage et présumption de soy, VI, 143.

Hautesse, élévation. Par la richesse et puretté de l'or (du collier de l'O. de Saint Michel) est remarquée leur hautesse (des chevaliers) et grandeur, V, 96.

Hère, confus. Voy. *Brac*. Cf. *Haire*.

Hérédité, héritage. Si j'avois envie de me rejecter au lacz et r'empestrer dans les liens d'un second mariage...., je prendrois plus tost un mari que non pas une hérédité, IX, 652.

Héronnier, qui tient du héron. D'autres (femmes) les ont (les jambes) si gresles et menues et si héronnières, qu'on les prendroit plus tost pour des fleutes que pour cuisses et jambes, IX, 274.

Herpaille, gueux, canaille. Les pots et marmites renversées, les potaiges et entrées de tables respandus, mangez et dévorez par un'infinité de herpaille, VI, 504.

Heure (d'), à temps. Un honneste gentilhomme, estant sorti de sa place dont il estoit gouverneur pour aller à la guerre, au retour ne pouvant arriver d'heure en sa garnison, IX, 8.

Heurte, choc, combat. (Galeazzo de Mantoue) luy fist veu (à la reine Jeanne) d'aller errant qui çà qui là parmy le monde et esprouver les faictz chevaleureux à tous hasardz, à toutes heurtes et à toutes rencontres, VIII, 176. Voy. *Hurt.*

Heurter, buter. On disoit que ce maréchal (Matignon) s'estoit si fort heurté aux commandemens du roy qu'il n'avoit rien tant en affection que de les exécuter, V, 173. Cf. *Ahurter.*

Historier, représenter (en image). Mort de grand capitaine qui, certes, mérite d'estre historiée en une tapisserie, I, 318.

Hommenas, imbécile. Parlons un peu des gentils cocus et qui sont bons compagnons...., débonnaires, traittables, fermans les yeux et bons hommenas, IX, 85. Dans le Dictionnaire provençal d'Honorat, *hommenas* est expliqué par : grand et vilain homme, ce qui n'est pas ici le sens. Homenaz est le nom que Rabelais a donné à l'évêque des Papimanes. (Voy. *Pantagruel*, liv. IV, ch. XLVIII et suiv.

Hongre, hongrois. Quand à Andréasse qu'elle (la reine Jeanne) fit mourir, on dict que c'estoit ung Hongre yvrongne très dangereux et malicieux, VIII, 154.

Honneur (premier), supériorité. Les Espaignolz.... qui d'eux-mesmes ne se veulent jamais abbaisser et ont tousjours la vanterie et le premier honneur en la bouche, IV, 176.

Honneur (se laisser aller à son), l'abandonner, avoir une mauvaise conduite. Voy. *Soudardaille.*

Horeloge, horloge. Et que peut-il faire sans mouvement ? — Tout ainsi, dict la dame, qu'un horeloge qui n'est point monté, IX, 701. Brantôme écrit ailleurs *horologe.*

Horion. Voy. *Orion.*

Hors, à l'abri. Ainsi qu'est le naturel des princes de dire tout, voire plus qu'il n'y a ; car ilz sont hors de combat, VI, 206.

Hors (de là en), en dehors de cela. De là en hors, au voyage de Lorraine, il (M. de Nemours) mena l'advant-garde avec M. de Montpensier, IV, 171.

Hortolan, *ortollan*, jardinier ; en espagnol *hortelano*, en italien *ortolano.* Vient quelque bon œconome ou hortolan qui le vient appuyer (l'arbre), II, 363. Elle retint moitié du naturel du chien de l'ortollan, IX, 142.

Hostière, hôtellerie; en italien et en espagnol *osteria*. Comme l'on donne à Paris bien souvent l'aumosne aux gueux de l'hostière, plus par leur importunité que de dévotion, ny pour l'amour de Dieu, IX, 82.

Hourmeau, ormeau. L'on void des bois.... qui auroient beau à estre secz, vieux et taillez de longtemps, comme est l'hourmeau, le vergne et d'autres, ne bruslent qu'à toutes les longueurs du monde, IX, 577. Cf. *Oumeau*.

Humeur (avoir de l'), être un peu fou. Ce capitaine (Mazères) avoit esté autresfois en Piedmont fort renommé et déterminé soldat, et si bizarre pourtant qu'on le tenoit pour avoir de l'humeur, IV, 264.

Humiliation (rendre l'), rendre hommage, ses respects, faire sa soumission; dans le sens de l'espagnol *humillacion*. La plus part des plus gallans d'eux (des huguenotz) vindrent à La Rochelle rendre l'humiliation à Monsieur, frère du roy, IV, 325.

Hurque, barque. Estant son navire lourd et mauvais voyllier, car c'estoit une grosse hurque de Flandres, VI, 87.

Hurt, heurt, choc, coup. De mesmes les roys doivent faire de leurs vies ne les advanturer à tous hurtz et occasions légères, II, 73. De son naturel, il (Bayard) aimoit mieux estre capitaine et soldat d'aventure et aller à toutes hurtes et adventures à la guerre, II, 388.

Husse, orbite. Il (Crillon) eut une grande harquebuzade au-dessus de l'husse de l'œil, V, 336. Dans le Dictionnaire provençal d'Honorat, je trouve *ussas* avec le sens de sourcils; Roquefort donne la forme *eusse* avec l'explication de : orbite de l'œil.

Hyménéan, d'hymen. Que je connois de filles de par le monde qui n'ont pas porté leur pucelage au lict hyménéan! IX, 92.

Hypochratiste, disciple d'Hippocrate. Avant que se réduire, il (Charles-Quint) avoit près de sa personne ce grand hypochratiste et anatomiste, voire fisionomiste (physiologiste), André Vesalius, I, 55.

Hyraigne, araignée. Ainsi que la dame prenoit à son coucher sa chemise derrière le rideau de son lict...., se présenta sur ledict rideau une grosse hyraigne si hydeuse que rien plus, VIII, 197.

Hyrantelle, toile d'araignée. De peur que les hyraignes n'y bastissent leurs hyrantelles, IX, 538. Voy. *Hyraigne*.

Idée, image.

>Pourtant je veux en moy avoir la souvenance
>De vostre belle idée, et tousjours l'honorer, X, 84.

Il, cela. Mais comment me suis-je perdu en ceste digression?.... Elle n'est point mauvaise puisqu'il est venu à propos, VII, 32.

Il', il l'. Je croy que feu M. de Bussy voulut en cela un jour imiter Rolland, comme il'imitoit en sa vaillance, VI, 393.

Ils, eux. En ces temps les Turcz ny les jannissaires n'estoient si bien aguerrys ny armez, ilz s'estans fort peu encor appris et accoutumez aux harquebus, comm'ilz ont faict despuis, V, 227.

Imbécille, débile. Le roy François II.... l'alloit voir (Suzanne de Bourbon) tous les jours en sa chambre, laquelle n'en bougeoit pour son imbécille vieillesse, V, 5.

Imbécillité, faiblesse. J'ai donc si grande fiance à ce grand empereur (Charles-Quint) qu'il couvrira l'imbécillité de ma plume par l'ombre de ses hautes conquestes, I, 12.

Immodeste, impudent, effronté ; dans le sens de l'italien *immodesto*. Quant au tableau de la prise de nostre roy, celuy-là ne fut si immodeste ny si scandaleux qu'un qui fut faict à Rome par l'ambassadeur d'Espagne, I, 70.

Impareil, non pareil. Ast'heure vous ne m'en voyez plus (d'armes).... pour me croyre indigne de jamais n'en porter, puisqu'un tel impareil à moy m'a blessé et n'en puis avoir raison, IV, 17.

Impatient de, qui ne peut supporter. (Le cardinal J. de Lorraine) s'approchant d'elle (de la duchesse de Savoie), elle, qui estoit la mesme arrogance du monde, luy présenta la main pour la baiser. M. le cardinal, impatient de cet affront, IX, 483.

Impatroniser, rendre maître, mettre en possession. Amprez avoir arraché des mains des Vénitiens, Florentins.... le commerce de l'épicerie, (Charles-Quint) fist fermer boutique à tous ces raquedenares qui ratelloient tout l'or et l'argent de l'univers, pour en impatroniser l'empire hespaignol, I, 57, note.

Impérier, commander, gouverner, régner ; en italien *imperiare*. Aussi que M. de Lautrec estoit trop haut à la main et qu'il vouloit impérier trop outrecuydement, II, 39. L'empereur Rodolphe qui impérie aujourd'hui, I, 192.

Impériosité, domination, empire ; en italien *imperiosità*. La femme a pris telle impériosité sur luy (son mari), s'appuyant et se fortifiant sur sa pudicité, qu'il faut que le mary passe par sa sentence, IX, 173.

Impertinemment, déraisonnablement, mal à propos. Ilz luy (des magistrats à L'Hospital) respondirent si impertinemment et avec un si grand estonnement, qu'ils ne faisoient que vaxiller et ne sçavoient que dire, III, 307.

Impolluement, sans être pollué. Il faut estimer grandement ceste princesse (de Macédoine) d'avoir esté si belle et gardé sa viduité jusques à son tombeau et révéré si inviollablement et impollument.... la foy aux mânes de son mary, IX, 631.

Importer, emporter. La première conqueste (du Piémont) en estoit deue à M. le connestable et au forcement du pas de Suze, qui importa tout, III, 339.

Imposer, alléguer, reprocher. Je sçay un grand et riche seigneur de France, qui fit longtemps plaider sa belle-sœur sur son dot, luy imposant sa vie estre un peu lubrique, IX, 590.

Imposition, accusation. Bref, il (Perez) ne manqua pas de fausses impositions et d'invantions en quantité, à quoy le roy (Philippe II) prenant pied.... faict donner la venue à la vie de Dom Juan, II, 131.

Impost (le contraire de *dispost*), impotent. Il (Gordillon) eut les deux jambes emportées d'une canonnade.... Il demeura si estroppié et si impost qu'il ne peut (put) plus faire le mestier de la guerre, V, 415.

Impotence, impuissance. Nous avons veu.... une fort honneste et belle dame en Piedmont, nommée Mme de Montjouan..., laquelle endura l'espace de dix ans l'inhabilité et impotence de son mari, VIII, 92.

Impourveu (à l'), à l'improviste. Antoine de Lève.... l'assaillit à l'impourveu de telle façon par ses braves et vieux soldatz espagnolz qu'ilz vous mirent toutes les trouppes.... en pièces, I, 294. (Voy. sur ce mot H. Estienne, p. 578.)

Impropérer, reprocher; en espagnol *improperar*. Par quoy je me tays pour la briefveté, et de peur aussi qu'on ne m'impropère que je suis trop grand faiseur de digressions, IX, 673.

Impudemment, hardiment. Au bout de deux jours qu'il (un fuyard de Dreux) retourna au leurre dans le camp, M. de Martigues, l'advisant aux piedz, luy dict impudemment devant tout le monde : Voylà de beaux et fort bons esprons, IV, 8.

Inadvertamment, étourdiment. Baillon fust pris, ainsi qu'il couroit inadvertamment et imprudemment.... pour chercher un chemin, II, 192.

Incapable, indigne. (M. l'amiral) me faisoit cet honneur de discourir avec moy bien que je ne fusse de son party et fusse encor jeune et fort incapable de ses secretz, IV, 300.

Incesté (être), être l'objet d'un inceste. Servilia n'avoyt pas le bruit d'avoyr esté incestée par ses propres frères, III, 39.

Incident, phrase incidente, digression. Voy. *Navigage*.

Inclination, inclinaison. Elle (Marie Stuart) luysoit tousjours si bien que de ses clairs rayons elle en faisoit part à sa terre (l'Écosse) et à son peuple, qui avoit plus besoing de lumière que tout autre, pour, de son inclination, estre fort esloigné du grand soleil du ciel, VII, 409.

Incline à, portée vers. (Diane de Poitiers) estoit fort débonnaire, charitable et grande aumosnière envers les pauvres, fort dévote et incline à Dieu, III, 248.

Incolper, inculper. Par là l'arguant et incolpant de couardise, IX, 6.

Incompatible, insociable. (M. de Guise) le tenoit (Monluc) trop bizarre et incompatible, et qu'il ne le falloit guières hanter qui le vouloit aymer, disoit-il, IV, 31. Cf. *Compatible*.

Inconsidération, irréflexion, imprudence. Voy. *Indiscrétion*.

Inconvénient, accident, malheur. (Le duc d'Enghien) fut tué d'un coffre jetté par une fenestre sur luy.... Aucuns disent que ce fut à poste, autres disent que ce fut inconvénient, III, 220. Les uns disoient que, quand il devoit arriver quelque grand désastre au royaume.... ou mort et inconvénient de ses parens.... que trois jours avant on l'oyoit crier (Melusine) d'un cry très aigre et effroyable par trois fois, V, 19.

Incrédule, incroyable. Le seigneur du Lude et trois ou quatre gentilshommes des siens qui estoient léans (au château de Brescia).... escrirent à ma dicte dame sa sœur.... la grande extrémité à laquelle ils furent réduicts ; qui est certes admirable et incrédule, II, 414. Cf. IV, 293.

Incuriosité, négligence, insouciance ; en italien *incuriosità*. Madame de Randan.... ne monstroit jamais ses cheveux, et coiffée plustost négligemment, monstrant pourtant avec son incuriosité une grande beauté, IX, 648.

Indiscrétion, étourderie. Anebaut fut fort aussi estimé à l'envitaillement de Thérouanne.... et sans l'indiscrétion et l'inconsidération de la jeunesse de la court qui estoit avec luy, tout alloit très bien, III, 208.

Indisposition, état maladif, infirmité ; en espagnol *indisposicion*. Il (le duc d'Albe) alléga Anthoyne de Lève, mais que son indisposition l'avoit empesché d'estre si grand capitaine qu'il eust peu bien estre, I, 303. M. de Montluc, s'excusant sur son indisposition, remit toutes les forces entr'autres mains, et oncques puis ne se mesla de guerre, IV, 36. Cf. VII, 13. Voy. *Disposition*.

Indissolible, indissoluble. Le neu duquel elle (Louise de Lorraine) fut liée en conjoinction avec luy (Henri III), a demeuré tousjours si ferme et indissolible, IX, 638.

Inesgal, non pareil, supérieur. Il (Ramus) avoit un'grâce inesgale à tout autre qui secouroit davantage son éloquence, III, 286.

Inexpert, inhabile. Il me semble qu'il faut que toutes choses ayent leurs motz propres ; et qui n'en use bien se monstre fort inexpert en l'art, VI, 22.

Infamement, honteusement ; en espagnol *infamemente*. Les Espagnolz qui luy reprochoient (à Henri II) infamement l'alliance qu'ilz (lui et son père) avoient faicte avec sultan Soliman...., I, 167, note 3.

Infamie, chose vile, ignoble. Voy. *Arzille*.

Inganné, trompé ; de l'italien *ingannato*. Il (Antoine de Lève) le creut et y fust si beau et si bien inganné de ce bigu qu'il en mourut de despit, II, 228. Voy. sur ce mot H. Estienne, p. 578.

Ingénieux, ingénieur. Le voylà donc venu (l'Ouchaly), met son siège (devant La Goulette), se gouverne tousjours par l'advis de son homme ingénieux, tellement que...., II, 61.

Inhabilité, incapacité, impuissance. Voy. *Impotence*.

Injuriant, injurieux. Le roy lui (François Ier à Lescun) sceut remonstrer très rigoureusement, avec parolles très aigres et injuriantes, III, 57.

Innobédience, désobéissance ; en italien *inobbedienza*. Et non qu'on pense que ce soit, par leur opinion, innobédience et peu de respect à l'église, I, 173, note 1.

Innoble, qui n'est pas de race noble. Un autre chevallier (du S. Esprit) esleu, point François, mais estranger, fort innoble, que je nommerois pour un double, car il ne me sçaroit battre, V, 103.

Innocemment, sans l'avoir mérité. Ainsy qu'un meschant homme.... m'eust faict empoisonner meschantement et innocemment mon abbé titulaire (de Brantôme)...., III, 116.

Innorme, énorme; en italien *inorme*. Encor qu'elle (la reine Louise) en priast les hommes (de la punition de l'assassinat de son mari) et sur tous nostre roy qui doit justice sur ce fait innorme d'une personne sacrée, IX, 643.

Innumérable, innombrable. Ce vaillant Louys d'Ars, berruyer, duquel sans aller rechercher les innumérables vaillances qu'il a monstré en sa vie, II, 391.

Insassietté, insatiabilité; en italien *insazietà*. Il fallut que les cardinaux, évesques, ambassadeurs et marchans donnassent encore de l'argent pour la paye des soldatz. Quelle insassietté! I, 274.

Inscient, ignorant; en italien *insciente*. Et trouva l'on qu'ilz (des Français qui avaient mangé gras un jour maigre) estoient innocens et insciens de la feste, V, 410.

Inspicer, regarder, examiner. Le médecin l'ayant bien fixement et doctement inspicée (l'urine), il trouva...., IX, 182.

Instint, inspiré. Après s'estre beaucoup peinez (les négociateurs) et consumez à Cercan plusieurs jours, sans y rien faire ny arrester, estans tous en deffaut et hors de queste, à mode de veneurs, elle (la duchesse de Lorraine) ou qu'elle fust instinte d'un esprit divin, ou poussée de quelque bon zelle chrestien, IX, 626.

Instituts, institutes. Voy. *Lire*.

Instruiseur, instructeur. Ce bon rompu Màchiavel et bon instruiseur de la guerre en l'ayr, I, 144.

Instruments, documents. Jusques à les envoyer (les savants) pérégriner aux régions estranges à ses dépens (de François Ier), comme ce grand voyageur Postel et autres, pour faire recherche des livres à nous incognus, et papiers et instrumens de l'antiquité, III, 94.

Intelligence, connaissance. La jeunesse...., s'en alloit à la guerre et se faisoit valoir en quelques beaux exploictz, dont la cognoissance et l'intelligence en venoit au roy, III, 278.

Intelligence, sens, signification. Ce mot est bon et porte en soy deux intelligences, car une *barbecane* est une espèce de fortification, et *barba cana* en espagnol signifie barbe blanche, VII, 169.

Intéresser, offenser, blesser. La quinte-essence de ces vers....

nous fait entendre que ce gentilhomme, qui s'attitre du nom de Nécessité, pouvoit avoir intéressé l'honneur de ce brave cavallier, X, 114. Cf. *Gallant* (faire du).

Intérêts, prêts à intérêts. D'où diable sont-ilz donc riches devenus de cent mille livres de rente, de cinquante, de trente, et tant d'or et d'argent qu'ilz ont aux intérêts? III, 75.

Intériner, entériner. Voy. *Guischet*.

Intermédie, intermède; en italien et en espagnol *intermedio*. La tragi-comédie.... estoit accompagnée de force intermédies et faintes qu'ils (qui) contentarent infiniment le roy, la reyne et toute leur court, III, 258.

Interposé, supposé. La place (Landrecy) se rendit par une très honorable composition, circonvenu pourtant M. le comte (de Sancerre) par une lettre interposée qui le désespéroit de tout secours, III, 235.

Intrade, entrée, abord; en italien *intrata*, en espagnol *entrada*. Un jour il (Matignon) l'envoya querir (Vaillac), pour venir au conseil, auquel il dist d'intrade et profféra à bon escient ces motz, V, 161. Cf. IX, 689.

Intrade, revenu, rente; de l'italien *intrata*. Son évesché qui vaut cent à six vingtz mille ducatz d'intrade, I, 61.

Investir, attaquer. Soudain qu'elles (les deux galères) se virent, elles s'accostarent et s'investirent, taschant chascune à se rendre maistresse de son ennemie, II, 116. Cf. IV, 154; IX, 408. Voy. *Vogue-rancade*.

Inviolamment, inviolablement. M. le comte de Fiasque, seigneur.... de grande fidellité à la France qu'il a tousjours inviolamment gardée, IV, 158, note 3.

Irraisonnable, déraisonnable; en espagnol *irracionable*. Ilz (les Espagnolz capitulant dans Amiens) demandèrent après *el saco de la villa*, demande certes très irraisonnable et très impudente, et mesmes à un tel roy (Henri IV), VII, 157.

Irrecognoissable, méconnaissable. Ayant (Viteaux) laissé venir la barbe fort longue, si qu'il estoit irrecognoissable, VI, 331-332.

Islette, petite île; de l'espagnol *isleta*. J'ay veu le lieu où ce beau mystère fut faict et où ils (Rincon et Frégose) furent enterrez, en une islette sur le Tezin, I, 207. Cf. VI, 357. Voy. *Isolète*.

Isolète, petite île; de l'italien *isoletta*. J'ay veu le lieu et la place où ilz (Rincon et Frégose) furent massacrez et enterrez, qui est une petite isolète près de Pavie, I, 206, note. Voy. *Islette* et *Issolat*.

Issolat, îlot. Ilz (les Espagnols) mirent en grand destroict la ville d'Alger...., par le moyen d'un fort qu'ilz firent.... en ung issolat tout devant la ville, V, 316. Voy. *Islette* et *Isolette*.

Jà, interjection qui ici peut se rendre par ah ! Et ce que j'en dis des uns et des autres, tant du vieux temps que du moderne, et de leur abus, ce n'est pas de tous, jà Dieu ne plaise ! III, 110.

Jaçoit que, bien que. Je puis seulement asseurer que jaçoit que les armes ayent esté prises par quatre ou cinq fois, j'ay tousjours conseillé et persuadé la paix, III, 320. — Nicod écrit : jà soit. Voy. *Jà*.

Jacter (se), se glorifier avec jactance ; de l'espagnol *jactar*. J'ay ouy parler d'aucuns, lesquels se sont ainsi jactez et vantez d'avoir donné ainsi ces grâces de vie, qui n'en méritoient si grand los, VI, 376.

Jalet, petit caillou rond, galet, projectile d'arbalête. Elle (Catherine de Médicis) aymoit aussi fort à tirer de l'harbaleste à jalet et en tiroit fort bien, VII, 346.

Japer, aboiement. Par mon japer, j'ay chassé les larrons, et pour me tenir muet, j'ay accueilly les amants, IX, 528.

Jardrin, jardin. Ce fut au vice-roy à se sauver par la porte de derrière, de jardrins en jardrins, I, 233.

Jargonner, babiller, discourir. Ainsi ay-je veu jargonner plusieurs de nos dames sur ce poinct, IV, 81.

Jayet, jais. J'estois avec luy (Bussy) lorsqu'il querella M. de Sainct-Fal à Paris.... Ce fut sur un manchon de broderie de jayet où il y avoit des XX, VI, 182.

Jean (faire), terme du jeu de trictrac, IX, 231.

Jettement, jet. Voy. *Tirer*.

Jeu (souffrir en), supporter la plaisanterie. Malaisément il (le comte de Brissac) souffroit en jeu, quand on le vouloit picquer ou par trop agasser, VI, 144.

Jeunement, en un âge jeune. Son gallant fut puny de mort par la justice pour avoir eu affaire à elle en un aage si tendron et l'avoir faicte porter si jeunement, IX, 578.

Jeunesse, folie de jeunesse. Je devrois estre retiré chez moy à prier Dieu de mes offances et jeunesses passées, V, 48.

Jolet, cochet. Et se fait aussi plus grand massacre... de ces joletz et petits cocqs qu'en l'hyver des grands cocqs, IX, 222. Voy. Jaubert, *Glossaire de la France centrale,* art. *jaulet.*

Jolly à parler, beau parleur. Les (écrivains) modernes qui veulent faire des pindariseurs et des jollys à parler, V, 312.

Joly (en), terme de marine, en panne; de l'italien *giolito.* Et tenant ses gallères en bataille et en joly, et assez loin, il (le grand prieur) envoya dans un esquif...., IX, 364.

Joncher, renverser, jeter. Pour le ruer jus, c'est-à-dire pour le rendre corps sans âme, pour l'envoyer au royaume des taupes, pour l'estendre et joncher sur le carreau froid et roide, X, 118.

Jonchu, herbeux. On dit : chemin jonchu, etc...., sont fort propres pour chevaucher, IX, 266.

Jour, dernier jour. L'on disoit qu'il faisoit cela (La Vauguyon) exprez pour se faire tuer, voyant ses jours approcher, les estimant mieux et plus honnorablement là achevez que dans son lict, V, 179.

Jour (sur), au jour, pendant le jour. J'ay ouy parler d'une autre dame qui, tant qu'elle couchoit sur jour avec son amy, elle couvroit son visage d'un beau mouchoir blanc, X, 346.

Jours (sur ses), à la fin de ses jours. Voy. *Délices.*

Jouvanet, jouvenet, tout jeune, jeunet; en italien *giovanetto.* Il (Pescaire) l'espousa (Vittoria Colonna) qu'elle n'avoit que trois ans et luy aussi fort jouvanet, I, 197. Il (Tavannes) fut despesché avec M. d'Aumalle et M. de Guize, qui estoit lors fort jouvenet, pour empescher M. le Prince de joindre ses reistres à Mouzzon, V, 115. Cf. *Jovanotte.*

Jouxte que, joint à cela que.... haletant (un chien) et tirant un pied de langue entre les jambes de son maistre, jouxte que c'estoit en esté, il mourut, X, 110.

Jovanotte, jeunette; en italien *giovanetta*; en espagnol *joveneta.* Aussi estoit-elle fort (trop) jovanotte pour estre grasse, IX, 262. Cf. *Jouvanet.*

Judicier, judicieux. Sur quoy, j'ay veu beaucoup de personnes judicières s'estonner comment force gentils hommes en France se mirent du costé de la ligue, III, 115.

Jugé, condamné. Junon..., de despit d'avoir esté jugée, rendit le paouvre juge (Tyrésias) aveugle et luy osta la veue, IX, 571.

Juger, être jugé. En matière d'Estat et d'attentat, la pensée juge autant que l'effect, V, 263.

Juillet, julep; en italien *giulebbo*. Avec plus de cérémonies que ne faict un malade qui se prépare par des bolus et juillets pour prendre la grande médecine, III, 392.

Jument (se rendre la), se rendre la pareille. Si les François leur (aux Espagnols) reprochoient Sanjac, ilz nous reprochoient Conis..., et ainsy ilz se rendoient la jument, IV, 68.

Juré, conjuré, associé. Qu'est la chose impossible à une douzaine de compaignons braves, vaillans, résoluz et jurez? VI, 178. Voy. *Paré*.

Jurement, action de jurer, de prêter serment. Force dames et seigneurs qui estoient là tous conviez pour la sollempnité du jurement de la paix, II, 264.

Jus (ruer), jeter à bas, renverser. Voy. *Joncher* et *Ruer*.

Jusneur, *jusneresse*, jeûneur, jeûneuse. Un curé de Sainct-Eustache, en son sermon, blasmant un jour les jusneurs et jusneresses de la court et de Paris, V, 152.

Jusqu'à là, jusque là. Voy. *Soudardaille*.

Juste, adroit, qui tire juste. Il (un soldat) tiroit d'une fort bonne grâce et estoit très juste harquebuzier, V, 344. Cf. VI, 134.

Justice, gibet, échafaud. Voy. *Paouvretté*.

Justiciable, pratiquant la justice. (Le mareschal de Gié) aiant récusé aucunes courtz de parlement, il eut celui de Toulouse...., aussi que ceste cour de longtemps a esté fort justiciable et point corrompue, VII, 311.

Labeur, labourage, labour. Vous verrez de jeunes gens sortir des villages, de la labeur, des boutiques, des escoles...., V, 367.

Labie, lèvre. Il prit une espée.... et luy perça les deux cuisses et les deux labies de sa nature.... Les Latins les nomment *alae* et les François labies, lèvres, lendrons, landilles et autres mots, IX, 278.

Labile, caduc; en italien *labile*. Il faut excuser ma mémoyre labile qui ne peut se souvenir de tout, IX, 538, note 2.

Labouré, travaillé, élaboré. C'est ung très grand dommage.... de quoy ce livre que j'ay dit, fait et labouré de la main de ce grand empereur, nous est caché, I, 64, note 2.

Lairer, laisser. Amprès avoir parlé à eux et sceu leurs noms, il (un ermite) venoit rapporter aux tenans pour sçavoir s'il les lairroit entrer, V, 277.

Laisser aller à (se). Voy. *Honneur.*

Lamponner, brocarder. Voy. *Chiquenauder.*

Lançade, jet de la lance. Voy. *Deffendre.*

Lancepassade, anspessade, bas officier d'infanterie. Aussi les appelloit-on (les soldats) payez réallez et lancepassades, V, 371. L'un estoit caporal et l'autre l'ancepassade, *ibid.*, 70.

Landille, lèvre. Voy. *Labie.*

Langoureux, qui traîne en longueur (Mme de Bourdeille) ne priant jamais Dieu de luy donner vie ny santé, mais patience en son mal et surtout qu'il luy envoyast une mort douce et point aspre et langoureuse, IX, 459.

Langoyrant, languissant. Il y a force grandz qui sont grands landores et langoyrans, tant mal bastys et adroictz que c'est pitié, IV, 162.

Langue (avoir), être informé. M. d'Espan eut langue comme cinquante soldats estoient partis de Metz, VII, 289.

Languir, rendre languissant, affaiblir. En un estat très misérable de sa maladie (de Charles IX), qui le tourmentait et le languissoit peu à peu, V, 267.

Lard (manger le), être coupable. Voy. *Accroire.*

Lardasse, blessure (comme des coups de lardoire). Et (il s'agit d'un chien) au sortir de ce combat, sortant du bois tout ensanglanté, après avoir receu plusieurs lardasses des deffenses d'un sanglier, X, 109.

Largue, large. Il (La Garde) garda et empescha bien l'entrée du port, et aussi quand le secours de M. de Montgommery y vint, qui ne peut entrer et fut contrainct de se mettre au largue, IV, 147.

Larmoyer quelqu'un, le pleurer. Le lendemain on trouva ces deux belles moitiés et créatures, exposées estendues sur le pavé devant la porte de la maison, toutes mortes et froides, à la veue de tous les passans qui les larmoyoient et plaignoient de leur misérable estat, IX, 16.

Larronner, voler. Il (Goise) à son voyage d'Italie fit pendre deux soldatz, l'un pour avoir larronné une seule pièce de lard, et l'autre pour quelqu'autre chose légère, V, 379.

Lassure, entrelacement. Le collier de cet ordre (de Saint-Michel).... estoit faict de coquilles entrelassées l'une à l'autre d'un double lacz.... La devise signifioit..., par la double lassure d'icelles ensemble, leur invincible et indissoluble union (des chevaliers), V, 96.

Léans, dedans. Voylà le corps qui repose léans du plus brave et vaillant prince et capitaine qui fût jamais, I, 283.

Légal, loyal; en italien *legale*. M. de Sypière, son gouverneur (de Charles IX).... estoit.... tout légal, franc, ouvert et du cœur et de la bouche, V, 254.

Légat, legs. Voy. *Enderier*.

Lendron, lèvre. Voy. *Labie*.

Lenmatin. Voy. *Enmatin*.

Lentitude, lenteur; en espagnol *lentitud*. (Le cardinal de Guise) avec sa lentitude et songearde façon avoit d'aussi bons advis et donnoit d'aussi bons conseilz qu'aucun qui fust parmy les affaires et conseils du roy, IV, 279.

Lettres. Voy. *Faveur*.

Lettrier, lutrin. Le roy Charles.... (à la messe) se levoit bien souvant et s'en alloit, à l'imitation du feu roy Henry son père qui en faisoit de mesmes, au lettrier avec ses chantres, V, 284-285.

Leur. Ce pronom, comme l'italien *loro*, est fort souvent invariable dans les auteurs du xvie siècle et même encore dans Malherbe.

Leurre (retourner au), terme de fauconnerie, revenir au lieu d'où l'on est parti. Au bout de deux jours qu'il (un fuyard de Dreux) retourna au leurre, dans le camp, IV, 8.

Lèvement, levée. Bien servist le secours et lèvement du siège (de Fontarabie) que donna et fist M. de la Pallice, II, 414.

Lever, enlever. Deux desdites dames (de Saint-Riquier) levèrent deux enseignes des mains des ennemis et les tirèrent de la muraille dans la ville, IX, 421.

Lever, faire lever. Un aussi beau traict qu'il fit (le marquis del Gouast), dont on le loue fort, quand il leva le siège de Nyce sur M. d'Anguyen et Barberousse, I, 202.

Lever (se), s'en aller. L'empereur s'en leva de là (de Metz) fort à regret et grand crève-cœur, IV, 192.

Librairie, bibliothèque. Louis XIe disoit d'un prélat de son royaume, qui avoit une très belle librairie et ne la voyoit jamais, qu'il ressembloit un bossu qui avoit une belle grosse bosse sur son dos et ne la voyoit pas, II, 242.

Licencier, autoriser; en italien *licenziare*; en espagnol *licen-*

ziar. Aussi que ladicte doctrine (de Luther) licencioit assez gentiment les personnes, et mesmes les ecclésiastiques, au mariage, IX, 680.

Liégé, garni de liège. Ces petits patins et escarpins sont pour les grandes et hautes femmes, non pour les courtaudes et nabottes qui ont leurs grands chevaux de patins liégez de deux pieds, IX, 312.

Lieu, place, rang. Et après les pairs (les paladins) marchoient les premiers et tenoient grand lieu, X, 65. Du temps du roy sainct Louys, tenant la cour des pairs, la contesse de Flandres est renommée présente et tenant lieu entre les pairs, VIII, 52.

Linceul, drap de lit, drap à couvrir le lit. Voy. *Rezeur.* Cf. IX, 115.

Lire, professer, enseigner. M. de Sainct-Suplice..., advant, avoit leu les Institutz à Poictiers, V, 382. — Dans les *Contes d'Eutrapel,* (f° 24, v°) on trouve ce passage qui ne permet pas de doute sur le sens de ce mot : « Eguinaire Baron, grand et notable enseigneur de Loix, s'il en fut onc, lisoit en l'université de Bourges avec une telle majesté, dignité et doctrine, etc. » (On sait que les professeurs du Collège Royal portaient le titre de lecteurs.)

Livrance, action de livrer; en espagnol *libranza.* Ce qui fut cause en partie de la livrance de la bataille (de Ravenne), VI, 226. Cf. *Livrement.*

Livrée, cadeaux en habillements faits à l'occasion d'une fête ou d'une cérémonie, et par extension la fête elle-même. En telles festes.... le roy et les reynes leur donnoient (aux dames) de grandes livrées, les unes plus gentilles que les autres, VII, 398. La nuict estant venue, que tout le monde estoit las et endormy, M. de Salvoyson qui ne dormoit pas voulut avoir part de sa livrée, VII, 108.

Livrement, action de livrer. Ilz assemblèrent quelques grandes forces qui furent cause du livrement de la battaille de Philippes, où luy (Brutus) se tua misérablement, VII, 251.

Livrer, délivrer; en italien *livrare.* Le prince d'Orange..., après une longue prison, fut livré par son roy et remis en tous ses biens, II, 176.

Locataires, gens qui louent leur service, gens à gages. Mesmes qu'on a veu qu'ils (les spadassins) se louoient comme vallets et serviteurs de bouticque ou autres, et s'alloient présenter à ceux qu'ils sentoient avoir querelle; et vivoient de cela comme locataires à ce métier, VI, 388. Cf. *Sentir*.

Loge, logis, logement. Ça esté le premier (Alviane) qui.... a esté inventeur des grandes courvées et cavalcades de guerre, pour aller de bien loing rechercher son ennemy dans son camp et ses loges, II, 197.

Loisir. Voy. *Loysir*.

Longe, longue. Un gentilhomme portant la barbe longe, X, 113.

Longue (tirer de), se diriger. J'ay ouy dire à plusieurs gallants hommes et veu jurer qu'ils n'espouseroyent jamais fille ou femme qui auroit passé le Port-de-Pille, pour tirer de longue vers la France, IX, 183. Cf. IV, 86. Voy. *Aposté*.

Longueurs du monde (à toutes), le plus longuement du monde, Voy. *Hourmeau*.

Lot, mesure équivalant à environ deux pots de Paris. Voy. *Piot*.

Louventin, qui est atteint de l'espèce d'ulcère appelé loup. Celles (les femmes) qui ont les jambes louventines et autres fluxions et marques, IX, 276.

Louvière, manteau ou fourruré de peau de loup. Ayant (le grand prieur) combattu ce jour (à Dreux) très vaillamment et s'y estant par trop eschauffé..., et son page escarté ne l'ayant peu trouver pour luy donner sa louvière, IV, 156.

Loysir (être à), avoir du temps à perdre. Aucuns.... pourront me blasmer que j'estois bien à loysir quand j'escrivois cecy, II, 268. Cf. VIII, 21. — Oudin rend la locution *vous estes bien de vostre loisir*, par : vous ne faites pas bien, vous ne devriez pas faire ce que vous faites.

Luctueusement, avec grand deuil. (Mme de Montpensier.... pleura son mary luctueusement, IX, 645.

Luctueux, plein de deuil; en espagnol *luctuoso*. Ce roy (François Ier) fut enterré.... avecqu'une pompe funèbre autant exquise que jamais de roy ait estée faicte..., et autant luctueuse et triste, III, 173. Cf. II, 304.

Luitte, lutte. De là vint le proverbe qui a longtemps couru à la court et en France..., qui se disoit quand quelqu'un fuyoit la luitte, VII, 84.

Lyteste, ornement de tête(?) A ses femmes (Marie Stuart) leur partagea ce qui luy pouvoit encor rester de bagues, de carquans, de lytestes et accoustremens, VII, 428.

Magasin de quelque chose (faire son), se l'approprier. On réputa lors à grand blasme...., à Cléopâtre, laquelle.... alla ainsy monstrer et estendre toutes ses richesses et grands thrésors à Cæsar...; aussy que Cæsar avoit l'ame trop noble et glorieuse pour tendre à si vile entreprise d'avarice et en faire son magasin, X, 25.

Magniant, maniable, dressé. Le roy luy-mesme lui (au grand écuyer de l'empereur) fit voir tous ses grands chevaux...., les voyans si beaux et si bien magnians qu'il s'estonna, III, 275.

Maignier, manier. Le comte la maignant par la poincte et le bout (l'épée de François Ier) dist qu'il n'en avoit jamais veu une meilleure ny plus tranchante, VI, 471. Cf. *Manier*.

Maigrelin, maigrelet, mince, svelte. Il estoit beau et agréable de visage et d'une jollie, gentille et maigrelline taille, VII, 90.

Maillé, émaillé. Au lieu de testes de mort qu'elles (les veuves) portoient...., au lieu de larmes, ou de jayet ou d'or maillé, IX, 659.

Maillotter, frapper à coup de maillet. Pour la fin, en dernier martyre, il (l'assassin du prince d'Orange) fut roué et maillotté, dont il ne mourut point, car on ne luy avoit donné que sur les bras et jambes, II, 174.

Main, coup, effort. Lorsque ce grand sultan Soliman vint, pour sa dernière main...., mettre le siège devant Siguet, I, 90.

Main (départir de la), dégaîner, agir. Une fort belle et grande dame...., estant fort sujette aux médisances, quitta un serviteur fort favory qu'elle avoit, le voyant mol à départir de la main, IX, 401.

Main (prompt de la), violent, querelleur. Voy. *Escallabreux*.

Main (tenir la), aider. Tout cela fust esté bon.... si.... il (le duc de Savoie) n'eust tenu la main avec le marquis d'Ayamont.... au mareschal de Bellegarde de s'emparer du marquisat de Saluces, II, 147.

Main gauchère. Voy. *Gauchère*.

Main en main (de), à la file, l'un après l'autre; c'est la locution italienne *di mano in mano*. Et au retour du fort, les hommes (les Siennois) à part, et les dames aussi rangées en bataille... allèrent l'un après l'autre, de main en main, saluer l'image de la vierge Marie, IX, 414.

Mains (mener les), combattre, guerroyer. (Les Italiens disent *menar le mani*, jouer des couteaux.) Non pourtant qu'il y menást si souvant ny si longuement les mains comme contre les François, I, 20. Et, Dieu sçait, ilz n'auront pas mené la main de l'espée plus qu'un pionnier, V, 329.

Mains (meneur de), combattant. MM. de Caumont.... estoient de la religion et à couvert, sans porter autrement les armes..., et qu'on regardoit de mauvais œil plus tost que les meneurs de mains, IV, 27.

Maintenir, soutenir, défendre. Il y eust M. de Charry qui ne se peut tenir et dist : Monsieur, je suis icy pour maintenir M. de Montluc, IV, 28. Cf. VIII, 56.

Mais (il ne leur en chaut), il ne leur importe guère. Et ne leur en chaut mais en quelle façon, ou en honneur ou en déshonneur, ilz (les princes et les grands) parviennent à leurs fins, VII, 279.

Mais que, pourvu que. Si M. de Bourbon prophétisa un peu devant sa mort qu'il ne s'en soucyoit point, mais qu'il demeurast immortel de mémoire, I, 288. Cf. X, 56, 57.

Mais qu'il en ait, malgré qu'il en ait. Ainsi qu'il y a des gens, mais qu'ilz en ayent, ilz souffrent tout, V, 168.

Mais qu'il soit, quoiqu'il en soit. Bien souvent void-on les couards et pusillanimes y parvenir (aux honneurs) ; mais qu'il soit, telle marchandise ne paroist point sur eux comme quand elle est sur les vaillants, IX, 403.

Maisné, puîné. Marguerite, maisnée seur de la reyne Jeanne, VIII, 165.

Maistre de quelque chose (être), y exceller. Il (Gersay) disoit et rencontroit des mieux, mais surtout quand il médisoit, dont il en estoit le maistre, IX, 485.

Maistre-escole, écolâtre. Il (Saint-Gouard) estoit dédié à l'esglise et longtemps a-il porté le nom et le titre de maistre-escole de Xainctes, VI, 171.

Maistriser, conquérir. Pour revanche, il (Lesdiguières) a ruyné la Savoye, il a maistrisé et a donné jusqu'en Piedmont, V, 186.

Mal (A de). Voy. *Ademal*.

Mal (être très), se trouver mal de quelque chose. Voy. *Escamper*.

Malaise, mauvais traitement. Il (Montpensier) mourut de tristesse, autres disent de poison, autres de sa mort naturelle qu'il advança des malaises qu'il reçut après le traité d'Atelle, mal accomply, V, 2.

Maldire, médire. D'autres qui, espris de belle jalousie...., maldisent de ceux qu'elles (les dames) ayment le plus et qu'euxmesmes ayment tant qu'ilz ne les voyent pas à demy. Voilà l'un des grands effets de la jalousie, IX, 500.

Maldire, médisance. Je voudrois volontiers de bon cœur que plusieurs langues de nostre France se fussent corrigées de ces maldires, IX, 525.

Male, *malle*, mauvaise. Là dessus vous voyez fort bien escrite et représentée la fortune bonne et male dudict Alexandre, X, 19. Cf. IV, 265.

Mallier, cheval ou mulet qui porte la malle. M. le mareschal (Strozzi).... envoya quérir vingt chevaux de poste, mandant à Brusquet qu'il les luy envoyast bons.... et surtout trois bons malliers, II, 248.

Mallotreux, misérable. J'ay veu un homme qui estoit alors avec M. de La Noue. Il les vit (Bouillon et La Marck) arriver avec cinq cens chevaux seulement à Genève, bien mallotreux, du reste de leur naufrage, VII, 291.

Maltallent, mécontentement, mauvais vouloir. Par quoy (A. Doria) rongeant doucement son maltallent, son despit et sa rage, IV, 125. Cf. VI, 122.

Malzfaictz, méfaits. Vous portez vostre croix selon vos malzfaictz, V, 106.

Mamellus, Mamelucks. Il (Mercœur) en fut empoisonné ; qui fust un grand dommage pour toute la chrestienté, luy servant de vray rempart contre les Mamellus et Mahommétans, V, 194.

Mandil, mandille, espèce de casaque. Et la fit beau voir à tout leurs beaux mandils neufs de vellours jaune, IV, 383.

Manier, remuer. J'ay ouy parler d'un grand qui prenoit plaisir de voir ainsi sa femme nue ou habillée, et la fouetter de claquades, et la voir manier de son corps, IX, 286. Cf. *Maignier*.

Manière que (à), à mesure que. C'est qu'à manière que les troupes qui avoient passé le ruysseau, elles prenoient place de battaille, V, 43.

Manieur d'armes, qui pratique le métier des armes. Voy. *Vilanner*.

Manifeste, divulgation. Si à tous il (l'amour) ne se peut dire, pour le moins que le manifeste s'en face ou par monstres ou par faveurs, ou de livrées et couleurs, IX, 501.

Manifester, rendre public. Ce n'estoit pas pourtant la faute de César, car il falloit nécessairement qu'il manifestât ce brevet (un billet de Servilia) ; autrement il y alloit de la vie, IX, 507.

Manople, menotte ; en italien *manopola*, et en espagnol *manopla* signifient gant de fer. Il (le marquis del Gouast) avoit fait faire pourtant deux charretées de manoples, I, 203, note 3. Voy. *Manotte*.

Manotte, menotte. On dict qu'il (le marquis del Gouast) avoit faict faire deux charrettes toutes pleines de manottes, I, 204.

Manque, affaibli, défectueux ; en espagnol et en italien *manco*. Puis après ils (les déserteurs) faillirent bien à la bataille de Ravanne, et l'armée en resta fort manque et faible, III, 164. D'autres (historiographes) paouvres fatz et sotz pensoient que leur histoire seroit manque et haire, si elle n'estoit décorée et allongée d'une grand'crue et suite de motz, VII, 118. Cf. *Haire*.

Manquer, cesser d'être. Mays cecy manque aujourduy ; car par la valeur et sagesse.... de nostre roy (Henri IV) jamays la France ne fust plus fleurissante, ny pacifique, ny mieux réglée, VIII, 83.

Mantelline, petit manteau ; en espagnol *mantellina*. Voy. *Plumar*.

Marché (empirer le), aggraver la situation. Ceux de la relligion eurent grand tort de faire telles menaces.... car ils en empirarent le marché du pauvre M. l'admiral et luy en procurarent la mort, VII, 363.

Marché (vin de), vin que l'on boit en concluant un marché. Brusquet alla prier M. le mareschal (Strozzi) d'accord, et qu'ils fissent au moins trefves de ces jeux nuisans.... Et pour ce, pour en boire vin de marché, il le pria de vouloir venir un jour prendre son disner chez luy, II, 249.

Mareschaussée, dignité de maréchal, maréchalat. M. de Brissac eut son gouvernement et sa maréchaussée (du prince de Melfe), II, 238.

Maret, marais. Au Garillan de mesmes, parmy ces maretz et palus, nos chevaux furent deffaictz, IV, 207.

Marette, agitation de la mer ; en italien *maretta* ; en espagnol *mareta*. J'ay cogneu un seigneur de par le monde qui estant sur la mer avec une très grande dame.... et d'autant que ses femmes estoyent malades de la marette, et par ce très mal disposées pour la servir, IX, 310.

Marfondre, morfondre. Le pis est de ces roys, après qu'ils ont chassé ces mignons gros et gras, ils en reprennent d'autres affamez, nuds et marfondus, lesquels de nouveau il faut engraisser, vestir et emplumer, III, 155. Cf. VIII, 97-98.

Marguerite (à la franche), franchement. (Voy. Oudin, p. 235.) Il treuvera que Dieu a favorisé ma cause, estant allé desmesler ceste fusée armé d'innocence, y estant allé à la franche Marguerite, X, 118.

Marine, bord de la mer, rivage. Estant une grosse escarmouche attaquée par une grand'saillie que firent ceux de la ville (Alger) sur les Espaignolz le long de la marine, II, 43.

Marmiteux, dolent. Voy. *Estomach*.

Marqueté, tacheté. Voy. *Tarrotté*.

Marquetté, qui est fait en marqueterie. Le maistre artiller, qui est celuy qui se mesle de faire des arballestes, des traitz et des flesches, que j'ay veu faictes et eslabourées d'eux très gentiment et proprement marquettées, V, 301.

Marquisac, marquisat. Voy. *Pracquerie*.

Marquisote, petite marquise. Les duchesses grandes et petites, les marquises et marquisotes, les comtesses et contines, IX, 354.

Marrane (de l'espagnol *marrano*, pourceau, maudit), terme d'injure adressé particulièrement aux descendants des Maures ou des juifs. Faut-il qu'à l'appétit d'un marrane opiniâtre nous nous faisions ainsi tuer à coups de canon? I, 150.

Marrine, *mayrrine*, marraine. La reyne de Navarre Marguerite, sa tante et sa marrine, V, 74.

Marrisson, doléance, regret. Aucuns disoient que ce marrisson ressembloit à celuy de Cæsar quand il vit la teste de Pompée, dont il s'en mit à pleurer, VI, 121.

Marteau (frapper au), heurter à la porte. Voy. *Frapper*.

Martel, tourment, inquiétude. Ils (les amants) portent (supportent) des martels, des capriches, se mettent au hasard, IX, 186. Voy. *Temporiser*.

L'expression *martel en tête* était nouvelle du temps de Henri Estienne. « Je me suis souvenu, fait-il dire à Celtophile, que nos ancestres disoient martel pour marteau.... et toutesfois quand ces messieurs les courtisans disent *martel in teste*, ils ne prennent pas ce martel du vieil langage, mais le syncopent de l'italien *martello*, » (p. 84).

Martellé, qui a martel en tête. En quoy tels escrocqueurs et escornifleurs sont grandement à blasmer d'aller ainsi allambiquer et tirer toute la substance de ces pauvres diablesses martellées et encapriciées, X, 107.

Mascher, broyer. Voy. IX, 263.

Mastiner, gourmander, maltraiter. Voy. *Complexionné*.

Mathurinesque, de fou. Ceux qui luy sembloient de plus gaye et mathurinesque humeur, V, 153. (Saint Mathurin était le patron des fous. De là l'expression : *faire un voyage à Saint-Mathurin*, pour dire être atteint de folie). Il luy demanda, par manière d'injure, si elle avoit jamais faict de voyage à Saint-Mathurin, IX, 115.

Matin (l'en), le lendemain matin. Voy. *Enmatin*.

Matois, enfant de la matte, filou, rusé. (Strozzi) emmena avec luy un matois serrurier, si fin et habile à crocheter serrures qu'il n'en fut jamais un tel, II, 245. Voy. *Matte*.

Matte (enfant de la), filou. Il (Charles IX) voulut un jour sçavoir les dextéritez et finesses des couppeurs de bources et enfants de la Matte en leurs larcins, V, 278.

Maugré, malgré. Que c'est que de se faire aymer de son contraire, maugré son naturel ! IX, 376.

Mauvaistié, méchanceté, perfidie. Comm'ainsy soit que la nature des traistres se délecte plus en trahison qu'en foy et vertu, nous devons combattre afin de vaincre mauvaistié, II, 316.

Mécanique (vie), vie d'artisan, de gens de métier. N'estoient-ilz pas braves.... ces gens de bien de soldatz de vivre et mourir en soldatz.... non pas faire la vie mécanique que M. de La Noue ordonne, V, 383.

Médeciner, soigner. Un médecin qui venoit plus tost voir sa maistresse (la maistresse de Ronsard) soir et matin, pour luy taster.... son sein.... et son beau bras que pour la médeciner de la fiebvre qu'elle avoit, IX, 569.

Meffaire, commettre un méfait. On me fera de mesmes que l'on fait bien souvent à de pauvres diables que l'on pend pour tenir compagnie seulement à leurs compagnons, encor qu'ilz n'aient rien meffaict, III, 363.

Meffy, méfiance. Le duc de Brunswic ne s'y achemina (en Italie), à cause d'un meffy que l'empereur prist de luy, qu'il ne peut prétendre au royaume de Naples, III, 203.

Megrellin. Voy. *Maigrelin.*

Meilliorer, améliorer. Voy. IX, 541.

Mémoratif, qui a de la mémoire. Tout m'est pardonné pour m'estre bon et mémoratif escripvain, VI, 208.

Menacer à, menacer de. Depuis arrivarent les lettres du marquis (de Pescaire), là où il parle de ce Charles (de Launoy) comme j'ay dict cy-devant, et le menaçant au combat, I, 229.

Mené (mal), mal en point, mal habillé. Un soldat espaignol de moyen aage et de fort belle façon...., mais pourtant fort mal mené de sa personne et bien deschiré, VII, 54.

Mener, pratiquer. N'ayant voulu (Soliman) mourir ailleurs qu'au mitan de l'exercice qu'il avait toujours aymé et mené en sa vie, I, 92.

Mener beau, mener rondement, mettre à la raison. Je l'ay veue (Catherine de Médicis) parler aux courts de parlement, fût en public, fût en privé, et qui bien souvent les menoit beau, quand ils s'estravaguoient, ou faisoient trop des retenus et ne vouloient condescendre aux édicts faicts en son conseil privé, VII, 375.

Mener les armes, combattre. Comme certes de vray elles (les Rochelloises) en firent de bons (services), jusques-là que les plus virilles et robustes menoient les armes, IX, 420.

Mener les mains, meneur de mains. Voy. *Mains.*

Mener le festu par la bouche. Voy. *Festu.*

Menestre, potage ; en italien *minestra*. Voy. *Vesarde.*

Menigance, manigance. Ils (les ambassadeurs de robe longue à Rome) s'amusoient à faire leurs affaires..., et soubs ceste menigance complaire si fort au pape et aux uns et aux autres que les affaires du roy se laissoient en crouppe, III, 97.

Menton (tenir le), soutenir. Ce fut luy (le roi de Navarre) pourtant qui, premier, luy tint (à Alluye) le menton en cet amour et l'y encouragea, V, 75.

Menusaille, menuzaille, chose menue. Et de ces pastez ains composez de menusailles de ces petits cocqs et culs d'artichaux et trufles, IX, 222. Voy. *Penaillerie.*

Menuserie, exiguité. Voy. IX, 579.

Mercier, remercier. Sentant qu'il s'en alloit, il (M. de Bure) se hasta dire à Dieu à l'évesque d'Arras et au comte d'Arenberg, les merciant du vray office d'amy que tous deux luy avoient faict, I, 317.

Mercy de quelqu'un (avoir), lui faire grâce. La fortune fut encores si bonne pour le seigneur de Créqui, qu'il abbat son ennemy et le tue, sans en avoir plus de mercy, VI, 358.

Mercy que.... (Dieu), grâce à ce que.... Le marquis (de Pescaire) se peust vanter, lorsqu'il mourut, de n'avoir jamais eu telle disgrâce, Dieu mercy qu'il ne vesquit point tant, I, 206.

Merque, marque. (M. La Roche du Mayne) fut lieutenant de cent hommes d'armes de M. d'Alançon, grand'merque pour lors de sa suffisance et valeur, III, 404.

Mésadvenir, survenir malheureusement. Le principal subject de leur institution (des chevaliers de la Table-Ronde) estoit.... de secourir les belles et honnestes dames en leurs afflictions, si aucunes leur mésadvenoient, X, 61.

Meschance, infortune, mauvaise chance. Danser me faut par ma male meschance, X, 108.

Meschantement, méchamment. Voy. *Innocemment*.

Meschoir, arriver par malheur. Il mescheut à ce pauvre soldat de manger de la chair un jour prohibé, II, 60.

Mescognoissance, manque de reconnaissance, ingratitude. Madame Jeanne de France luy servit (à Louis XII) bien fort aussi à sa liberté..., dont il en fut blasmé de mescognoissance, lorsqu'il la répudia, VIII, 102.

Mescognu, méconnaissable. Le roy Ladislas.... choisit six gentilshommes.... et les vestit tous d'une sorte à sa propre devise..., tellement qu'ils estoient si bien mescognus que chascun d'eux ressembloit au roy, II, 306.

Mescroyant, qui a une mauvaise croyance. Un mescroyant croira ce qu'il voudra mal croire, X, 74.

Meshuy, aujourd'hui, maintenant. Meshuy estant fort sur l'aage, il (l'empereur Ferdinand) devoit.... quitter le monde et servir Dieu, I, 88. Il luy (François Ier à sa mère) manda.... comment il estoit si advancé que meshuy il ne s'en pouvoit desdire, III, 149. Voy. *Retractation*.

Meslé, varié, mélangé (de couleur). Les festes de Bains estoient plus belles, plus plaisantes, plus meslées et plus génerálles, X, 616. Il avoit la façon très belle et bonne...., venant sur l'aage de soixante ans, toutteffois peu meslé pour son aage et son poil qu'il avoit noir, I, 282.

Mesler (se), se jeter dans la mêlée. Ils (Pulfio et Varennus) se meslèrent, et firent si vaillamment, et se secoururent l'un et l'autre si bien que...., VI, 403.

Meslier, nefflier. Pour (armes) offencives ils avoient un bon gros baston de meslier, VI, 242. Cf. *Pale-maille*.

Meslouer, blâmer. Sur ce ledit vénérable docteur Paris de Puteo se met à exalter cette généreuse reyne (Jeanne de Naples) pour ce beau trait, en déprimant et meslouant fort celuy que firent lesdits chanoines de Saint-Pierre de Rome, VI, 251.

Mesme (le), lui-même. Voy. *Plorable.*

Mesnage, épargne. Respondu bien, certes, pour ceux qui veulent jouer leur jeu au plus seur, et au proffit du mesnage de l'honneur, VII, 109. Cf. III, 60, et *Reffréné*.

Mesnage, objet de ménage. Il (Strozzi) se résolut de tirer de ses coffres un bassin, esguière, coupe, escuelle, cuiller et autre tel petit mesnage d'argent qu'il avoit pour son usage, VI, 84, note 2.

Mesnager, administrer, avoir la disposition de. Et leur semble (aux veuves) que, quand elles sont hors de la domination de leurs marys, qu'elles sont en paradis; car elles ont leur douaire très beau et le mesnagent; ont les affaires de la maison en maniement, IX, 706.

Mesnager, aménager, traiter. Voy. IX, 541.

Mesnagerie, choses, provisions de ménage. Et (les maris) estoyent si simples de penser qu'on ne leur osoit (à leurs femmes) entamer aucun propos d'amours, sinon que de mesnageries, de leurs jardinages, de leurs chasses et oyseaux, IX, 183. Vous eussiez veu les bonnes gens et femmes de village luy porter (à Romegas) des poulletz, des fromages...., bref de ce qu'ilz avoien de leurs petites mesnageries et commoditez, V, 235.

Messel (livre), missel. Avant combattre, fut apporté le livre messel sur lequel prestèrent serment l'un et l'autre, VI, 241.

Mettable, digne, convenable. M. de la Force.... esgal en biens à mondict oncle (La Chastaigneraie), mais inesgal certes en vaillance..., encor qu'il fust bien mettable gentilhomme, IV, 29. MM. de Tenance et Beaulieu (lieutenants de galères) estoient fort mettables et bien choisys, *ibid.*, 158.

Mettre assus. Voy. *Assus* et *Sus*.

Meurtrier, de meurtre. Voy. *Confidant*.

Meurtrir, tuer. Il (le marquis del Gouast) ne luy devoit (à François Ier) faire meurtrir misérablement sur le Tezin ses ambassadeurs, I, 212.

Mextimer, mésestimer, dénigrer. C'estoit un vieux proverbe parmy nous, quand nous voulions mextimer un capitaine et homme de guerre, on disoit...., IV, 219.

Mezze partye, moitié; de l'italien *mezza parte*. Il (La Valette) fut lieutenant de roy en une mezze partye de la Guienne, V, 214.

Mieux, le mieux. Voy. *Poinctilles*, *Tendrelet*.

Mignon de couchette, amant, favori. Pensez qu'aucuns de ceux-là estoient de ses mignons de couchette (à Anne de Beaujeu), III, 410. — Malgré Oudin qui explique cette locution par « un jeune sot qui fait le beau », le sens ne me paraît pas plus douteux ici que dans le passage suivant des *Dialogues* de Jacques Tahureau, (Rouen, 1583, p. 20) : « Et Dieu sçait la chère et vie qu'elles meinent en l'absence de leurs maris; rien n'y est espargné pour le traitement de leurs ruffiens et mignons de couchette. »

Milleur, meilleur. Ce n'est pas milleur.... que ces grands cardinaux se meslent tant des affaires du monde, II, 365.

Millice de l'espée, maniement de l'épée, escrime. La Chapelle venant de frais d'Italie où il avoit apris du Patenostrier la millice de l'espée, VI, 356.

Mineuse, qui fait des mines. Aucunes (dames) y en a qu'à les voir mineuses, piteuses, marmiteuses, froides, serrées et modestes en leurs paroles et en leurs habits, IX, 212.

Ministresse, féminin de ministre. On pourroit à plein cognoistre.... combien bonne ministresse estoit ceste reyne (la reine de Hongrie) des dessains.... de l'empereur son frère, V, 35.

Minuité, exiguïté. Voy. IX, 579.

Mire, visée. M. de Bouillon la rompit (la trêve) par quelques quatre ou cinq vollées de canon, dont ilz en voyoient un beau coup et belle mire, IV, 284.

Mire (se mettre en), se mettre aux aguets, à l'affût; (c'est la locution espagnole *estar à la mira*.) Il y eut dedans (Pizzighitone) trois harquebuziers très excellens qui s'estoient mis en mire derrière une cannonière fort secrette, pour faire chascun son coup, VII, 65. Voy. *Cannonière*.

Mitan, milieu. Voy. *Mener*.

Mixte (pour miste), joli, gentil. En cela il pouvoit avoir double plaisir ; l'un pour cette jouissance si douce..., et le second, à la contempler souvent devant le monde en sa mixte, cointe mine, froide et modeste, IX, 237.

Mochache, petit garçon ; de l'espagnol *muchacho*. Voy. *Fourches*.

Modelle, forme.

> Je ne croy pas cela ; vous estiez par trop belle,
> Quand vous estiez icy, pour changer de modelle, X, 76.

Modestie, modération, réserve. Elle (Mme de Nevers) fut si sage et si fort commandant à soy que.... jamais n'en sonna mot à son mary ny à sa maistresse.... Voilà comme la modestie en telles choses y est fort nécessaire et très bonne, IX, 514-515.

Mœquaniqueté (pour mécaniqueté), vilenie. Quelle mœquaniqueté, voire animosité et indignité, de ne luy en avoir voulu achepter ung (drap) noir un peu plus digne d'elle (pour le corps de Marie Stuart), VII, 438.

Mologuer, homologuer. Le testament (de Charles IX) fut incontinant porté à la court de parlement qui, après en avoir ouy la lecture, l'approuva et mologua, V, 268-269.

Monce, masse, amas. Ce qui est plus à remarquer en toutes ses belles factions c'est qu'ilz (les Espagnols).... ne les ont exploictées par des montaignes, grands monceaux et monces d'hommes, mais par de petites troupes, VII, 14.

Mondain, homme qui sait vivre, qui sait son monde. Dont il ne faut point douter que telle dérision.... luy (à Jean-Sans-Peur) fit faire ce coup (l'assassinat du duc d'Orléans) en fort habile et sage mondain, IX, 474.

Mondaniser, former, civiliser. Les vieux soldats les entreprenoient (les recrues) et les prenoient en main, les mondanisoient..., si bien qu'en peu de temps on ne les eust point recognus, V, 318.

Mondanité, vie du monde. Parmy la mondanité, il (le cardinal de Lorraine) avoit cela qu'en sa prospérité il estoit fort insolant et aveuglé, IV, 278.

Mondanité, chose policée, politesse. Voy. *Barbarisme*.

Moniale, en basse latinité *monialis*, moinesse, religieuse. Les gallans bien aises (les soldats de Bourbon à Rome) se mirent à desrober, tuer et violer femmes..., sans espargner les sainctes reliques des temples, ny les vierges, ny les moniales, I, 272.

Monine, guenon ; de l'italien *monnina*. Vous avez avec vous le fol et bouffon de la Cause, qu'est le jeune des Pruneaux ; et la petite monine de la Cause, qu'est Lavardin, VI, 197.

Monnoyes (les), l'argent. Voylà donc comme ces messieurs de Guyze sont estez les grandz sangsues des monnoyes de la France! IV, 273.

Monopoler, intriguer, cabaler, manigancer. Il (La Garde) alla, il vira, il trotta, il traicta, il monopola, et fit si bien et gaigna si bien le capitaine des janissaires.... qu'il parla au Grand-Seigneur comm'il voulut, IV, 141. Un'autre entreprise fut aussi, par le moyen du chapitre général des Cordelliers qui avoit esté monopollé et arresté esprez en ceste ville (Metz), V, 70.

Monstre, montre. Voy. *Manifeste*.

Monstre d'armes, service militaire, exploit. Le seigneur Jehan-Jacques Trivulse fut un grand capitaine italien, toutes fois très bon françois, et qui fit de très grandes monstres d'armes pour le service de la France, II, 221.

Monstrer, paraître. Voy. *Garçonner* (se).

Montée, lieu élevé. Voy. *Plain*.

Morel (cheval), moreau. Il (le duc de Guise) estoit lors monté sur son bon cheval morel, VII, 301.

Morgue (tenir sa), faire le fier. Je le vis venir (Bellegarde) dans le carrosse du roy..., qui tenoit fort bien sa morgue à l'endroit de la reyne, de Monsieur, etc., V, 200.

Morné, entouré, garni. Les autres portoyent.... les cornets et trompes mornées d'or et d'argent, IX, 320.

Morne, grave. René de Scicille avoit, pour devise, pris deux bœufz labourans la terre, avec ces motz : *passo a passo*, comme voulant dire et inférer que pas à pas, et à pas mornes et lents, on parvenoit enfin à son œuvre et besoigne, IV, 260.

Morneux, sévère, grave. (Nestor) assis comme une statue immobile donnoit ainsy ses advis et conseils, en la mode d'un morneux président, III, 336.

Mort (être blessé à la), être blessé grièvement (mais non pas mortellement). (Le capitaine Bourdeille) s'en vint à la guerre d'Allemaigne.... où il fut blessé à la mort devant Cymay...., puis au siège de Metz blessé de trois grandes harquebuzades, II, 237. Il (Mansfeld) y fut blessé dans un bras à la mort, lequel il cuyda perdre, I, 308.

Mort (jugé à), jugé perdu, condamné. Il (le roi de Navarre) eut une grand'harquebuzade dans l'espaule.... Aussi tost il fut jugé à mort par les chirurgiens et médecins, IV, 367.

Mortallité, tuerie, carnage. Le comte Petillano.... se retira un petit plus viste que le pas avec sa gendarmerie et cavallerie restée de la mortallité, II, 191.

Morte-paye, vieux soldat préposé à la garde des places. J'ay ouy conter à de vieux mortes-payes du château de Lusignan qui le gardoient (le prince d'Orange) que.... n'y avoit muraille blanche au chasteau qu'il ne noircit de petitz escriteaux contre les François, I, 244.

Motif, auteur. Ce qui arriva ceste fois mesmes au providadour Loredano qui avoit esté aussi motif, avec Alviano, de l'attaque du combat, II, 194. Voy. *Proposer*.

Moucle, moule (coquillage); de l'italien *musciolo*. Les capitaines et soldatz vesquirent fort longtemps de coquilles et moucles que la mer.... laissoit sur le sable, VI, 36.

Moumon, moumont, masque, momerie. Aux seconds troubles, le feu roy Charles envoya ung capitaine dans une place que je ne nommeray point de peur de descouvrir le moumont, IV, 12. Ce qui sert beaucoup aujourd'huy à nos vefves d'excuses et qui disent : sans qu'il est deffandu de Dieu, elles se tueroient ; et par ainsi couvrent leur moumon, IX, 666.

Moumon, défi au jeu de dés porté par des masques auxquels il était défendu de parler. Voy. *Estrange*.

Mouricaut, moricaud. Aussi monstroit-il (le portrait de le Peloux) une belle représentation d'un gallant homme, mouricaut pourtant, I, 98.

Mouscher, courir comme court un cheval piqué par les mouches. Je vous asseure qu'ilz (les chevaux de Brusquet) estoient bien légers en toutes façons, tant de la graisse dont ilz n'estoient guière chargez, que de la légèretté à bien courir et mouscher, II, 262. Mais cognois-je à aujourd'huy plusieurs grands capitaines.... qu'on tenoit des Cæsars, fuir aussi viste les dangers et mouscher, comme le moindre pionner des armées. *Ibid.*, 394.

Moustache. On donnait anciennement ce nom à une grande mèche de cheveux qui pendait d'un côté de la figure; de là l'expression *moustache de la barbe* quand on voulait parler de la barbe qu'on laissait pousser sur la lèvre supérieure. Un jeune soldat espaignol estant interrogé comme, estant si jeune, il avoit déjà les moustaches de sa jeune barbe si grandes, VII, 30. Voy. Rabelais, livre III, ch. xxx *in fine.*

Mouvant, actif, remuant. Il (l'empereur Ferdinand) n'estoit pas si bouillant et mouvant comme l'empereur, I, 87. Pierre Strozze.... qui estoit un homme actif, violant, mouvant et brave, IV, 136.

Mouvoir (se), s'émouvoir. M. l'admiral et M. d'Andelot firent bonne mine; car, de leur naturel, ilz estoient si posez que malaisément se mouvoient-ilz, V, 343.

Moyen de (au), par suite de. Voy. *Perdu de sens.*

Moyenneur, celui qui moyenne, entremetteur. Et puis (Saint-André) fut l'un des principaux moyenneurs de la paix entre les deux roys, V, 36.

Mugueter, viser. M. de Salvoyson.... avoit.... gaigné quelques uns de ceste ville (Casal) qu'il avoit muguetée et veillée de long-temps, IV, 107.

Mule (faire tenir la), faire attendre à la porte. Le dict chevallier (Breton) m'a conté qu'il a veu qu'elle (la reine Elisabeth) ne faisoit guières grand cas dudict prince (Casimir), et plusieurs fois luy a faict tenir la mulle, IV, 203.

Mulet de coffre, mulet servant à porter les coffres. Il (F. de Bourdeille) se mit un jour sur les rangz (à un tournoi) et comparoist sur un de ses muletz de coffre, et avecques des sonnettes, X, 53.

Munition (chambre de la), chambre où étaient les munitions sur une galère. Voy. *Fougon.*

Muré, mis entre quatre murs, emprisonné. Voy. *Coyte.*

Muscle, cuisse; de l'espagnol *muslo*. Dom Hugues y mourut, blessé d'une grande harquebuzade dans le bras, et d'un coup de fauconneau dans le muscle, après avoir combattu avec une rondelle en la main, I, 236.

Mussard, musard, qui traîne en longueur. Le connestable de Castille, devant Fontarabie, lors de la dellivrance de messieurs les enfans de France...., faisant du mussart, ou plustost voulant se desdire sur la dicte dellivrance, VI, 460.

Mutination, mutinerie. La belle obéissance qui luy (au duc de Guise) fut rendue d'une si grande principauté et noblesse, capitaines et soldatz sans la moindre mutination du monde, IV, 189. Voy. *Crouller.*

My-disner (au), au milieu du dîner. Je le vis (Poltrot) une fois venir au my-disner, que M. de Guyze luy demanda s'il avoit disné, IV, 255.

Nacquetter, naqueter, mendier, flatter, rechercher. Estant une fois (les bannis) envazzez et engagez parmy eux (les princes) n'en tiennent plus de conte, et s'en mocquent jusques à leur faire naquetter leur vie, I, 259. Le roy Henry, durant le roy François son père...., pour son royaulme, n'eust pas recherché, ny naqueté le cardinal de Tournon, ny l'admiral d'Annebaut, grands favorits du roy, VIII, 68. Voy. *Aiguillette.*

Naction, nation. Il leur faut pardonner (aux Espagnols) pour vouloir mal à nostre naction, VII, 125.

Nai, nay, né. D'autres destracteurs y a-il qui sont si fort naiz et accoustumez à la médisance, IX, 501. Aussi à ce prince (Charles IX) tout seyoit bien, tant il estoit bien nay et nourry, I, 44.

Naïf, naturel. Son chappeau ou bonnet couvert de plumes très belles et naïfves, V, 323. Voylà les beautez du visage et du corps de ceste belle princesse (Marguerite de Valois), que pour asteure je puis représenter, comm' un bon paintre, au naïf, VIII, 24.

Naïf, nature vivante. Si bien qu'à la veoir painte (Jeanne de Naples), le monde s'en rend ravy et amoureux de sa painture, comme j'en ay veu aucuns, et comme aussi autrefois ont estés aucuns de son naïf, VIII, 174.

Napée (nymphe), nymphe des vallées et des prairies, *napaea.* Et après vint Palès, la déesse des pasteurs, avec six nimphes napées, IX, 315.

Naqueter. Voy. *Nacqueter.*

Narde, nard. Voy. *Festiné.*

Natre, nattre, malicieux, méchant. Ceux qui l'ont veu et cogneu (Don Carlos) disent qu'il estoit fort natre, estrange et qui avoit plusieurs humeurs bigarrées, II, 103. Et ce petit fol (Thony) estoit bien si nattre quelquesfois qu'il se plaignoit sans raison, affin de faire foitter les galans, III, 342.

Natreté, nattretté, finesse, rouerie. Quelle nattretté et gloire vayne, aveq laquelle pourtant, pour sa bienvenue, don Helve de Sande le fist aussi tost pendre (un capitaine espagnol), I, 313.

Nau, nauf, nef, navire. Quand il (Beaulieu) fut vers l'Archipelage, il rencontra une grand'nau vénitienne bien armée et bien riche, IX, 463. Ayant osté et jetté de leur gros trois grandes naufz qu'estoient de l'arrière-garde, II, 38.

Nave, nef. Durant laquelle (tourmente) vindrent passer à sa veue unze grandes naves bien armées en guerre, IV, 145.

Navigage, navigation. Sans aucun empeschement, nous arrivasmes au Petit-Lict, dont sur le navigage je feray ce petit incident : que le premier soir que nous feusmes embarquez...., VII, 417.

Naz, naze, nez. Nous ne le craignons (Montluc) guières plus en son touré de naz, IV, 38. De donner encore et de plus une grande estaffilade sur la naze et le visage, disoient-ils (les Espagnols) n'estoit que bon pour servir de mémoire, VI, 377. Cf. VII, 24.

Négatif, qui nie; dans le sens de l'espagnol *negativo*. J'en allégueroịs une infinité d'exemples et de femmes, et de mariées et à marier, et de filles ainsin perjurantes et négatives, VIII, 98.

Négotier, avoir affaire. Il (un seigneur) se plaignoit.... des filles et femmes avec lesquelles il avoit négotié, IX, 579.

Nemmachie, mot estropié, pour *naumachie*. La troisième belle chose aussi fut ceste belle nemmachie, ou combat des gallères tout à l'antique, III, 253.

Nesciemment, par ignorance. Il (Bessarion) s'en va luy premièrement vers le duc (de Bourgogne), duquel aiant eu sa despesche, s'en alla après, fort nesciemment, trouver le roy (Louis XI) qui trouva fort estrange.... d'avoir abordé premier le vassal que le seigneur, II, 348.

Nettier, nettyer, nettoyer, laver. Et si, pour rabiller leurs fautes et les nettier, ils (les fuyards) reprennent les armes, il faut qu'ilz y facent des miracles de valeur et de l'espée, II, 196. Cf. IV, 277, note I; VIII, 168.

Neu, nœud. Voy. *Indissolible*.

Nimphale (à la), en nymphe. Sur la fin du festin comparut une dame, accompagnée de six nimphes oréades, vestues à l'antique, à la nimphale et mode de la vierge chasseresse, IX, 315. Voy. *OEillade*.

Nocter, noter. En quoy nous nocterons aussi que le naturel de l'Espaignol est fort avare, et aymera mieux la bourse de son ennemy où il n'y aura que deux escus, ou une petite rançon, que de le tuer, VII, 59.

Nombrer, nommer; de l'espagnol *nombrar*. Sans les chercher ailleurs, vous en trouverez (des exemples) en ce livre parmy ces capitaines que j'ay nombrez, IV, 6.

Nommément, formellement, absolument. Et dirent (les chefs protestants) et se résolurent nommément de ne veoyr la reyne, ny traicter avec elle, que ladicte trefve ne fust descriée, VII, 355. M. de Bayard assembla ses gens d'armes et les alloit charger (les lansquenetz) nommément et mettre tous en pièces, s'ils ne se fussent adoucis, III, 25. Cf. VI. 367.

Nonchallance, négligence, oubli. Telles bontez pourtant sont fort à louer et telles nonchallances de vindites très à priser, IV, 369.

Nonpareil, inégal, inférieur. Il estoit impossible qu'un si vaillant homme (La Chastaigneraie), et qui avoit les armes si bien en main, fust esté tué ainsi d'un sien nonpareil (c'est-à-dire par un homme qui ne lui était pas comparable), V, 83.

Nore, bru; en italien *nora*. Et encor (Catherine de Médicis) pour son dot heut plus de deux cens mil escuz.... avecques.... les plus belles et plus grosses perles qu'on ait veu jamais..., que despuis elle donna à la reyne d'Escosse, sa nore, VII, 339.

Notice, connaissance; dans le sens de l'italien *notizia*. Jamais querelle n'est entrevenue en sa cour, qu'estant venue en sa notice, qu'il (Henri III) ne la fist aussi tost accorder, VI, 386. Cf. VIII, 96. Voy. *Entrevenir*.

Nourri, élevé. Voy. *Nai*.

Nourriture, éducation. Que c'est d'une belle naissance et bonne nourriture! I, 30. Cf. V, 123.

Nouveau (de), nouvellement. Voy. *Parrossier*.

Nouvelleté, nouveauté. J'estois avec la reyne en Gascoigne, et dirois voulontiers ce qu'elle m'en dist à moy indigne et comme réprouvant ceste nouvelleté, V, 105.

Nuisance, dommage. Telles peintures et tableaux portent plus de nuisance à une âme fragile qu'on ne pense, IX, 50. Ces deux capitaines (Mouvans et Pierregourde), s'ilz eussent vescu, ilz eussent bien porté nuisance à nostre party, V, 428.

Nuisant, nuisible, dommageable. Voy. *Marché* (Vin de).

Nunce, nonce, *nunzio*. J'ay usé de ce mot de nunce puisqu'il s'use aujourd'huy; mais j'ay veu à mon advènement à la court, que l'on n'en usoit, sinon d'ambassadeur du pape, IV, 294.

Nyer, noyer. Voycy Fervaques qui a esté tousjours rude joueur, qui poussa du haut en bas ledict baron (de Montesquiou) dans l'eau, qui s'alloit nyer sans moy, IV, 348.

Objicer, *obicer*, objecter; *objicere*. Mais ladite Apologie luy objice (à Charles-Quint) que...., I, 168. Voylà ce qu'on en a plus voulu obicer à M. de Montpensier, de s'estre voulu ayder des huguenotz, V, 24.

Obruer, engloutir, *obruere*. Jupiter.... envoye soudain son foudre sur l'escueil qui, s'esclattant en deux partz, l'une demeure ferme, et l'autre, de la salvation d'Ajax (c'est-à-dire où Ajax avait trouvé son salut), tumba dans l'eau et emporte l'homme et tous deux s'obruarent et sumergearent ainsi dans la mer, VII, 43.

Obstant, nonobstant. (Les Horaces et les Curiaces) ressongeans après qu'il y alloit du sallut et service public, par paction faicte, obstant toute considération, VI, 406.

Obstentation, ostentation. Encores qu'il n'en fust rien, plusieurs le faisoient accroyre par obstentation et, pour ce, en estre plus estimez, IV, 121.

Occasion, motif, sujet. Il (le duc d'Albe) alléga M. de Bourbon qu'il loua fort, s'il n'eust esté traistre à son roy, bien qu'il en eust quelque occasion, I, 303.

Ocquineur, *oguineur*, moqueur, railleur. Les Picardz, qui sont grands ocquineurs, mot propre à eux pour dire grandz causeurs, I, 11. Nos farceurs et brocquardeurs françois, pour avoir revanche des mocqueurs et oguineurs...., firent ceste ryme, *Ibid.*, 24. Cf. *Hauguineur*.

OEconomie, administration des biens, de la fortune. Voy. *Caballe*, *Économie*.

OEil (faire la guerre à l'), la faire par soi-même. Ceux qui conseillent et remédient, non seullement aux maux qu'on void mais aussi qu'on ne void point, sont fort à estimer..... Aussi dict-on qu'il faut faire la guerre à l'œil, II, 72. — Oûdin explique cette locution par « être présent à ses affaires, y prendre garde sans s'écarter. »

OEillade, coup d'œil. Et ne fut sans raison qui inventa cette forme d'habiller à la nimphale; car elle produit beaucoup de bons aspects et belles œillades, IX, 323.

Offancer, attaquer. Il (Strozzi) avoit un cabinet à part remply de toutes sortes d'engins de guerre, de machines..., bref de toutes invantions de guerre pour offancer et se deffendre, II, 243. Voy. *Offenser*.

Offenser, blesser. Il (d'Aremberg) avoit.... une deffectuosité.... qu'estoit qu'il ne voyoit goutte d'un œil.... Il avoit été ainsi offensé d'un coup, II, 182. Voy. *Offancer*.

Offerte, offrande. Le comte.... ayant ouï sa messe, se recommandant à Dieu, et ses aumosnes et offertes distribuées, VI, 247.

Offusquer, couvrir. Il (le cardinal Jean de Lorraine) avoit plusieurs grandes vertus et perfections qui offusquoyent cette petite imperfection, si imperfection se doit appeler faire l'amour, IX, 482.

Olimbrieux, adjectif estropié *d'olibrius*, dédaigneux, glorieux. Comme font celles qui sont chastes et riches, d'autant que cette-cy, chaste et riche du sien, fait de l'olimbrieuse, de l'altière, de la superbe et de l'audacieuse, à l'endroit de son mary, IX, 173.

Olive, olivier. Aussi l'appelloit-on (Élisabeth de France).... la reyne de la paix et de la bonté, et noz Françoys l'appellarent l'olive de paix, VIII, 6.

Ombrager (s'), prendre ombrage. Voilà encor un bon mary qui ne s'ombragea pas trop, et, se despouillant de soubçon, pardonna ainsi à sa femme, IX, 289.

Opiné, prévu. Mort très heureuse certes, si l'on veut croire Cæsar, que la moins opinée est la meilleure. V, 148. (Nous n'avons conservé que le négatif *inopiné*).

Opinier, opiner. Et là, je le vis (le grand prieur) aussi bien opinier et bien dire que le meilleur pilotte qui fut jamais, IV, 156.

Opulant, fertile, fécond. Elle (Marguerite de Navarre) les sçavoit (les ambassadeurs) fort bien entretenir et contenter de beaux discours, comme elle y estoit fort opulante, et fort habille à tirer les vers du nez d'eux, VIII, 118.

Ordinaire, habituel. La cour de nostre roy Henry II° et de nostre reyne estoit ordinaire, fust en guerre, fust en paix, fust ou pour résider ou demeurer en un lieu pour quelques mois, VII, 379.

Ordonnances, compagnie de gendarmes. Mon père aussy donna son premier cheval de guerre, pour aller aux ordonnances soubz M. de Montpezat...., à M. de Sainct-Martin de Lisle, X, 52.

Ordonner, assigner. Voy. *Brodure*.

Ordre (mal en), mal vêtu, mal arrangé. Un pauvre vieux fauconnier, chassieux, bossu, mal vestu, qui ne sçavoit approcher de son maistre (M. de Bure) pour luy dire à Dieu...., pour estre mal en ordre, I, 316.

Oréade (nymphe), nymphe des montagnes; *oreades*. Voy. *Nimphale*.

Orée, rivage, *ora*. Comme dist un jour à son filz le père de Thémistocles, le pourmenant le long d'un port et des orées de la mer, I, 136. Cf. VI, 472.

Oreille (défaut de l'), surdité. Tant y a que, s'il estoit si bien disant (Condé), il avoit le deffaut de l'oreille, car il n'oyoit pas, IV, 354.

Orer, parler, haranguer, dire des oraisons. Songez quelle rare chose c'estoit et admirable de voir cette belle et sçavante reyne (Marie Stuart) ainsy orer en latin, qu'elle entendoit et parloit fort bien, VII, 405. Certainement il n'estoit permis à nous autres femmes que de prier, orer, faire vœux et jusnes, IV, 450.

Ores, tantôt. Ayant esté malade sept mois, ores bien en espoir de guérir, et ores en désespoir, IX, 459.

Orgueil, pompe fastueuse. Je ne discourray point icy les bravades, les orgueilz et magnificences qui furent faictes en toutes sortes (aux fêtes de Bins), III, 259.

Orillier, oreiller, Voy. *Desrompu*.

Orion, horion. Et sur cet *hola*, la supercherie s'y en alloit aussitost, ou de meurtre, ou de quelque blessure ou orion sur la teste, VI, 389.

Ortolan, *ortollan*, jardinier. Voy. *Hortolan*.

Ost, troupe. Il (Guise) fit sa retraite, poussé par un gros ost de sept cornettes de reystres qui marchoient furieusement, VII, 298. Voy. *Otz*.

Ostention, démonstration; en italien *ostensione*, en espagnol *ostension*. Le marquis de Pescayre.... n'eust pas faict le coup, car il estoit plus froid et retenu en ses ostentions, I, 209-210.

Otroy, octroi. Ilz (Henri II et le connétable) luy reprocharent (à Romero) qu'après avoir receu du roy François tant d'honneur en sa court, sur l'otroy du camp-clos qu'il luy avoit donné, VII, 83.

Otz, host, corps d'armée. Veoir quinze mille reistres en deux gros otz, cela monte à beaucoup et effraye, IV, 206.

Oublieux, qui apporte l'oubli. Que c'est de la ferveur d'amour d'aller se ressouvenir, en un passage stygien et oublieux, des plaisirs et fruictz amoureux! IX, 669.

Oumeau, orme. Les deux roys (Philippe-Auguste et Richard).... parlèrent ensemble en ce dict Guet-d'Amours, où il y avoit un grand oumeau entre lesdicts deux roys, VI, 458.

Oust, août. Et y demeura tout le long de l'hyver et l'esté jusqu'à la fin d'oust, VI, 139. Cf. *Aust*.

Outré, fatigué outre mesure, excédé, rempli à l'excès. Pour quant aux autres chevaux que M. le mareschal (Strozzi) avoit, il (Brusquet) les mena jusques à Compienne.... et demeurarent là outrez, II, 249. Despuis les plus petitz jusques aux plus grands, les Turcs sont naturellement outrez d'avarice, II, 54.

Outrecuydé, plein d'outrecuidance. L'armée de l'empereur..., glorieuse et outrecuydée d'avoir pris Sainct-Dizier à la barbe du roy dans le royaume, bravoit tant et menaçoit bientost aller loger dans Paris, VI, 13.

Outrecuydément, avec outrecuidance, avec insolence. Il respondit (Montbrun à Henri III) si outrecuydément que cela luy cousta la vie, V, 423.

Ouvert (à), ouvertement. Ilz (les soldats) en mangeront (de la chair, en carême) aussy bien deçà comme de là, et à ouvert et à cachette, I, 170.

Ouvertement, à découvert, clairement. Il n'estoit pas possible au devin de mieux et plus à clair parler que cela, encor que de leur naturel, ou par l'inspiration de leur esprit familier, ils sont tousjours ambigus et doubteux ; et ainsy ils parlent tousjours ambiguement, mais là il parla fort ouvertement, III, 283.

Ouvré, ouvert. Son chappeau de taffetas noir, couvert de forces plumes blanches et noires, et un mouchoir ouvré en la main, sans qu'il (Egmont marchant au supplice) eust les mains liées, II, 160.

Pache, pacte, convention. Les Espaignols condictionnèrent le leur (leur camp) que j'ay dict cy-dessus contre les François, qu'ils limitèrent soubs tel pache : qui passeroit outre le camp demeureroit vaincu et prisonnier, VI, 317.

Pacifique, qui est en paix. Voy. *Pasyfique* et *Manquer*.

Pacquet (plier), plier bagage, partir. Dès le lendemain il luy fit (Cossé à sa femme) plier son pacquet et vuyder, IV, 85.

Paction, pacte. Voy. *Obstant.*

Paillard, drôle, coquin. Voy. *Armé* et *Sacquemens.* Cf. *Pallard.*

Paille par le bec (passer la), duper, jouer. On passa la paille par le bec audict Montpezac.... que tous ses compagnons eurent cet ordre (de S. Michel) et luy point, I, 84. Cf. I, 247, V, 214.

Painture, portrait peint. Voy. *Naïf.*

Païsante, paysanne. Une grande dame de Poictou demandant une fois à une païsante.... combien de marys ell'avoit eu...., elle faisant sa petite révérance à la pitaude, luy respondit de sang-froid, IX, 691.

Paistre, repaître. Voy. *Fillaude.*

Paladin, palatin. En luy (René d'Orange) faillit la race des paladins de Chalon, I, 245.

Pale-maille, parmaillé, jeu de mail; en italien *palamaglio,* en espagnol *palamullo.* S'il ne jouoit à la paume (Henri II), il jouoit à la balle à emporter, ou au ballon, ou au pale-maille, qu'il avoit fort bien en main, III, 277. Ils avoient un bon gros baston de meslier...., ce bois est fort dur; aussi les bonnes boulles de parmaille se font à Naples de ce bois, VI, 242.

Pallard, paillard. Lucullus.... répudia sa femme Clodia...; et espousa en secondes nopces Servilia....; mais il ne gagna guières au change.... Elle estoit aussy pallarde et lubricque comme la première, III, 38-39. Cf. *Paillard.*

Palle, pelle. J'ay ouy dire que la place est très mal envitaillée, non pas seulement pourveu de palles, de tranches, ny de hottes pour remparer et remuer la terre, III, 392.

Pallée, pelletée. Il leur sembloit (aux gens de guerre) que le roy leur devoit donner l'or à pallées, IV, 224.

Pallestrine, escrime (en italien *palestra,* lutte). Je vous jure que je n'ay jamais veu fouetter homme comme ce La Rivière et les capitaines bravaches du Piémont le furent, de ce coup, de parolle, et comment de jeunes pages les avoient estrillez, et que les autres avoient là oublié leur pallestrine piedmontoise, IV, 77.

Pallier. Voy. *Palyer.*

Pallis, pallis. Voy. *Paux.*

Palluz, marais, bas-fonds. (Barberousse) sort de la place (Tunis), reffaict un second petit armement de quatorze gallères qu'il avoit caché et sauvé dans quelques petis recoings de palluz et canaux de là auprès, II, 68.

Palyer, pallier, feindre; en italien *palliare;* en espagnol *paliar*. Mondict sieur de Montmorency, sans palyer autrement, luy (au connétable de Castille) envoya incontinent M. de la Guyche.... luy dire qu'il advisast à luy tenir sa parolle, VI, 460. M. l'admiral en fit une apologie..., là où plusieurs trouvoient de grandes apparences en ses excuses, qui (qu'ils) disoient estre bonnes; d'autres les trouvoient fort palliées, IV, 253.

Pancartes, papiers, actes. J'en fis le conte à mon frère M. de Bourdeille.... et le priay de faire adviser dans les vieux titres et pancartes du trésor de nostre maison ce qu'en pouvoit estre, V, 392.

Paouvre, pauvre. Voy. *Fillaude*.

Paouvretté, pauvreté. Tous les jours nous en voyons les expériences et exemples d'aucunes qui, pensans estre bien traictées de leurs hommes qu'elles avoient tirez aucuns de la justice et du gibet, de la paouvretté, de la chétifverie...., les battoient, rossoient, IX, 693.

Papat, papauté. Il (Charles-Quint) vouloit rendre le papat héréditaire.... en la maison d'Autriche, I, 54.

Papaux, papistes.

> Mais monsieur l'admiral
> Est encore à cheval
> Avec La Rochefoucaud
> Pour chasser tous ces papaux, papaux, papaux, IV, 356.

Papillotte, paillette. M. le marquis (de Pescaire) s'estoit accommodé d'un fort grand panache à sa sallade, si couvert de papillottes que rien plus, IV, 174.

Par, pour. Au dedans (d'un joyau) y avoit enchassé du boys de la vraye croix, qui en retint les coups.....; ce qui fut trouvé par un très grand miracle entre les gens de bien et de dévotion, III, 146. Voy. *Gris*.

Par, à travers. Ayant esté blessé d'un'harquebuzade au-dessus du genoux par l'arçon de sa selle d'armes, I, 204.

Par delà (être), être au bout de. Aussi les villes se prenoient dans ce temps-là à coupz de bonnetz de nuict, comme l'on disoit, et estoient par delà le pain tout aussitost, et la faim les faisoit soudain rendre, VI, 225.

Par sur, par dessus. Mais par sur tous (les éléments) le ciel et l'air qui ne firent autre chose que plouvoir, I, 72.

Paradvant, auparavant. Quelques quinze cens soldats espaignolz peu paradvant s'estoient amutinez, II, 184.

Pardonner, refuser ; dans le sens de l'espagnol *perdonar*. Il (Andelot) demeura aussi assiégé dans Orléans, là où il ne pardonnoit à aucune faction qu'il ne s'y trouvast, VI, 55.

Pardonrai, pardonrois. Le futur et le conditionnel de donner sont *donrai* et *donrois*, et des composés de ce verbe, comme pardonner, suivent la même forme. Pour l'envoyer (Don Carlos) en Flandre, il n'y seroit pas plus tost qu'il s'accorderoit avec les rebelles, les pardonroit et les accosteroit en quelque façon que ce fût pour se faire encor plus rebelle qu'eux, II, 102. Il me pardonra, s'il luy plaist, si je luy dis, I, 210.

Parentelle, parenté ; en italien *parentela*. Ayant (le marquis de Pescaire) mis la main à l'espée à demy, luy en voulut donner (à Prospero Colonna)....; à quoy il n'eust eu grand honneur, pour sa vieillesse (celle de Colonna), foiblesse et parentelle, I, 149.

Parer, tendre, présenter ; en italien *parare*. Luy-mesme (Dieu) a voulu et dict que : quand on te touchera à une joue, pare l'autre pour en avoir de mesme, IV, 20.

Parer, arranger, préparer. Ilz (les Rochellois) nous respondirent que c'estoyent une bande de dames ainsi jurée, associée et ainsi parée pour le travail des fortifications, IX, 420.

Parfournir, achever. Nostre petite reyne (Élisabeth).... se résolut de s'en aller parfournir le reste de ses beaux jours avec l'empereur son père, IX, 601. Cf. X, 85.

Parlement, négociation, pourparler (nous avons encore le verbe parlementer). Je luy vis dire à Blois, estant sur le parlement avec Monsieur, qu'elle ne supplioit rien tant Dieu que de luy envoier cette grâce de réunion (de Henri III et de son frère), VII, 360.

Parler (le), la mention. Deux petis chasteaux et bicoques en Périgord qui ne vallent pas le parler, II, 201.

Parmail. Voy. *Pale-maille*.

Paroistre (se faire), se montrer, se découvrir. Voy. *Empescher*.

Parole à quelqu'un (demander une), lui demander une explication, une satisfaction. (Un chevalier du S. Esprit) allant en sa maison en poste, il fut rencontré de quelqu'un qui luy vouloit demander une parole et le quereller, VI, 468. Cf. *Ibid.*, 469, et *Demander*.

Parrossier, aller, pour piller, de paroisse en paroisse. (Les soldats) usant de ce mot invanté de nouveau : *il faut parrossier*, qui est d'aller de parroisse en parroisse, et voysiner, à bon escient mais non à la bonne mode, V, 380.

Part, endroit. Ne faillez, aussitost la présente veue, de vous en aller en telle part...., à un tel jour, I, 109. (Ce mot n'est plus guère usité, avec ce sens, que dans les locutions *quelque part, autre part*).

Part où (là), en cet endroit où. Ils eschapparent bien sanglantz pourtant et couvertz de force playes, et se sauvarent là part où estoit M. de Termes, IV, 49.

Part (faire la), faire tort dans un partage. Voy. *Chiquenauder*.

Partance, départ. Voy. *Desrobade*.

Partant (au), au partir. Au partant de ce siège (de Metz), ledit marquis (de Marignan) fut faict lieutenant général de l'empereur, I, 295. (Peut-être faudrait-il lire *an* partant?)

Parte, partie, en italien *parte*. Et ainsin qu'en disoient tous, il n'en tourna pas la quarte parte de ses gens en leur pays, I, 347.

Partement, départ. Nous nous donnasmes la garde qu'au plus beau de nos belles résolutions et déterminé partement, IV, 298.

Parti, position, état. Puisque vous méritez justement le mauvais party auquel vous estes réduictz à présent, assurez-vous que vous avez affaire à des personnes qui le sçaront poursuivre jusques au vif et sentiment, IV, 202. Voy. *Party*.

Partial, qui appartient à un parti, factieux. J'arrivay à la court fort troublé et esmeu d'un grand bruict de guerre, incontinant après le tumulte d'Amboise, qui ne fut pas tant de soy dangereux que pour le remuement des partiaux que (qui) bientost après s'ensuivit, III, 319.

Partialité, dissension, rivalité; en espagnol *parcialidad*. Ceux de ceste maison (de Tolède) et ceux de Mandozze sont estez long-temps en querelles et guerres.... et ont bien faict mourir des hommes pour leur partialitez, II, 22. Cf. VI, 252. — Voici un passage où ce mot me semble employé avec une autre acception que possède aussi l'espagnol *parcialidad*, c'est-à-dire avec le sens de ligue, confédération : Les Gaulois qui ont faict leurs guerres plus par le grand nombre de gens et de leurs partialitez que par leur grande valeur, I, 20.

Partie, troupe ; de l'espagnol *partida*. Quand il se faisoit quelques belles parties ou de cheval ou de pied, il en estoit tousjours (Nevers)..., et sa partie paressoit fort, IV, 380.

Partir, sortir. Ilz s'estoient trouvez en maintes rencontres et en estoient partis en leur honneur, VII, 303.

Party (prendre), trouver asile, refuge. Si du commancement il (Montluc) l'eust faict (eut chassé de Sienne les bouches inutiles)..., toutes ces bouches s'en fussent allées au loing, et eussent cherché et pris party sans aucun danger, IV, 56. Cf. *Part*.

Party, partage. Quel humeur donc luy prit-il (à Labienus) d'abandonner et quicter Cæsar, sur le poinct d'entrer en party avec luy de la grand' fortune qu'il eut après? V, 181.

Pas, passage. Sortirent aucuns cavaliers et harquebuziers des mieux choisis à deffendre un certain pas d'un petit ruysseau, III, 261.

Pas (rompre le), changer d'avis. Ledict roy (Henri III) ne tint pas son arrest et résolution, car assez peu de temps aprez il rompit le pas et passa plus outre, V, 105.

Pas (fermer le), s'arrêter. Voy. *Fermer*.

Pas que, plus que. Pompée qui, par manière de dire, n'avoit pas que son espée et son cheval de guerre, X, 27.

Pasche, pacte. Les Espaignolz disent que M. de Nemours tua le cheval de M. le marquis, et que, le pasche faict, M. de Nemours luy envoya aussi tost après le combat les cinq cens escus, IV, 175.

Pasquiné, qui est l'objet de pasquins. Telles dames y a-il qu'elles ne sçauroyent marcher ny broncher le moins du monde sur leur honneur.... que les voilà aussitost descriées, divulguées et pasquinées partout, IX, 515.

Pasquineur, faiseur de pasquins. La reine mère y tenoit fort la main pour soustenir ses dames et filles et le bien faire sentir à ces détracteurs et pasquineurs, IX, 484.

Passade, argent donné à des soldats de passage pour continuer leur route, et par extension aumône. Il (Prémillac) s'advisa, avec quelques cinquante ou soixante compaignons qu'il avoit commandez en enseigne, d'aller à la porte de la grand' église (à Chambéry) demander la passade et l'aumosne à leurs altesses (de Savoie), II, 142.

Passade, passage. (Condé) luy avoit mandé (à Vieilleville) qu'il ne s'esmeust autrement de la passade, V, 51.

Passager, passeur; en italien *passagiere*. (Le vidame de Chartres) ayant fait mener quelques barques sur le grand chemin de Théonville, et luy s'estant accommodé avec quelques autres en passager..., comme pauvre basteiller convioit ces pauvres soldatz espaignolz de passer la Moselle, VI, 118.

Passéger, se promener; de l'italien *passeggiare* (voy. H. Estienne, p. 12). Et venant à luy (un soldat espagnol à un Français) l'embrassa à la mode soldatesque; et causèrent fort ensemble de nostre voyage en passégeant, VII, 85.

Passer, subir, souffrir; en espagnol *pasar*. Le duc de Florance et le marquis imposoient de trop dures condictions, si bien qu'ilz (les Siennois) les reffusarent; et Cornelio fit response qu'ilz creveroient tous plustost que de les passer, I, 298.

Passer pays, voyager. Il (Parisot) avoit résolu de venir trouver le pape, l'empereur, le roy de France et le roy d'Espaigne, et autres princes chrestiens, en passant pays, V, 229.

Passer quelqu'un, le faire passer. J'ai ouy dire.... que quand l'empereur Charles vint en France, on le passa par là (par Lusignan) pour la délectation de la chasse des dains, V, 18.

Past, repas; de l'italien *pasto* (voy. H. Estienne, p. 12). Je ne conte point la grand' despence qu'il faut faire pour entretenir ces espadassins et leur donner de bons pasts, VI, 388.

Pasyfique, qui est en paix. Et par ainsi (Louis XII) vouloyt mourir roy pasyfique de ce costé d'Angleterre, II, 268, note 4. Cf. *Manquer*.

Patenostrière, diseuse de patenôtres. Mais pourtant en ay-je veu force de ces dévottes et patenostrières mangeuses d'images et citadines ordinaires des églises, IX, 582. Cf. *ibid.*, 465.

Patient, qui sait supporter. Tant ilz (les Espaignolz) sont patiens de la faim, entre autres vertuz militaires, VII, 138. Plusieurs l'en excusèrent (d'Andelot) pour ne pouvoir estre patient des bravades et insollances dudict Charry, V, 344.

Pâtir, supporter. Il luy (à Randan) seroit fort dur à pâtir les courvées de l'infanterie, VI, 28.

Pattante, lettre patente. Leurs confesseurs, parrains et confidans leur en respondoient tout à faict (de la victoire), comme si Dieu leur en eust donné une pattante, VI, 289.

Paureux, paoureux, peureux. L'homme vaillant ne sçauroit faire ce traict, et son ame hardye ne le sçaroit permettre, ouy bien la poltronne et paureuse, IV, 20.

Paux, pluriel de *pal*, pieux. (La couronne) castrense ou vallaire, faicte aussi en manière de paux et pallis, estoit donnée au premier qui entroit dans le camp des ennemis, V, 100.

Pavesade, en italien *pavesata*, en espagnol *pavesada*. Ce mot est ainsi expliqué dans Henri Estienne : « A propos de pavois, il me souvient du mot pavoisade pour lequel on prononce aussi *pavigeade*. Et ce mot est dict des deux rengs de pavois qui sont ès deux costés de la galère, pour couvrir ceux qui rament (p. 307). » Voy. *Extrapontin*.

Paye réalle, soldat payé par le roi. Aussi les appelloit-on (certains soldats) payez réallez et lancepassades, VI, 371. Cf. *Entretenu*.

Pays, campagne, champs. Telles inconstances leur sont belles et permises (aux grandes dames), mais non aux autres dames communes, soit de court, soit de ville et soit de pays, VIII, 194. Voy. *Passer*.

Payser, courir le pays, voyager ; en italien *paesare*. Il y a eu des hommes qui estoient si conscientieux (scrupuleux) de n'espouser des filles et femmes qui eussent fort paysé et veu le monde tant soit peu, IX, 182.

Peine que (à), pourvu que. Il eust maintenu son dire qu'il luy avoit fait, à peine qu'on la visitast, et qu'on ne la trouveroit point pucelle, IX, 488.

Peine de quelqu'un (se donner), s'en mettre en peine, s'en soucier. Par ces parolles, M. de Bourbon ne se donnoit pas beaucoup de peine des autres qui estoient là, ny ne les craignoit guières, III, 196.

Peiner. Voy. *Pener*.

Penaillerie, penaillon, guenille. Ces messieurs les pastez estoient remplis de toutes vieilles penailleries de ses chevaux de poste (de Brusquet), les uns en petitz morceaux et menuzailles, les autres en grandes pièces en forme de venaison, II, 250.

Pener, peiner. Et voilà aussitost la trefve descriée et descousue, sans autrement se pener, VII, 355.

Pénitencial, de pénitence. Ainsy devoit M. de Montgomery espier ce meurtre (de Henri II) par œuvre pénitenciales, III, 294.

Pennache, panache. Voy. *Spéciauté*.

Peno ou *penon*, vergue. Voy. *Arbre*.

Pensement, souci. Quand M. le grand maistre fut venu, il (Soliman) luy fit dire en grec.... qu'il n'eust pensement de rien et qu'il fist ses affaires à loisir, V, 225.

Penser (se), penser en soi, se figurer. Voy. *Poultre*.

Penser, panser. L'une des belles beautez.... que ce seigneur (Randan) avoit, estoit ses jambes qu'il avoit des plus belles, et par là le mal le saisit et les luy gasta, et le fit mourir, comme luy-mesmes le disoit ainsi qu'on le pensoit, VI, 33.

Per à per, pair à pair. Tout ainsi que les Espaignolz les assaillirent vaillamment, les François leur respondirent bravement; car ilz alloient per à per, II, 186.

Perce, pêche; en italien *persica*. Il y eut un paysan qui avoit apporté un plein pannier de percez très beaux, comme il y en a là force (à Gaëte), VI, 306.

Perdition, perte. Il me souvient, comm'y estant, qu'après qu'il (Guise) eust veu jouer tout le jeu de perdition de la battaille (de Dreux) et le désordre et fuitte des nostres, IV, 246.

Perdre, exposer. Aussi despuis a-on dict que ç'a esté le premier général de nos temps (Guise) qui a monstré le chemin à aucuns, qui sont venus puis après luy, d'en faire de mesmes et se perdre en pareilz périlz, IV, 239. Il n'y a rien si brave et si superbe à voir qu'un gentil soldat..., soit qu'il marche à la teste d'une compaignie, soit qu'il se perde devant tous à un'escarmouche, V, 367. Voy. *Essuyer le baston*.

Perdre (se), être éperdu. Voy. *Assurer*.

Perdre (se), s'égarer. Voy. *Altère*.

Perdrieur, celui qui prend les perdrix au moyen d'un appeau. Voy. *Austruchier*.

Perdu de sens, aliéné. Jehanne, au moyen d'une certaine mélancolie qui la prit emprès la mort de son mary le roy Philippe (de Castille) devint perdue de son sens et entendement, I, 126.

Perdu, éperdu. Elle (Marguerite de Valois) leur parut (aux ambassadeurs polonais) si belle.... avecques si grande majesté et grâce que tous demeurarent perdus d'une telle beauté, VIII, 26. Voy. *Baster*.

Perdurable, qui doit durer longtemps. On voyoit quelque apparance d'une paix assez perdurable en Flandres, V, 347.

Pérégriner, voyager. Comme l'on vist après qu'il (François Ier) eut érigé ces doctes proffesseurs royaux, lesquels il fut très curieux de rechercher par toute l'Europe.... jusques à les envoyer pérégriner aux régions estranges à ses despens, III, 94.

Pérentoire, péremptoire. Il y avoit avec nous un grand philosophe médecin qui confirma son dire, et dist que la raison naturelle y estoit toute pérentoire, III, 318.

Période, terme, fin. Et là (à la bataille de Renty aussi fut son période (à Charles-Quint), I, 25.

Perjurer, se parjurer. Voy. *Négatif*.

Perrucque, chevelure. Les uns portoient cheveux aucunement noirs, autres blonds, si que Cæsar mesme advoua n'avoir veu de telles ny si belles perrucques en la Germanie, X, 24.

Persian, persien, persan. Il avoit aussi (S. André) deux tapis velus tous d'or, persians, qui estoient hors de prix, V, 31. Entre toutes les femmes d'Orient les Persiennes ont le los et le prix d'estre les plus belles, IX, 290.

Perspective, vue, aspect. Voy. *Vision*.

Perspective de quelqu'un (en la), de manière à le voir. Durant la malladie du roy son seigneur et mary (Charles IX), luy gissant en son lict, et le venant visiter, soudain elle (Élisabeth) s'assioit auprès de luy.... un peu à l'escart et en sa perspective, IX, 596.

Persuadeur, qui persuade, conseiller. Tels persuadeurs en avoient esté cause, comme les prescheurs de la publication de ce concile, III, 312.

Perturber, troubler. Je ne veux point parler des morts, car l'offence seroit trop grande de les perturber en leur repos par une mesdisance, II, 394. Cf. VIII, 66.

Pertuzane, pertuisane. Voy. *Rancon*.

Pessère, pessaire. Voy. IX, 203.

Pesenteur, chose pesante. Tout ainsi qu'une coullonne est ferme, stable, et sur laquelle on peut assoir ou l'on assoit quelque grande pesenteur, et l'appuye-on fermement, V, 298.

Pestilencieux, pestilentiel. Le malheur fut qu'avant l'accomplissement (de son mariage) une fiebvre pestilencieuse la saisit (une grande dame) à Paris si contagieusement qu'elle luy causa la mort, IX, 668.

Pestilential, funeste. Que pour un conseil pestilential de Dom Pedro de Navarre, qui traictoit les choses par tardivetté, ces beaux.... chevaux du pape et des Espagnols furent rompus par la fureur de l'artillerie françoise, I, 154.

Pestrinallier, porteur de petrinal (voy. ce mot). Bien qu'il (Maurevel) fust accompaigné ordinairement de six à sept assassins comme luy, tous pestrinalliers, V, 247.

Pétrarquiseur, poète à la façon de Pétrarque. Que pleust à Dieu fussè-je ung bon pétrarquiseur, pour bien l'exalter, scelon mon désir, ceste Élisabet de France ! VIII, 16.

Pétrinal, espèce d'arquebuse courte et de gros calibre. Il (Mouy) fut tellement blessé d'un pétrinal à travers le corps qu'il en mourut, V, 247. Cf. *Pestrinallier*.

Peu (un), peu de temps. Après il (Gaston de Foix) tourne, toutes ses forces contre les Vénitiens, et delà à un peu...., il rompt en chemin et met en pièces le secours desdicts Vénitiens, III, 11.

Peu, pu. Ainsy qu'est le naturel des dames qui ont faict une fois profession de l'amour et peu sentir la jouissance, III, 244.

Peur tout entière, peur qui est suivie du mal (suivant Oudin). Ilz lui respondirent (les archers qui gardoient Mazères prisonnier) : « Quand nous en serions-là, si vous fairions-nous la moytié de la « peur. » Mais il leur répliqua en son cap-de-Diou : « Ouy, je « vous en fairois l'autre moytié ; mais ces bonnetz quarrez me la « font toute entière. » VI, 43.

Peut, put. Voy. *Impost*, *Ratelle*.

Peys, pays. Condempnée (Madeleine de France) à aller faire son habitation en ung peys barbare (l'Écosse) et une gent brutalle, VIII, 127.

Philaftie, amour-propre ; φιλαυτία. Je louerois davantage vostre œuvre (Marguerite de Valois s'adresse à Brantôme) si elle ne me louoit tant, ne voulant qu'on attribue la louange que j'en ferois plus tost à la philaftie qu'à la raison, VIII, 210.

Philosophal, philosophique. Voy. *Défayrer*.

Physionomiste. Voy. *Fisionomiste*.

Piaffe, éclat. M. Turnebus fut aussi un très sçavant homme en grec et en latin ; mais non qu'il eût telle piaffe de parler et enseigner comme Ramus, III, 286.

Pianelle, pantoufle ; de l'italien *pianella*. Voy. *Profuse*.

Piceon, piquant. Comme le porc-espic qui darde ses piceons à ceux qui lui veulent nuire, II, 366.

Picourer, picorer, piller. L'un de ses capitaines (de Louis XI) qui en ses guerres avoit picouré quelques callices et vieilles reliques d'églises d'or et de perles et pierreries, II, 206.

Picquer, Voy. *Piquer*.

Picques (passer par les), être violée. J'aymerois autant croyre qu'un'infinité de belles femmes qui, aux assauts des villes, ont passé par les picques des soldatz qui les ont prises, sont chastes et intactes, VIII, 93.

Piéça, longtemps. Sans la peinture qui est dans la maison de Veuvre, il y a piéçà qu'il ne se parleroit plus d'une chose si remarquable, X, 112.

Pied (tenir du), tenir de près. Je le voudrois bien avoir (l'hôtel de la Rochelle) pour moy ou aucuns des miens, pour estre plus près d'eux et leur voisin, et les faire tenir du pied (lettre de Louis XI), II, 337.

Pied (prendre), s'attacher, faire attention. Il ne faut jamais prendre pied à ces causeries, I, 128. A quoy ladicte reyne (de Hongrie) prit pied et poinctilla aussitost, V, 34. Cf. *Imposition*.

Pieds (mettre à petits), diminuer, amoindrir. On le tenoit fort suspect (Vieilleville) à cause de la religion nouvelle, et qu'il luy avoit donné trop grand pied et accroissance à Metz, et s'il l'eust voulu, il l'heust bien mise à plus petit pied et bassesse, V, 50. Cf. II, 205.

Pieds (s'élever en), se révolter. Quelque police qu'on eust voulu establir, lorsqu'il plaisoit aux huguenotz, et leur heure estoit venue de prendre les armes, ilz se mocquoient de la police et s'es levoient en piedz autant que jamais, V, 52.

Pieds (être sur les), être en mesure. Ilz (les huguenots) n'ont jamais cessé qu'ilz n'y ayent mis le roy (Henri IV) bien avant (à la guerre contre l'Espagne)..., dont le roy s'en fust bien passé et estoit sur les pieds de la luy faire en renard, V, 62.

Pierreux, qui est atteint de la pierre, Voy. *Gravelleur*.

Piété, pitié, charité; en italien *pietà*. Si peu qui en restarent (des François vaincus) se retirarent dans Sienne où ces belles dames et honnestes Siennoises n'oublyarent rien de tout devoir de piété envers eux, car elles les secoururent de tout, VI, 165.

Piéton (capitaine), capitaine d'infanterie. Un simple capitaine piéton aller deffier un colonnel, tout le monde luy devoit courir assus, VI, 429.

Piètre, misérable. La pluspart furent deffaictz et s'en tournarent fort piètres, II, 136. De quarante soldatz françois qui estoient demeurez dedans pour la garde (au château de Crémone), il n'en eut que huit restez et très piètres encor, mais aussi résolus comme de plus grand nombre, III, 63.

Pille, pillage. Il ne fut jamais que les Gascons n'aymassent la pille, ainsy que j'ay leu dans Froissard, VI, 210.

Pillé, empilé. *Poix pillés*, théâtre ayant pour enseigne des *pois empilés* et où l'on jouait des farces. Ainsi se pavannent et piaffent comme roy des *pois pillez*, aux jeux et farces de jadis, IV, 10.

Pindariseur de mots, faiseur de mots. Ces beaux pindariseurs de motz, pensant faillir ou ne dire pas bien qu'*ambassadeur du pape*, allarent trouver *nunce du pape*, IV, 295. Cf. V, 312.

Pintré, peint, enluminé; en espagnol *pintado*. Au partir de là, bien habillées, elles sont saffrettes comme poupines, et d'autres fardées et pintrées, comme images, IX, 279. Voy. *Dépeint*.

Piot, pot. Ilz (les Suisses) ayment à faire bonne chère et à boire tousjours de ce bon piot, quand il debvroit couster un écu le lot, V, 56.

Pique. Voy. *Picque*.

Piquer, donner de l'éperon à un cheval, le faire caracoler. Les escuyers de nos roys.... quand ilz picquoient les grands chevaux devant leurs roys, I, 43.

Piquer, se diriger. Le capitaine.... tout bellement s'esvada, et monta à cheval, et piqua vers la Flandres, II, 132.

Pistollade, coup de pistolet. Il (M. de Brissac) y fut fort blessé en un bras d'une pistollade et porté par terre, VI, 148.

Pistollet, pistole. Aujourd'huy il y a parmy la chrestienté, voire ailleurs, plus de pistolles de deux et quatre qu'il n'y avoit, il y a soixante-dix ans, de petitz et simples pistolletz, de doubles ducatz à deux testes de la reyne Yzabelle et Ferdinand son mary, I, 50. Cf. IV, 381.

Pitaud, paysan. Elle (une paysanne) faisant sa petite révérance à la pitaude, luy respondit de sang-froid, IX, 691.

Piteux, plaintif. Voy. *Estomach*.

Pitié (en), en implorant la pitié. Je lui en fis (à Henri III) ma plaincte plustost en collère qu'en pitié, V, 207.

Plaidé, plaidoyer. L'empereur.... trouva le plaidé de M. de

Salvoyson si beau et si admirable pour un homme de guerre qu'il en demeura tout ravy, IV, 104.

Plaider quelqu'un (faire), lui intenter un procès. Voy. *Imposer.*

Plaidoyer, plaider. Et croy que si ceste cause estoit plaidoyée par des raisons d'un costé et d'autres alléguées, il y auroit bien à rire, IX, 546.

Plain, plaine. C'est assavoir s'ilz estoient (les bourgs) en plain ou montées, II, 302. Cf. *Pleine.*

Plain (à), pleinement. Le corps se monstroit fort à plain et extérieurement ce qu'il estoit, par son beau et agréable visage (de Mme d'Aubeterre), IX, 455.

Plaindre quelqu'un, le regretter. De sa mort (Claude de France) tout le pays en fut comblé de regretz, et M. de Lorrayne la plaignist tellement que, encor' qu'il a demeuré veuf d'elle jeune, ne vouleust jamais se remarier, VIII, 138.

Plamussade, plamusse, tape, claque. Elle les battoit du plat de la main sur les fesses avec de grandes claquades et plamussades, IX, 285.

Planer, tenir en suspens. Voy. *Conniver.*

Planier, uni, sans obstacle. Aussi un torrent d'eau qui est arresté est plus violent que celluy qu'a son cours planier, IX, 596.

Planière, plénière. Il fut receu (Philippe II en Flandre) très magnifiquement et bravement, comme celui qui en prenoit planière possession, III, 258.

Plastrer, flatter, enjôler. Lesquelz (les reîtres) en ayant perdu une grand' part (de leur bagage) dans le Portereau (à Orléans).., et pour ce désespérez, il (Coligny) les amadoua, les contenta et les plastra si bien et si beau qu'ilz ne l'abandonnarent jamais, VI, 320. La reyne les sceut si bien mener et plastrer qu'ilz se sentirent encor très heureux de ce petit morceau, V, 14.

Plattine, lingot; de l'espagnol *platina*. Il y avoit aussi force plattines et saumons d'argent à battre monnoye à Naples, II, 40.

Playe, blessure. Dictes à mon roy et à la reyne que j'ay trouvé à la fin l'heureuse et la belle mort dans mes playes que tant de fois j'avois, pour ses pères, ayeulz et pour luy, recherchée, III, 328.

Plébéan, plébéien. En quelles tentations et récréations de veue pouvoyent entrer aussi les jeunes seigneurs, chevalliers, gentilshommes, plébéans et autres Romains...., le jour que se célébroit la feste de Flora, IX, 299.

Pleige, caution. Qui fut aise? ce fut le soldat, d'avoir rencontré un si bon pleige et payeur (François Ier) pour son homme, III, 150.

Pleiger, faire raison, répondre à un toast. Ils s'entredisoient : « Holà, l'entendz-tu ? » Celuy qui estoit tenu de pleiger son compagnon respondoit : « Et quoi ? » L'assaillant respondoit : « Ce que l'empereur a deffendu ». Et là dessus il falloit trinquer et faire raison, I, 31. (Voy. H. Estienne, p. 421.)

Pleine, plaine. Alphonse (d'Aragon) luy répliqua (à René d'Anjou) qu'il acceptoit la bataille...., et apellé d'eslire le jour et lieu de la bataille, il eslisoit ceste pleine qui estoit entre Nola et Lucera, VI, 425-426.

Pleuviner, pleuvoir légèrement. Et d'autant qu'il avoit pleuviné et que la terre estoit fort glissante, IV, 242.

Plorable, affligeant; *plorabilis*. Ç'a esté une si sanglante victoire (celle de Ravenne) que les mesmes François confessent qu'il eust pleu à Dieu qu'ilz fussent estez vaincuz, pour avoir eu une victoire si luctueuse et plorable, VII, 115.

Plumar, plumet, panache. Ilz estoient accoustrez de plumars..., de mantellines, séons de drap d'or, de velours où satin découpez, II, 304.

Plume (passer par la), omettre, laisser de côté. Ceux qui opiniastrèrent en ce combat furent tuez, comme ledict conte (de la Rochefoucauld).... et force d'autres vaillans, lesquelz je passeray pour ce coup par la plume, VI, 202.

Plume (se mesler de la), être occupé à un travail de plume, être secrétaire. Au commencement de sa jeunesse, encor' qu'il (Caraccioli) fût bien gentilhomme, parce qu'il estoit pauvre, il se mesla de la plume, VIII, 196.

Plus, le plus, grandement. C'estoit (Romegas) le meilleur homme de guerre qui fust là..., et qui avoit plus faict la guerre aux Turcs, II, 112. Voy. *Foitter*.

Plus, de plus. Les Espaignolz usent de ce mot latin (*in flagranti*), et tiennent plus, que ce soldat, tant signallé soit-il, venant quelques fois à faillir, n'est déshonoré d'avoir quelque coup de ce baston (de sergent-major), VI, 11. Voy. *Aspergez*.

Poccession, possession. Voy. *Spirituel*.

Poinct (être bien en), être bien vêtu. Anthoine de Lève, porté par des esclaves dans une chaire de vellours cramoysy, et luy très bien en poinct, I, 42.

Poincte, attaque. Il (le comte de Sarno) avoit demandé au marquis del Goüast ceste faveur de faire la première poincte pour recognoistre la place (La Goulette), II, 4.

Poincte (prendre), aboutir. En ce beau embarquement de brouage qui ne prit poincte et ne nous servit que de ruynes à nos bources, II, 110.

Poincte (faire la fausse), tromper, trahir, faire faux bond. (C'était probablement un terme d'escrime; en italien, on appelle une feinte, *punta falsa*.) Ce furent ces deux Fabricio et Prospero (Colonna) qui, quasi les premiers de ces pays, luy firent (à Charles VIII) la fausse poincte et se révoltarent contre luy, I, 139.

Poinctille, pointillerie. C'estoit (Guise) l'homme du monde qui entendoit mieux les querelles et leurs poinctilles, IV, 267.

Poiser, peser. Qui poisera ce bel exploict, quelque ennemy qu'il soit de la nation espaignolle, ne peut qu'il ne loue à jamais ces braves soldatz, II, 187. Cf. I, 38, note 1.

Poitral, poitrail. Voy. *Celle*.

Poix pillez, pois empilés. Voy. *Pillé*.

Polacre, Polonais. Voy. *Charger*.

Police, gouvernement. Voy. *Piedz* (s'élever en).

Poltronne (cuirasse). Voy. *Cuirasse*.

Poltronnesque, poltron. Aux premières guerres civiles, MM. de Caumont.... estoient de la religion et à couvert, sans porter aucunement les armes..., et les appelloit-on huguenotz réallistes; d'autres les appelloient poltronnesques, IV, 27. Voy. H. Estienne, p. 63, 64.

Pongniart, poignard. M. de Montmorency luy manda (au connétable de Castille).... que s'il ne luy tenoit sa foy.... qu'il le défioit de sa personne à la sienne aveq une bonne espée et un pongniart, III, 328, note 1.

Pontifical, habit pontifical; de l'espagnol *pontifical*. La reine Isabel de Castille disoit qu'elle prenoit un très grand plaisir de voir quatre choses : un homme d'armes sur les champs, un évesque en son pontifical, une belle dame dans un lit, et un larron au gibet, IX, 207.

Pontilleux, pointilleux; en italien *puntiglioso*. Il est vray qu'il y a des gens pontilleux qui pourroient arguer là dessus, VI, 257.

Port d'armes, prise d'armes. Voy. *Sus* (mettre à).

Porter, supporter. Voy. *Martel*.

Porter (faire), engrosser. Voy. *Jeunement*.

Porter (se), se comporter. Et tous deux (les Trivulce) se portoient si bien en ceste dernière administration de ville (à Lyon), que le peuple en demeura fort content, II, 226.

Portraict, représentation. Les superbes obsèques que le roy Philippe (II), son filz, luy fit faire à Bruxelles...., desquelles j'en ay veu et eu le portraict faict en taille-douce, I, 65.

Poste, message, voyage. Le roy, après l'avoir employé (Brion) pour plusieurs allées, venues et postes vers l'empereur, III, 196.

Poste (à), à dessein, exprès; en italien *a posta*. On ne sçavoit qu'en penser, s'il (P. de Navarre) avoit faict le coup, ou par une opiniastreté et tardance militayre ou à poste, I, 157, note 4.

Poste (à sa), à son choix, à sa dévotion; en italien *a sua posta*. M. le mareschal (Matignon).... en chassa toute la vieille garnizon, et y en mit une nouvelle à sa poste, V, 162.

Posthumié, posthume. L'autre (mariage de Marguerite d'Autriche) fut avec le filz du roy d'Arragon nommé Jehan, duquel elle eut un enfant posthumié qui mourut tost après estre né, IX, 614.

Postiquerie, fausseté, fourberie; de l'italien *posticcio*, contrefait, postiche. Il (le fou Thony) fut si bien appris.., dressé... par les nattretez, postiqueries..., et friponneries de la court, III, 343.

Potet, petit pot. Le page s'y en va, et tire de l'eau du puis d'Aysnay mesmes; et ainsy qu'il advisoit le seillau dans le puis, et qu'il avoit mis son potet sur le bord du puis, III, 176.

Poudagreux, podagre. Il (Ant. de Lève) estoit goutteux, poudagreux, malladif, I, 175.

Pouil, pou. Et de ceste mauvaise humeur il creut grand' abondance de pouilz, de façon qu'on ne le pouvoit espuiser, II, 94.

Poulet de papier, billet doux. Voy. *Scondé*.

Poullinage, état de poulain. Telles filles après avoir layssé leur poullinage et jetté leur gorme, comme l'on dit des poullins et poulines, IX, 586.

Poultre, jeune cavale; en basse latinité *pullitra*. Lorsqu'elle sçaura que je l'ay nommée poultre, qu'est une jeune cavalle, elle se pensera que je l'aye encor en estime d'une jeune dame, IX, 708. Voy. *Estime.*

Pour, par. Voy. *Aust, Japer.*

Pour, pendant. Je l'allois voir (la marquise del Gouast) tous les jours, pour sept ou huict jours que nous y demeurasmes (à Naples), et y estois très bien venu, IX, 374.

Pour être, étant. Voy. *Consente.*

Pour quant, quant. Voy. *Outré.*

Pourchas, poursuite, instigation. Voy. *Appostement.*

Pourchas (aller au), chercher fortune (en amour). Quiconques le mary soit, qui passe et repasse souvent sa femme par le mitan, sans aller au pourchas ailleurs, il est très bon mary, IV, 81.

Pourmener, promener. Voy. *Orée.*

Pourmenoir, promenade. J'ay veu la reyne mère, de son temps encor vigoureuse (lors) qu'elle avoit ses bonnes jambes et qu'elle aymoit ces longs pourmenoirs, IV, 80.

Pourpenser, méditer, projeter. Sur quoy alléguoit ce grand capitaine (Biron) : que certainement il avoit bien pourpensé et cogité (un complot) par un despit et mescontentement, mais pourtant il ne l'avoit pas faict, V, 263.

Pourter, porter. Le jeune comte de Brissac.... pourtant le titre de couronnel général des vieilles bandes du Piedmont, comme il le porte encor, VI, 58.

Pourvoir (se), être pourvu. Voy. *Assigné.*

Poussement, incitation. Par les instigations et poussemens de M. de Villebon, V, 53.

Poussière, la fange à quelqu'un (mettre la), l'effacer, lui faire honte. Ce sont esté eux (les courtisans) qu'à la guerre sont estez les premiers aux assaulz, aux battailles et aux escarmouches et que, s'il y avoit deux coups à recevoir ou donner, ilz en vouloient avoir un pour eux, et mettoient la poussière ou la fange à ces vieux capitaines qui causoient (railloient) tant, VI, 30.

Pouvoir que (ne), ne pouvoir faire autrement que. Il (Dampierre) avoit espousé ma tante, mais, s'il fit ce coup (contre Diane de Poitiers) je ne puis que je ne le blâme, IV, 288. Voy. *Poiser.*

Pracquerie, praguerie, trouble. Ledict marquisac (de Saluces) ne laissa pour cela à estre brouillé et en pracquerie, V, 203.

Pratique, affaire, profit. L'empereur le tenant (François Ier) en sa puissance son prisonnier, l'avoit si mal traicté.... jusques à ce qu'il le fallit de perdre de maladie et qu'il s'en alloit perdre toute sa pratique de luy, III, 157. Aussi leur a-il donné (le duc d'Albe à ses soldats) de bonnes pratiques et friandes lipées et curées en son temps, I, 115, note 4.

Pratique (avoir), s'appliquer. Et ça esté sur luy seul l'unique et le phénix (le cardinal de Guise) que le proverbe du feu roy François a eu practique, qui disoit...., IV, 279.

Pratiqué, exercé. Il voudroit avoir quinze cens jeunes soldatz, pratiquez un peu pourtant, I, 338.

Préalaguer, alléguer précédemment. En ung traité que j'ay leu dans cette vieille chronique cy-dessus préalaguée, II, 314, note 2.

Précipitant, raide. M. de Nemours, estant sur le *Réal* (un cheval) monta de course.... par le grand escalier du Pallais, cas estrange, estant ainsy précipitant, IV, 161.

Prédécesseur, et son féminin, *prédécesseresse*, ancêtre. Ses prédécesseurs (de Tavannes) furent d'Allemaigne, de très bonne et illustre maison, V, 89. Si de son temps les chevaliers errants eussent eu vogue, elle (Mme de Bourdeille) eust bien faict reluire plus leurs armes que n'avoient faict jamais sa prédécesseresse, Frédégonde de Montbron, pour l'avoir à femme, V, 69.

Préfis, préfixe, fixé d'avance. Pour la prison perpétuelle, il luy tiendroit fort bien la foy et la parolle, mais non pour celle qui est préfise à quelque temps, I, 22. Cf. IV, 137.

Preignant, décisif, pressant. M. de Nemours débattit fort et ferme qu'il falloit guaigner Paris pour beaucoup de raisons bien preignantes, IV, 170.

Préjudicier (se), se faire tort, se porter préjudice. Ces deux seigneurs s'embrassarent comme réconcilliez, M. le Prince, comm' estant satisfaict, et M. de Guyze comme ne s'estant préjudicié, V, 268.

Premier que, avant. Il (Bessarion) s'en va premièrement vers le duc (de Bourgogne), duquel aiant eu sa despesche, s'en alla après fort nesciemment trouver le roy qui trouva fort estrange la façon de ce pauvre philosophe, d'avoir abordé premier le vassal que le seigneur, II, 348.

Prendre sur (se), s'en prendre à. Ce fut luy (Hugues de Moncada) qui prist le Vatican et pilla la sacristie de la saincte Église. Il en vouloit avoir comme les autres et se prendre sur le meilleur, I, 237.

Prester une (en), la garder bonne, en vouloir. On dict que le grand service signallé faict à la chrestienté fut bien aussi cause que l'empereur ne luy en prestat une aux guerres des protestants, aussi bien qu'aux autres (princes protestants); car il (le comte Palatin) y estoit bien brouillé, I, 323.

Pretezze, prestesse. La ville (Agen) fut prise et forcée de telle sorte et en telle pretezze et allarme, que la pauvre reyne (Marguerite), tout ce qu'elle peut faire fut que de monter en trousse derrière ung gentilhomme, VIII, 70.

Preuve, épreuve. En ayant (Henri III) faict preuve grande de sa vertu et de sa foi magnanime (celle de Maximilien II), 89.

Preuve (à), à l'épreuve. Stuard, gentilhomme escossois...., qui se mesloit de faire des balles trempées de telle composition qu'il n'y avoit cuyrasse à preuve ny à si bonne trempe, qu'il ne la perçast, III, 329.

Prime, printemps. Estant persuadée (Marie Stuart) d'aller en son royaume, et son voyage aiant esté remis à la prime, VII, 414. Cf. IX, 609.

Prime avec quelqu'un (jouer à la), le prévenir, prendre les devants. Mais amprès, il (Bussy) fut adverty de bon lieu qu'il fust sage et fust muet et plus doux, autrement qu'on joueroit à la prime avecques luy, VI, 187.

Principauté, réunion de princes. Voy. *Mutination*.

Principe, commencement, début. Or, estant donc M. de Chastillon couronnel, pour son principe il fut debvant Bouloigne, VI, 17.

Prinsautier, primesautier, irréfléchi. Devenus quinaux en leurs festins (les Flamands) s'advisarent d'esnerver cest édict prinsautier en ceste façon, I, 31.

Privé, familier. Une dame de par le monde, ou plustost fille, estant fort aymée et privée d'une très grande princesse, IX, 281.

Priviléger (se), se prévaloir, s'autoriser d'un privilège. L'autre chose qui est à notter, est les courtoisies que ces gallands hommes combattans s'usèrent les uns aux autres, ne se privilégeans nullement des loix rigoureuses permises en ces faits, VI, 260.

Procache, messager, de l'italien *procaccio*. J'allois un jour à Naples avesques le procache, avecques qui sont toutes sortes de gens, VII, 187.

Proffez (être), faire profession. Dieu n'ayme pas tant les vaillans et hardys que l'on diroit bien, puis qu'ilz ne sont destinez et proffez que pour tirer sang et tuer, IV, 20.

Proffondir, pénétrer dans; en espagnol *profundar*. Elle (une galère turque) alla si advant dans le fond de la mer qu'elle proffondit l'enfer où là j'accueilly et coupé la poincte de la naze à Pluton, VII, 24.

Profilure, bordure, garniture. Les manches et le demeurant de satin cramoisy avec profilure d'or, IX, 319.

Profuse, prodigue, excessif; en italien *profuso*. Popea Sabina..., outre qu'elle fust la plus profuse en toutes sortes de superfluitez..., elle portoit des escarpins et pianelles d'or, IX, 310.

Proie. Voy. *Proye*.

Projecter, projeter. Voy. *Escarre*.

Proportionné, capable, apte, de l'espagnol *proporcionado*. Il (Ferdinand de Gonzague) estoit prudent, bening, magnanime..., fort adroict, gentil, valeureux et bien proportionné, I, 247.

Proportionné, membré. Craignant (une mère) qu'elle (sa fille) ne pust souffrir ce premier et dur effort (du mariage), à quoy on disoit le gentilhomme estre très rude et fort proportionné, IX, 520. Cf. *Ibid.*, 285.

Propos, convenance. Aussi a-on deffendu le mariage à nos prestres; car venant de coucher avec leurs femmes..., il n'y a point de propos de venir à un sacré autel, IX, 54.

Propos (à), exprès. (Le pape) les fit exécuter (trois cardinaux).... et puis sécher leurs corps dans un four, et les os les mettre et enserrer dans certaines quaisses faictes à propos, II, 200.

Proposer, avancer, mettre en avant. M. le Prince (Condé).... dist et proposa que celuy qui avoit esté cause et motif de sa prison estoit meschant, IV, 268.

Proprement, en propre personne. Enfin le dict Paule (Orsini) fut contraint l'envoyer (l'ordre de S. Michel) au roy par un gentilhomme très sollempnellement, qui (le roi) l'acepta très bien, non luy proprement, mais le fit acepter par le chancelier de l'Ordre, V, 98.

Propreté, ce qui est propre, qui convient. Il faut que toutes choses ayent leur propreté et leur séance, IX, 312.

Proscrition, proscription. M. de Tavanes.... et le conte de Raiz.... luy prestarent ceste charité de proscrition, V, 132.

Providadour, provéditeur. Ce grand sultan Solyman, duquel

j'ay leu un traict noble.... dans une lettre imprimée, qu'escrivoit un providadour de Cataro à M. Bembo, II, 233.

Providence, prévoyance. Quelle créance parmy eux et quelle providance au chef! I, 115. Cela s'adoucit un peu par les providences et sagesses de la reine, III, 361.

Provident, prévoyant, prudent. Voy. *Considéré*. Cf. IV, 389.

Proye (mettre en), livrer comme une proie. Si un général.... commet une trahison à son prince, il est punissable, car.... il met en proye et au cousteau son prince, sa province et ses gens, IV, 21.

Psalme, psaume. Estant dans l'église, il (François Ier) y vist un petit escriteau d'un vers de psalme de David, III, 146.

Publiement, publication. Ce bon et brave chevallier (du Biez) avoit bien besoing d'un tel escrit et publiement de sa vertu et valeur, car il a été peu favorisé de ceux qui ont escrit de son temps, IV, 60.

Puis, puisque. Et si vous me respondez que de cela les Espaignolz ne s'en peuvent louer, puis leurs enseignes et drapeaux sont encor entre les mains des François despuis le jour de la bataille de Ravanne, VII, 115.

Puis après, ensuite. Voy. *Ensallir*, *Perdre* (se), et *Rengorgement*.

Puissance (offrir sa), offrir ce que l'on peut, ce qui est en son pouvoir. (La marquise del Gouast) luy manda (au grand prieur) que, si son sexe et la coutume du païs luy eussent permis de le visiter, volontiers elle y fust venue fort librement pour luy offrir sa puissance, IX, 368.

Punais, puant. Tant il est haut (le cœur de Marguerite de Valois), plain de franchise, et ne sçauroit supporter d'eau punaise, ni le venin d'aucune hypocrisie, VIII, 67.

Purger (se), se purger d'une accusation, s'excuser. M. de Matignon luy donna (à Vaillac) cinq cens escus, à ce qu'il m'a dict, pour aller trouver le roy et se purger à luy, V, 162.

Purisy, *purési*, pleurésie. Il (Salvoyson) prit un gros villain purisy et une fiebvre chaude dont il en mourut au bout de six jours, IV, 99. Cf. VI, 170.

Puy, puits. Eau simple venant de la fontaine ou du puy, V, 45.

Quadrille, troupe; en italien *quadriglia*. Celle (l'escarmouche) de Jazeneuil le fut (soutenue) de plus de vingt mille harquebuziers; non pas que tout à coup ilz escarmouchassent et combattissent, mais par bandes et grosses quadrilles dont la moindre estoit de quatre ou cinq mille, V, 430. Cf. VI, 387.

Quaisse, caisse. Voy. *Propos* (à).

Quand, quand même. Mon père s'asseuroit si bien de son faict et du recouvrement de son oreille (jouée contre le pape), qu'il ne s'en soucyoit point quand il l'eust perdue, X, 42.

Quant et quant, aussitôt, sur le champ. Et (Louis XI) sans lui (à Bessarion) faire responce autre, le planta là tout esbahy; et quant et quant luy fit dire par quelque autre qu'il eust à se retirer, II, 349.

Quarantaine, services et prières que l'on faisait pour un mort pendant les quarante jours qui suivaient le décès. Elle (Vittoria Colonna) rencontra le corps (de son mari) qu'elle laissa aller devant pour faire sa quarantaine, I, 199.

Quarte, quatrième. Voy. *Parte*.

Quarter, aller à quatre. Voy. IX, 10.

Que, lorsque, *quum*. Voy. *Couper*, *Pourmenoir*.

Que, qui. Aussi vous trouverez dans.... les vieux romans que, comme j'ay dict, ne doivent estre à rejetter, X, 65. Voy. *Partial*.

Que, à tel point que. Voy. *Esvanouir*.

Que, ce que. Et si.... ilz (les poltrons) reprennent les armes, il faut qu'ilz y facent des miracles de valeur et de l'espée, et que Moïse fit de sa verge, II, 196.

Que, comme. Les processions de la court que de la ville de Paris, se firent et se parachevarent fort dévotieusement et quiettement, IV, 234. Voy. *Pindariseur*.

Que, que ce que. Son maistre.... qui est mort à Thurin pauvre prebstre, n'ayant que sa messe et son brévire luy produisoient, V, 77.

Que bien (très), très bien. Voy. *Très*.

Queste (faire la), mendier. Voy. *Habilité*.

Queste (hors de), terme de chasse, hors de la voie, dévoyé. Voy. *Instint*.

Question, querelle; en italien *questione*; en espagnol *question*. M. de Longueville.... demanda les prisonniers; mais M. d'Espernon les luy reffusa; sur quoy s'émeut question, IV, 352.

M. de Rosne.... ayant une question contre M. de Fargy.... et ayant esté appellé par un gentilhomme que je sçay, VI, 326.

Queue (couper), quitter le jeu quand on perd. Voy. *Couper.*

Queue (faire la), terminer. Voy. *Cariage.*

Qui, à qui, *cui*. Voy. *Follie.*

Qui, ce qui. Bien que mondict sieur de Guyze fust un très grand capitaine, si consultoit-il tousjours ce bon et honnorable vieillard (La Brosse), qui estoit à dire qu'il estoit capitaine très suffisant, V, 47.

Qui, qu'il. Usant (Birague) de ces mesmes motz, encor d'un autre plus estrange, qui n'est pas bien séant de dire pour la révérance de la religion, V, 77.

Qui, *qu'y*, qui y. Leurs vaisseaux qu'y entroient (à Ostende) tous les jours à leur aise, IV, 124. Ce qui est (en Espagne) rare et point commun est tousjours plus exellent, V, 296.

Quicte, quitte, même. Ce mot, qui se trouve aussi dans Rabelais et qui ne me semble avoir été expliqué par aucun de ses commentateurs, est encore conservé dans le patois gascon avec le sens que nous lui donnons. Le quite pape (le pape lui-même) ne luy en eust peu résister, I, 41. Ne considèrent-ilz pas aussi que les quictes espées que nous portons à nos costez..., que nous tenons pour les plus luisantes, les plus assurées et pour les plus esprouvées, nous viennent à faillir quelques fois au plus grand besoing où nous les employons, II, 193. Cf. V, 240, 370.

Quiette, tranquille ; *quietus*. (Nous n'avons conservé que son contraire *inquiet*). Le roy (François Ier) vouloit bien que M. le connestable demeurast quiette en sa maison...., mais non qu'il mît plus le nez en ses affaires, III, 210.

Quiettement, tranquillement. Voy. *Que*, comme.

Quinquailleur, quincaillier. Du temps du roy Henry, il y eut un certain quinquailleur qui apporta une douzaine de certains engins (des cadenas de chasteté) à la foire de Saint-Germain, IX, 133.

Quinquenelle, répit de cinq ans accordé à un débiteur. *Faire la quinquenelle*, d'après le passage suivant, devait probablement signifier, faire cession de ses biens quand ce délai était écoulé. M. de Bourdillon s'estant dépouillé de ses villes (du Piémont), je le vis arriver à la court...., d'aucuns estimé et d'aucuns non, pour avoir ainsi laissé la sainture (ceinturé) et faict la quinquenelle de ces pauvres places, V, 80.

Quinze (un), une quinzaine. Au départir, Mme la marquise ayan sceu de M. le grand prieur le séjour d'un quinze jours qu'il vouloit faire là, luy dit...., IX, 369.

Quitte, *quite*. Voy. *Quicte*.

Quitter, tenir quitte. J'ay quitté mon frère aisné, M. de Bourdeille, pour les deux légitimes de mes deux frères morts et leurs successions, X, 130. Volontiers on quitte un vieil ennemy et s'ayde de luy pour se venger du nouveau, VII, 213.

Quoy que, quelque. C'est le naturel d'un défavorisé dire tousjours du mal des favoris, quoy que braves soient-ils, III, 196.

Quoy qui soit, quoique ce soit. Il (H. de Guize) me dist en ryant : « si faut-il que nous nous facions un peu blesser, au moins quoy qui soit, pour nous faire estimer », V, 330.

Rabattu, débattu. Pour fin, tout calcullé et rabattu, il fallut au Gascon estre maistre en son eslection (le choix des armes), et l'Italien à les prendre, VI, 298.

Rabe, rave. M. Dorat.... et M. Muret, deux aussi sçavans Lymosins qui jamais mangearent et croquarent rabes, III, 286.

Rabiller, réparer, raccommoder. Il (le siège de Malte) a esté aussi grand et rude, voire plus que celuy de Rhodes, si l'on veut considérer la force de la place qui n'estoit nullement esgalle à celle de Rhodes, qui de tout temps avoit estée tousjours bonne et forte et encores mieux rabillée et fortiffiée de messieurs les chevalliers, V, 226. Une très grande dame.... s'estant rompu une jambe et se l'estant faite rabiller..., elle se la fit rompre une autre fois au rabilleur, pour la remettre en son point, IX, 307.

Rabilleur, rhabilleur. Voy. *Rabiller*.

Rachaptement, rachat. Voy. *Bandière*.

Rachapter, racheter. Il (de Termes) fut pris par quelques fustes de corsaires.... et après il fut rachapté, IV, 5.

Racontrer, rencontrer. Il y en heust quelqu'un qui alla racontrer là dessus, disant que ceste reyne..., VIII, 74.

Rafflade, rafle. Si ne se retira-il pas (Léon Strozzi) qu'il ne fist quelque coup et rafflade, IV, 132.

Raffler, *rafler*, enlever, emporter. On fit aussi rafler un poignard qui estoit au pauvre trespassé, fort riche et décoré de force pierreries et belles turquoises qui valoient plus de cinq cens escus, et ne fut raflé que pour cent, II, 26. Les gallères espaignolles qui n'en pouvoient plus.... en un rien elles furent emportées et rafflées, *ibid.*, 37.

Raffraischi, renouvelé. Les assautz grandz (à Malte) longs et assidus, donnez, raffraischis et soubstenus, nous le doivent encor d'autant plus faire admirer (Parisot), V, 216.

Raing, rein. Voy. *Acabrer*.

Raison (faire), rendre justice. Vous autres roys et grandz princes, vous ne vallez rien trestous. Si Dieu vous faisoit raison, vous mériteriez d'estre tous pendus, IV, 93.

Raison (présenter la), offrir le combat. Ce baron de Flais estoit un brave et déterminé...., qui avoit querelle contre luy (Matignon), et l'a tellement bravé et luy a présenté si souvant la raison que, nonobstant sa charge et authorité, il ne luy a jamais rien peu faire, V, 165.

Nous avons conservé la locution *rendre raison*, pour dire : se battre en duel.

Raison (se contenter de), n'avoir que des exigences raisonnables. (Henri d'Angoulême) estoit homme de bien et le moins tiran gouverneur de son temps ny depuis; et la Provence en sçauroit bien que dire et encore que ce fust un seigneur fort splendide et de grande despense; mais il estoit homme de bien et se contentoit de raison, IX, 491.

Raisonner, résonner. Le nom du duc d'Albe s'est tant faict sonner que rien que le duc d'Albe n'oyt-on encor que raisonner par la chrestienté, I, 98. Cf. *Résonner*.

Rambade, la partie la plus avancée de la galère entre le bout de la coursie et l'éperon; c'était aussi une construction élevée sur la proue d'une galère; en italien *rambata*. Un matin que l'empereur disoit ses heures (hé! quelles heures!) sur la coursie, il vist le marquis qui passoit et s'en alloit vers la rambade, I, 211. Voy. *Rancon*.

Ramé, couvert de branchages. Et disent les Espaignols qu'ilz leur prirent sept pièces d'artillerie que les soldats menèrent dans Milan, bien ramées et couvertes de feuilles d'arbres, en signe de grand triomphe, VII, 273.

Ramenteus (je), je rappelai, du verbe ramentevoir. M. de La Noue le va trouver (Monsieur) vers le Poictou.... où je le vis et luy ramenteus bien ses anciennes protestations, VII, 208. Cf. X, 129.

Rampeau, partie de quilles qui se jouait en un seul coup, IX, 505, note 3. Voy. *Rampeller*.

Rampeller, rempeller, jouer au rampeau. Les soldats aux escarmouches.... se reprochoyent les uns aux autres l'honneur de deux de leurs princesses souveraines, jusques-là à s'entredire : « La tienne joue bien aux quilles. — La tienne rempelle aussi bien. », IX, 505.

Rancade. Voy. *Vogue*.

Rancon, bâton armé d'un fer en pointe avec ailerons. Les soldats aux arballestières, poupes, rambades, proues et coursies..., bien armez.... de corseletz, de morions, de.... cymeterres, rancons, pertuzanes, III, 254.

Rancune (être en), être mal vu. Ilz (les ingrats) sont tousjours rejettez de toutes bonnes et honnestes compaignies; et faut bien dire qu'ilz sont en rancune de tout le monde, qu'eux-mesmes se hayssent et ne se peuvent aymer, VII, 249.

Rapineux, enclin à la rapine. Quand à moy.... je ne l'ay trouvé (Birague) tant rapineux comme on l'a faict et en crioit-on, V, 77. Cf. VI, 99.

Rappeler, appeler à prendre part à une succession. Lorsqu'il l'espousa, il n'eut pas de maryage que vingt mille francs...., mais son père la rappela puis après, X, 46.

Rapporter, apporter. Voy. *Escarre*.

Raquedeniers, raquedenare, raquedinare, râcleur, ratisseur d'argent; de l'italien *raschiare* et *denaro*. Les riches marchands, les usuriers, les banquiers et autres raquedeniers, IV, 329. (Charles-Quint) amprez avoir arraché des mains des Vénitiens, Florentins et Genevoys le commerce de l'espicerie.... fist fermer boutique à tous ces raquedenares qui ratelloient tout l'or et l'argent de l'univers, I, 57, note. Cf. VI, 93. Voy. *Impatroniser*.

Rarité, rareté. Il (l'empereur Sévère).... ne garda rien pour luy fors.... un cheval tout verd qu'il estima plus pour la rarité et couleur naïfve et belle que pour la valeur, V, 249.

Ratelle, rate. Le cadet d'Aubanye.... en tout vouloit fort imiter M. de Bussy, mais il ne peut (put) en aucune sorte; se le figurant, cela luy faisoit grand bien à la ratelle pourtant, VI, 315.

Ratouère, ratière. M. l'évesque de Cisteron, qui disoit le mot mieux qu'homme de la court, en brocardant affermoit qu'il valloit mieux de coucher avecques une ratouère de fil d'archal qu'avec elle, IX, 262.

Ravallé, rabaissé. Enfin le voilà (Bellegarde) tout changé en un tourne-main de ce qu'on ne le venoit que voir *adesse*, comme dit l'italien, et de fraiz fort ravallé, V, 201.

Ravallement, rabaissement. A la court on ne sçavoit que l'on devoit plus admirer ou la fortune de cet homme (Bellegarde) qu'on avoit veue hier très grande et très haute, ou son petit ravallement d'aujourd'huy, V, 201.

Ravauder, mal mener. On la craignoit (Catherine de Médicis) plus que le roy en cela; car elle sçavoit bien parler à ces désobéissans et desreglez et les ravaudoit terriblement, VII, 367.

Réal, royal. Voy. *Entretenu* et *Paye*.

Réalle, galère royale, galère du commandant. A la poupe de la réalle, pour conserver (voguer de conserve) estoient la capitainesse du commandador major et la *Patronne d'Espaigne*, II, 116. Cf. VII, 24.

Réalliste, royaliste. Voy. *Poltronnesque*.

Réaume, royaume. L'empereur aussi luy ayda bien (à son frère) en ses réaumes de Boême et d'Ongrie, I, 87.

Rébarbératif, rubarbaratif, rébarbatif, M. le connestable et M. le chancelier.... qui estoient si sages et de nature et de pratiques point sévères.... non point chagrigneux et rébarbératifs, ny séparez des douces conversations, III, 311. Tous lui obéissoient très bien (à Sansac) pour sa suffisance, encor que aucuns n'approuvassent guières sa façon rubarbarative, III, 398. Cf. VI, 163.

Rebec, espèce de violon. Vinrent soubs sa fenestre (de Marie Stuart à Holyrood) cinq ou six cens marauts de la ville luy donner l'aubade de meschans viollons et petits rebecz.... et se mirent à chanter des pseaumes, VII, 419.

Rebras, retroussis. Sur le rebras de sa barrette (de César Borgia) avoit aussi grande quantité de pierreries, II, 210.

Rebrasser, retrousser, mettre à nu. Luy (Milon de Crotone) se rebrassant et retroussant ses bras fort piteusement, regardant ses nerfz et muscles, il dist seullement : « Hélas! ilz sont mortz », IX, 709.

Rebrouer, rabrouer. C'estoit la dame du monde (Catherine de

Médicis) qui sçavoit le mieux rebrouer et estonner les personnes, IX, 487.

Rébus, bévue. M. de Biron.... voyoit bien qu'il n'estoit aussi si grand en grade ny en science de capitaine comm' il a esté despuis, et que pour estre tel il faut faire, avant, de grands rébus et des fautes et grandz pas de clercs, V, 129.

Recevoir, accepter. Voy. *Annonciation*.

Recevoir, porter. Voy. *Cauthorisé*.

Recevoir sa despesche de quelqu'un, être expédié par lui. Voy. *Nesciemment*.

Rechignard, rechigné, maussade, rigide. Sa parole toute chaste, rigoureuse et rechignarde, IX, 237.

Recogneu. Voy. *Recognoistre*.

Recognoistre, récompenser. Ast'heure, j'ay moyen de vous tous recognoistre et faire plaisir, mes amys, V, 13. Que pouvoit-il doncques moins faire ce brave prince, après avoir si bien faict, combattu, battaillé, et mal recogneu, que d'avoir recours au roy? II, 228. — Dans le passage suivant le mot *recogneu* est employé pour exprimer le service dont on a paié un bienfait : Aucuns diront sur la vie de ce soldat très bien recogneue, que cela est bon pour les soldatz simples, mais non pour les gentilshommes, VI, 352.

Recognoistre, examiner, observer. Voy. *Gallant* et *Si*, signe.

Récollez, récollets. Voy. *Ressaré*.

Récompense, compensation, dédommagement. Je veux et entendz que mes susdictz nepveux et niepces, héritiers et héritières soient récompensez de seize mille escuz une fois payez, en récompense et desduction de l'estime du bastiment beau de Richemont, X, 149.

Récompenser, dédommager, donner ou recevoir en compensation. Voy. *Récompense*.

Recorder, rappeler. Volontiers aucunes personnes se souviènent à leurs trespas des choses qu'ils ont plus aymées, et les recordent.... Mourant, ils en causent quelque mot, IX, 465.

Recourre, recouvrer, délivrer. Luy (Martigues).... sort de table, part et court, et ses gens après luy, et attrape les sergens, les estrille un petit, et recourt d'entre leurs mains son capitaine, VI, 39. Elle (Clarisse Strozzi) tumba dans la mer et plongea fort advant, mais aussi tost fut recourue,.... car ainsi qu'elle voulut monter après à l'escalle, l'esquif luy faillit, II, 276. Sur les quinze gallères qui furent prises, aucunes recourues, II, 118. Cf. IX, 392.

Recourre (se), se retirer, se sauver. Et ne sachant où se recourre, il (César Borgia) envoya au grand capitan pour luy demander un passeport, II, 214.

Recouvert, recouvré. Voy. *Recouvrir*.

Recouvrir, recouvrer. Elle (Toulouse) fut prise vingt heures, et puis recouverte par les armes et la conduicte belle dudict Boyjourdan, IV, 292. Il leur estoit fort à de mal qu'ilz ne menassent les mains à si bonne et belle occasion qu'ilz ne recouvriroient jamais, V, 52.

Recoy, repos, *requies*.

> En labeur, en recoy,
> Tousjours est près de moy, VII, 412.

Recreu, recru, harassé, épuisé. Il falloit donc qu'alors il fust si las et recreu d'ailleurs qu'il n'y pust fournir, IX, 280.

Recueil, accueil, asile. Naturellement et extrêmement, comme je lui ay ouy dire (à Henri III), il aymoit leur république (celle des Vénitiens) pour le bon recueil qu'il avoit receu d'elle, III, 103. Ceste reine (Anne de Bretagne) estoit.... la vraye mère des pauvres, le support des gentilshommes, le recueil des dames et damoiselles et honnestes filles, et le refuge des sçavans hommes, VII, 318.

Recueillance, accueil.

> O noble seigneur de Rance,
> Nous te remercions
> De la bonn' recueillance,
> Que tu as faict à Bourbon, III, 195.

Recuillir, accueillir, recevoir. S'estans donc présentez devant Sa Cæsarée Majesté, il (Charles-Quint) les recuillit tous d'un très bon visage, I, 28. Voy. *Sentir*.

Redevance, obligation, devoir. Ce qui est une grande obligation aux cendres de son mary (A. de Bourdeille), et un tesmoignage de l'avoir bien aymé vivant, et une redevance par trop extresme à ses enfans de l'honnorer pour jamais, et ainsin est morte veuve, IX, 650.

Rédigé, réduit. Nul jamais.... bardasche ne fut brave.... que le grand Jules César; aussi que par la grand'permission divine telles gens abominables sont rédigez et mis à sens réprouvé, IX, 179.

Redonder, recommencer. M. de Savoye luy avoit mandé et promis (au roi de Navarre) qu'il luy aideroit beaucoup à l'endroict du roy d'Espaigne, et Dieu sçait encor que (si) le roy d'Espaigne eust rien en cela faict pour luy, sinon qu'il eust redondé et tourné à son proffit, V, 74.

Réduction, retraite. Voylà donq sa fin; à quoy j'adjoutteray ce mot que lorsqu'il (Charles-Quint) fist ceste réduction de vie, I, 61, note 4. Voy. *Réduire*.

Réduire (se), se retirer, faire sa retraite; en italien *ridursi*. Voy. *Descalse*, *Hypochratiste*.

Reffait, en bon état. Il vid une cuisse belle, blanche, pollie et reffaite, mais l'autre elle l'avoit toute seiche, atténuée et estiomenée, IX, 261.

Reffrené, réservé, prudent. C'estoit là, de par le diable! qu'il (Bonnivet) devoit estre froid et retiré, reffrené et en mesnage du temps et de la charge à une plus opportune occasion, III, 60.

Réformé, sévère, rigide. Et cependant que je feray ainsy du sot et du réformé qui me nourrira? VII, 238. Voy. *Abstrainct* et *Esvanouir*.

Regester, rejeter. Si un gallant homme me veut suivre, un brave capitaine, un soldat, un gentilhomme, seray-je si fat de ne le repcevoir ny de le regester? VI, 174.

Regestre, registre. Voy. *Révérentier*.

Règne, royaume, *regnum*. A l'advènement du roy Henri II, que son règne estoit encor' en paix, I, 27.—Ce mot était aussi employé pour désigner le royaume de Naples, seul état de l'Italie dont le souverain portât le titre de roi. C'estoit beaucoup pour un genêt qui ne pouvoyt estre si fort qu'ung coursier du Règne, *ibid.*, note 3.

Regorgé, regorgeant. Voy. *Escrarcir*.

Regorgement, débordement. Il (César) prie Achorée, le grand maistre de la loi d'Égypte, de luy discourir de l'ancienneté de sa région.... et surtout de la source du Nil, de son regorgement et ressarement puis après dans son lict, X, 28.

Regrillé, pour *regredillé*, frisé avec un fer. Les autres avoient les cheveux crespez, frisez, entortillez, regrillez et fort renversés en haut, X, 24.

Réhabiller, rhabiller, raccommoder. D'autres (femmes) font péter leurs os, comme si on leur réhabilloit de quelque rompure, IX, 522.

Reheust, 3ᵉ personne du singulier du prétérit du verbe ravoir. Nostre roy Henry d'aujourd'huy l'a perdue (Calais).... et puis après, en un rien...., la reheust, et en un traict de plume, par le traicté de paix qu'il fit avec l'Espaignol, IV, 216.

Reignié, renégat. Ce que ne fit pas Assanagas, Espagnol reignié, que Barberousse avoit laissé dans Alger, VII, 62.

Religieux, religionnaires. Voyant (Montmorency).... les insolences que les religieux faisoient, et leurs presches, III, 296.

Rembarrer (se), se barricader. Eux (des soldats huguenots) le voyant venir (d'Espan), se jettent dans un moulin.., se rembarrent, se fortifient, tirent force harquebusades, VII, 289.

Remède, puissance, vertu. Monstrant elle (Cléopâtre) par là son gentil esprit et courage.... pour le tenir (César), comme elle s'en asseure bien, par le remède de ses extresmes beautez, X, 19.

Remettre (se), se rejeter. L'un se remettoit sur l'autre et disoit que la faute venoit de son compaignon, X, 33.

Remonstreur, qui fait des remontrances. Vous estes de beaux prescheurs, de beaux harangueurs et de beaux remonstreurs, I, 274.

Remparer, faire des travaux de défense, réparer, travailler aux remparts.

> Monsieur de Guyse estoit dedans (Metz)
> Avecques beaucoup de noblesse.
> . . . .
> Faisant remparts de grand'addresse,
> Et remparant de toutes partz.
> II, 272-273. Voy. *Palle*.

Rempeller. Voy. *Rampeller*.

Renarde, qui tient du renard. Il (Dragut) forge en soy une astuce ny millitaire ny renarde, mais du tout diabollique, II, 56.

Rencontres (faire), combattre. Voylà comment en toutes façons, soit pour bien, soit pour mal, les François ont estez hasardeux à rechercher les advantures et faire rencontres et entreprendre voyages, V, 405.

Rendre (se), devenir. Voy. *Naïf*.

Rendu, réparé. D'une herbe de pré tondue.... le dommage en est bientost rendu, IX, 544.

Renette ou *reinette*, petite reine, espèce de jeu de dames ou d'échecs. Vous les eussiez veuz tous deux (Guise et La Brosse) consommer un' après dinée à jouer à la renette du tablier (échiquier), V, 48.

Renfermé, fermé. Le bonhomme de Sainct-Remy qui s'estoit en son temps trouvé en sept ou huict sièges renfermez (c'est-à-dire dans des villes complètement investies), V, 419.

Rengoit, rangeoit. François Ier.... rengoit tousjours ce petit roy Charles (VIII) parmi les plus grands roys de la France, II, 319.

Renommer, signaler. Voy. *Lieu*.

Repasser par le fouet, tancer vertement. Asseurez-vous qu'elle (Catherine de Médicis) la repassa par le fouet (Mlle de Limeuil) à bon escient, avec deux de ses compagnes qui en estoyent de consente, IX, 484.

Repatrier, rapatrier. Mettant (Henri II) aucuns de ses gens de guerre aux garnisons où il estoit besoing et donnant congé aux autres pour s'aller repatrier, III, 276.

Repentaille, repentir, regret. Dieu permet qu'elles (les veuves remariées) sont tant maltraictées et rossées comme il faut; après, les voylà aux repentailles; mais il n'est plus temps, IX, 674.

Repiquet, carillon; de l'espagnol *repiquete*. Je n'avois point faute d'amis, car en un demy son de repiquet de cloche j'avois toujours trois cens compaignons qui se venoient joindre à moy, VII, 49.

Réprimer, blâmer, reprocher. Sur ce, il (Henri III) s'adressa à Arques et luy monstra et réprima quatre mulletz qu'il avoit d'ordinaire, tant de grandz chevaux, courtautz, oyseaux et chiens et qu'il falloit se retrancher désormais de tout cela, II, 212.

Réprouvé (mettre quelqu'un à sens), le laisser dans son endurcissement, dans son vice. Voy. *Rédigé*.

Répugner, contredire, s'opposer; *repugnare*. Le soir de la battaille gaignée à Ranty..., M. l'admiral luy répugna (au duc de Guise) sur un petit poinct que dict M. de Guyze; si que M. de Guyze luy dist : ah! mort-Dieu, IV, 287. Sa sœur (Anne de Beaujeu) qui répugnoit tant qu'elle pouvoit (à la liberté de Louis XII); car elle estoit fort vindicative, VIII, 102.

Résonnement, retentissement. Ayant esté (La Noue) appellé par le prince d'Orange et les Estats des Pays-Bas, sur le résonnement de son nom et de ses beaux faits qui s'espandoient partout, VII, 209.

Résonner, faire résonner. La voix d'un chascun s'alloit espandant et résonnant par la court et parmy la grand' cité, que bien heureux estoit cent et cent fois le prince qui s'alloit joindre avec cette princesse (Marie Stuart), VII, 409. Cf. *Raisonner*.

Résoudre (se), prendre un parti. Voy. *Tire*.

Respect, considération, motif. Il (le comte de Rhingrave) fut pris à la journée de Sainct-Quantin. Un chascun pensa qu'on le fairoit mourir. Mais.... la guerre ne se faisoit plus contre l'empereur, mais le roy d'Espaigne.... A quoy le roy d'Espaigne y eut esgard, qui ne voulut, par ce respect, souiller sa conscience pour le faire mourir, VI, 222.

Respect de (au), à l'égard de. (Egmont et Horn) ne parlant d'autre chose que de leur faict de conscience et du tort qu'on leur tenoit au respect de la fidellité et obéissance qu'ilz avoient tousjours porté à leur prince, II, 160.

Respects, égards. Voy. *Comment*.

Ressaré, strict, sévère. Les refformez chrestiens et ressarez religieux les en louent et disent qu'il faut oublier les offances selon Dieu et sa parolle; cela est bon pour des ermites et des récollez, V, 245.

Ressarement, retraite, retirement. Voy. *Regorgement*.

Ressarrer (se), se retirer. Je vis feu M. de Guyze le grand détester ces eslévations (soulèvements) pis que le diable, aux premières guerres que quelques communes d'Anjou.... faisoient autant de maux aux catholiques comm' aux huguenots, et commanda aussitost qu'ilz se ressarrassent, V, 191.

Ressasier, rassasier. Les réaumes de Scicille et de Naples estoient deux trop petis morceaux et réaumes pour ressasier et borner son ambition (de don Carlos), II, 102. Cf. III, 49; IX, 535.

Ressente, récente. Voy. *Déporter* (se).

Ressentir, sentir. L'empereur luy envoya (à Soliman) faire ses excuses si humbles qu'elles ne ressentoient nullement ce grand empereur, V, 61.

Ressentir (se), s'éprouver. Voy. *Trister*.

Resserrer, enclore. Voy. *Bestial*. Cf. *Ressarrer*.

Ressonger, réfléchir. Voy. *Obstant*.

Reste (à toute), jusqu'au bout. Le roy Charles.... pour jouer son jeu à toute reste contre ceux de la maison de Montmorency, III, 363. Oudin explique cette locution par : fort et ferme.

Rétemption, action de retenir. Ladicte reyne (de Hongrie).... fit arrester à ses portz tous les navires françois, à l'appétit de trois petitz navires flamans arrestez pour trois jours seulement..., combien qu'ilz fussent desjà délivrez et que ceste rétemption fust seulement particulière à Dieppe, V, 35.

Retenir, arrêter, empêcher, détourner. Voy. *Empérière* et *Par*.

Retentive, mémoire; en italien *ritentiva*; en espagnol *retentiva*. Pour tout il avoit (le cardinal de Lorraine) un esprit fort subtil, bon jugement et bonne retentive, IV, 275. L'on m'excusera aussi si je répette force choses et motz et parolles que j'ay dict quelques fois; car je ne puis avoir la mémoire ny la retentive si bonne que je me puisse ressouvenir du tout, V, 294.

Retenu, récalcitrant. Voy. *Mener beau*.

Retirade, retraite. M. de Bayard qu'il (Bonnivet) engagea mal à propos à Rebeq, qui fut cause de sa retirade qu'il lui falut faire en France, III, 62.

Retiré, réservé. Il (le duc d'Albe) paroissoit de bonne façon, mais fort froide et retirée et qui ne s'advançoit pas tant que Le Peloux, I, 95. Voy. *Reffrené*.

Retiré, éloigné, écarté. Où se treuve-il de telles dames veufves, si vertueuses et si généreuses que celle-là que, pour solemniser la perte du mary...., mena ceste vie retirée de secondes nopces? X, 72. (Le duc de Savoie) nous conta la prise (de la Goulette) et la faute grande de ces Espaignolz ainsi retirez de leur devoir et réputation, VII, 16.

Retirer, reprendre. Ainsi qu'il (Alviane) estoit sur les dessaings de retirer Bresse et Véronne, II, 198.

Retirer, recevoir. Voy. *Désespérer*.

Retorser, tresser; en italien *ritorcere*; en espagnol *retorcer*. Les gentiles femmes de Cartage.... s'advisèrent de couper leurs belles tresses et blonds cheveux..., si bien qu'elles-mesmes, de leurs belles, blanches et délicates mains, en retorsèrent et en firent des cordes, IX, 423.

Retourner, remmener, ramener. Après la bataille de Dreux,

l'on voulut pratiquer les siens (les reîtres de Coligny) ; je le sçay ; il les retourna à Orléans, IV, 320. Cf. *Ibid.*, 364 ; VII, 183.

Retourner, revenir. Voy. *Garde* (donner).

Rétractation, retraite. Elle n'avoit d'autre but (Marie de Hongrie) que de plaire et contenter son frère, et dès meshuy ne contenter le monde, et tenir compaignie à son frère (Charles-Quint) en sa rétractation et prières, IX, 619.

Retraict, privé. Voy. *Anneau*.

Rétribuer, rendre, donner en échange. L'autre (la reine Louise) pour rétribuer ce présent, luy envoya (à Marguerite de Valois) de longs fers d'aiguillettes.... enrichis de quelques perles et pierreries, VIII, 76.

Réunion, réconciliation. Voy. *Parlement*.

Revaler, tomber, descendre. La Fortune le laissa (Gaston de Foix)..., l'ayant mené et conduict avec des pas douteux et dangers de revaler, III, 11.

Revanderesse, revendeuse. Son père (du mareschal de Raiz) fut banqueroutier à Lyon, et sa mère, Mme du Perron, grande revanderesse de putains ; et pour ce le roy Henry la prit en amitié, V, 254.

Révérencial, de révérend. Et (Louis XI) lui (à Bessarion) ayant mis doucement la main sur la barbe révérenciale..., il luy dict : Monsieur le révérend...., II, 348.

Révérentier, traiter avec révérence. J'ay ouy dire à feu M. de Lansac qui estoit un vieux regestre de la court, que le feu roy François Ier disoit que telz grandz de son royaume, quand ilz arrivoient à la court, ilz y estoient venus et receuz comme petitz roys, c'est-à-dire qu'il n'y avoit que pour eux, du premier jour, à estre révérentiez, honnorez, IV, 74.

Revesche, étoffe de laine. Le lieu de l'exécution (de Marie Stuart) estoit dans la salle, au milieu de laquelle on avoit dressé un eschaffaut..., tapissé de meschante revesche noire, VII, 432.

Revestiaire, vestiaire. Antonio Roques (fameux brigand espagnol).... ayant eu envie de se faire prestre dez sa première profession, le jour venu qu'il luy falloit chanter sa première messe, ainsi qu'il sortoit du revestiaire..., bien revestu et accommodé à faire son office, IX, 444.

Revestitoire, vestiaire. Il (Ant. Roques) retourne froidement du my-chemin, et s'en va au revestitoire ; là se dévestit, IX, 445.

Revire-marion, revers, soufflet. Il ne faut jamais attendre le dernier coup de la fortune adverse, ny de la prospère non plus, car gare le revire-marion ! IV, 52.

Révocation, reprise. Ces princes qui font ces révocations de présens (il s'agit des bijoux repris par François Ier à Mme de Châteaubriand) ne font pas comme fit une fois madame de Nevers, IX, 513. Cf. *Révoquer*.

Révolter (se), retourner ; en italien *rivoltare*. Et ne fit (le baron des Adrets) jamais si mal pour sa réputation que, puisqu'il s'estoit mis en ceste dance (le protestantisme), bonne ou mauvaise, qu'il ne la continuast jusqu'au bout sans changer de party et se révolter à l'autre. IV, 32.

Révoquer, reprendre. Allez, dit-elle (Mme de Châteaubriand), portez cela au roy et dites-luy que, puisqu'il luy a plu me révoquer ce qu'il m'avoit donné si libéralement (des bijoux), que je le luy rends et renvoye en lingots d'or, IX, 513. Cf. *Révocation*.

Rezeur, pour *rezeuil*, filet, broderie. Ma grand' mère.... à qui M. Louys d'Ars.... fit un présent d'un grand linceul de rezeur de soye cramoisie, tout ouvré d'or et d'argent en personnages et de pétis bestions, II, 392.

Ribaudain, à la ribaude. Elle se laissa tomber derrière le coffre à jambes ribaudaines, IX, 522.

Ribauder, faire la ribaude. Nonobstant laquelle (sa vieillesse) fut soupçonnée (Béatrix de Tende) de son mary d'aller ribauder ailleurs et pour tel soubçon la fit mourir, IX, 336.

Ribler le pavé, battre le pavé (comme les filous). Il (don Carlos) aymoit fort à ribler le pavé et faire à coups d'espée, fust de jour, fust de nuict, II, 106.

Ribleur, batteur de pavé. Lorsqu'il (Bellegarde) estudioit en Avignon, il luy advint, comm' est la coutume des escolliers ribleurs et desbauchez, de ribler et battre le pavé, tellement qu'il fit un meurtre d'un autre escollier, V, 195. Pontdorsé.... avoit esté grand ribleur de pavé à Tholoze, estant escolier, *Ibid.*, 414. Cf. *Ribler*.

Ridicule, moqueur. En après, d'un visage moitié courroucé, moitié ridicule et de mespris...., il luy dict (Louis XI à Bessarion) : Monsieur le Révérend, II, 348.

Rien (il n'y a), il y a un rien de temps. Il n'y a rien que nous avions le roy de Navarre, ares il est pour vous autres, IV, 38.

Rien pour cela, rien de tout cela, il n'en arriva rien. Ainsi qu'il fit (le roi de Navarre) envers M. de Beauvais-Nangy.... qui le quicta pour aller à M. de Guyze dont il luy en voulut mal mortel jusques à l'en menacer; ce que l'autre craignit fort quand il vint en sa régence; mais rien pour cela, car plus grandz amys que devant, IV, 369. Cf. IV, 44.

Rigouler (se), s'ébattre, se donner du bon temps. Quelques mois avant, il recouvra quelque fille de joye belle, qu'il faisoit venir toutes les après-disnée dans la garenne de son père, car c'estoit en esté, et là il s'esbaudissoit et se rigouloit.... avec sa damoiselle, IX, 519.

Rigoureux, rigide, austère. Voy. *Rechignard*.

Riote, riotte, dispute, querelle; en italien *riotta*. Telles divisions, riotes et contentions, I, 149, note 7. Cf. IV, 177.

Rioteux, d'un naturel difficile; en italien *riottoso*. J'ay fait faire ma robbe de la façon que les gens d'armes et cavalliers font à leurs chevaux rioteux et vitieux qui tirent du pied, IX, 129.

Ristre, collet. Une canonnade.... nous tua un capitaine et trois soldatz tout auprès de nous, qui nous couvrirent tous de sang et de chair; et moy estant plus près de tous, j'euz le visage tout couvert de cervelle d'un, et un ristre de vellours verd, fourré, tout gasté, V, 333.

Rithme, vers, poésie. Il (M. de Nemours) a esté un très beau prince...., aymable et accostable, bien disant, bien escrivant autant en rithme qu'en prose, IV, 165.

Robe, marchandise; en italien *roba*. Il ne fit seullement (Romégas à un navire vénitien) que commander d'amener, faire sortir la gondolle en mer et sçavoir s'il y avoit robe de contrebande, V, 234.

Robe (tourner sa), changer de face. Monsieur avoit acquis si grand'gloire jusques alors qu'il ne faloit tenter la fortune doubteuse de la guerre, et qu'il ne falloit qu'une heure malheureuse qu'elle ne tournast sa robbe et ne luy fist un mauvais tour, V, 119.

Robe (changer sa), changer de parti. Le marquis de Richebourg.... se rendit en un rien si bon capitaine, qu'il est mort (ayant changé sa robe) l'un des bons que le roy d'Espaigne eust là-bas, VII, 212.

Robette, petite robe. Une procession qui s'y fit (à Rome) de

LEXIQUE.

trois fois neuf, qui sont vingt-sept, jeunes belles filles romaines..., vestues de robettes assez longuettes, IX, 414.

Robin, niais, sot. Les autres par derrision s'en allarent tourner son nom (de Biron) et y trouvarent par anagramme Robin.... Pourtant il n'en tenoit rien, car c'estoit le plus habille homme de son temps et tout, V, 131, note 3.

Rocque, *roque*, château-fort, forteresse. Il (J. A. Doria) prit le Pignon de Bellys en Barbarie, qui estoit une rocque inexpugnable. II, 44. L'un entretint la grande avec tous les respects.... qu'il put...., sans faire jamais aucun semblant de s'approcher de près ny vouloir forcer la roque, IX, 406.

Roguer (se), faire le rogue. La Souche, qui faisoit si bien sa myne, et se targuoit et se roguoit..., qu'il ne faisoit cas de personnes, X, 56.

Romance, chanson espagnole. J'ay veu d'autres fois chanter en Espaigne une vieille chanson, que proprement on appelle la romance, VII, 162.

Rommeau. Je n'ai trouvé dans aucun lexique ce mot que l'on peut expliquer par *râle*, en le rapprochant du verbe *roumer*, « respirer avec oppression et bruit », donné dans le *Gloss. du centre de la France*, de Jaubert. — J'ay ouy conter d'elle (de Marguerite d'Angoulême) qu'une de ses filles de chambre.... estant près de la mort, la voulut veoir mourir; et tant qu'elle fut aux abois et au rommeau de la mort, elle ne bougea d'auprès d'elle, III, 124

Rompant, fragile, se brisant facilement. Voy. *Vitrine*.

Rompement, rupture, violation. Pour imiter mieux son ayeul le brave Charles de Bourgoigne et le bon rompu le roy Louys XIe en leurs faicts et condictions et principallement en rompement de foy, I, 35.

Rompre, être rompu. Combien avons-nous veu despuys force huguenotz s'estre convertys et faictz bons catholiques! Les chemins en rompent, IV, 307.

Rompre la guerre, y mettre fin. Voy. *Guerre*.

Rompre le pas, changer d'avis. Voy. *Pas*.

Rompu, roué. Le bon rompu roy Louys XIe, I, 35.

Rompure, rupture. Ce grand duc (d'Albe).... n'oublie le voyage de M. de Guyse et la rompure de son desseing, VII, 121. Cf. IX, 522.

Rondelle, rondache; en italien *rondella*. Voy. *Muscle*. Cf. Henri Estienne, p. 278.

Rondellier, porteur de rondelle. M. du Gua se retira gallantement et en rondellier, comm' on dict, V, 359.

Rongneure, retranchement. Ces pouvres gens (les chevaliers de Malte) ne devoient point avoir telles rongneures en leur bien, V, 238.

Rottier, routier. Il y eut un vieil rottier, soldat allemant, qui s'advança à luy dire, I, 344. Il n'y a nul vieil capitaine, ny rottier, fantassin de guerre, qui ne die que nostre harquebuzerie, le temps passé, n'estoit pas telle en armes comm' ell' a esté despuis, VI, 72.

Rouer, tourner. Nous trouvons qu'aucuns de nos roys, et mesmes de nos modernes, ont estés fort subjectz à changer ainsi la fortune d'aucuns de leurs favorys et les faire rouer autour de sa roue ainsi qu'il leur a pleu, V, 205.

Rouler, dérouler. Voy. *Déborné*.

Roupture, routure, rupture. Il (d'Aumale) n'estoit pas encore bien guéry de sa rupture d'espaule, IV, 283. On l'accuse (Henri II) de la routure de la trêve faite entre luy et l'empereur, I, 121.

Route, routte, déroute. Voy. *Désordonner*. Cf. IV, 116.

Routure. Voy. *Roupture*.

Roviller, embarrasser; de l'italien *rovigliare*. A ce qu'elle me dist après, fut esbahie davantage, quand, sans y penser, elle me veid en ceste noble assistance de fiançailles, la regardant et rovillant de mes yeux fixement, IX, 667.

Royaume (le), le royaume de Naples. En tout ce voyage, il ne se présenta que deux beaux sièges, qui furent celuy de Valance en Piedmont et celuy de Civitelle vers le Royaume, VI, 173. Voy. *Règne*.

Royauté (à la), à la royale, en roi. (Charles IX) parloit bravement, hardiment, autant ou plus à la soldatesque qu'à la royauté, V, 282.

Rubarbaratif, rébarbatif. Voy. *Rébarbératif*.

Ruer jus, mettre à bas.

> Francœur je suis, monté sur Bon-Renom,
> Pour ruer jus de Nécessité chance, X, 107.

Rural. Voy. *Ruraut*.

Ruraut, rural, rustique, grossier. Cestuy-cy (Montgommery).... en devoit faire de mesme, et percer et traverser dix ou douze fois le pays barbare, ruraut et rude des Grisons, III, 292. Cf. VII, 407.

Sacquemens, gens de sac et de corde. Mesmes que leur butin (des soldats de Bourbon à Rome) ne leur proffitarent point non plus qu'à plusieurs massacreurs, sacquemens, pillardz et paillardz de la feste de Sainct-Barthélemy, I, 276.

Sacquer (encore usité en Saintonge), mettre; en espagnol *sacar.* Je suis si prompt de la main que, pour le moindre vent qui me passe par les oreilles, je me tourne, je sacque la main à l'espée, VII, 22.

Sacrés volumes (les), les Saintes-Écritures. Fut faict et presché un beau sermon par le vénérable confesseur du roy, maistre Parvy, docteur fameux ès sacrez volumes, VII, 323.

Sacristant, sacristain. C'est ceste-cy (cette épée) avec laquelle on tua le sacristant de Sainct-Luce, VII, 47.

Saffran (être au), être dans la misère, faire banqueroute. Un que je sçay du règne du roy Charles XIe, de qui le père estoit un banqueroutier, le fils pauvre et au saffran, III, 75. Cf. IV, 330. Voy. *Tapis.*

Saffrette, pimpante. Au partir de là (du lit), bien habillées, elles sont saffrettes comme poupines, et d'autres fardées et pintrées comme images, IX, 279. Cf. *Ibid.,* 469.

Sage, savant. Voy. *Ascendant.*

Saigner, blesser, tuer. M. de Guyze, oyant la rumeur...., sort l'espée au poinct, appaise le tumulte (à Vassy) et ne saigna jamais personne, IV, 236.

Saillie, sortie, attaque. Voy. *Marine.*

Saincture, sainture, ceinture. J'avois, par cas, à la saincture pendue la clef dorée de la chambre du roy, V, 208. Cf. IX, 638.

Sainture (laisser la), faire cession de ses biens. Voy. *Quinquenelle.*

Saison (la vieille), l'âge avancé. La grande industrie qu'elle (Cezonnia) avoit pour l'exercer (la paillardise), que la vieille saison et pratique luy avoit apportée, IX, 333.

Salaudèment, d'une façon sale. A quoy le badin fat Diogène Cinicus rencontra badinement, mais salaudement pourtant, IX, 235.

Sallaudir (se), se salir. Voy. *Suspend.*

Sallaudrie, saleté. Un jour la reyne (Anne de Bretagne) luy aiant demandé (à Grignaux) quelques mots en espagnol pour les dire à l'ambassadeur d'Espagne, et luy aiant dit quelque petite sallaudrie en riant, elle l'apprit aussitost, VII, 317. Voy. *Arzille.*

Sallette, petite salle; en italien *saletta.* Ainsi qu'est la coustume et la grandeur de la dame d'honneur de manger tousjours à un' autre table, dans la mesme salle ou sallette de la reyne, sa maistresse, II, 236.

Salvation, salut. C'estoit un traict plus d'un fin et rusé capitaine que non pas d'un zellé et curieux de la salvation de son compagnon, M. le connestable, IV, 247. Cf. VI, 312, VII, 43. Voy. *Obruer.*

Sang (sujet au), sujet à verser le sang. Le roy Henry d'Angleterre fit mourir sa femme et la décapiter, Anne de Boulan, pour en espouser une autre, ainsi qu'il estoit fort sujet au sang et au change de nouvelles femmes, IX, 24.

Sanglant, sanguinaire. Si M. le marquis (de Marignan) et le duc de Florance fussent estez aussi cruelz et sanglantz comme ilz furent gracieux et courtois, IV, 47. Cf. IX, 5.

Sans que, sans cela que. Il (Nevers) prit aussi la Ganache (La Garnache) et autres places; et sans qu'il fust mandé par e roy, amprès la mort de M. de Guyze, pour aller secourir la citadelle d'Orléans, il eust faict autres conquestes, IV, 385.

Saoul. Voy. *Benoît.*

Sapper, piocher. Voy. IX, 562.

Saquebutier, joueur de saquebute (espèce de serpent d'église). Clairons, trompettes, saquebutiers, tabourineurs, harpeurs, II, 301.

Sarré, serré, enfermé. Comme les espicz de bled, emprès qu'ilz sont moissonnez, cuyllis et les blez sarrés, I, 215. Et estoient tous sarrez dans les forts, I, 263.

Sarré, fermé. En les menant pourmener (les femmes mariées) partout sans leur faire tenir chambre sarrée, comme l'on fait à Rome, I, 275. Cf. III, 100.

Sau, sel. Voy. *Diantre.*

Saugrener, assaisonner. Et Dieu sçait quand leurs maistres (aux écolières) veulent estre meschans et qu'ils font de telles leçons à leurs disciples, comment ilz les sçavent saugrener et donner la sauce, IX, 572.

Saugreneux, piquant, salé, saugrenu. J'en eusse allégué d'autres encor (des contes) encor plus saugreneux et meilleurs, IX, 230.

M. de la Roche-du-Mayne juroit : « Teste-Dieu pleine de reliques, ».... et autres que je nommerois plus saugreneux que ceux-là, II, 398.

Saupiquet, sauce piquante; *conte gras en saupiquet*, conte épicé. Je prie toutes les honnestes dames qui liront dans ce chapitre aucuns contes.... me pardonner s'ilz sont un peu gras en saupiquet, IX, 229.

Sauvagine, bête sauvage. Après plusieurs et diverses morsures (le chien) l'aterra (un cerf) finalement, comme il avoit faict la sauvagine du matin (un loup-cervier), X, 110.

Sauve, sauf. Dans deux coups l'autre demeura roide mort sur la place, et La Chapelle sain et sauve se retira, VI, 356.

Sauveté, sauvetté, salut, action de sauver, sauvetage. De peur que.... l'universelle sauvetté de la fortune publique ne tombe en danger irréparable, I, 201. Voylà une très belle recognoissance de courtoisie et sauvetté de vie, IV, 226.

Sauveté, sûreté. Voy. *Grabouil*.

Sauveté (à), en sûreté, hors de péril, avec garantie de la vie. Estant parti (Henri III) de Pouloigne à la dérobée et grandes traictes, il se vint jetter, quasi par manière de dire, dans ses bras (de Maximilien II), à sauvetté, I, 89. Il (Castelnau) se rendit, sur la parolle dudict M. de Nemours, à sauveté et qu'il n'auroit aucun mal, III, 182. Cf. I, 251. Dont fallut qu'il (Thoré) se retirast en Allemaigne en sauveté, tant pour le danger que pour y dresser et amasser une petite armée, III, 375.

Saye, espèce de casaque. L'empereur marchoit monté sur un fort beau genêt d'Espagne.... armé de fort belles et riches armes d'orées et couvertes d'un saye de drap d'or, I, 43. Cf. *Séon*.

Scabreux, difficile; en italien *scabroso*. Voy. *Exate*. Cf. *Escabreux*, *Scalabreux*.

Scalabreux, scallabreux, dangereux, difficile. M. le vidasme (de Chartres).... disoit qu'il en avoit veu de fort belles et chaudes (escarmouches) en son temps, mais n'en avoit jamais veu une si scalabreuse que cela, III, 370. Aussi disoit-on de luy (La Chastaigneraie) qu'il estoit trop haut à la main, scallabreux et querelleux, V, 87. Cf. *Escallabreux*.

Scalabreusement, dangereusement. M. de Guise en ayant longuement exercé la charge (de commandant des gens de pied) et fort scalabreusement, III, 227.

Scaldatif, échauffant. De bons grands pastez, que l'on a inventez depuis quelque temps, avec force pistaches, pignons et autres drogues d'apoticaires scaldatives, IX, 221.

Sçaroit, sauroit. Voy. *Innoble*.

Sçavoir, oser. Voy. *Ordre*.

Sçavoir mon (à), c'est à savoir. J'ay veu faire une demande et dispute à sçavoir mon : s'il est permis de punir des poltrons qui ont fuy des batailles, IV, 19. Asscavoir mon, si l'empereur se fust tant advancé en parolles, III, 100.

Sçavous pas (ne), ne savez-vous pas. Ne sçavous pas l'ordonnance qui a été faite, de ne sortir sans passeport du prévost des marchans? VII, 87.

Scisme, schisme; en italien *scisma*; en espagnol *cisma*. Voy. *Diversion*. Cf. *Sismatique*.

Sconder, seconder. Une (dame) que je sçay, laquelle estant à la suite d'une grand' dame mariée, ainsi que ceste grande dame fut surprise dans sa chambre par son mary, lorsqu'elle ne venoit que recevoir ung petit poulet de papier de son amy, vint à estre si bien scondée par ceste soubz-dame, etc..., IX, 549. Voy. *Seconder*.

Séance, ce qui sied, ce qui convient, convenance. Voy. *Propreté*.

Seconder, servir de second. Voy. *Tiercer*. Cf. *Sconder*.

Secourir, venir en aide. Voy. *Inesgal*.

Secours (envoyer au), envoyer demander du secours. Voy. *Envoyer*. — Brantôme emploie aussi dans le même sens l'expression *courir* (recourir) *au secours*.

Secret, caché. Voy. *Mire*.

Segrétayre, secrétaire. A ce que j'ay ouy dire à ce grand M. de Vyginaire, son secrétayre et grand favory (du duc de Nevers), IV, 377.

Segrète ou *secrète*, espèce de casque appelé aussi pot de fer. Azevedo s'estant entré dans le camp, le prieur de Messine vint porter deux segrettes et deux rapières bien tranchantes, VI, 258.

Seillau, *seillaud*, seau. Le page.... tire de l'eau du puis d'Aysnay mesmes, et ainsy qu'il advisoit le seillau dans le puis, III, 176. Cf. IX, 276, 712.

Séjour (être de), séjourner quelque part. Quand ils estoient de séjour (Guise et La Brosse) et qu'ilz n'avoient rien affaire que passer un peu le temps, vous les eussiez veuz tous deux consommer un' après dinée à jouer à la renette du tablier, V, 48.

Selon que, d'après ce que. Voy. *Dire* (avoir à).

Semblance, ressemblance, image, portrait. C'est un très bon et gracieux prince (Montpensier), vraye semblance de ce bon roy sainct Louys, V, 26. Cf., II, 320; X, 70.

Semblant, mine, visage; dans le sens de l'italien *sembiante* et de l'espagnol *semblante*. La dame pour cela ne luy en fit (à Brissac) mauvais semblant; mais elle mourut quelque temps après, VI, 143.

Sembler, ressembler. Et disoit le roy François qu'ainsy il falloit régner; qu'il (Louis XI) sembloit un juge de Montravel en Périgord, II, 346.

Semond, ça mon, oui, vraiment. Semond, semond; ouy, ouy, nous en sçavons et en faisons de bonnes; car nous sçavons des secretz que tout le monde ne sçait pas, IX, 570.

Sénateur, magistrat. Le roy luy donna (au prince de Melfe) pour commissaire et adjoint le président Cotel, très habile auvergnac et grand sénateur, II, 231. Cf. VI, 367.

Sens (perdu de). Voy. *Perdu*.

Sens froid, sang-froid. Puis luy demanda de sens froid (une dame à François Ier) comment il vouloit qu'elle le servît, IX, 480.

Sens réprouvé. Voy. *Réprouvé*.

Sentence, décision, volonté. Voy. *Impériosité*.

Sentencier, condamner. Plusieurs disoient que s'il (D'Amville) fust mort de ceste poison, que M. de Montmorency fust été sentencié, III, 365. Le lendemain de sa prise, il (G. Pizarre) fut sententié à mort et à estre décapité, VII, 97. Voy. *Esgard*.

Sentiment, ressentiment. Voy. *Parti*.

Sentir, entendre; en italien *sentire*. Le marquis (del Gouast) vint trouver le roy, lequel le sentant venir, vestu d'une belle robe fourrée de martres subelines, et un chapeau de plumes à la soldade, l'alla recueillir jusques sur le perron de l'escalier, I, 208. Cf. II, 170; VIII, 124. Voy. *Locataires*.

Sentir, paraître. Desquelz (des violons de Brissac) en ayant esté faict grand cas au feu roy Henry et à la reyne, les envoyarent demander à M. le mareschal pour apprendre les leurs qui ne valoient rien et ne sentoient que petitz rebecz d'Escosse au prix d'eux, IV, 82.

Sentir, être touché, se ressentir. Voy. *Voguer*.

Séon, sayon, espèce de casaque. Ilz estoient accouttrez de.... mantellines, séons de drap d'or, de vellours ou satin découpez, II, 304. Voy. *Plumar*.

Séparé, éloigné. Voy. *Rébarbératif*.

Séparer le combat, séparer les combattants. Enfin la nuict arrive et sépare le combat, VII, 289.

Serayne, sirène. Faut qu'ilz bouschent leurs oreilles, comme on fait au chant des seraynes, VII, 63.

Sercot, surcot. Ladicte effigie (de la reine Anne) estoit.... vestue dessoubz d'une cotte de drap d'or, et dessus un grand sercot de vellours cramoisy de pourpre, VII, 322. — On lit dans Oudin, et sans autre définition, au mot *surcot :* « Un surcot que les reines mettent et vestent sur leur cotte. »

Serée, soir, soirée. Comme fit ce brave Philippe de Vallois après la bataille de Crécy, qui, après avoir combattu tout ce qu'il se pouvoit jusques à la serée, II, 73. (M. d'Imbercourt) n'aymoit point aller aux matinées ny serées, ny prendre tant ses aises aux frescheurs, II, 405.

Séreineté, sérénité. Son beau visage blanc, qui ressembloit un ciel en sa plus grande et blanche séreineté, VIII, 37.

Sériosité, chose sérieuse; en italien *seriosità*. Il y a de la sériosité et de la joyeuseté meslées ensemble, VII, 3.

Serpentin, pièce de la platine du mousquet où l'on appliquait la mèche allumée. La mesche de l'harquebuz se portoit par le soldat toute entortillée en rondeur dans le bras, fors le bout de la mesche que l'on tenoit en la main, pour la mettre au serpentin, VI, 73.

Serré. Voy. *Donrois, Sarré*.

Serviable, de serf, servile. Je me puis servir de vous autres en telle et vile condition serviable qu'il me plaira, VIII, 177.

Serviable, digne d'être servi. Cette dame (Diane de Poitiers) emportoit tousjours les plus belles fleurs de son jardin (de Catherine de Médicis); ce qui faschoit fort à la reine, car elle se sentoit aussi belle et agréable que serviable, et digne d'avoir de si friands morceaux, IX, 283.

Ses, pour *ces*. La confusion, au point de vue orthographique, du pronom possessif et du pronom démonstratif, est très fréquente dans les écrivains du XVIe siècle, et il faut y faire une grande attention, car elle peut souvent être la cause de graves erreurs.

Seurté, sauf-conduit. Je me deffiois (dit Sforce à Charles-Quint) de vos capitaines et généraux qui m'ont faict tant de tort, et m'en eussent faict de mesmes, m'estant mis en chemin sans votre seurté, II, 216.

Si, signe, marque. S'il l'eust bien veue et recogneue toute nue (un mari sa femme)..., il l'eust cogneue à plusieurs sis, possible, IX, 68; *ibid.*, 500. Cf. VIII, 96.

Si, condition, convention. Et despuis, par traitté, nous nous sommes dellivrez par tel si : Pouille et Calabre luy demourent (à Charles de la Paix), VIII, 163; IX, 6.

Si, défaut. On ne donna que ces deux sis à ce grand roy Anthoine, sinon aussi qu'il estoit fort adonné à l'amour, IV, 370. M. de Montpensier.... a esté un prince qui en ses colères a esté fort subject à gourmander et offenser les personnes : aussi n'avoit-il en luy autre sy que celuy-là, VI, 495. Cf. VII, 312.

Si, six. La première fois, il (Valesergues) y mena (en Turquie) si braves soldatz et un capitaine, V, 388.

Si, pourtant. Si ceste bataille luy fut malheureuse pour sa prise (la prise de François Ier à Pavie), elle luy fut bien autant heureuse si après ce malheur..., pour avoir esté estimé le plus vaillant homme de son royaume, III, 148.

Si, ainsi. Si ay-je ouy dire à un grand personnage théologien, V, 148.

Si bien que, quoique. On vist aux pleines de Farsalle, mesmes Romains, dit Lucain, mesmes aigles, mesmes armes et pareilles ordonnances et formes de guerre, si bien que Pompée mit force estrangers ramassez et vraie racaille, IV, 336.

Si que, si bien que. On sçait aussi comme il (Charles-Quint) brava et menassa la France... ; si que ces parolles hautaines et rodomontades braves donnoient un grand effroy partout, VI, 215. Voy. *Brac, Désagréer, Irrecognoissable, Perrucque*.

Si très tant, tellement. On les suivoit (les reitres) par les pistes de leurs chevaux las, boiteux, qu'on trouvoit par les chemins, si très tant que la pluspart.... les laissoient à l'abandon, IV, 321.

S'il (pour *ce il*), à ce qu'il. La mer estoit si haute qu'elle nous pouvoit adonq' couvrir, s'il nous sembloit, VIII, 163.

Sie-vogue (faire) (pour *scie-vogue*), virer de bord. Dragut fit lever l'ancre et faire sie-vogue, tant qu'on l'eust perdu de vue, II, 52, note.

Siedsoir, seoir. S'il luy (au cardinal de Châtillon) siedsoit bien de tenir une si grande dignité ecclésiastique et en exercer la religion contraire, II, 239.

Sien, à soi. *Sien nonpareil*, qui est inférieur à soi. Voy. *Nonpareil.*

Sigillé, ciselé; *sigillatus*. Il (le duc d'Anjou) achepta d'un orfèvre une très belle coupe d'argent doré..., la mieux élabourée, gravée et sigillée qu'il estoit possible, IX, 45.

Signallément, d'une manière signalée; en italien *segnalatamente*, en espagnol *senaladamente*. Le plus grand roy de toute l'Europe pris en une battaille signallément par la vertu de ceste grandissime nation, I, 232. Voy., sur l'introduction du mot *signalé*, H. Estienne, p. 72.

Signe, cygne. L'autre (tableau) d'un Mars couché avec sa Vénus, l'autre d'une Lœda couchée avec son signe, IX, 50.

Signet, seing, signature. Une chose que j'ay notté en ses lettres (celles de Louis XI), c'est qu'en une centaine que j'en ay veu, au diable le seing d'un seul signet, ny le sien particulier que j'y aie veu, II, 334. C'estoit l'homme du monde (Saint-Martin) qui contrefaisoit mieux toutes escritures et signetz, tant vieux que nouveaux, IV, 117. Cf. *Ibid.*, 325.

Siller, fermer.

Ores bien que j'ay mes yeux sillez pour désormais, X, 81.

(Nous n'avons plus que le verbe *dessiller*.)

Simplesse, simplicité. J'en ay veu plusieurs reffuser des places de capitaines, pour demeurer en leur simplesse de soldatz, tant ilz s'y plaisoient, V, 367.

Sincérité, pureté. Si fut aussy respandu sur leurs cheveux force cynamome d'Éthiopie, l'odeur et la sincérité duquel n'avoit point esté altérée ny gastée par l'attouchement des hommes, X, 26-27.

Singesse, femelle du singe. En son bras gauche (le grand prieur) avoit, au lieu d'un petit enfant, une petite singesse, qui estoit à luy, IV, 160.

Sinon, personne que, rien que. Et n'aiant (Louis XI) auprès de luy, sinon son fol qui le descouvrit, II, 329, note 3.

Sismatique, schismatique; en espagnol *cismatico*. Ayant (Urbain VI) pris prisonniers sept cardinaux sismatiques et bandez contre luy, en fit jetter à Gênes quatre au sac dans l'eau, II, 200. Cf. *Scisme*.

Soldade (à la), à la soldat; de l'espagnol *soldado*. Voy. *Sentir*.

Soldadesque, de soldat (en bonne part). Ceux ausquelz il (Guise) leur apercevoit une bonne façon et grâce belle soldadesque, les caressoit bien fort, V, 373.

Soldadin, soldat; diminutif de l'espagnol *soldado*. Un capitaine, enfant de Poictiers, qui s'appelloit La Roue, gentil soldadin certes, mon grand amy, II, 46.

Songeart, songeard, endormi. Voy. *Lentitude*, et *Sourdaut*.

Songeart, songeard, méditatif, rêveur. Estant (Charles IX), fort ouvert, prompt et actif, vigillant, esveillé et peu songeart, comme doit estre tout dissimulateur, V, 254. Voy. *Bizarre*.

Songneux, soigneux. Quand il (Montgommery) avoit une fois le cul sur la selle, c'estoit le plus vigillant et songneux capitaine qu'on eust sceu voir, IV, 359. Cf. IX, 54.

Sonner, jouer. Les violons montans jusques à une trentaine, sonnans quasy un air de guerre fort plaisant, VII, 371. Cf. IX, 461.

Sonner, résonner. Voy. *Raisonner*.

Sonneur de cornet, joueur de cor. Voy. *Harpeur*.

Sotterie, sotie, farce théâtrale. Paradvant on ne parloit que des farceurs, des conardz de Rouan, des joueurs de la basoche et autres sortes de badins et joueurs de badinages, farces, mommeries et sotteries, III, 256.

Soubstenir, soutenir. Voy. *Condictionner*.

Soubz-dame, dame suivante. Voy. *Scondé*.

Soucier (se), avoir du souci, s'affliger. Elle print (Valentine de Milan) un chantepleure ou arrousouer pour sa devise, sur le hault de laquelle estoit un S en signe.... que seulle souvant se soucioit et souspiroit, VII, 350.

Soudardaille (la), les gens de guerre, les soudards. Pour pratiquer si souvent la gendarmerie et soudardaille, elle (Éléonore de Guyenne) se laissa fort aller à son honneur, jusqu'à là qu'elle eut à faire avec les Sarrasins, IX, 433.

Souefve, suave. On ne vist que dragée de toutes sortes plouvoir et gresler, et.... plouvoir amprès toutes sortes d'eau de senteur, si bonnes, si odoriférantes et si souefves que la compaignie en demeura en toute admiration, VI, 116.

Souffrener, gémir, soupirer. Elle (Mme d'Uzès) s'estant despartye d'auprès de lui (François Ier), se mit à faire semblant de plorer, se tourmenter et crier, et souffrener, comme si ell' eust senty quelque grand mal ou fortune, III, 91.

Souffreteux, plein de souffrances. Auquel voyage (d'Italie) fut (Louis XII) en plusieurs périlz et dangers, tant sur le combat qu'il fit.... que pour la fiebvre qu'il y eust et le souffreteux siège de Novare, où il mangea jusques aux chats et aux rats, II, 359.

Souffrir, endurer. Mal aisément il souffroit en jeu, quand on le vouloit picquer ou par trop agasser, VI, 144.

Souplesse, tour d'agilité. Gentilz compaignons qui avoient bons corps pour fayre souplesses, II, 301.

Souppe à quelqu'un (donner une), l'appaiser en lui donnant un morceau. On leur donna à tous deux (Montpensier et le cardinal de Bourbon) ceste petite souppe à la gorge (ainsi parloit-on) qu'ils seroient les chefs du Conseil. Et sur ce encor, la reyne les sceut bien mener et plastrer, qu'ilz se sentirent encor très heureux de ce petit morceau, V, 14.

Souppée (la), le souper. Par ainsi se passa la souppée aux despans des capitaines de Piémont, IV, 78.

Sourdaut, silencieux, taciturne; en espagnol *sordo*. Telle humeur active lui plaisoit fort (à François Ier) en ses enfans, et aux gentilhommes françois, ne les estimant point s'ilz estoient songeards et sourdauts et endormis, III, 180.

Sous quelqu'un (danser), danser aux sons de sa musique. A M. d'Estrozze il (Charles IX) luy fit donner un luth.... et dist audict M. d'Estrozze qu'il en jouast..., et puis commanda à M. de Brissac de danser soubz luy, VI, 142.

Soustenement, action de soutenir, de supporter. A toute heure, ilz (la garnison de Metz) faisoient des plus belles sorties du monde qui valoient bien des soustenemens d'assautz, IV, 190.

Soustraire, extraire. Et sur ce (les prédicateurs) s'aydoient de quelques passages qu'ilz alloyent soustraire de l'Escriture Sainte pour leur faire trouver la sausse bonne, I, 123.

Souveraineté, souverain. Pour retourner encor aux obligations, qu'aucuns publient et cellèbrent tant, que nous devons à nos pays et à nos souverainetez, en quoy peuvent-elles estre si grandes? VII, 236. Voy. *Supériorité*.

Soyent-ilz, quels qu'ils soient. Tous et toutes, soit grands ou grandes soyent-ilz aujourd'huy, paressent auprez d'elle (Jeanne de Naples) comme une petite estincelle, VIII, 175.

Sopposer, supposer; en italien *sopponere*. Voy. *Composeur*.

Soudre, sourdre. Et si en cuida soudre entre deux frères (Henri III et Henri de Navarre) quelque contention sourde et hayne, VIII, 68.

Spalverade, le même mot que *espalverade*. Voy. ce mot. En voylà sortir six (galères).... lesquelles n'estoient des pires choisies, mais très bien spalverades, IV, 151.

Spéciauté, curiosité. Pour sa souvenance, il (le cardinal de Bourdeille) ne nous laissa que son chappeau de cardinal que nous gardons par grande spéciauté, III, 112. Je luy ay ouy dire aussi (à La Garde) qu'il avoit veu au Grand Seigneur un pennache de plumes de phœnix, et qu'il luy avoit fait monstrer par grand' spéciauté, IV, 142. Cf. IX, 45.

Spécieux, beau; dans le sens de l'italien *spezioso*. Mais c'est chose trop spécieuse qu'une couronne pour demeurer si consciencieux (à tenir sa parole), VIII, 191. Nom (celui de *gueux*) certes vil, par trop bas, fatal et malheureux, bien différent de celuy qui est venu après, qu'on nomme Estatz, nom certes plus beau, plus spécieux et plus heureux que le premier, II, 153.

Spirituel (chevalier), chevalier du S. Esprit. Les pages.... de tout temps ont poccession de faire la guerre aux passans parmy eux, mais non si cruelle ny si scandaleuse, comm' ilz firent à ce pauvre hère de chevallier spirituel, V, 108.

Stase, extase. Ce que l'autre (l'amant) accomplit, demeurant toute la nuict en grand' stase, tentation et continence, IX, 6. Cf. *Estaze*.

Strette, accident, mésaventure; de l'italien *stretta*. C'est ast' heure à penser, quand le marquis (de Pescaire).... sceut cette strette, le contentement qu'il eut et la risée qu'il en fit, I, 234. Les Espagnolz disent qu'après que ceste strète et mocquerie fut faicte par Charles de L'Annoy à tous ces grands capitaines, I, 227. Cf. VI, 389. Voy. *Estrette*.

Stygien, du Styx. Voy. *Oublieux*.

Subelin. Voy. *Sublin*.

Subeline (martre), zibeline. Voy. *Sentir*.

Subject, assujetti. Voy. *Eschapper* et *Sujet*.

Subjection, sujétion. Si bien que les Ferruccys qui paradvant la tenoient en subjection (Civita Castellano), II, 205. Cf. X, 37. Voy. *Suspect*.

Sublin, subelin, habile. M. Marillac, qui estoit subelin à bien parler, I, 83. Voy. *Talent*.

Sublin, subtil, fin. Le roy en trouva le mot très bon, comm' il estoit, et sublin, et toute la compagnie, III, 217.

Sublin, sublime. (Charles-Quint) fraia le chemin à tõus les plus sublins espritz de la terre et leur monstra que, pour gaigner le ciel, il faut fouler aux pieds les grandeurs de ce siècle, I, 57, note.

Sujet à, exposé à. Une fort belle et grande dame que je ne nommeray point, estant fort sujette aux médisances, quitta un serviteur fort favory qu'elle avoit, le voyant mol à départir de la main et ne braver et ne quereller, pour en prendre un autre, IX, 401. Cf. *Ibid.*, 469.

Sujet au sang, voy. *Sang*.

Sujet (se rendre), s'assujettir. Le roy disoit que M. d'Espernon ne s'y rendoit pas subject (à sa charge de colonel) et qu'il s'amusoit trop aux autres grandz charges qu'il avoit touchant ses gouvernemens, VI, 103.

Sumerger, submerger. Voy. *Obruer*.

Sumité, sommité. Renaud.... luy paracheva de parler et dire qu'il sçavoit combattre estant caché parmy les bois, et semblablement sur la sumité des montaignes, VI, 392.

Superbelé, superbité, magnificence. Après avoir bien recogneu (Charles-Quint) la grandeur, la fertilité, la beauté et superbeté et forteresses des villes (de Flandre), I, 36, note 2. Cf. II, 304, IV, 149, IX, 636.

Supercherie. Voy. *Orion*.

Voici comment l'un des interlocuteurs des *Dialogues* de H. Estienne, Celtophile, explique ce mot qui comme la chose qu'il exprime « a eu sa naissance en Italie : » « Supercherie, dit-il, c'est à mon avis quand quelqu'un vient assaillir un autre sur lequel il a avantage. Or, vous sçavez qu'on peut avoir tel avantage en diverses sortes, mais en deux principalement : sçavoir est, quand on est en plus grand nombre, ou quand on est mieux armé. Et encore plus grande est la supercherie quand ceux qui sont armez se ruent sur ceux qui du tout n'ont point d'armes, ou quand plusieurs se ruent sur un seul » (p. 56, 57). Voy. encore p. 59, 603-605, au sujet de l'emploi de ce mot avec le sens de tromperie, de fraude, que nous lui donnons aujourd'hui et qui alors était tout nouveau.

Supériorité, puissance; en espagnol *superioridad*. Certainement ilz pouvoient esviter le danger préparé et fuyr la fureur de la patrie et de la souveraineté irritée..., afin de donner occasion à leur supériorité de s'appaiser, VII, 238.

Supernaturel, surnaturel. Il (Saint-Martin) sçavoit beaucoup de secretz naturelz et supernaturelz, IV, 117.

Supernuméraire, surnuméraire. Ledict sieur d'Aluye arrive, qui promet audict sieur de Bourdillon un estat de mareschal de France, le premier vacquant, voir un supernuméraire, V, 76.

Suppéditer, mettre sous les pieds, dompter. Si vous estiez bien uny avec vostre roy et frère, vous nous fairiez à tous la loy, et nous braveriez et nous suppéditeriez tous, V, 143. Cf. IX, 59.

Supporter, soutenir, appuyer. Voilà pourquoy ledict prince (de Portien) couroit grand' fortune et avoit tort d'avoir voulu braver, bien qu'il fust assez supporté de messieurs de Guise, VI, 491. Cf. X, 72.

Sur, pardessus. Voy. IX, 561.

Sur ses jours, à la fin de ses jours. Voy. *Délices*.

Surcéer, surseoir à. Et pour ce (les juges de Salvoyson) surcéarent la sentence, IV, 104.

Surpassé de, supérieur à. Advant ces deux grandz capitaines et corsaires Dragut et l'Ouchaly.... avoit esté ce grand Barberousse, le surpassé de tous deux..., duquel.... le monde sçache que jamais des Romains ny des Grecs.... il n'y en a eu de tel, II, 67.

Surpely, surplis. Elle (une carpe) à tous coups, soubs sa robe (la robe d'un prêtre) et surpely, levoit la queue, III, 284.

Surprendre, tromper. Voy. *Doubte*.

Survenir, subvenir. S'il faut vendre de son bien pour survenir à un voyage de cour ou de guerre, IX, 173.

Sus, sur. Que maudite soit-elle (la mort) qui me le ravit (le duc d'Anjou) et à d'autres honnestes gens qui avoient mis sus luy leur confiance comme moy, V, 209.

Sus (mettre à), imputer, reprocher. Louis XII⁰ succéda à Charles sans aucune contradiction que aucun s'y opposast, en luy mettant à sus le port d'armes contre son roy et sa patrie, II, 357.

Sus (à), sus. Voy. *Assus*.

Sus bout. Voy. *Bout*.

Susanné, suzanné, chargé d'années, suranné. Elle (Marguerite d'Angoulême) trouva ce mot (l'annonce de sa fin prochaine) fort amer, et reppéta.... qu'elle n'estoit point encor' tant susannée qu'elle ne peut encor' bien vivre quelques années, VIII, 122. Je m'estonne que ces femmes qui sont si chaudes et si promptes à se remarier, et mesmes ainsi suzannées, IX, 687.

Suspect à, soupçonneux envers; en italien *sospettoso*. En son adolescence il (Louis XII) fut tenu soubs la subjection du roy Louys XI*e*, prince très austère et suspect à ses parens, II, 358.

Suspend, en suspens, incertain. Délibérant qui çà qui là, (Pescaire) mouvoit son esprit suspend et doubteux par la nouveauté et grandeur de l'affaire, sçachant bien que les louanges de tant de vertuz qu'il y a se sallaudissent et s'enlaidissent fort avec le seul crime de trayson, I, 192.

Suzanné. Voy. *Susanné*.

Sy. Voy. *Si*.

Table, planche. Elle (la reine de Hongrie).... lui représenta (à l'empereur) après disner un chasteau faict de tables peintes en façon de bricque, III, 259. Cf. IX, 268; X, 50.

Tablier, échiquier. Voy. *Renette*. Cf. IX, 231.

Tahut, cercueil. Voy. *Tau*.

Taisa (se), se tut. Par ainsin, elle (Marguerite de Valois) se taisa, et Mme de Dampierre se retira, VIII, 65.

Taisé, tû. Si les dictes escritures espaignolles ont taisé son nom (celui de Montluc), I, 300. Cf. IV, 236.

Talent, tallant, argent, bien, marchandise (allusion au talent de l'Évangile). Un bancquier ou marchant signallé..., s'il n'a des facteurs habiles et sublins pour faire valoir.... le talent de leurs bancques et de leurs boutiques, IV, 72. Son grand-père fut musnier à deux lieus près de Florance, d'un moulin où il (Raiz) se retira durant la Ligue, n'osant demeurer en France; mais il y laissa sa femme pour y faire valoir son tallant, V, 253. Cf. VI, 101; IX, 546.

Tallent (mal), mécontentement, mauvais vouloir. Voy. *Mal tallent*.

Tamisé (au figuré), discuté minutieusement. Nous autres petits.... ou il se faut battre, vanger et mourir, ou en sortir par des accords bien pointillez, bien tamisez et bien solennisez, IX, 449.

Tancement, réprimande. J'ay ouy dire du roy François qu'il fit une grande réprimande et tancement une fois à un chevallier de son jeune temps, V, 99.

Tant, autant. Il (Condé) manda audict maréchal (Vieilleville) qu'il avoit tant fuy qu'il avoit peu (pu) et que terre luy avoit duré, V, 52.

Tant (A), cependant. Voy. *A tant*.

Tant (de), d'autant. Voy. *Vénus*.

Tant.... comme, autant... que.

> Frère, j'abhorre tant ma demeure première
> Comme j'estime autant ma demeure dernière, X, 76.

Tant si, aussi. Voy. *Coquin*.

Tante, tenture. Entr'autres y avoit une tante de tapisserie de la battaille de Farsalle, V, 30. L'église (à Malte) estoit parée et tapissée d'une fort belle tante de tapisserie, *Ibid.*, 231.

Tapis (être au), être à l'extrémité. Ilz (les Rochellois) estoient au tapis pour les poudres, IV, 39. Cf. V, 330; IX, 101.

Tardance, lenteur; en italien et en espagnol *tardanza*. Ceste tardance et temporisement valloient beaucoup, I, 155-156. Voy. *Poste* (A).

Tardivetté, lenteur. Voy. *Pestilential*.

Targue, targe. Une targue ou pavoys le long d'un bras, III, 291.

Targué, couvert d'une targe. Ce sont (les petits hommes) des mirmidons targués pour faire la guerre aux grues, VII, 110.

Tarrotté, marqué de tares. Tant d'autres (dames) y a-il.... qui sont viciées, tarrottées, marquetées et marquées, IX, 276.

Tartre bourbonnoise, bourbier, fondrière. (Les royalistes au combat de Saint-Yrieix) furent deffaictz par l'infanterie et harquebuserie, pour s'estre perduz et engagez, sans y penser, dans certains petitz maretz et tartres bourbonnoises, IV, 209. — Dans la 29ᵉ nouvelle de Bonaventure Despériers, il est question d'un âne fantasque qui, à certains moments, plantait son cavalier « en un fossé ou en quelque tartre bourbonnoise », et l'éditeur, La Monvoye, met en note (éd. 1723, in-12, t. I, p. 300) : « *Tartre bourbonnoise*, c'est un bourbier tel qu'il s'en trouve en divers endroits des chemins du Bourbonnois. Le dehors qui en paroit beau, sec et uni, ressemblant à une grande tarte, invite à passer pardessus ceux qui ne connoissent pas le terrain. » Ajoutons que l'on désignait aussi sous le nom de *tartre bourbonnoise* une certaine pâtisserie mentionnée dans l'*Hystoire du petit Jehan de Saintré* (ch. 76) et dont Taillevent donne la recette dans son livre de cuisine, recette, hâtons-nous de le dire, qui ne ressemble en rien à celle dont s'est servi Panurge pour composer la *tartre bourbonnoise* qu'il avait fabriquée à l'encontre « des pauvres maistres ès arts. » (Voy. Pantagruel, liv. II, ch. 16.) Disons enfin qu'Oudin explique ce mot par un autre qualifié avec raison de « bas » par le *Dict. de l'Académie*, et qui se rend en italien par *stronzo*.

Tasché, entacher. Cestuy-ci (Ferd. de Gonzague) fut fort tasché, au sac de Rome, de n'avoir espargné la maison de son oncle, le cardinal de Mantoue, I, 249.

Tau, tahut, cercueil, catafalque. Le tau (du connétable de Bourbon) estoit couvert d'un fort beau drap d'or frizé et rouge, I, 283, note 1. Fut ordonné et advisé par ceux de l'armée qui commandarent après luy (Du Guesclin) qu'on porteroit sur son tahut, où estoit le corps, les clefs (de Chasteau-Randon), II, 201.

Tavellé, tacheté. D'autres (dames) y a-il encor qui sont de la peau fort maléficiées.... et tavellées comme faons de bische, IX, 264.

Taverner, fréquenter les tavernes. Moynes clostraux.... qui ne servoient de rien qu'à boire et manger, taverner, jouer, etc., III, 108.

Taxer, accuser, blâmer. Il (Tavannes) fut un peu taxé, ce disoit sa femme (la femme de Dampierre), d'estre cause de la mort du sieur de Dampierre, V, 90. Pour ceste raison, Lucresse est taxée d'aucuns, IX, 138. Cf. *ibid.*, 262.

Tays, tessons. Elle (la maîtresse de M. Tays) en portoit une devise ou plustost un rébus de Picardie, qu'estoit des tays d'un pot ou d'un buye cassez, car telles pièces en vieux françois s'appellent des tays, VI, 2.

Température, tempérament, humeur; dans le sens de l'espagnol *temperatura*. J'ay ouy dire que tous ces estrangers, tant grandz que petits, jettoient fort l'œil sur luy (le dauphin François); car il participoit de leur température, III, 174.

Tempéré, qui tempère, calmant. Voy. *Expeller*.

Temporisement, temporisation. Voy. *Accroire* (s'en faire) et *Cunctation*.

Temporiser son martel, couver son ressentiment. Voy. *Chaud et couvert*.

Temps (aller à), avoir une allure réglée. Voy. *Aller*.

Temps (hausser le), boire. Voy. *Hausser*.

Tenant, retenu, parcimonieux. On le disoit (Ferdinand d'Aragon) fort tenant en sa despance, et pourtant quand il fut mort on ne luy trouva grands amas de thrésors, I, 124.

Tendre à, être proche de. Tels convois et pompes funèbres, certes, contentent aucunes personnes, soit ou qu'elles se leur attribuent en leur vivant ou tendant à la mort, ou que leurs parens et amis, les pensant plus honnorer, les font faire telles, II, 201.

Tendre à, avoir pour but. M. de Guyze ne le fit qu'arregarder seulement (le corps de Coligny), sans luy faire outrage, tendant à la mort (c'est-à-dire n'ayant eu d'autre but que la mort de Coligny), IV, 303.

Tendrelet, qui est dans un âge tendre. Monsieur (Henri III) son mieux aymé filz, qui jeune et tendrelet ne faisoit que venir à une si grande et grosse charge, IV, 87.

Tendrette, toute jeune. Mais eust-elle fort désiré (Mme d'Aubeterre) de vivre encor un peu pour l'amour de sa fille qu'elle laissoit tendrette, IX, 455.

Tendron, tendre. Voy. *Jeunement*.

Tenir. Voy. *Main*.

Tenir (n'être qu'à), ne tenir à rien. A l'ouyr discourir (le grand-maître Parisot)..., il n'estoit qu'à tenir que le Turc n'eust eu de terribles venues, V, 229.

Tenir cher, garder précieusement. Voy. *Cher*.

Tenir en ses délices. Voy. *Délices*.

Tenir du pied. Voy. *Pied*.

Tenir lieu, prendre rang, siéger. Voy. *Lieu*.

Tenir tort, faire tort, prêter un tort. Voy. *Advantage* (d') et *Respect*.

Tenser, tancer. Mon oncle (La Chastaigneraie), curieux de l'honneur de son maistre (le dauphin) et le voyant en peyne, car il craignoit que le roy (François Ier) le tensast, IV, 289.

Tenser, faute d'impression à l'article *Curieux*; lisez *Penser*.

Tentatif, tentant. Quelquefois faisant semblant de lui (à la duchesse de Guise) vouloir toucher la jambe qu'il ne voyoit que trop belle et trop tentative pour lui, II, 406.

Tente, tante. Par le moyen de Jehan-Jacques Trivulse qui avoit espousé une de ses tentes, I, 184.

Tente. Voy. *Tante.*

Tenté de, excité par. Ce baron de Luxebourg.... fut si outrecuydé, ou pour mieux dire, tenté de vin, ainsi qu'il le conffessa, IV, 221.

Termes, thermes. Ainsi que l'ont voit à Rome.... les ruines de ces beaux pallais, ces superbes colissées et grands termes, IX, 343.

Terrain, terre. Elle (Marie Stuart) commanda au timonnier, sitost qu'il seroit jour, s'il voyoit et descouvroit encor le terrain de la France, qu'il l'esveillast, VII, 417.

Terrier, butte, éminence; de l'espagnol *terrero.* (Lautrec) ordonnoit des assautz, des prises de villes, ou dans sa tente ou sur le haut d'un terrier, d'où on voyoit le passe-temps, IV, 240.

Terze, troisième; de l'italien *terzo.* Ainsi que fit de mesmes le pape Paulo terze Fernez (Paul III) à l'empereur Charles, I, 108.

Terze, régiment; de l'espagnol *tercio.* Guevara, maistre de camp du terze de Lombardie, I, 21.

Test de la teste, crâne. Cette belle dame d'Allemagne que son mary contraignoit à boire ordinairement dans le test de la teste de son amy qu'il y (lui) avoit tué, IX, 38.

Teste (montrer), tenir tête, faire face. Il (Ferdinand) avoit assez à monstrer teste à ce grand sultan Soliman, IX, 614.

Testiffier, certifier, témoigner; en italien *testificare;* en espagnol *testificar.* Il y a encores force vieux capitaines et soldatz qui le testiffient, VI, 1. Voy. *Blanc.*

Testimonial, de témoignage. Et (Dragut) porta cet honneur testimonial à M. le grand maistre qu'il avoit cogneu, II, 229.

Tiercer, servir de troisième (dans un duel ou au jeu de paume). Ribéra et Chombert.... secondoient et tierçoient Antraguet; Maugiron et Livarot secondoient et tierçoient Quélus, VI, 312-313.

Tigne, teigne; en italien *tigna.* Je croy qu'il (L'Ouchaly) prit le turban plus pour cacher sa tigne.... que pour autre chose, II, 63.

Tintinement, tintement. Ils (les compagnons).... se garnissoient et accommodoient de certaines sonnettes au temps qu'ilz avoient compaignie avec la dame, à ce qu'au mouvement, elles faisans un son et tintinement, donnassent.... advertissement aux passans, V, 12.

Tintiner, tinter, sonner; en italien *tintinnare.* Le clavier avec sa multitude de clefz faisoit un bruict comme si ce fussent esté sonnettes, pour l'amour des sautz du cheval, qui en mesme temps que lui sauttoient en l'ayr et tintinoient ainsi, IV, 161.

Tirade, traite, course ; en italien *tirata*. Luy, au lieu de faire une belle tirade et grande cavalcade, s'en alla repaistre et dormir à trois petites lieues du camp seulement, VII, 282.

Tirasse de chien couchant, filet servant à prendre les cailles et autres oiseaux arrêtés par un chien couchant. Voy. IX, 273.

Tire, traite ; en italien *tiro*. Qu'eussent-ilz faict, s'ilz ne l'eussent obtenue (la victoire de Ravenne) et perdu la bataille ? Ilz eussent fuy jusques en France, tout d'une tire, sans se pouvoyr résoudre, III, 16.

Tirer, lancer. Ce jettement du baston que leurs majestez tenoient en la main, et le tiroient, portoit telle loy en soy si rigoureuse, qu'aussitost qu'il estoit tiré, il ne falloit, sur la vie, que pas un des deux combattans passast plus oultre, VI, 262.

Tirer, se diriger. Vous avez celuy (le grand chemin) de Picardie tirant vers Callais et Angleterre; celuy de Picardie aussi tirant devers Péronne, II, 263. Leur disant à tous (le connétable de Bourbon) ainsi qu'il tiroit à Rome, I, 253.

Tirer de longue. Voy. *Aposté* et *Longue*.

Tirer du pied, donner des coups de pied. C'est la locution italienne : *Tirar calci*. Voy. *Rioteux*.

Tirer sang, verser du sang. Voy. *Proffez*.

Tordion, tortillement. Et alors son contentement estoit de les voir remuer et faire les mouvemens et tordions de leur corps, IX, 285. Cf. *Ibid.*, 471.

Toréon, torrion, tourelle; de l'espagnol *torejon*. La batterie.... qui avoit abattu une partie d'un toréon, et faict quelque chemin de bresche, III, 261, 264.

Tort (tenir), faire tort. D'avantage quel tort tient-on à madame de Nemours, fille de madame de Ferrare, en partie héritière de la duché de Bretagne ! IV, 273.

Tort, tors. Voy. VII, 341.

Touche, choc, coup. Quand deux grandz capitaines.... se sont tastez une fois en telz hasardz, sièges, combatz..., voulontiers ilz en craignent la seconde touche, I, 102. Cf. IX, 501.

Touche (donner la), donner ou rendre des coups. On me parla fort de luy (le capitaine Perot), et l'attendoit-on en Espagne et

Portugal en bonne dévotion, s'il y fust allé lors, pour luy donner la touche, IV, 41.

Toucher, atteindre. Ce Valantin (C. Borgia, duc de Valentinois) fut touché de ce vice (la perfidie) en son temps, II, 217.

Toucher les gens devant soi, les faire marcher devant. M. de Montluc, qui ordonnoit l'ordre de l'assaut (de La Rochelle) luy avoit dict (à Strozzi) et prié de toucher ses gens devant luy, et qu'autrement tout n'iroit pas bien, VI, 62.

Touret, touré, petit masque qui cachait le nez et un peu le bas du visage. Elle (la duchesse de Guise) l'escoutoit parler.... de l'amour, non pourtant sans rire soubs son touret de nez, II, 406. Cf. IV, 38; IX, 236. Suivant H. Estienne (p. 156) les tourets de nez avaient porté d'abord le nom de *cachenez*.

Tourmenter, se tourmenter. Laissez-les tourmenter, disoit-elle (Catherine de Médicis), et prendre de la peine pour rien, IX, 484.

Tournemain, tour de main. Il (Ferdinand d'Aragon) s'alla en un tournemain se liguer contre luy (Charles VIII), I, 117. Cf. V, 201.

Tourner, ramener. Ainsi que deux archers le tournoient (Mazères) en prison.... et le pressoient d'aller, il leur dist : Tout beau, messieurs! Pleust à Dieu que je ne crainse pas plus les robes longues.... que vos hallebardes, VI, 43.

Tourner, s'en retourner, revenir. Les pallefreniers (huguenots à Cahors), qui alloient abreuver leurs chevaux, s'habilloient des chappes des églises qu'ilz avoient prises, et montez sur leurs chevaux, alloient à l'abrevoir, et en tournoient ainsi vestus, I, 273. Cf. IX, 119.

Tourner, aller faire un tour. Voy. *Eschapper*.

Tourner, traduire. Voy. *Converser*.

Tourner à soi, garder. Il (le marquis de Marignan) s'estoit si bien accommodé et aproprié de ceste place (le château de Mus), qui n'estoit pas à luy, que despuis il se la tourna toute à soi, I, 291.

Tourner au bâton, être docile, obéissant. Voy. *Baston*.

Tout (à), avec. Voy. *Mandil*.

Tout (du), en tout, complètement. Le cardinal d'Amboise, son oncle, l'avoit poussé là (Chaumont), lequel gouvernoit du tout le roy et le royaume de France, III, 3.

Tout à coup, à la fois, en même temps. Un très grand prince....

vint une fois à estre amoureux de deux belles dames tout à coup, ainsi que cela arrive souvent aux grands qui ayment les variétez, IX, 262. Voy. *Variété*.

Tout au coup, tout à coup. Voy. *Coup*.

Trac (tout à), tout à fait, complètement. Et par ainsi Brusquet, qui avoit donné la peine aux autres de crier si haut après sa femme sourde prétendue, il l'eust tout à trac, II, 255. Cf. V, 83; IX, 46, 65. Voy. *Guet* (être du).

Tracasser, aller çà et là. Il estoit bien aisé à Luculus de faire ses despences en une bonne ville, mais aux champs tracassans et tous les jours dans des villages, dans des déserts et des boys, et porter tout un attirail de court...., c'est une chose incroyable à qui ne l'a veu, III, 122.

Tracé, où l'on a passé. Je sçavois bien.... qu'un autre y avoit très bien passé, mais non pas moy; et la trouvant entamée et tracée, elle estoit perdue, IX, 488.

Tracquet, poignard. Ce fut luy (La Rochepot) qui commança dans Anvers à cellébrer la feste de Sainct-Anthoine, où s'estant saisy d'une porte, donna le premier d'un coup de tracquet dans le corps d'un bourgmaistre de la ville, et le tua tout roide mort, VI, 194. (Je n'ai trouvé le mot que dans le *Dictionnaire provençal* d'Honorat, art. *Traquet*.)

Traffiqueur, entremetteur. Ce fut luy (Perez) qui le premier fut médiateur et traffiqueur des amours d'entre la princesse de Deboly et le roy (Philippe II), II, 136.

Trahistre, traître. En despit du dieu Mars qui est un dieu fort trahistre et ambigu, I, 98. Cf. *Ibid.*, 225; IV, 254.

Traict, traitement. (La reine Jeanne) a..., essayé (éprouvé) par la faute d'autruy la fuitte, l'exil..., le mauvais traict non mérité, VIII, 169.

Traicteur, qui traite. Ainsi que coustumièrement telz traicteurs d'amours ou porteurs de poulletz sont coustumiers de faire; lesquelz ne sont si remplis de fidellité à l'endroict de ceux qui les employent.... qu'ilz n'eschansonnent et ne tastent, ou devant ou après, le bon morceau qu'ilz appareillent pour eux, II, 136.

Traisne, solive, poutre. L'empereur voyoit bien les petites pailles dans les yeux d'autruy, et dans les siens propres n'appercevoit pas une traisne qui luy devoit crever les yeux, V, 60-61.

Traisnée, suite. Il y avoit (Mustapha à la conquête de Chypre) consommé une grande traisnée et laps de temps, II, 65.

Traits de corde, supplice de l'estrapade. Ce grand capitaine Sforze.... ayant esté pris..., mis en estroitte prison et en quelques traits de corde, sans doute il avoit la teste tranchée, sans que sa sœur Marguerite se mît en armes et aux champs, IX, 423.

Traitter, pratiquer, faire. (Isabelle de France), pour traitter l'amour avec un seigneur de Mortemer, fut par son fils confinée en un chasteau à finir ses jours, IX, 433. Voy. *Habiliter*.

Traitter, passer. Voy. *Chevance*.

Trajetter, passer; en italien *tragettare*. Craignans que, soubs couleur de trajetter en Flandres, elle (l'armée du duc d'Albe) ne vinst fondre sur la frontière de France, VII, 359.

Tranche, bêche. J'ay ouy dire que la place est très mal envitaillée, non pas seullement pourveue de palles, de tranches ny de hottes pour remparer et remuer la terre, III, 392.

Transpercé par (être), passer au travers de. Elle (Louise de Savoie) vid la nuict sa chambre toute en clarté, qui estoit transpercée par la vitre, IX, 452.

Travail, anxiété, inquiétude. Le comte d'Aiguemont commença à solliciter fort l'advancement de sa mort, disant que, puisqu'il devoit mourir, qu'on ne le devoit tenir si longuement en ce travail, II, 160.

Travailler à la mort, être aux approches de la mort. Son seigneur et père (de Jeanne de Naples) travaillant à la mort, l'avoit priée et enjoincte.... qu'elle résignast tous et chascuns ses biens ez mains du papé, VIII, 167.

Traversé, transperçant. Et sur ces petitz motz traversez et picquans jusques au cœur, la dame monte à cheval, après avoir baisé le gentilhomme d'un bon cœur, IX, 702.

Traversé, pervers, de travers. Quelle finesse et bonne pour un si bon roy (Louis XII), mais non pour un autre qui eust l'âme traversée! I, 219.

Trempe, disposition d'esprit, humeur. (Mme de Dampierre) la trouvant (Marguerite de Valois) en assez bonne trempe, elle en entama les propos, VIII, 63.

Treper, fouler, trépigner. Passant, m'ayant tant de fois foullée et trepée, je te prie ne me treper ny ne me fouler plus, IX, 342. (L'espagnol *trepar* signifie grimper.)

Très que bien, très bien. Et (Tavannes) continua tousjours à très que bien faire et à gouverner très bien.... son gouvernement de Bourgoigne, V, 115. — Suivant H. Estienne (p. 158), l'expression *très que* était une « élégance dauphinoise. »

Très tant, tellement. Lequel (Des Querdes) le roy regretta si très tant que..., II, 356.

Trestous, tous tant qu'ils sont. Qu'au diable soient-ils trestous! III, 75. Voy. *Raison*.

Tribunal, de tribunal. Ceux.... qui ne vont point aux coups, qui jugent dans leurs chaires tribunalles comm' il leur plaist, II, 178.

Tridet. Je jure Dieu et le proteste que je me souciois autant de cet estat que de tridet, car j'ay tousjours aymé ma liberté, V, 207. Bien souvent nous donnons cet honneur aux roys et aux grands princes que quelquesfois pour l'évènement des choses et qu'elles sont arrivées, nous les disons prudens et providens...; à quoy y ont autant songé qu'en tridet, VII, 364. Je n'ai pu trouver nulle part ce mot dont le sens général est fort clair, mais dont le sens précis m'échappe. Tout ce que je puis dire, et vraiment ce n'est pas grand' chose, c'est que en périgourdin *trido*, *tridou* (turdus), signifient grive et petite grive, et que *terida* en languedocien désigne une espèce de bruant.

Trier, tirer. J'ay ouy conter.... que feu son père (de La Chastaigneraie), lorsqu'il fut trié de sa nourrice, V, 87. (Il est probable qu'il n'y a ici qu'une faute de copiste et qu'il faut tout simplement lire *tiré*.)

Trinqat, tringat, fin, fourbe. Sa Sainteté.... s'aida du seigneur Hierorimo Mouron, un très habile et trinqat homme, pour conduire ce faict et en porter la parolle, I, 190. Cf. *ibid.*, 230.

Trinque (faire), trinquer. Le cardinal de Trente.... bon compagnon à mode du pays pour faire trinque, IV, 103.

Triquenique, niaiserie, bagatelle. Ce sont des batailles celles-là, bien rendues et débattues, non pas les triqueniques des nostres, II, 118.

Trister (se), s'attrister; en italien *tristarsi*. Il ne faut pas aussi que les bravasches et vieux routiers qui se sont un peu ressenty des fureurs de l'espée abusent de leur fortune et gourmandent un jeune homme qui ne fait que venir, car Dieu s'en triste, VI, 379.

Triumpher de, excellor à.... Je n'y allay (souper) pour le coup, mais une autre fois où il (La Roche-du-Maine) triumpha de dire, III, 406.

Trivialle, commun. Combien que les compagnies de gens de pied fussent lors de grand honneur, et non si trivialles ny vulgaires comme despuis, III, 386.

Trousse (jouer une), jouer un tour. Le roy d'Espagne sçavoit bien que l'un et l'autre (lui et le duc d'Albe) en avoient trop faict, et que les diables leur pourroient jouer une trousse en cachette, I, 112.

Troussé, enlevé, pris. Il (Gonsalve de Cordoue) s'enfuyst.... à belles erres.... jusque dans Rège, que bien luy servit de l'avoir trouvée à propos, car il estoit troussé, I, 131. Ce qui (la bataille de Gravelines) fut un second contrecoup à la France fort dangereux. Que si le tiers s'en fust ensuivy, elle estoit troussée, II, 152.

Trouver à dire, avoir à dire, regretter. Voy. *Dire*.

Trufle, truffe. Il y en a bien force autres (fruits).... auxquels les dames courent le plus souvent..., comme aux asperges, aux artichaux, aux morilles, aux trufles, IX, 221. Voy. *Blanque* et *Menusaille*.

Tu autem (savoir le), connaître une chose par expérience. Aucunes qui en sçavoient le *tu autem*.... disoient, ou par timidité ou par hypocrisie... : « Ah! Dieu nous en gard ! » VII, II.

Tuer la chandelle, l'éteindre. Après que le ministre avoit fait son presche, sur la fin leur recommandoit la charité, et incontinent après on tuoit leurs chandelles, IX, 162.

Tuition, protection, *tuitio*. Tous (les protestants) se rangearent soubz la tuition, autorité et obéissance de M. l'admiral, IV, 355.

Turquet, *turquois*, turc. Il (Henri III) s'estoit mis en verrue d'aymer de beaux petitz chiens de Lions (de Lyon) et turquetz et autres, V, 105. Cf. VII, 350. Voy. *Verrue*.

Umbragé, couvert, voilé. Et quelques fois en la chambre de la reyne (un cordelier) prenoit un grand plaisir de l'arraisonner (Mlle de Bourdeille) non de motz d'amour pourtant, car il y fust allé du fouet, mais d'autres motz umbragez tendant à cela, X, 35.

Umbrager, porter ombrage. Le soir venu (l'impératrice, à Marseille) ne failloit d'aller coucher en gallères, pour quant le beau temps ou le bon vent s'esleva, tout au coup faire voyle aussitost, ou fust qu'elle ne vouloit rien umbrager, IX, 606.

Umbrageux, effrayé. Le cheval de M. de Nemours, s'approchant de celuy du marquis, fust umbrageux de ces papillottes qui luy donnoient aux yeux, IV, 175.

Un (l'), un seul. Au cas que jusqu'à la nuict l'une bande n'eust peu vaincre l'autre, et n'en demeurast-il que l'un à cheval, le camp seroit finy, VII, 178.

Un (tout vient à), tout revient au même. Tant d'autres (tableaux) y a-il.... qui sont un peu plus modestement peints et voilez mieux que les figures de l'Aretin ; mais quasy tout vient à un, IX, 50.

Urine de quelqu'un (voir l'), faire connaissance avec lui. Le pape Jules dernier.... fit une fois venir à soy la bande *de gli matti et passarelli*.... et en voulut aucuns voir de leur urine, V, 153.

User (s'), être en usage. Voy. *Nunce*.

Vacation, vaccation, profession, interruption, vacance. Pour son devoir de son estat et vacation, il (un cordelier) l'en advertissoit (un grand prince, des amours de sa femme) de bonne heure, afin qu'il mît ordre à cette âme pécheresse, IX, 131. La pluspart des femmes.... disans.... qu'elle (la nature) leur a donné des membres... pour en user..., ne leur deffandans ni imposans plus qu'aux autres aucunes vaccations, *Ibid.*, 538.

Vacquant, vacance. S'il ne fust mort (du Guast), il fut esté mareschal de France par le premier vacquant, et ne fust pas esté des pires du trouppeau, V, 356.

Vaisselle, vaisseau ; en italien *vascello*. Nous vismes pendre un enfant de la matte.... qui avoit dérobé six vaisselles d'argent de la cuisine de M. le prince de la Roche-sur-Ion, IX, 463.

Valeureux, digne, noble. Son père (Strozzi).... dist qu'il luy (à son fils) pardonnoit et luy pardonneroit quand il en pourroit prendre davantage (de l'argent), mais que ce fust pour un si valeureux subject, VI, 85.

Valoir, avoir. Aussi est-il raison qu'un bienfaict se paye par une autre bienfaict ; mais d'y apporter (dans ses amours) et consommer tout son valoir, cela est très reprochable, III, 245.

Valoir, mériter, être digne. M. d'Estrozze.... aymoit le gentilhomme (Brantôme) autant que soy-mesmes, car il le valoit, VI, 169. Mademoyselle de Changy, une très belle et fort honneste damoyselle, et qui ne valloit pas d'estre bannye de la compaignie de sa maistresse ny de la court, IX, 639.

Vanteur, vantard. Le coup luy en demeura (à Châtillon) si sourd et si dangereux, que n'en faisant de cas et ne gardant ny lict ny chambre, car il n'estoit autrement vanteur de court, au bout de quelques jours le mal longtemps couvé vint à jouer son jeu, VI, 205.

Varéable, variable, changeant. Les grandes dames et princesses sont aussy varéables en leur foy que les hommes, et quasi tous et quasi toutes la changent et diversifient aussi souvent qu'ung comédiant ne change d'habitz en un eschafaut, I, 124.

Variant, changeant, inconstant. La reyne Jehanne (de Naples) mourut aprez de fiebvre et de maladie, ayant regné vingt ans; c'estoyt beaucoup pour ces temps et parmy ceste nation fort variante, VIII, 192.

Varier, sortir. Il luy faschoit fort (à Guise) d'ouyr ainsi parler et détracter d'un si homme de bien que M. de Montluc, et pour ce coup varia de son naturel, IV, 30.

Variété, inconstance, variabilité. Par là Marc Anthoine louoit sa constance et blasmoit la variété de l'autre (Auguste) d'en aymer tant au coup (à la fois), IX, 247. Cf. VIII, 204.

Varon, seigneur; en espagnol *varo*. La fortune prist en main don Gaston de Foix, varon de admirable vertu, III, 9, note 3.

Vastadour, pionnier; en espagnol *gastador*; en italien *guastadore*. Y avoit cent quarante grosses bombardes..., vastadours ou pionniers, selon nous autres d'aujourd'huy, II, 298.

Vaxiller, vaciller, hésiter. Ils luy respondirent (des magistrats à l'Hospital) si impertinemment.... qu'ils ne faisoient que vaxiller et ne sçavoient que dire, III, 308.

Veillaquerie, coquinerie; de l'espagnol *bellaqueria*. Et dist (le duc de Savoie) que les soldatz espaignolz en une si grande multitude (en aussi grand nombre) n'avoient erré jamais, ny fait telle veillaquerie que celle-là (de se renier), VII, 16.

Veille, action de guetter, d'épier. Il (Vieilleville) eut un très grand honneur à la conservation de sa ville (Metz), sur laquelle n'a jamais mancqué de veilles ny d'entreprises, V, 70.

Veiller, surveiller. M. de Salvoyson.... avoit.... gaigné quelques uns de ceste ville (Casal) qu'il avoit muguetée et veillée de long-temps, IV, 107.

Vénéfique, vénéneux; en espagnol *veneficō*. Un autre curé, détestant les sorciers qui se donnoient au diable pour avoir des poisons et morceaux vénéfiques, V, 153.

Veneur, chasseur. En la grande sale.... se voit une belle et grande peinture à huyle...., d'un brave chien de chasse qui appartenoit à son grand père maternel (de Gondras), gentilhomme grand veneur, X, 109.

Venir, devenir. Sur lequel piteux jeu (la défaite de son fils) arriva Charles (d'Anjou) qui, venant mallade de tristesse, despit et mélancolie, passa de cette vie en l'autre, VII, 445. Voy. *Abrever*.

Venir au but, venir à bout. Combien que ce soit très-mal fait.... de désirer la femme mariée...., il est fort aisé de venir au but d'elle, IX, 532.

Venteux, plein de vent, de vanité. Voy. *Boubance*.

Ventiller, flotter au vent; en italien *ventagliare*; en espagnol *ventilar*. Ilz (les Rochellois) furent maistres de nos trenchées quasi une heure et en raportarent dedans six enseignes et les plantarent sur leurs rampartz, à nostre veue ventillantes, pour nous braver, V, 324.

Venture, aventure; en italien *ventura*. Le seul capitaine Alançon.... s'enfuit sauve..., lequel, pour venture, seroit digne d'une louange singulière de prudence, si,..., III, 407.

Venue, disgrâce, échec, désastre. Aussi, quelque temps après, Dieu permit qu'il (Lautrec) eust sa venue après qu'il eut perdu l'estat de Milan, II, 222. A Novarre, où son armée (de Louis XII) là eut ceste grande venue, soubs la conduicte de M. de la Trimouille, II, 363. Voy. *Tenir*.

Venue, atteinte, secousse. Voy. *Proposer*. Cf. III, 267.

Venue (donner la), jouer un tour, défaire. Attendant (Prospero Colonna) le roy François de pied coy dans Villefranche, pour luy donner la venue, s'il eust peu, I, 145. Voy. *Imposition*.

Vénus, ardeur amoureuse. Toute gallante dame veut estre libre en sa parole et dire ce qui luy plaist, afin de tant plus esmouvoir Vénus, IX, 248.

Verecondie, pudeur, honte; *verecundia*. Semblables à plusieurs vielles putains qui aiants estéez trouvéez et surprises sur le faict, se voillent pour un peu du voyle rouge et de vérécondie, IV, 11. Cf. VIII, 25.

Verrue, verve, caprice, fantaisie. Ces verrues luy durarent quelques jours (à Hautefort) jusqu'à ce que le temps ayant faict son devoir à les faire à demy-passer, IV, 17. Le roy (Henri III) s'estoit mis en verrue (*variante :* en verve) d'aymer de beaux petitz chiens de Lions (de Lyon) et turquetz et autres, V, 104-105 et note.

— Le mot *verve* est ancien, dit H. Estienne, qui cite à ce propos des vers de la *Farce de Pathelin* (p. 115).!

Verser, changer. Voylà comme la Fortune verse ses tours, ast'heure pour les uns, ast'heure pour les autres, IV, 218.

Verser (mal), mal agir. M. le baron de la Garde.... pour avoir mal versé, et un peu inconsidérément, en Provance, contre ceux de Merindol et Cabrères, encor qu'ilz fussent hérétiques, fut mis en prison, VI, 41.

Verve. Voy. *Verrue.*

Vesarde, vezarde, frayeur. Fabricio (Colonna) fut fort blessé et pris prisonnier, non sans grand peur et belle vesarde qu'il eut que.... Louis XII° ne luy fist payer la menestre de sa révolte, I, 139. Cf. V, 177. Voy. *Fezarde.*

Vespres de la mort (être aux), être au moment de mourir. Le voilà donc (Viteaux) aux vespres de la mort, car le roy et le roy de Poullogne crioient qu'il meure, VI, 333.

Vesse, femme de mauvaise vie. Il (Don Carlos) les caressoit plus modestement, en leur disant qu'elles estoient fort gracieuses putains et vesses, II, 106. Cf. V, 249; IX, 117.

Veuil, bon vouloir. Favorisé (La Chastaigneraie) des heureux auspices et veuilz de Henry II, VI, 272.

Vicinance, voisinage; en italien *vicinanza*. L'Espaignol pour l'importance de la vicinance qu'elle (Valance) avoit près de Milan, la reprit et fortiffia, IV, 69.

Vidual, de veuvage; en espagnol *vidual.* Madame la princesse de Condé.... s'estant pleu en sa condition viduale, sans jamais s'estre voulue remarier, IX, 646.

Vie, nourriture, subsistance. Je vous prie de mettre sur mon testament que j'entendz qu'il ayt sa vie en ma maison tant qu'il vivra, I, 316.

Vie recogneue, grâce de la vie que celui à qui elle a été accordée paie par un service. Voy. *Recognoistre.*

Vigier, vizir. Mustaffa bascha.... despuis fut premier vigier à la Porte du Grand Seigneur..., mais après désappoincté et disgratié, II, 64.

Vilanner (se), s'avilir. A plusieurs gallans hommes ay veu désapprouver et s'estonner de M. de la Noue, qui a esté si bon manieur d'armes, ayt eu ceste opinion.... qu'il faille que les mains qui les ont maniées.... s'aillent souiller et vilanner par un labourage et vil et sale mestier mécanique, V, 381.

Vilenaille (la), les vilains, le peuple. Voy. *Eslévateur*.

Villagoys, villageois. Une fillaude villagoyse, ainsin qu'on la menoyt espouser à l'église aveq le tabourin et la flûte, IX, 560.

Vin (donner le), récompenser. Aussi luy donna-il bien le vin (Philippe II à un courrier) tant pour la diligence que pour les bonnes nouvelles qu'il luy porta, IV, 304.

Vin bourru. Suivant le Dictionnaire de Trévoux, le vin bourru « est du vin qu'on a jeté dans l'eau froide pour l'empêcher de bouillir, qui est douccreux et qui a encore toute sa lie ». Suivant Oudin (p. 56) « c'est une sorte de vin blanc, doux et trouble, que l'on ameine de Champagne ». —Mort-Dieu! vous autres qui estes mes bons amys, ne me voullez-vous pas ayder à avoir raison de ces bourreaux médecins qui ne me veullent laisser boire du bourru? Et par Dieu, j'en boiray, IV, 92.

Vin de marché, vin bu à l'occasion d'un marché conclu. Voy. *Marché*.

Vindite, vindicte. Voy. *Nonchallance*.

Vinette, oseille. Je connois une grand' dame à qui sa mère, dez son petit aage...., luy fit user.... en tous ses repas du jus de vinette qu'on appelle en France ozeille, IX, 227.

Violence, force. Lequel (le duc de Lenox) il faut louer à toute violence d'un traict noble qu'il fit dernièrement, II, 370.

Vireton, trait d'arbalète. Faisant allusion sur un vireton ou trait d'arbaleste, VII, 95.

Viril, vigoureux, fort. Voy. *Mener les mains*.

Vision, vue. Cette coupe faisoit de terribles effets, tant y estoyent pénétrantes ces images, visions et perspectives, IX, 49.

Viste (aller), être vif. M. du Lude eut un jeune frère qu'on appelloit M. de la Crotte...., qui alloit un peu plus viste que l'aisné, II, 417.

Vitrine, fragile comme verre. En voicy un autre (conte) d'un qui fit forger à Milan par un maistre très exquis deux paires d'armes, tant espée que dague, toutes vitrines, c'est à dire rompantes comme verre, mais pourtant de fer ou d'acier, VI, 297.

Vitupérable, blâmable. Pour le service et la recognoissance de son roy, il ne se peut commettre aucune chose reprochable ny vitupérable, IV, 126.

Vœu, pèlerinage. Le saint sépulchre et l'église latine de Hiérusalem que le grand sultan voulut faire une fois du tout abattre, ruyner et en abollir et deffendre les vœuz qui s'y font tous les ans, II, 32.

Vogue, réputation. Ce furieux combat aux Gerbes, auquel les François emportarent vogue d'avoir très bien et vaillamment combattu, V, 383.

Vogue, cours d'une galère, II, 53, note. Voy. *Sié.*

Vogue rancade, à pleines voiles. La (galère) capitainesse verte.... soudain, à toute force de rames et vogue rancade, vint à investir l'autre capitainesse blanche, noire et rouge, III, 255.

Voguer, être en vogue. Elle sentoit fort de Luther, qui voguoit pour lors, IX, 339.

Voile (se vouer au), prendre le voile. J'en alléguerai un plaisant conte d'une (courtisane), laquelle s'estant vouée au voyle, avant qu'aller au monastère, IX, 689.

Voiler (se), prendre le voile. Je m'en rapporterois volontiers à aucunes belles filles, jeunes repenties, qui se sont voilées et recluses, IX, 132.

Voille (donner), faire voile. Faire un' eslection tant d'hommes que de vaisseaux sains et gaillardz et puis donner voille, II, 122.

Voille rouge, rougeur. Voy. *Verecondie.*

Voir, entendre. Mais, dira quelqu'un, comme je vis dire une fois à un comite de gallère espaignol, IV, 194. Comme je leur ay veu dire et le monstrer par effectz, *ibid.*, 361. Voy. *Parlement.* Cette locution se représente à chaque instant dans Brantôme, et suivant H. Estienne (p. 472-473) c'était un italianisme des courtisans. « Plusieurs Italiens, fait-il dire à Philausone, ne disent pas *udir la messa*, comme les Francés ouir la messe, ains *veder la messa*; car vous devez avoir ouy demander souvent : *La Signoria Vostra a visto la messa?* »

Vois, voix. Les quites vois populaires en raisonnoient (réson noient), V, 240. Voy. *Quite.*

Vois, voys (je), je vais. M. le connestable luy dict (à Mlle de Limeuil) : « Et bien, ma maistresse, je m'en voys ; vous me rabrouez fort », III, 300. Cf. VII, 144. — H. Estienne blâme cette orthographe, car, dit-il (p. 143) : « je *voy*, c'est *video*; je *vay*, c'est *vado*. »

Voise, aille. Gardez bien qu'il ne s'en voise point (lettre de Louis XI), II, 337.

Volant, agile, leste. Leurs jambes (celles des Suisses) n'y sont pas si légères ny si vollantes que les autres que viens de dire, I, 340.

Vollant, de passage, de rencontre. Et Dieu sçait quelz services, telz quelz et légiers, à mode de capitaines vollans, IV, 14.

Volontaire, de bonne volonté. J'en ay ouÿ parler à plusieurs marys qui trouvoyent leurs vieilles.... aussi belles par le bas comme jamais, en vouloir, en gaillardise, en beauté et aussi volontaires, et n'y trouvoyent rien de changé que le visage, IX, 347.

Volontairement, de bonne volonté. J'en voys (vais) nommer aucunes qui ne s'en sont point souciées (de mourir) et volontairement ont receu (accepté) la mort, bien que sur le coup l'annonciation leur soit fort amère et odieuse, IX, 453.

Volontièrement, volontiers, volontairement. Je veux aussy et ordonne qu'on paye à M. du Préau.... la somme de trois cens escuz qu'il m'a presté très-volontièrement, X, 129.

Volte, route; en italien *volta*. Ledict sieur magnifique (le vénitien Pascalico poursuivi par Dragut) fut contraint se sauver à la volte de Corfou, II, 49.

Volter, tourner; en italien *voltar*. Disant (M. de Bure) qu'il n'avoit jamais voulu boire en la bouteille des princes protestans ny volter face à son maistre, I, 317.

Vouloir, devoir. Lorsqu'il voulut mourir, il (le duc d'Albe) se sentit ataint en sa conscience si vivement des cruautés qu'il avoyt fait faire en Flandres qu'il s'en confessa, I, 110. Si bien que lorsqu'il (le prince d'Orange) voulut mourir, il (l'empereur) l'alla voir en sa tante et en partit les larmes aux yeux, *ibid.*, 245. (C'est la locution italienne *si vuol*, il faut.)

Voulontiers, aisément, facilement. Voy. *Touche*.

Vousist, voulsist, voulût. Il (le confesseur de Charles-Quint) luy desnia l'absolution, le mettant en peine d'en chercher un autre qui le vousist absoudre, I, 168.

Voyage, expédition militaire, campagne. Mis en délivrance.... (Louis XII) fut contrainct de faire le voyage de Naples avec luy (Charles VIII)..., auquel voyage fut en plusieurs périlz et dangers, II, 359. Il (La Chastaigneraie) fut blessé aussi en ce voyage, (l'expédition de Landrecies), en un' escarmouche, V, 84. Cf. VI, 173. Voy. *Hors*.

Vrenilleux, inconstant. (La Fortune) me fait ressouvenir.... de quelque belle dame vrenilleuse et vollage qui, encapricée désordonnément d'un nouvel amant, l'ayme, l'adore...; après.... le quicte, vous le plante là, III, 12.

Vuider, sortir, décamper. Et leur commanda aussi tost (Strozzi à des cordeliers) de vuider, car de son naturel il n'aymoit guières ces gens-là, II, 256. Ah! par Dieu, madame la sotte, vous vuiderez d'icy (de la cour); vous n'y viendrez jamais, IV, 85. Cf. *Ibid.*, 223.

Vulgaire, divulgué, connu. Ce massacre (de Frégose et de Rincon) estoit trop vulgaire, I, 207.

Vulgaire, nombreux, commun. Voy. *Trivial*.

Vulgaire à (être en), être populaire, répandu parmi. Un traict qu'il fit (un maître d'armes).... qui me fut raconté et leque lest encor aujourd'huy en vulgaire aux vieux, qui les y voudra interroger, IV, 14.

Vulgue (le), le vulgaire. Et le vulgue ignorant va tout convèrt et aproprier à cest esprit familier, IV, 97 et note 2.

Vuyder. Voy. *Vuider*.

ERRATA

A l'article *Curieux*, lisez : *Penser*, au lieu de *Tenser*.

Redonder. Remplacez cet article par le suivant :

Redonder, revenir. M. de Savoye lui avoit mandé et prom (au roi de Navarre) qu'il lui aideroit beaucoup à l'endroict du roi d'Espaigne, et Dieu sçait encore que le roi d'Espaigne eu rien en cela faict pour luy, sinon qu'il (que cela) eust redondé tourné à son proffit, V, 74. Cf. III, 295.

POÉSIES INÉDITES

DE

BRANTÔME

PUBLIÉES D'APRÈS LE MANUSCRIT ORIGINAL

PAR LE D' E. GALY.

Brantôme est un des écrivains du seizième siècle qu'on lit avec le plus de charme; annaliste érudit, joyeux conteur, vraiment original, son style comme celui de Montaigne sent le terroir périgourdin. On ne le connaissait, jusqu'à ce jour, que comme prosateur; car, quelques vers semés, çà et là, dans ses OEuvres et particulièrement dans le premier livre des Dames, ainsi que les deux *tombeaux* ou élégies composées à la mémoire de sa nièce, Mme d'Aubeterre, et de sa belle-sœur, Jacquette de Montberon, veuve de son frère André, ne pouvaient lui donner des droits à la renommée de poète.

Une bonne fortune nous fit découvrir, il y a quelques années, à Périgueux, un manuscrit composé de poésies colligées par les soins de Brantôme. Elles appartiennent à des écrivains célèbres du temps: Ronsard, Remy Belleau, Philippe Desportes, Joachim Du Bellay, Luillier, seigneur de Maisonfleur, Jacques Tahureau, Jean de la Péruse, Est. Forcadel, Mellin de Saint-Gelais, le chancelier de l'Hospital, etc., etc.; mais ce qui rend ce volume particulièrement intéressant, c'est qu'il contient les *Juvenilia* de Brantôme. De format petit in-folio, il se compose de 239 feuillets. Chaque page est encadrée de filets à l'encre rouge; l'écriture en est, en général, très belle et il est probable que l'un des deux frères Mataud et peut-être tous les deux, secrétaires de Brantôme et qui, dans les actes où nous voyons figurer leurs noms, prenaient la qualité de *praticien*, y ont collaboré. La reliure en veau brun porte sur les plats de gracieux rinceaux, frappés en relief, au milieu d'un semé de petits trèfles d'argent; le dos à nerfs, sans titre, est aussi couvert de trèfles; la tranche est dorée, des liens en cuir servaient de fermoirs.

Vers la fin, au feuillet 197, commence une suite de sonnets, stances, élégies, chansons, quatrains, adressés à Ronsard, à Ardelay frère de Brantôme, à Brissac, Strozzi, Talard, Beaulieu, Le Breuil, Maisonfleur, Téligny, tous compagnons et amis de Pierre de Bourdeille. Comme on le pense, l'essaim gracieux de jeunes filles dont Catherine de Médicis s'entoura pour séduire et corrompre, tour à tour, huguenots et catholiques, selon les besoins de sa politique, sont l'objet des vers du poète : ce sont Mlles Isabelle de Limeuil, Rose de Montal, de Rouet, de Clermont, de la Guyonnière, de Fontpertuis et beaucoup d'autres dont les noms sont bien connus de tous ceux qui ont lu Brantôme. En tête de ces dernières poésies, transcrites avec un talent de calligraphe plus manifeste que celui qui a été mis en œuvre pour les autres pièces que renferme le volume, on lit de la main de Brantôme :

Recueil d'aulcunes rymes de mes jeunes amours que j'ay d'aultres fois composées telles quelles.

Il ne peut donc y avoir aucun doute, l'auteur est bien Pierre de Bourdeille qui a pris soin de corriger ses vers, en de nombreux endroits, de cette écriture longue, maigre et hardie, facile à reconnaître par tous ceux qui ont feuilleté ses manuscrits à la Bibliothèque Nationale. Malgré le silence gardé à ce sujet par ses biographes, on ne pouvait ignorer les prétentions de Brantôme au titre de poète; car, à la fin des *tombeaux* dont nous avons parlé, dépité de n'avoir plus de verve, il s'exprime ainsi : *Je romps ici ma plume et je ne trace plus de vers que j'avais quittés depuis vingt ans, comme il paroist à ma grossière ryme qui sent son antiquité à pleine gorge. Mais pour honorer la mémoire de ces honnestes Dames, je me suis adventuré d'escrire cecy, tellement quellement. Aussi, dès lors, je prends congé des Muses et leur dis adieu pour jamais.*

Grâce à l'hospitalité qu'a bien voulu leur accorder la Société de l'Histoire de France, nous allons faire connaître ces poésies, qui serviront ainsi de complément au dixième volume de l'édition qu'elle publie.

Arrivé de bonne heure à la cour des Valois où foisonnaient les poètes, où les princes donnaient, les premiers, l'exemple de l'amour des lettres et des arts, comment Brantôme, qui aimait à exceller en tout, n'aurait-il pas été entraîné dans la carrière? Agé d'une trentaine d'années, instruit, galant, *bragard* comme il se dit, *sa flamme, sa rage* s'accrurent en la compagnie de ces *vertueuses* et *honnestes* demoiselles issues des plus grandes familles de France, belles et spirituelles, redoutable *escadron volant* de la Reine. Si l'amour crée les grands poètes, à coup sûr Brantôme aurait dû être en gloire poétique le rival heureux de ses amis Ronsard, Ph. Desportes et Joach. Du Bellay.

> Car pour bien exprimer ces caprices heureux,
> C'est peu d'être poëte, il faut être amoureux.

Brantôme crut donc, lui aussi, avoir le droit de s'asseoir à ce *somptueux banquet de la poésie* où, selon Joach. Du Bellay, *chascun est bien venu et, où n'y force-l'on personne de manger d'une viande ou boire d'un vin, s'il n'est à son goust.* Orgueilleux, délicat, raffiné, et surtout audacieux, il n'hésita pas à choisir pour sa Laure cette Marguerite, ce *miracle du ciel*, fille, sœur et femme de rois, ce *soleil à son lever*, cette *Aurore* à laquelle il la compare si souvent; ce qu'entendant pour la première fois Ronsard, un jour de feste aux Tuileries, le grand poëte en composa un sonnet qu'il donna à Brantôme et que celui-ci regrettait tant d'avoir perdu. C'est à cette reine qu'il adresse plusieurs de ses sonnets, et si Marguerite ne répondit pas à son amour, du moins elle lui accorda son amitié. Elle lui dédia ses *mémoires* en les faisant précéder de l'éloge le plus flatteur qu'un écrivain-gentilhomme puisse recevoir d'une bouche royale.

Les véritables maîtres en poésie de Brantôme ont été Jodelle et Ronsard. Se plaçant à leur suite, il débute ainsi :

> Ne pensés pas de lire icy des vers
> Si bien limez que peut faire un Jodelle

Ou un Ronsard qui, d'une aisle immortelle,
Se sont poussez par dessus l'univers.

Pour Ronsard, surtout, il porte l'enthousiasme jusqu'au fanatisme, car il se fait gloire d'en partager, à la fois, et les vertus et les infirmités.

> Tout ce que j'ay de bon, tout ce qu'en moy je prise,
> C'est d'estre comme toy, sans fraude et sans faintise,
> D'estre bon compaignon, d'estre à la bonne foy,
> Et d'estre, mon Ronsard, demy sourd comme toy.

Brantôme ne croyait pas assurément aux calomnies de Florent Chrétien sur les causes de la surdité de son ami ! le voilà donc *pétrarquisant*, s'espâmant, rageant, mourant, blémissant un peu plus que de coutume non seulement pour sa Marguerite, mais pour une infinité de maîtresses, plus ou moins vraies ou imaginaires, torturant la langue française, à l'aide d'inversions forcées, de néologismes extravagants latins et grecs : c'était la mode. Médiocre le plus souvent, il va jusqu'aux vers faux; la prosodie au service d'un grand seigneur doit céder. Mais soyons juste; il se dégage parfois de ce poncis ennuyeux, et après bien des tentatives infructueuses, il arrive au Parnasse et approche ses lèvres de la source sacrée.

> A peine sçauroit on le nom de Jupiter
> Ou de celuy qui porte un trident pour ses armes,
> Ou de la sœur de Mars qui préside aux alarmes,
> Sans l'honneur qui nous doit à bien faire inciter.
> Si Jupin n'eust rien faict que les Dames hanter,
> Il fust mort, sans renom, en courtisant les Dames ;
> Et sans l'invention des voiles et des rames,
> Neptune eust veu l'oubly sa mémoire emporter.
> Si Bellone eust filé, ne pratiquant la guerre,
> Et ses os et son loz seroient couverts de terre.

> Mais d'eux tous les hauts faicts triompheront du sort.
> Heureux qui suit leurs pas et qui, brave, s'achette
> Une gloire qui n'est au cours du temps sujette,
> En préférant l'honneur à la crainte de mort !

Nobles sentiments, bien exprimés.

Brantôme a parfois, aussi, trouvé quelques vers charmants pour ses maîtresses; nous ne savons à laquelle s'adresse ce quatrain :

> Au ciel n'y a qu'un soleil qui nous luit,
> Mais deux soleils brillent sous ta paupière.
> Ce sont tes yeux, dont la vive lumière
> Font un beau jour dans la plus noire nuict.

Il a été moins heureux en parlant de sa belle-sœur qu'il aima, d'un amour respectueux et profond, et qu'il aurait voulu pouvoir épouser. C'est pour elle, ainsi que nous l'avons dit plus haut, qu'il composa ses derniers vers.

> Hélas ! faut-il, Ronsard, qu'un langoureux amant
> Pour estre ainsy parent n'ayme point sa parente.
> Qui a mis le premier ceste loy si meschante,
> Puisque Dieu n'en a faict exprès commandement ?

Un des sonnets les plus curieux du *Recueil* est celui qu'il adresse à Téligny, beau-frère de François de La Noue et gendre de l'amiral Coligny, massacré avec son beau-père à la Saint-Barthélemy.

> Théligny, qui de Dieu as eu la cognoissance
> Et qui du Sainct-Esprit sainctement es touché,
> Et moy, qui de ce joug estois esfarouché,
> Si non quand d'un bon œil tu pleuras mon offence,
> Ast'heure que je sens de mon Dieu la sentence,
> Par ton divin sçavoir sainctement embouché,

> Je sors hors du fangeard où je m'estois couché,
> Pour adorer mon Dieu d'une autre révérance.
> Je te proteste donc adorer désormais
> Dieu et sa saincte loy, et ne jurer jamais
> Que par la seule foy que saincte je te porte.
> Et si j'escris jamais comment je cogneu Dieu,
> Qui premier me l'apprit, qui m'en ouvrit la porte,
> Je diray te nommant : « Ce fut un demy Dieu. »

Étrange aveu de la part d'un gentilhomme catholique, pourvu d'un gros bénéfice ecclésiastique avec le titre d'*abbé commendataire*, qui reconnaît devoir l'*idée vraie de Dieu* à un ami huguenot ! c'est là de l'exagération poétique, assurément; cependant, il faut rendre cette justice à Téligny, philosophe chrétien, âme noble et courageuse, qu'il était bien capable, par ses conseils et par son exemple, de ramener à une vie plus morale tous ces cœurs corrompus.

Il se pourrait que, parmi les pièces que nous donnons, il y en eût quelqu'une qui ne fût pas de Brantôme, car il a mêlé à ses propres vers ceux de plusieurs autres poètes et sans aucune indication. Pour le sonnet de Ph. Desportes il a été facile de le retrouver, car il est accompagné de cette note : *Ce sonnet n'est pas de moy, mais un galant homme l'a fait pour ma maîtresse.* Puis, viennent sept sonnets de Joach. Du Bellay, que nos recherches nous ont fait reconnaître, nous ne les publions donc pas. Pour expliquer la présence de ces pièces au milieu de celles que Brantôme nous donne pour siennes, disons qu'il avait composé ce recueil pour lui, et que s'il avait projeté, ce que rien ne permet de supposer, de publier ses poésies, il n'aurait eu garde d'y insérer des vers dont les auteurs étaient connus depuis longtemps.

C'était un grand bibliophile, un fureteur de livres : il les rechercha partout, dans ses nombreux voyages, particulièrement en Italie et en Espagne. Que de boutiques de libraires ne fouilla-t-il pas pour retrouver un exemplaire de ces fameux *Mémoires de Charles-Quint* qu'il a été le premier à signaler? Avec quelle ironie il raconte la manière plus qu'adroite dont s'y prit Catherine de Médicis pour retenir les livres de son ami Strozzi.

La nombreuse et précieuse bibliothèque de Brantôme, qui fut partagée entre ses héritiers, et le château de Richemont d'où provient probablement notre manuscrit, la collection de crayons qui figura à la vente de Pierre Mariette et dont il avait annoté chaque portrait, passée depuis en Angleterre; le soin qu'il prit de la reliure et de la conservation de ses manuscrits tels que celui-ci, qui en est un riche spécimen; tout cela nous atteste son goût pour les choses de l'intelligence.

Avec un pareil poète on ne doit pas être surpris de le trouver associé à une muse peu décente et chantant avec elle sur le mode libertin. C'est un *naturiste*. Ne dit-il pas à Ronsard :

Aimer, c'est obéir à la loi de nature.

C'est parfaitement vrai; mais l'homme doit aimer avec délicatesse. Le maître dont il invoque les leçons données dans le livre du *Remède d'Amour*, Ovide, n'est jamais descendu si bas. En vers, comme en prose, Brantôme a justifié le reproche d'absence de sens moral qu'on lui a infligé.

Nous ne donnerons donc pas le très petit nombre de pièces où l'honnêteté soit dans les images soit dans les mots est effrontément bravée. Si nous publions certain sonnet à Maisonfleur, c'est déjà trop ; mais il fallait permettre à Brantôme d'apposer ici son cachet authentique ; sans cela certains lecteurs ne l'auraient pas reconnu. Nous avons dû refuser, pour la même raison, les honneurs de l'impression à des chiffres formés de lettres initiales entrelacées, comme on se plaisait, alors, à en composer en souvenir de personnes aimées. Brantôme a osé les dessiner lui-même et les faire suivre de devises formulées en distiques impertinents et obscènes. Il joue sur les noms et livre à la honte la réputation des dames de la cour dont il prétend avoir obtenu les faveurs ; et, cependant, il a écrit en tête de l'un de ses discours : *qu'il n'est bien séant de parler mal des honnestes Dames bien qu'elles fassent l'amour !* Tout ce bagage licencieux doit rester enfermé dans le cabinet d'un curieux comme en un musée secret.

Le *Recueil des jeunes Amours* n'ajoutera rien à la renommée de l'écrivain gaulois et piquant que nous connaissons ; il ne modifiera pas l'idée qu'on s'était faite de son caractère et du rôle effacé, quoi qu'il en ait dit, qu'il joua dans la vie publique ; seules, ses œuvres littéraires feront revivre son nom et il n'est pas jusqu'à ses vers qui n'offriront quelque intérêt philologique ; s'ils se traînent dans l'ornière ronsardienne, la facture de quelques-uns est digne du chef de la Pléiade, qui aurait pu les signer sans rougir.

Plusieurs portent l'empreinte provinciale et par la poésie et par le style : Brantôme *périgordinise* souvent *à pleine gorge,* pour nous servir de ses expressions. Enfin, des détails de sa vie intime de jeune homme nous sont révélés, pour la première fois, ce sont là des documents précieux que ne négligeront pas ses biographes à venir.

E. G.

RECUEIL

D'AULCUNES RYMES DE MES JEUNES AMOURS
QUE J'AY D'AUTREFOYS COMPOSE TELLES QUELLES[1]

SONNETZ.

I

Ne pensés pas de lire icy des vers
Si bien limez que peut faire un Jodelle,
Ou un Ronsard qui, d'une aisle immortelle,
Se sont poussez par dessus l'Univers.

Non, ilz ne sont bigarrément[2] couvers
D'un beau parler, d'une sentence belle,
Mais des rigueurs d'une Dame cruelle
Qu'ell' fait sentir par des effets divers.

Et s'ilz ne sont remplis de telle grace,
Le feu, le froid qui me brûle et me glace
Je trace icy, pour le moins, fort content.

Et dy, bien plus, que mes belles maistresses
Font plus valoir mes heureuses prouesses
Que le beau vers d'un Ronsard ne s'estent.

1. Ce titre est écrit de la main de Brantôme, ainsi que les corrections que nou donnons avec l'indication de *variante*.
2. De couleurs variées.

II

Qui voudra voir un amant misérable
Ourdir le fil de son propre malheur,
Se despiter, se douloir dans le cueur,
Sans nul espoir de son mal pitoyable,

Qui voudra voir une playe incurable,
Un feu cuisant, une peine, une ardeur
Que fait sentir la jeunesse et l'erreur
Pour les beaux yeux d'une Dame indomptable,

Lise ces vers, remplis de passions,
Francs de raison, esclaus[1] d'affections.
Il cognoistra combien grande est la peine

D'un pauvre amant quand il se vient ranger,
Pipé d'espoir, aveuglé de danger,
Sous la beauté d'une cruauté pleine.

III

Si j'ay voulu si haut sur l'Amour entreprendre[2]
Et peu discret que suis, d'un vol audacieux,
Ataquer j'ay osé, comme un de nos grandz Dieux,
Ores que mal me baste[3], à qui m'en doy-je prendre

Qu'à mon trop fol cuider[4], cuider d'un Alexandre
Qui, bravasche, cuidant se donner dans les yeux
D'une Divinité un plaisir gracieux,
Embrazé tout à coup, est venu tout en cendre?

---

1. *Esclaus*, éclos.
2. Il s'agit évidemment ici de sa passion malheureuse pour Marguerite de Valois, passion à laquelle il fait, en termes voilés, plus d'une allusion dans ses œuvres.
3. Maintenant que le mal m'arrive.
4. *Cuider*, présomption.

Qu'il est mal avisé celuy qui veut monter
Si haut plus qu'il ne peut, cuidant bien surmonter,
Comme ces fols Géans, les Dieux bandez ensemble !

Mais bien qu'un tel amour m'ait esté peu heureux,
Comme il m'a fait content et gaillard amoureux,
J'en puis bien triompher bravement, si me semble.

IV

Et de quoy sert d'estre Dame si grande,
D'un clin de l'œil monstrer sa volonté
Et de marcher avec autorité,
Estre obéie aussitost qu'on commande ?

Que sert d'avoir tant de cœurs pour offrande
Vestir son corps comme une Déité,
Estre parfaite en extrême beauté,
Luyre au plus haut d'une amoureuse bande ?

Que sert aussi nourrir dedans vos yeux
Tant de doux feux, de regards gracieux,
Avoir l'honneur, avoir la bonne grace

De tant gentilz et braves courtizanz ?
Bref que vous sert la verdeur de vos ans
Pour dormir seule et froide comme glace ?

V

Ainsi qu'un fan qui a perdu sa mère
Hors de son bois esgaré, seul s'enfuit,
Or' sur un mont séparé de tout bruit,
Or' en un val qu'il voit plus solitaire,

Et seul et triste on le voit plaindre et braire ;
Et s'il entr'oït ¹ une feuille qui bruit,
Ou s'un ² lézard seullement se conduit
Près du buisson de son désert repaire,

Tousjours, tousjours il tremblotte de peur,
De ses genous, de tout son faible cœur.
Ainsi errant vous me fuyez, Maistresse.

Je ne suis point un tygre ravissant
Ou un lyon de fureur rugissant
Qui, affamé, vous prenne de vistesse.

VI

S'il estoit aujourd'huy un tel arc amoureux
Qu'il estoit du bon temps de la brave jeunesse
Des Chevaliers errans ³, qui peust par sa finesse
Nous monstrer bien au vray un amant langoureux,

Certes, tel fait estat d'estre ferme en ses feux
Et de jurer cent fois n'avoir qu'une maistresse,
Qui puis après seroit descouvert, par l'adresse
De cet arc si loyal, en sa foy malheureux.

Mais quel plaisir, aussi, nous seroit-ce des Dames ⁴
Qui font semblant d'aimer et nourrissent noz âmes
D'un ris, d'un propos faint ⁵ d'un hameçon commun ?

---

1. Entre-ouït.
2. *S'un*, si un.
3. Allusion à l'arc des loyaux amans dans le roman d'Amadis. Cet arc était dans le palais enchanté d'Apollidon ; il était orné d'une statue de bronze tenant un cor qui rendait des sons mélodieux au passage des amans fidèles, tandis que les amans infidèles provoquaient une pluie de feu accompagnée d'un bruit effroyable.
(*Amadis de Gaule*, liv. IV. ch. xxx.)
4. *Var.* S'il en estoyt aussy un pareil pour les Dames.
5. *Var.* Vain.

Mon Dieu! que nous verrions dans le perron ¹ escrites
De flammes et d'amours nouvelles et subites,
Et que mal en amours nous dirions un chascun.

VII

A STROZZI ².

Strozze, si l'on a veu venir vostre maistresse,
Vestue tout de blanc, sur les autres paroir ³;
Ravir l'œil d'un chacun, pour s'amuser à voir
Celle qui paroît tant, la tenant pour Déesse,

L'on a pu voir aussi, et chacun le confesse,
Quand le bal s'accommance en la salle, le soir,
Marcher ⁴ une Rouet ⁵ qui se fait plus valoir,
Que par un habit blanc, par sa belle jeunesse,

1. Le parvis de l'arc.
2. Philippe Strozzi, le grand ami de Brantôme, qui en parle souvent et longuement ; il fut son rival auprès de sa belle-sœur, avec laquelle il voulait se marier, après a mort d'André de Bourdeille. Mais, après s'être brouillés, Brantôme lui pardonna.
3. *Paroir*, paraître ; nous avons encore les composés *apparoir* et *comparoir*.
4. *Var.* Dancer.
5. Louise de La Béraudière, *dite jadis la belle Rouet, à la Cour* (Brant.), fille de Louis de La Béraudière, seigneur de Sourches et de Rouhet, marquis de l'Isle-Jourdain, et de Louise de La Guiche. Après avoir eu d'Antoine de Navarre un fils naturel, Charles de Bourbon, elle épousa, 1° Louis de Madaillan, seigneur de Lesparre, baron d'Estissac, mort en 1565 ; 2° Robert de Combaut, seigneur d'Arcis-sur-Aube, premier maître d'hôtel du roi, qui l'épousa en 1580. — Pour faire ce mariage, on avait promis à Combaut les revenus d'un évêché en Cornouailles ; de là ces vers :

> Pour épouser Rouet avoir un évêché,
> N'est-ce pas à Combaut sacrilège péché
> Dont le peuple murmure et l'église soupire ?
> Mais quand de Cornouaille on vit dire ce nom,
> Digne du mariage on estime ce don ;
> Et au lieu d'en pleurer, chacun n'en fait que rire.

Combaut se joua de la raillerie et fut fait, en 1583, chevalier de l'ordre du St-Esprit.

La belle Rouet paraît avoir été la maîtresse de Brantôme, qui composa pour elle divers sonnets que l'on trouvera plus loin.

Mays aussi tout ainsi qu'on voit une blancheur
Se gaster tout soudain et perdre sa lueur,
Comme la rose fait en ses saisons nouvelles,

Que si n'est au matin cueillie en sa verdeur [1],
Elle perd sur le tard sa plaisante senteur ;
Ainsi faut-il cueillir la fleur de ces pucelles.

VIII

A BRISSAC [2].

Brissac, si vous plaignez [3] un brave cavalier
Qui a passé gaiment la fleur de son jeune âge
Ou dedans ou dehors de son propre héritage,
Ayant fait le devoir d'un hazardeux guerrier,

Quel crève-cœur a-t-il, luy seul que le dangier
Ne pouvoit estonner son asseuré courage,
Quand la vieillesse, après, luy vient faire un outrage [4]
Qu'il n'a plus que le nom d'un brave avanturier.

Je plains bien plus, hélas ! [5] une Dame honorable
Qui par sa grand'beauté s'est rendue admirable
D'autrefois à la Cour, s'estant acquis [6] l'amour

D'un Roy, d'un Empereur [7], de toute une noblesse,
Quand tout cela se change avecques la vieillesse
Et n'a rien que d'avoir esté si belle un jour [8].

1. *Var.* Freedeur.
2. Timoléon de Cossé, comte de Brissac, tué devant Mucidan en Périgord en 1569. Son corps apporté à Paris fut enterré aux Célestins après de magnifiques funérailles. Brantôme l'estimait plus que Bussy quoique celui-ci fut son cousin.
3. *Var.* Las ! mon Dieu, que je plains.
4. *Var.* Luy fait ce grand outrage.
5. *Var.* Aussy.
6. *Var.* Ayant gaigné.
7. *Var.* D'un prince grand.
8. Il y a là probablement quelque allusion à la duchesse d'Étampes, maîtresse de François I*er*, ou plutôt à Diane de Poitiers.

IX

S'il faut rompre la foy, dit un jour ce [1] Romain,
Pour régner bravement ou faire une conqueste
D'un Empire puissant qui devant vous s'appreste,
L'homme rompre le peut et n'en est point vilain [2],

Du reste, soustenant, d'une très juste main,
Tous autres divins droitz ou saincts sermentz qu'il preste.
Hélas ! mais Cupidon trop mal pratique ceste
Sentence, en mon endroit, tant il est inhumain !

Car il m'avoit, un jour, si bien la foy promise
Qu'il ne feroit jamais guerre ni entreprise
Dessus mon pauvre cueur, pour n'estre plus espris

D'une Divinité que, tant plus je regarde
Ses attirantz trais d'yeux que si doucement darde,
Plus fort de son lien, hélas! je me sens pris.

X

Les remèdes d'Amour j'ai pratiqué cent fois
Qu'Ovide m'a appris [3], pour le sçavoir abattre
Et le veincre aussi tost, quand il me vient combattre,
Mais trop rude guerrier pour moy je le cognois,

Car du tonnerre hideux l'espouvantable voix,
Ny du vent courroucé quand il vient la mer battre,
Ny d'un peuple mutin la fureur opiniâtre,
Ny l'effort effrayant des plus superbes Roys,

---

1. *Var.* Le.
2. Déshonoré.
3. Dans son poëme *De Remedio amoris*.

Ny tels braves soldatz qu'ilz soient uniz ensemble,
N'ont un pouvoir si fort que ce Dieu, si me semble,
Et vaincre ne l'ay pu sinon depuis qu'un jour

Que, trop ferme en amour, sans avoir de caresse,
Je vins à desdaigner ma si rude maistresse;
Elle me rechercha pour ravoir mon amour.

XI

Amour, quiconque dit que Vénus soit ta mère
A qui tu dois porter tout respect et faveur,
Il en ment faucement : car tu as eu cet heur
D'avoir esté conceu au sein de Guionnière [1].

Dès lors que tu nacquis ell' changea sa paupière
En cet arc que tu tiens, à me blesser si seur [2];
Et le feu de ses yeux, pour ton plus grand honneur,
Te le donna pour mettre à ta flesche meurtrière;

Mais ell' t'a fait aussi crever tous les deux yeux
Afin que trop bragard [3] et trop audacieux
Ne feisses à chacun sentir ton fier courage;

Et quand tu veux tirer elle te donne mire
Et te dresse le coup où seurement tu tire;
Si bien que de par ell' nous ne sentons ta rage.

XII

Vous me dites, un jour, que j'escrisse de vous [4].

---

1. Mlle de La Guyonnière était une des filles de la suite de Catherine de Médicis. Brantôme en a parlé ailleurs. « Elle étoit, dit-il, habile fille, belle, honneste et qui disoit le bon mot. »
2. *Seur*, sûr.
3. *Bragard*, galant. Brantôme a effacé ce mot, et a écrit au-dessus : *mutin*.
4. Brantôme a corrigé ainsi ces deux vers :
    Je m'estoys résolu d'escrire un jour de vous ;
    Mais qui en pourroyt bien parfaictement escrire ?

Et quel esprit, Madame, en pourroit bien escrire ?
Un Ronsard y faudroit [1] avec sa grave [2] lyre,
Un gaillard Maison-Fleur [3] avec son style doux.

Je sçay bien que Ronsard a fait valoir à tous
La guerrière Cassandre [4] avec son brave dire ;
Maison-Fleur dit très bien la peine et le martyre
D'Amour, quand il vient [5] estre amoureux comme nous.

Vostre subjet est haut, et d'eux deux le plus brave
Ne se vantera pas qu'il faille qu'il engrave
Vostre nom dans leur vers, car leur vers tournoyé

Dans les flotz de voz yeux, de vostre beau visage,
De vostre chasteté, de vostre bon langage,
De vostre grand' vertu [6] seroit bien tost noyé.

XIII

A RONSARD.

Je sçay qu'il n'est permis à un brave homme et fort
Ne chercher ne fuir une grande [7] aventure,
Mais ainsi qu'elle advient ainsi faut qu'il l'endure,
Ou soit que Dieu le veuille ou le cours de son sort.

---

1. *Y faudroit*, n'y réussiroit pas.
2. *Var.* Belle.
3. Jérôme Lhuillier, seigneur de Maisonfleur, la Fortelle et Bois-Ramort, gentilhomme de Henri II et de François II, écuyer tranchant de Catherine de Médicis. Notre manuscrit contient une élégie de Maisonfleur sur le départ de Marie Stuart, elle est adressée à Ronsard : nous la croyons inédite. La réponse de Ronsard est imprimée dans ses œuvres.
4. Allusion à ces vers que Ronsard adresse à sa maitresse :

    Je ne suis point, ma guerrière Cassandre,
    Ny Myrmidon, ny Dolope soudart.
             (Les *Amours*, liv. I, pièce IV.)

5. *Var.* Quand il est.
6. *Var.* De vostre grand' beauté.
7. *Var.* Une extrême.

Mais, las! qui a peu voir une peine et un tort
Que me tient ¹, sans raison, une maistresse dure
Qui ne veut obéir à la loy de Nature,
Il ne me peut blasmer si je cherche la mort.

Ronsard, vaut-il pas mieux mourir de brave sorte
Que traîner une vie à lentz pas de mi-morte?
Nous autres amoureux, quoy! nous ne vivons point.

Mon Dieu! que d'un soldat ² la fortune j'envie
Qui, cherchant de mourir, n'espargne point sa vie,
Et jamais de l'amour n'est attaint d'un seul point.

XIV

Mon Dieu, que le Destin peut faire de faveur
A un bon cavalier, si, devant sa maistresse,
Il peut faire valoir son heureuse proesse,
Combattant pour son Prince, ou bien pour son honneur!

Quel est-il celuy-là, ou prince ou grand seigneur,
Qui voulust, hors du camp, avoir plus grand' caresse,
Pour mieux récompenser sa vertu, son adresse,
Que d'avoir de sa Dame et l'amour et le cœur?

Bien qu'il ne fust loué ny du Roy, ny du reste,
Si peut-il toutes fois aller haulsant la teste,
Parmy les plus galans; j'enten, si son soleil

S'avance de passer les autres en lumière,
Comme fait ma maistresse, à la Cour la première³;
Car c'est un feu qui n'eust ny n'aura son pareil.

1. Que me fait.
2. *Var.* De celuy.
3. Marguerite de Valois.

XV

Madame, je sçay bien qu'il n'est si fier combat,
De tous ceux-là que peut un bon cœur entreprendre,
Que celuy quand l'on vient à Nature se prendre
Où l'Honneur et l'Amour sont en fascheux desbat [1].

Je prise fort aussy ce hazardeux soldat
Qui d'un courage verd dans le camp [2] vient descendre
Et à son ennemy ne se veut jamais rendre,
Encor' qu'il voit la mort qui par terre l'abat.

Voicy le camp, Madame, il n'est pas trop bigerre [3],
Pour vous qui avez veu d'autres fois telle guerre;
Armez-vous donc, cet heur' [4], de vostre grand' vertu;

Puis aydez à l'Amour que triomphant il sorte
Du camp victorieux avecques vostre escorte;
L'Honneur, laissez-le là, dans le camp, abatu.

XVI

A STROZZI.

C'est un grand cas, Strozze [5], je fais ce que je puis
Pour m'oster cet Amour qui triste m'accompaigne.
Mais, aussi tost osté, je le veoi en campaigne
Qui me vient guerroyer de larmes et d'ennuis;

Et pleust à Dieu, dés-ja, malheureux que je suis!
Que l'on vist devant Metz campée l'Allemaigne

---

1. *Var.* Débat.
2. En champ-clos.
3. Bizarre, singulier.
4. A cette heure.
5. Brantôme avait d'abord mis *Ronsard*, qu'il a effacé.

Ou bien corner [1] la guerre entre nous et l'Espaigne,
Qu'on me troublast ainsi mes amoureuses nuictz!

Quand je verrois, alors, un brouillis de la guerre,
Qu'on iroit à l'assaut, ou bien sur un rampart
Qu'il faudroit faire teste à l'obstiné soudart,

Possible, le premier, je cherrois [2] mort par terre,
Ou, pour le moins, Strozze, je n'aurois le loisir
De songer si souvent à mon ardent désir.

XVII

J'en aymay une et la servy dix mois
Pour me vanter d'aimer une grand' grace
Et de servir une angélique face
Sans ces tourmentz des amoureuses lois.

(O, qu'un changer est fatal quelques fois!)
Elle m'aimoit, aussi je ne menace
Que ma trop brave et trop cuidée [3] audace,
Quand, pour choisir un butin [4] de noz Roys

Et pour servir une brave [5] Déesse,
J'abandonnay ma si douce Maistresse
Qui me monstroit assez de privautez.

De cette-cy j'ai assès bon visage
L'œil assès bon, assès bon le langage
Mais, las! je meurs quand je voi ses beautez.

1. *Corner*, publier à son de trompe.
2. Conditionnel du verbe choir.
3. *Trop cuidée*, trop présomptueuse, outrecuidante.
4. Mlle de Rouet. Voyez plus haut la note de la pièce VII.
5. Belle; en Périgord on dit encore d'une jolie fille, *ey bravo*, elle est jolie.

XVIII

Ah! quel heur ce me fut quand j'entray dans la salle
Que je la vis ainsi avec un manteau blanc [1]
Qui la couvroit un peu, fors la façon [2] du flanc
Qui se monstroit à plain sous une verdugale [3]

Lors je devins si gay, que cette couleur pâle
Que paravant j'avois, reprent un meilleur sang,
Et de serf que j'estois je me fais un peu franc [4],
Puis, un meilleur espoir dans mon sens se dévalle [5],

Mais, las! quand el' me dit d'une grand' privauté,
Me nommant doucement : « Ha! vous avez esté
« Honneste de venir en nostre compaignie. »

Alors combien se deut redoubler mon bonheur.
Je sens dedans [6] mon âme une plus grande ardeur.
Voilà comme l'Amour gentiment me manie.

XIX

Il est bien vray cela que me dit un devin,
Y a près de sept ans, que j'estois à Florence [7],
Que je faisois tirer, par art de géomance,
Une figure, un jour, pour sçavoir mon destin ;

---

1. Le blanc estoit la couleur de Marguerite de Navarre.
2. La forme.
3. On a dit vertugale, puis vertugade et vertugadin. C'était la partie du vêtement des femmes qui, placée autour de la taille avec des cerceaux de fils de fer, ajoutait à l'ampleur de la jupe.
4. Affranchi.
5. Descend.
6. *Var.* Je sentis en mon âme.
7. Ce doit être pendant le premier voyage de Brantôme en Italie, vers 1557. Le second eut lieu en 1566, il écrivait donc ces vers sept ans après, c'est-à-dire en 1564. Il avait alors une trentaine d'années.

Certes, il me promit assez heureuse fin
Et me dit, par trois fois : « L'heure de ta naissance
« T'a ordonné du ciel une bonne influence,
« Car je ne vois ton cours qu'à tout bonheur enclin.

« Tu doys être chéry du Roy, ton puissant maistre ;
« Les princes les plus grands te voudront bien [1] cognoistre ;
« Tu seras fort heureux sur terre et sur la mer.

« Aussi tu dois aimer à la Cour une Dame
« Qui, jeune de vingt ans, eschauffera ton âme
« Et te fera mourir cent fois pour trop l'aimer. »

XX

A RONSARD.

Tant que l'Amour heureux un subjet m'a presté
Et que j'ay eu, gaillard, ma poitrine chargée
D'une fureur, Ronsard, d'une amour enragée,
J'ay tousjours de l'Amour à mon plaisir chanté.

Ores que tu me vois en mon chant arresté,
Je fai comme l'on voit la troupe encouragée
Des hazardeux soldatz, en bataille rangée,
Perdre le cœur soudain, qui tant brave a esté,

Quand elle voit près soy d'un canon le tonnerre.
Son brave général [2] estendre mort par terre.
Hélas ! aussi depuis qu'ay perdu, par hazard,
Celle qui me guidoit bravement à l'armée,
J'ay perdu ma vertu et ma force animée,
Et ne suis plus d'Amour cet hazardeux soudard.

1. *Var.* Fort.
2. *Var.* Couronnel.

XXI

J'ai vescu d'autres fois, presque deux mois ou trois,
Cent fois plus fortuné que l'Empereur d'Asie;
Ains que ma liberté fut esclave, saisie
Dans l'œil d'une beauté que pour rare [1] j'avois,

Et qui lors m'eust voulu égaler à noz Rois,
Qui ont en ceste Cour leur demeure choisie
Et servant leur maistresse ont quelque courtoisie.
J'estois sage et heureux, qu'on dit, tout à la fois.

Mais, las! qui tel m'a veu aujourd'huy me voit estre
Tel que je suis, plus mal qu'un laboureur champestre;
Mon Dieu, qu'il dira bien : que les effetz d'Amour

Aujourd'huy sont divers; qu'il monstre en ce pauvre homme
Qu'inconstant et léger et volage on le nomme;
Ce qu'il fait en trois mois il le rompt en un jour.

XXII

A BEAULIEU [2].

Beaulieu, quand tu seras tantost dans la grand' salle,
Voi dancer [3], je te prie, celle que j'ayme mieux
Que mon âme et mon cœur, ny que tous mes deux yeux,
Et qui me fait venir la couleur ainsi pâle.

---

1. *Var.* Chère.
2. Beaulieu-Chastaigner, capitaine de galères et lieutenant du grand prieur François de Lorraine. Brantôme en parle plus d'une fois. « M. de Beaulieu fut mon plus grand amy. C'estoit le meilleur compaignon et qui disoit le mot de la meilleure grâce. »
3. Dans sa *lettre* à Charles IX *sur la conduite de l'État*, Catherine de Médicis n'oublie pas : « et l'après souper, deux fois la semaine, tenir la salle de bal, car « j'ai ouy dire au Roy, votre grand père, qu'il falloit deux choses pour vivre « en repos avecque les François et qu'ils aimassent leur Roy : les tenir joyeux et « occuper à quelque chose. »

Ha! la voicy venir : c'est cette verdugale
De satin verd obscur ; ce port audacieux,
Ce beau et doux regard, ces cheveux précieux,
Cette joue vermeille à une rose égale.

Quant au parler, Beaulieu, il est si gracieux
Qu'il pourroit dans le ciel enchanter tous les Dieux.
Tu la peux acoster ; mais, puis après confesse

Si je n'ay pas raison, cent et cent fois le jour,
Mourir pour telle Dame et en brûler d'amour ;
J'enten pour en avoir un jour quelque caresse.

XXIII

Je ne veux point sçavoir, trop soucieux,
Quel but Dieu meit à nostre destinée,
Ny en quel temps toute chose soit [1] née,
Ny ce qu'on fait au Royaume des cieux.

Je ne veux point sçavoir mon pis ou mieux,
Ny de quel jour, ny mois de quelle année
Me soit du ciel la vie terminée ;
Je ne suis point de ces gens curieux.

Or, quand mes ans commenceront à croistre,
Vienne la mort devant moy s'apparoistre,
Quand ell' voudra, je n'en ay point de peur.

Mais, cependant, je veux passer ma vie
En tout plaisir et avoir belle amie,
Puis laisser faire à mon heur ou malheur.

XXIV

Qu'il prit mal, une fois, à ce Grec généreux,
A ce brave Troyen, son superbe adversaire,

---

1. *Var.* Fust.

Qui cherchant s'entretuer, leur combat si sévère
Finirent aussi tost par dons trop malheureux [1].

Hélas! l'un fut du sien attaché douleureux,
Pour triompher, au char d'Achil' le téméraire,
Et trois fois par le camp traîné devant son père,
Celuy qui estonnoit, par avant, les plus preux.

L'autre après se tua par la fatalle espée.
Je prévoi, tout ainsi, vostre faveur donnée
Pour signe d'amitié, qu'elle me brasse un mal,

Ou bien dedans mon âme une plus vive flamme,
Ou un plus grand ennuy qui me ronge et m'enflamme;
Car un don d'ennemy nous est tousjours fatal.

XXV

A THÉLIGNY [2].

Théligny, qui de Dieu as eu la cognoissance
Et qui du Saint-Esprit sainctement es touché,

[1]. Ajax, fils de Télamon, et Hector s'étant battus en combat singulier et ayant été séparés par des envoyés de Jupiter, se firent des présents en se quittant (Iliade, liv. VII). Ajax reçut du héros troyen une épée à clous d'argent, avec laquelle il se tua (Voy. l'*Ajax* de Sophocle), et donna à Hector une riche ceinture qui, suivant une tradition dont je n'ai pu retrouver la source, aurait servi à Achille à attacher le cadavre du vaincu à son char. Cette tradition est mentionnée dans la pièce suivante des *Emblèmes* d'André Alciat (Paris, Chrestien Wechel, 1536), que Brantôme a certainement connue :

CONTRE LES DONS D'ENNEMIS.

Ajax et Hector s'entredonnent
Une espée et une ceincture,
Mais telz dons très grant malheur sonnent,
Selon qu'en advint l'aventure.
Ajax eust de l'espée jacture.
Hector en charroy est trainé,
Sa corroye tirait la voicture;
Ainsi ont contre eulx estrené.

La gravure en bois qui surmonte ces vers met en présence Charles-Quint et François Ier ou, du moins, deux personnages qui leur ressemblent.

[2]. Petit-fils de Fr. de Théligny, sénéchal de Beaucaire, et gendre de Coligny,

Et moy qui de ce joug estois esfarouché
Sinon quand d'un bon œil tu pleuras mon offence,

Ast'eure que je sens de mon Dieu la sentence,
Par ton divin sçavoir sainctement embouché,
Je sors hors du fangeard [1] où je m'estois couché,
Pour adorer mon Dieu d'une autre révérance.

Je te proteste donc adorer désormais
Dieu et sa saincte loy et ne jurer jamais
Que par la seule foy que saincte je te porte ;

Et si j'escri jamais comment je cogneu Dieu,
Qui premier me l'apprit, qui m'en ouvrit la porte,
Je diray te nommant : « ce fut un demy Dieu ».

XXVI

A MAISONFLEUR.

Maisonfleur [2], je ne puis aimer une pucelle
Qui, foiblette, ne peut encor le joug porter,
Et farouche ne veut le taureau supporter
Quand, quelques fois, il veut s'esbaudir avec elle.

J'aime bien celle-là qu'après sa fleur nouvelle,
Sur l'âge de vint ans, est preste de dompter,
Et se laisse aisément à son amy monter,
Sans ployer au fardeau ny sans estre rebelle.

---

qui fut, comme nous l'avons dit plus haut, massacré à la Saint-Barthélemy. « Je le regrette comme mon frère, dit Brantôme (t. II, p. 421) ; aussi l'estions-nou d'alliance et confédération. » On sait que sa veuve épousa le prince d'Orange.

1. Bourbier.

2. Ce nom a été de la main de Brantôme substitué à celui d'Estourneau. Voy. la note de la pièce XII.

D'Estourneau, gentilhomme périgourdin ; il fut attaché au roi de Navarre Ant. de Bourbon et fut aussi au service d'André de Bourdeille ; voisin et ami de Brantôme, il mourut maître d'hôtel du roi Henri IV.

Maisonfleur, dites-moy, qui a telles amours
Ne peut-il pas finir heureusement ses jours?
L'autre n'est point Amour que d'une estrange sorte.

Voilà pourquoy je veux retirer mon amour
D'un raisin qui est vert, en attendant qu'un jour,
Possible plus meury, l'Automne me l'apporte.

XXVII

Ah! je voudrois estre Roy de la France,
Non pour avoir tant de villes à moy,
Ny pour donner à un peuple la loy
Ou estonner chacun de ma présence,

Non pour briser vertement une lance,
Ny pour braver sur tous en un tournoy,
Pour dire après [1] : « Ah! Dieu! que nostre Roy
Est bon gendarme et meilleur qu'on ne pense! »

Ny pour avoir aussi tant de veneurs,
Ny tant de chiens, de chevaux, de piqueurs,
Ny pour tirer honneur de la noblesse,

D'un Duc, d'un Comte ou d'un Prince du sang,
Ou pour marcher le premier en mon rang,
Mais pour jouir bientost de ma maistresse.

XXVIII

Vien-çà, Vénus; mais pourquoi m'assaux-tu [2]
Dans notre camp, au milieu des gens d'armes,
Des fiers assautz, des combatz, des alarmes,
Comme à la Court quand tu m'eus combatu?

---

1. Pour que l'on dise après.
2. *Var.* Vénus; pourquoi m'assailles-tu ?

Et crois-tu bien que ta folle vertu,
Or' que je suis bravement couvert d'arme
Qui contre toy me serviront de charmes,
Me pourroit rendre en ce champ abatu?

Retire toy et, brave, ne t'esforce
De me braver de toy ni de ta force.
Souvienne-toy de la douleur, qu'un jour

Diomèdes, en la Troyenne terre,
Te fit sentir [1], car, aussi bien en guerre,
Entre soldars, nous sied fort mal l'Amour.

XXIX

Comme on fait peu de cas d'un grand chesne asseiché
Qui monstre ses bras nuds et sa racine forte,
Et, sans feuille ombrageux [2], sa vieille teste morte
Et son tronc nouailleux [3] en cent lieux esbranché,

L'on en fait tout ainsi d'un chevalier taché
De n'aimer point l'Amour qui seule nous supporte [4]
Et rend nostre vertu d'autant plus brave et forte
D'autant plus que l'on a un hazard recherché;

Car c'est chercher de nuit la pierre précieuse
Sans aucune lueur dans un chemin bourbeux.
C'est pourquoy un Roland, un Richard [5], un Rogier,

Après avoir parfait tant de beaux exploits d'armes,
Se rengeoient à l'Amour et aimoient ses alarmes.
Aussi l'Amour comme eux est soldat et guerrier.

1. Voy. *Iliade*, liv. V.
2 Qui donne de l'ombrage.
3. *Nouailleux*, noueux.
4. *Supporte*, soutient.
5. *Var.* Renaud.

XXX

Madame, il me souvient que me dites un jour,[1]
Vous discourant l'amour d'une Dame estrangère,
Qui marche quelques fois en son rang la première,
Quelle ne méritoit de conduire l'Amour,

De s'amuser ainsi, peu discrette, à l'entour
D'un serviteur fascheux, déchassant[2] la prière
D'autres bien plus galans, et que c'estoit se faire
A soy et à l'Amour un tort et mauvais tour.

Mais pour s'estre choisie un galant et honneste
Elle pourroit alors emporter la conqueste
Du triomphe d'Amour, d'un honneur et grandeur.

De vous avoir choisy, doncques, pour ma Déesse
En voulez-vous blasmer ma trop brave hardiesse,
Puisque je veux cueillir de nostre Court la fleur ?

XXXI

A MAISONFLEUR.

Puisque l'heur[3] me dit mal en nostre Court de France,

---

1. Brantôme a mis en prose son sonnet ou sa prose en vers, comme l'on voudra, car voici ce qu'on lit dans le premier Discours des Dames (t. IX, p. 152) : « Retournant une fois d'un voyage de quelque province estrangère, que je ne nommeray point, de peur qu'on connoisse le sujet duquel je veux parler, et discourant avec une grand' Dame de par le monde, parlant d'une autre grand' Dame et Princesse que j'avois veue là, elle me demanda comment elle faisoit l'amour. Je luy nommay le personnage lequel elle tenoit pour son favory, qui n'estoit ny beau, ny de bonne grâce, et de fort basse qualité. Elle me fit responce : « Vrayment, elle se fait fort grand tort, et à l'amour un très mauvais tour, puisqu'elle est si belle et si honneste comme on la tient. » M. Lalanne, qui m'a fourni cette indication, me fait remarquer que, d'après la teneur du sonnet, si la dame et l'amoureux dont il s'agit sont très-probablement Marie Stuart et David Rizzio, la questionneuse ne sauroit être Catherine de Médicis comme il l'avait conjecturé.

2. *Déchassant*, repoussant.

3. *L'heur*, la chance.

Où peu l'on se ressent des faveurs de son Roy [1],
Et puis que mal traité, qui pis est, je me voi
D'une Divinité que je sçay que tu pense,

Maisonfleur, je m'en vois [2] avec une espérance
De changer d'autre humeur aussi bien que de foy.
Ma foy estoit d'aimer plus que Dieu ny que moy
D'une belle maistresse une seule présence.

L'humeur estoit cell'là d'un amant langoureux.
Ast'eure, je m'en vois en homme avantureux
Qui ne songe et ne croit qu'à la guerre et qu'aux armes.

Quand j'estois amoureux, tous les jours je mourois.
Ast'eure je ne puis que mourir une fois,
Cent fois plus estimé au milieu des alarmes.

XXXII [3]

Et quoy, Madame, hé! voudriez-vous avoir
Preuve plus grand' de ceste vive flamme,
Qu'à veue d'œil me consumme et m'enflamme,
Que celle-là que sur moy pouvez voir ?

Je vis encor' et je ne puis sçavoir
Si dans mon corps voltige encor' mon âme,
Et ressens bien que les maux d'une Dame
Et ses martirs pour vif me font valoir.

Quant aux plaisirs je ne sens plus ma vie
Ardre et brûler d'une gaye follie,
Comme autres fois, et me vante pour mort.

---

1. Brantôme, en vers comme en prose, s'est souvent plaint des Valois; les Guises ne le traitèrent pas mieux.
2. *Je m'en vois*, je m'en vais.
3. En tête de ce sonnet on lisait cette note qui a été biffée par Brantôme « Ces quatre sonnets sont pour une honneste Dame qui ne se peut nommer. »

Ce n'est plus moy, mais de moy l'ombre folle
Qui à l'entour de voz yeux tousjours volle.
Vous vous devez contenter [1] de mon sort.

XXXIII

Vous, Amans, qui avez jusques au Ciel d'Amour
Or' tristes, or' gaillars, desveloppé voz aisles
De voz desirs, remplis de joyes immortelles,
Si vous avez sentu ses secretz, quelque jour,

Pour Dieu, ne desdaignez discourir à mon tour
La joye et le plaisir qu'eurent ces âmes belles,
Lorsque dedans leur lit, de si douces cordelles [2]
S'entrelaçant si fort, n'estoient point à séjour.

Je ne puis, quant à moi, chétif et misérable,
Vous discourir en rien cet heur si délectable.
Le sort de mon amour est si fort malheureux

Que je n'en puis conter qu'une peine et tristesse
Et un mal-traitement d'une rude maistresse.
Je vis ainsi chétif, et vous autres heureux.

XXXIV

Qui a veu d'autres fois de cygnes un troupeau,
Qui va paissant le long du sein d'une rivière
Et flottant flanc à flanc d'une grâce guerrière,
Or' s'égaye joyeux dessous et dedans l'eau ;

Mais quand il voit du ciel de Jupiter l'oiseau
Fondre d'un vol sur soy et d'une ongle meurtrière,
Soudain, l'on voit changer cette joye première
En un désordre grand et un soucy nouveau.

1. Être satisfaite.
2. Liens.

Qui telle chose a veu, il a veu ma fortune
S'esbatre d'autres fois gaîment dans le sein d'une,
Voltiger [1] à l'entour et y faire séjour.

Mais depuis qu'un seigneur, soustenu de mon Prince [2],
Est venu, trop puissant, camper en ma province,
Soudain foible et craintif j'ay laissé [3] mon amour.

XXXV

Combien que mainte nef périsse combatue
Des ondes et du vent, l'effroy de ce danger
Les nochers eschapez ne peut descourager
Que la mer de la ram' ne soit encor' batue.

On voit journellement que Mars desfait et tue
Le soldat qui se vient en bataille ranger,
Et or' peu curieux de la vie alonger,
A trouver l'ennemy plus fort il s'esvertue;

Las! moi, semblablement à qui l'Amour fait guerre,
Jettant ses dars plombez dans ma poitrine nue,
Où le brandon ardant m'embraze peu à peu,

De mon propre vouloir tousjours je vois la guerre
Me descouvrant aux coups de sa sagette aigue,
Et souspire plus fort l'absence de son feu.

1. *Var.* Voleter.
2. *Var.* Le frère de mon Prince. — Cette pièce n'étant pas plus datée que les autres, il est impossible de savoir de quel prince, et par conséquent de quel frère Brantôme veut parler. Le prince est-il Charles IX ? Il peut alors être question de l'aîné du plus jeune de ses frères, Henri ou François ; ce dernier seul serait en jeu, si prince est Henri III.
3. *Var.* Quitté.

XXXVI[1]

J'ai navigué longtemps par un destin fatal
Sur une brave mer de plaintes et de larmes,
D'ennuis et de tourmens, de peines et d'alarmes,
Où j'ay couru tousjours un cruel fortunal[2],

Et portois pour bandière, au lieu d'un bon signal,
Un cœur tout esploré, desnué de ses armes,
Ployé dessous les piés (ô quel changement d'armes!)
D'une qui se riait de me voir ainsi mal.

1. Cette pièce est imitée d'une pièce italienne dont j'ignore l'auteur. Elle est écrite tout entière de la main de Brantôme, qui y joint une traduction que nous donnons après le texte.

> *Io navigai un tempo per un mare*
> *Di pianti e di sospir, dove sempre era*
> *Crudel fortuna da matina e sera.*
>
> *E per insigna fortuna pintato*
> *Un cor piagato che sempre piangeva*
> *Sotto gli piedï d'una che rideva.*
>
> *Il mio pensier con picciola vela*
> *Senza timone guidava la barca*
> *Che di dolore era gia colma e carca.*
>
> *Volle fortuna ch'io trovai un coglio*
> *Dove sprezzai la barca e fo natando*
> *Del mar uscirmi e son fora d'afanno.*

TRADUCTION

Sur une mer de soupirs et de plaintes
J'erray longtemps, esprouvant la fortune
Soir et matin à mes vœux importune.

En ce temps-là mes armes j'avoi peintes
D'un cœur outré que ma douce inhumaine
Fouloit aux piés, se riant de ma peine.

Mon penser fut le patron de galère
Qui, sans timon, d'ennuy pleine et chargée
Voguoit, des flots et des vents assiégée.

Le sort voulut qu'un escueil solitaire
Froissa ma nef, et je me sauve à nage,
Hors du danger, sur le bord du rivage.

2. Fortune.

Mon seul penser pensif, sans timon et sans vele [1],
Pour gaigner tousjours port, conduisoit ma nacelle
Qui jà estoit chargée et comble de douleurs.

La Fortune voulut qu'au sortir de l'orage
Je donne à un escueil, je me mets lors à nage,
Je sors hors de la mer et hors de tout malheur.

XXXVII

A ARDELAY.

Ardelay [2], qui a eu d'autres fois cognoissance
De ce grand Dieu d'Amour qui noz cœurs fait aimer,
Et qui t'a d'autres fois bravement fait aimer,
Pour le faire valoir soustenant sa puissance,

Alors qu'il nous [3] fallut partir de nostre France,
Qu'un saint désir de Dieu te [4] fit mestre sur mer [5],
De ces armes d'Amour te [6] falut désarmer
Pour n'estre plus sujet à son obéissance :

Ast'eure puisque Dieu nous donne bon retour
Il ne se faut pas rendre ; et poursuivre l'Amour
Il faut mieux que jamais : vous êtes trop honneste.

Aussy pour être vray, je croy que les beaux yeux
D'une Charansonnet [7] vous rendront amoureux
Et vous mettront assez de martelz en la teste.

1. Voile.
2. Jean de Bourdeille, baron d'Ardelay, frère puîné de Brantôme, tué au siège de Chartres en 1568.
3. *Var.* Te.
4. *Var.* Nous.
5. En 1566. Brantôme fit partie avec son frère d'une troupe de gentilshommes qui se rendirent à Malte menacée d'un second siège par les Turcs.
6. *Var.* Nous.
7. Mlle de Charansonnet appartenait à une maison de Savoie, et mourut à Tours quarante-cinq ans. Voy. l'éloge que Brantôme fait de sa beauté et de sa vertu, IX, p. 769.

XXXVIII

Mon Dieu, que le malheur garde bien ma fortune
Qui se joue de moy, si jamais elle sceut;
Car je suis pris d'amour, si jamais homme fut,
D'une qui porte nom et beauté de la lune [1].

Mais elle croit que c'est de quelque amour commune
Qu'on porte à toute Dame. Ha ! plust à Dieu qu'elle eust
Ouvert déjà mon cœur, après qu'elle cogneust
Que ce n'est point cell' là, mais la seule amour d'une ;

Et si proteste bien de n'aller désormais,
Amour, dessus ta mer, ny naviguer jamais,
Sinon sous la faveur de cette seule Dame ;

Et si je pers d'un coup sa grâce et sa faveur,
Je me retire au port avecques mon malheur.
Là je roms et deffais et ma barque et ma rame.

XXXIX

Vous, Amans qui courez un même fortunal
Que, malheureux, je cours ; qu'un chascun se retire
Sous l'enseigne d'ennuy, de tourment, de martyre
Qu'Amour m'a fait porter, sans regretter mon mal ;

Et si voulez sçavoir quel est vostre signal
Pour vous faire venir, je m'en vois vous le dire :
C'est au fon de mon cœur qu'incessamment souspire
Et sanglotte tousjours pour trop aimer Montal [2] ;

[1]. Dans l'énumération que Brantôme a faite (Vie de Catherine de Médicis) des dames et filles de la cour et où figure certainement celle à laquelle il adresse ce sonnet, je trouve cinq Diane : Diane de La Mark, duchesse de Nevers, qui se maria trois fois; Diane de Clermont, femme de Flory-Louis de Montlaur; Diane Babou, femme de Charles Turpin, seigneur de Montoiron ; Diane de Cossé, femme du comte de Mansfeld; et enfin Diane d'Estrées, femme du maréchal de Balagny.

[2]. Rose de Montal, une des filles d'honneur de Catherine de Médicis, était baronne de Roquebrune et fut mariée à Francois d'Escars, grand sénéchal de Guienne.

Et s'il faut vous porter en ce combat des armes
Quittez-moy celles-là que portent noz gendarmes,
Et prenez-moy ces dards qui me percent le cœur.

Mais si mon ennemy dans le camp vient descendre
Qu'il vous veuille attaquer, ah! Dieu, il se faut rendre;
Car d'un tel ennemy jamais on n'est vainqueur.

XL

Hélas! je le croy bien, en voyant la beauté
D'une belle Rouet qui porte sur sa face
Portraite une douceur, une asseurée grâce,
Avec un beau parler tout plain de majesté,

Hélas! pauvre Roland [1], alors que ta fierté
Ton courage obstiné, ton horreur [2], ton audace
Te faisoient bravement aller de place en place
Pour monstrer tes amours pleines de cruauté,

Si de ce temps Rouet eust embelli la France,
Comme ell' fait aujourd'huy; je croi que ta puissance
Pour l'amour d'elle seule eust bravigé [3] les cieux;

Tu n'eusses pas esté à traverser l'Afrique
Pour t'en aller servir ceste belle Angélique;
Rouet t'eust bien rendu autrement amoureux.

XLI

C'est un grand cas que pour estre amoureux
De la beauté d'une gentille Dame,
Qu'on brusle ainsi de son ardente flamme,
Qu'on en devient tout à coup furieux.

---

1. Le Roland de l'Arioste.
2. Émotion violente, frémissement.
3. Braver; de l'italien *braveggiare*.

XLII

A Mlle DE ROUET.

Si pour aimer on venait furieux,
Talard, bien tost, pour votre beau visage,
Brantosme aussi sentiroient austre rage
Que ce Roland, tant ilz sont amoureux.

XLIII

Non, je ne veux nier que qui veut asseurer
Fermement son amour, sans avoir de reproche
D'inconstant et léger, il faut sur une roche
De fermeté l'asseoir, pour fermement durer ;

Et dy bien plus aussi que qui peut endurer
Fermement les rigueurs que, sous la fausse esmorche
D'une douce faveur, quelquefois nous descoche
Une rude maistresse, il peut mieux espérer.

Mais je dy bien aussi que tant de belles flammes
Et tant de nouveaux feux de ces honnestes Dames,
De nostre Court font bien les plus constans changer.

Le ciel se change bien que Dieu parfait afait.
L'Amour que l'homme a fait, ouvrier tout imparfait,
Pourquoy ne se peut-il changer et rechanger ?

XLIV

A RONSARD.

Hélas ! faut-il, Ronsard, qu'un langoureux amant
Pour estre ainsi parent, n'ayme point sa parente[2] ?

---

1. Amorce.
2. Brantôme fait allusion à son amour pour Jacquette de Montberon, veuve de son frère André de Bourdeille. André étant mort en janvier 1582 et Ronsard le 27 décembre 1585, ce sonnet a été composé entre ces deux dates.

Qui a mis, le premier, cette loy si meschante,
Puisque Dieu n'en a fait exprès commandement?

Moyse, qui asseit le premier fondement
De sa foy qui nous fayt nostre âme si vivante,
De cet amour si beau personne n'en exempte,
Et n'en a jamais mis de loy ny de tourment [1].

Tant s'en faut qu'il permit beaucoup plus d'avantage
Que le frère pouvoit se joindre en mariage
Avec sa belle-sœur; aussi telle est ma foy [2].

Autrement je serois un amant misérable
Qui craindroit, pour aimer, un enfer détestable.
Aussi faut-il qu'Amour commande sur la Loy.

XLV

A TALLART [3].

C'est un grand cas, Talard, quand je m'en vois esbattre
Ores parmy ces champs tous couverts de verdeure,
Je sens tousjours couler dans mes os cett' ardeur,
Tousjours couler tant plus que je la veux abattre.

Et bien que je sois loin du Dieu que j'idolastre,
De son temple très saint où pose sa grandeur,

---

[1]. La loi mosaïque autorisait le mariage d'un frère avec la veuve de son frère mort sans enfant. Les lois chrétiennes le permettaient aussi; mais au moyen âge le mariage entre parents et alliés et par conséquent entre beaux-frères et belles-sœurs fut défendu. Henri VIII se servit de cette prohibition pour faire annuler son union avec Catherine d'Aragon.

[2]. *Var.* Que libre est le parant d'espouser sa parante,
    La belle sœur, le frère; aussi telle est ma foy.

[3]. Clermont-Tallart. Il s'agit de Claude probablement. Ils étaient deux frères, Claude et Henry; leur famille était du Dauphiné: le premier fut tué à Moncontour, et le second, en 1573, au siège de La Rochelle. Diane de Poitiers, leur tante maternelle, les fit accueillir à la cour de Henry II. Brantôme raconte que la maîtresse de Claude exigea de lui que, pour preuve de son amour, il se donnât un coup de poignard dans le bras, et il allait obéir quand elle le retint:

Je ne sens pour cela rien en moy de froideur,
Ains [1] je sens mon ardeur d'autant plus opiniastre.

On dit que la Sibylle, au temps passé, n'entroit
Jamais en sa fureur, sinon lorsqu'elle estoit
Auprès de son grand Dieu qui la rendoit si sainte ;

Hélas! mais quant à moy, ou de loin ou de près,
J'ay mon âme tousjours de mesme ardeur atteinte.
Il est vray qu'estant loin je me pers en regretz [2].

XLVI

AU MÊME.

Comme Narcisse au bord d'une fontaine,
De soy aimé et de soy amoureux,
Paissoit ses yeux d'un plaisir ombrageux,
Sans aléger aucunement sa peine :

Ainsi, Talard, ma maistresse inhumaine
M'attise un feu qui me plaist à mes yeux,
Me rend ainsi quelquefois si joyeux,
Sans en tirer qu'une espérance vaine.

Je vous diray que j'aime mieux pourtant
D'un vain discours, d'un songe estre content,
Quand il me vient d'une telle Déesse,

Que si j'avois d'une autre la faveur
Que peut avoir un loyal serviteur ;
Car il n'est rien qu'avoir telle [3] maistresse.

1. Mais.
2. *Var.* J'ay bien plus de regretz.
3. *Var.* Belle.

XLVII

AU MÊME.

Je ne veux plus ainsi pétrarquizer,
Faindre l'amour sous un parler si sage,
Ny descouvrir mon cœur par le visage,
Je veux d'Amour librement deviser;

Je ne veux plus si fort temporiser,
Cacher mon feu, ma fureur et ma rage,
Couver mon mal sous un ardant courage;
C'est trop l'amour sottement déguiser.

Je cognois bien que la bouche indiscrette
Nuit quelquefois à la chose secrette.
Mais quoy! Talard, il faut venir au point.

Je l'aime bien; si faut-il d'avantage:
Il faut jouyr, il faut passer sa rage,
Car, pour parler, le feu ne s'esteint point!

XLVIII

AU MÊME.

Talard, si vous aimez Rouet pour vostre Dame,
Pour vous assujettir sclave [1] de sa beauté,
Pour lui offrir, ainsi, à jamais [2] loyauté,
Offrir à son autel le feu qui vous enflamme;

Je l'aime bien aussi, j'en sens pareille flamme
Je la crain plus aussi qu'un Mars tout irrité.

---

1. Esclave; en italien *schiavo*.
2. *Var.* Guarder.

Je lui mets à ses piés ma douce liberté;
Elle a gaigné sur Dieu la moitié de mon âme.

Ah! Dieu, qui eust pensé qu'un feu de ses chaleurs,
Venant d'un mesme lieu, eust embrazé deux cœurs?
C'est ce que le soleil au monde sçauroit faire.

Mais le soleil nous fait vivre de sa clarté;
Elle, nous fait mourir de sa grande beauté,
De son regard à nous injustement contraire.

XLIX

Qui n'a veu d'autresfois une plaisante aurore,[1]
Après que la nuit vient de parfaire son tour,
Paroistre dans le ciel nous annonceant le jour
D'autre bigarrement[2] qu'un paintre ne colore.

Il verra donc Rouet que saintement j'adore
Paroistre dans le ciel[3] avec un trait d'Amour,
Embellir de ce Roy ores ce beau séjour,
Le dorer d'un autre or qu'autre dame le dore.

Mais aussi qui a veu le beau jour arriver,
Avec un manteau blanc peu à peu s'eslever,
L'on voit soudain l'Aurore estaindre sa lumière,

Comme l'on voit Rouet perdre ce taint vermeil
Se cacher tout à coup et passer sa carrière[4],
Alors que Chasteauneuf[5] lui[6] monstre son soleil

---

1. Cette comparaison de l'aurore est celle qu'affectionnait Brantôme, car c'est à elle qu'il comparait Marguerite de Navarre devant Ronsard. Voy. t. VIII, p. 34.
2. De couleurs variées.
3. *Var.* Dans la Court.
4. S'effacer.
5. Renée de Rieux, maîtresse de Henri III, mariée à Philippe Altoviti, seigneur de Castellane en Provence [1].
6. *Var.* Nous.

1. Brantôme compare, ailleurs, d'après un portrait qu'il avait vu, le visage d'Anne de Bretagne à celui de Mlle de Chasteauneuf *la belle damoiselle de Chasteauneuf qui a esté à la*

L

Quand j'entrevoy dessous l'air brunissant
D'un crespe noir cette belle princesse [1],
Sa majesté, sa façon, sa hautesse,
Et de sa main l'yvoire blanchissant ;

Quand j'entrevoy de son œil languissant
Les trais aigus errant parmy la presse
De ce troupeau qui, de gente alaigresse,
Marche d'un pié mignardement glissant.

Alors je dy : heureuse la naissance
De celuy-là qui vit en espérance
D'employer là le service et l'honneur,

Et plus heureux qui d'amoureuse flamme
Peut embrazer les beaux yeux de sa Dame
Et, bien aimant, mourir son serviteur.

LI

Je sçay fort bien que cette grand' beauté,
Cette douceur et cette bonne grace,
Cette façon, ce port et cette face
Vous font servir en toute loyauté ;

Mais je sçay plus que la grand' fermeté,
Qui dedans vous tient la meilleure place,
Vous fait aimer, servir, suivre à la trace ;
Sans absenter d'un pas vostre bonté.

---

1. Il s'agit encore ici très probablement de Marguerite de Valois,
cour tant renommee en beauté. — C'est à elle que Baïf a dédié son Hymne de Vénus (6ᵉ liv. des Poëmes) :

Noble sang des Rieux, si mes vers ne desdaigne...

Aussi je sçay que, quand vous arrivastes
En cette Court, et que vous commençastes
A vous monstrer, que je fu le premier

Qui descouvry voz beautés immortelles.
Donc si je suis le descouvreur d'icelles,
En les servant que je sois le dernier.

LII

A Mlle DE CHASTEAUNEUF [1].

Lors, Chasteauneuf, que le ciel vous eu faite,
Grande d'esprit, de grâce et de beauté,
Il vous pourveut de grande cruauté
Pour rendre, en tout, vostre grandeur parfaite.

Mesme voyant que sa vertu segrette
M'avoit comblé de grande loyauté,
Pour agrandir vostre heur d'autre costé,
Il feit mon ame à la vostre sujette.

Que pleust à Dieu qu'avec tant de grandeur
On veit portraite une grande douceur
En vostre cueur comme en vostre visage ;

Je dirois bien, en voyant tout cecy,
Que vostre loz en croistroit d'avantage
Et que pour vous je ne mourrois ainsy.

LIII

Je ne puis oublier mes premières amours ;
C'est trop gardé son cœur ; or, il se faut desdire,
Il se faut parjurer ! non, non je la désire
Servir mieux que jamais, et l'honnorer tousjours.

1. Voyez la note 5 du sonnet XLIX.

Ah! Dieu, quand je luy vois faire de certains tours
De ses yeux attirans, ou que je la vois rire,
Je veux rentrer soudain en mon premier martire,
Et, là, je veux finir heureusement mes jours.

Si j'ay pour quelque temps retiré ma parolle,
Pour cela le penser qu'incessamment m'affolle
N'a jamais délaissé la place de mon cœur;

Car, puisqu'il faut mourir, je ne sçauroi pas croire
Qu'il fût plus belle mort, pour augmenter sa gloire,
Que mourir en servant une telle grandeur.

LIV

Non, non [1], je le confesse, il faut dire le vray.
Je ne suis plus celuy qui, par une alliance [2],
A tousjours acosté vostre brave présence
Par un amour gaillard, ne par un discours gay;

Ces traitz de vos beaux yeux et ces beautez que j'ay
Tant prisées en vous, pour toute récompense
Ont changé voz façons avec une acointance
De vous servir d'esclave autant que je vivray.

Mais c'est bien employé ne pouvois je cognoistre
Si j'ay quelque raison, ne pouvoir estre maistre
Dessus vos volontez par dessus vos beautez;

Ainsi telles douceurs, quand l'on fait du folastre,
Comme un oiseau qui vient dedans les retz s'esbatre,
Prisonniers, tout à coup, nous rendent arrestez.

---

1. *Var.* Pauvre.
2. Ce sonnet est peut-être adressé à la vicomtesse de Bourdeille, belle-sœur de Brantôme. Voy. plus haut, pièce **XLIV**, note 2.
3. *Var.* S'abatre.

LV

Non, non, je ne suis pas de ces folz amoureux
Qui, dès lors qu'ils sont pris de l'amour d'une Dame,
Font paroistre leur feu par une ardante flamme
Et se monstrent soudain transis et langoureux.

J'ai senty pareil mal cent et cent fois pis qu'eux.
Y a plus de quatre ans, dès lors, que vous, Madame,
Vintes emprisonner le meilleur de mon âme,
Mais j'ay tousjours caché un feu si douloureux;

Et en cela j'ay fait, comme fait le tonnerre,
Qui devant que ruer sa fureur contre terre,
La monstre longuement [1] par des signes en l'air.

Après avoir, aussi, sous un ardant courage
Assez caché mon feu, sous une ardante [2] rage
Je le veux descouvrir; qu'il face son esclair!

LVI

D'UNE DAME QUI M'AVOIT DONNÉ LE TANNÉ POUR COULEUR [3].

Ouy, ouy, Maistresse, hé! je la veux aimer
Cette couleur qui d'une grand' tristesse

---

1. *Var.* Par advant.
2. *Var.* Mon amoureuse.
3. Les Bourdeille avaient pour couleur *le blanc, le noir et le rouge*. Le *tanné* était fort à la mode dès le commencement du XVIe siècle; Clément Marot a dit dans un de ses rondeaux :

> Car le *noir* dit la fermeté du cœur,
> *Gris* le travail et *tanné* la langueur.

On l'appelait *couleur du Roi*. C'était un mélange, dans le tissage, de brun doré et de bleu d'un effet chatoyant.

Le *jaune* avait, à l'endroit des maris la même signification que de nos jours. Le *vert* était la couleur favorite de Catherine de Médicis; elle l'avait empruntée au vidame de Chartres qui méprisa son amour et dont elle se vengea cruellement.

Et d'un soucy vous rudoye sans cesse;
Ce tanné brun qui vous est tant amer.

Rien ne vous sert si souvent de blasmer
Vostre destin malheureux qui vous presse
D'un fier tourment; la couleur qui vous blesse
Vous la verrez en jaune se former.

Mais, je vous prie, que tout ainsi que j'aime
Vostre tanné et que d'un amour mesme [1]
Vostre soucy je sens tant que je puis,

Quand vous aurez le jaune en jouyssance,
Faites m'en part et ayez souvenance
Que, pour le moins, j'ay pleuré voz ennuis.

LVII

Deux veufves je cognois, toutes deux fort semblables,
De grace et de beauté et d'honneste maintien;
Mais elles sont, aussi, d'habits fort dissemblables
Qui font que de leurs meurs [2] ne se semblent en rien [3].

L'une s'habille trop en Dame peu modeste,
Car son habillement luy fait grand' deshonneur,
L'autre s'habille aussi en Dame si honneste
Que son seul vestement luy fait un grand honneur.

Baste, quoy qu'i en soit, si l'une est trop mondaine
En son habit lascif, elle est femme de bien;
Et si l'autre a gaigné une gloire incertaine
Par son habit fardé, des meurs on n'en croit rien.

1. D'un même amour.
2. Mœurs.
3. Ne se ressemblent.

LVIII

A UNE DAME QUI M'AVOIT DIT QUE JE LA DESDAIGNASSE.

Celuy qui de voz yeux n'a point esté surpris
Et qui en les voyant, libre, s'en peut distraire,
Il a dans l'estomac un rocher solitaire,
Il est grossier, massif, sauvage et mal apris.

Vous avez le regard de la belle Cypris
Qui luit comme ce feu qui de jour nous esclaire,
Vous n'avez rien en vous qui ne soit fait pour plaire
aire mourir doucement les espritz.

Toutes vos actions, vos gestes, vos façons,
Ce sont de doux avatz[1], des haims[2], des hameçons
Qui retiennent les cœurs par force volontaire;

Bref, on sent mille mortz s'il vous faut esloigner;
Jugez donc, s'il vous plaist, comme il se pourroit faire
Qu'estant parfaite ainsi l'on vous peust desdaigner.

LIX

J'ay creu et croy que tousjours la jeunesse
A peu beaucoup à un bon serviteur
Pour acquérir la grace et la faveur,
Et l'amitié de sa belle maistresse;

Mais vous voulez le sens et la sagesse,
Ce dites-vous, d'un vieillard abuseur
Qui gaignera de vous ce point d'honneur
Et vous lairra[3] pour secourir vieillesse.

---

1. *Avat*, arrêt; terme de marine.
2. « *Haim*, dit Nicot, c'est un crochet de fil d'archal dont on prend les poissons à tout (avec) la ligne. Il s'appelle aussi hamesson; » du latin *hamus*.
3. Laissera.

Pensez-y donc; un poulain de quatre ans
Reçoit plus tost le frain parmy ses dens
Qu'un vieux cheval qui fait de l'opiniastre.

Le vieillard veut du premier jour régner,
Faire du coq et veut tout gouverner;
Les jeunes gens ne veulent que s'esbattre.

LX

Ne pensez pas que la trop longue absence
De vos beaux yeux, Maistresse, ait le pouvoir
De me tirer du service et devoir
Qu'humble je dois à vostre souvenance;

Ne pensez pas que jamais ait puissance
Dessus mon cœur qui ne peut concevoir
Que voz beautez, qui pourraient esmouvoir
Un cœur de bronze a vostre obéissance.

Non, non; mon feu n'est pas un feu couvert,
Un petit feu espris en un bois vert
Qui meurt soudain, soudain s'on [1] ne l'atize;

Le mien est prompt, meslé d'un amour vif
Qui jusqu'à l'os me consomme hâtif,
Et sans amorce à mon ame surprise.

LXI

O quel malheur, quel tourment, quel martyre
D'estre né libre et n'avoir liberté,
Voir, en servant, la divine clarté
Du beau soleil pour lequel je souspire!

1. Si on.

Las! je languis, et ma douleur empire
De jour en jour, me voyant escarté
De celle-là dont la rare beauté
Fait, la voyant, que plus je la désire;

Et tout ainsi qu'un pauvre criminel
Qui, languissant dessous l'ombre éternel
D'une prison, la lumière réclame,

Ainsy, je vy, banni de voz beaux yeux,
Pasle, pensif et triste et langoureux,
La mort au front et le feu dedans l'âme.

LXII

Discourant, l'autre jour, avecques vous, Madame,
Des effetz de l'Amour, me demandastes lors,
Si j'aimois pour sentir ses violentz effortz,
Pour réputation, ou bien pour prendre femme?

Icy je ne diray, les discours de ma flamme,
Ny quelles ont esté mes amours, ni les torts
Qu'ay souffert pour l'Amour, ny de combien de morts
Je suis mort de ses traits dont noz cœurs il enflamme.

Seulement vous diray d'asseurance non feinte,
Madame, que je n'ay dedans mon âme emprainte
Autre image, autre amour que la vostre; et ne veux

Récompense de vous que vostre bonne grâce,
Cet heur et cet honneur que je tienne la place
De servir vos beautez pour estre bienheureux.

LXIII

Ha! Dieu, que c'est une grand' cruauté
Se voir bannir de l'amoureuse grâce

D'un œil divin qui les astres surpasse,
Pour un fascheux qui cache sa beauté.

Si Jupiter, jaloux de la clarté
De son soleil, à cette terre basse
Pouvoit cacher les rayons de sa face,
Il le feroit contre nous irrité.

Mais s'il ne peut, et si la force est telle
De son soleil que la sienne chancelle
Et ne peut rien sans son benin secours,

Qui gardera [1] que ne voyons l'image
D'une beauté qui peut, maugré [2] l'orage,
Le sourcy haut, trouver un nouveau cours.

LXIV

Hélas! je le vei bien, quand cet œil languissant,
Cet œil à demy clos, le courrier de mon âme,
Dressa dedans mon cœur une si douce trame
Que je vy plus content qu'un Monarque puissant

Heureux comm' un nocher qui, sous l'air brunissant
D'un orage ensouffré, abandonnant la rame,
Voit sur le mast panché les rayons d'une flamme [3],
Espoir d'un temps serain dont se va repaissant.

Mais si le ciel le trompe et l'orage s'augmente,
Il tombe en désespoir, n'ayant plus douce attente
Qu'une soudaine mort. Doncques voulant périr,

Je veux vivre, sans plus, sous la douce espérance
D'alonger mon malheur pour avoir souvenance
D'elle, puis tost après heureusement mourir.

---

1. Empêchera.
2. Malgré.
3. Le feu Saint-Elme.

LXV

Las, sans la voir, je la vois à toute heure
Cette beauté qui paroist à mes yeux
Quand le jour vient, un jour si gracieux
Que je n'ay point d'autre clarté meilleure.

Mais, le malheur, las! il faut que je meure
Sans adorer celle-là dont les Dieux
Seroient contens abandonner les cieux
Pour luy bastir là haut une demeure.

Non, je veux vivre et la veux honorer
Comme l'on voit saintement adorer
Nostre grand Dieu qu'on n'a pas veu encore.

Comme Déesse, elle cognoist mon cœur;
Comme Déesse, elle mérite honneur [1].

LXVI

SONNET QUI ME FUT ENVOYÉ D'UNE DAME BIEN SAGE ET BIEN VERTUEUSE [2].

L'amour ressemble un champ, le laboureur, l'amant;
L'un et l'autre présume, à la fin de l'année,
Selon qu'elle sera mauvaise ou fortunée,
Moissonner le chardon, la paille ou le fourment [3].

La paille, est la douceur d'un vain contentement,
Mais le vent la desrobe aussitost qu'elle est née;

---

1. Il manque un vers à ce sonnet, comme il en manque deux à une des pièces précédentes, la pièce LVII.
2. L'auteur de ce sonnet nous est inconnu. Marguerite de Valois et Jacquette de Montberon pourraient peut-être se le disputer. Brantôme a répondu très décemment et respectueusement.
3. Froment.

Le chardon, la rigueur d'une Dame obstinée,
Et la grace est le grain qu'on recueille en l'aimant.

L'amant ne peut gaigner, pour service qu'il face,
Un point d'honneur plus haut qu'estre en la bonne grace
D'une Dame accomplie, objet de sa langueur.

La grace vient du cœur, et toute autre espérance
S'esloigne du devoir d'honneste récompense.
Que désire-l'on plus, en amour, que le cœur?

LXVII

RESPONCE.

Ne pensez pas que la grand' avarice
Me face tant oublier mon devoir,
Que, peu discret, je présume d'avoir
Le grain d'un champ qui n'est sujet à vice.

Je ne fay pas, Madame, l'exercice
D'un usurier quand il vient à se voir
Frustré du grain[1] qu'il pensoit recevoir,
Qui quitte Dieu, la force et la justice.

Mais, moy, selon que l'année sera
Heureuse ou triste, hélas! on ne verra
Changer ma foy qui vous est adressée.

Aussy je croy que vostre gentil cœur
Rend plus constant un loyal serviteur
Que de quelque autre une gerbe amassée.

---

1. La pauvreté des cultivateurs faisait qu'ils payaient en nature, en grain, ainsi que la dîme, les intérêts des sommes empruntées.

LXVIII

Las ! on dit que l'espoir nourrist l'affection
Et que c'est luy qui donne à l'Amour accroissance;
Et j'aime toutesfois n'ayant nulle espérance,
Si ce n'est par la mort, sortir d'affliction.

Ce triste désespoir, chef de ma passion,
Ne me peut esmouvoir [1] de ma persévérance;
Mais ce qui plus me tue, accroissant ma souffrance,
C'est que je suis contraint d'user de fiction.

Hélas ! je scay assez qu'en ma haute entreprise
Une discrétion est bien propre et requise;
Mais mon sens esgaré n'entend pas le secret;

Car, puisque je vous aime et que rien je n'espère,
J'ay bien perdu le sens. Or se pourroit-il faire
Qu'ayant perdu le sens je peusse estre discret?

LXIX

Je me travaille assez pour oster l'apparance
De la douleur qui rend mon cœur si douloureux,
Mais, hélas ! je ne puis. Un parfait amoureux
Ne peut cacher un feu qu'on n'en ait cognoissance.

J'y fais tous mes effortz; j'y vois [2] d'une asseurance
Pour le tenir secret au peuple malheureux.
Mais mon penser volage et mon œil langoureux
Descouvrent, trop à plain, de mon feu la puissance.

---

1. Détourner.
2. *Vois*, vais.

Ne m'en voulez point mal, je vous supplye, Madame,
Celuy qui n'aime point peut desguiser sa flamme
D'une façon subtile, et se faindre discret;

Mais moy qui ay le cœur blessé à toute outrance,
Je ne sçaurois tenir mon tourment si segret,
Ou bien, il faut fuir de loing vostre présence.

LXX

CE SONNET N'A PAS ESTÉ FAIT DE MOY, MAIS UN GALANT HOMME L'A FAIT POUR MOY ET POUR MA MAISTRESSE [1].

Solitaire et pensif dans un bois escarté,
Bien loin du populaire et de la tourbe épaisse,
Je veux bastir un temple à ma grande Déesse
Pour y offrir mes vœus à ma Divinité.

Là, de jour et de nuit, par moy sera chanté
Son pouvoir, ses vertus, sa gloire et sa hautesse,
Et, dévot, son beau nom invoquerai sans cesse
Quand je seray pressé de quelque adversité;

Mon œil sera la lampe, et, la flamme immortelle
Qui me va consumant servira de chandelle [2]
Je serviray d'autel à mes souspirs et vœux.

1. Ce galant homme est Philippe Desportes, abbé de Thiron, et le sonnet porte le n° XLIII du Ier livre de *Diane* ou *Premières amours* de Ph. Desportes, OEuvres, *Rouen, Du Petit Val*, 1611. Brantôme en ne donnant pas le nom de l'auteur permet de supposer que Desportes n'avait pas encore, quand il fit ses vers, la réputation qu'il s'acquit depuis. A la suite de ce sonnet le manuscrit contient, sans aucune indication ni explication, sept sonnets dont Brantôme n'a pas jugé à propos de nommer l'auteur qui est Joachim du Bellay dans les œuvres duquel ils sont imprimés. Ce sont les pièces IV, VIII, IX, XIII, XVII, XIX et XX des *Amours* (Édition de Abel L'Angelier. Paris 1584).

2. Ce mot qui nous paraîtrait ridicule aujourd'hui en poésie était alors synonyme de flambeau et servait de comparaison à de beaux yeux brillants; du reste Desportes a ainsi changé ces vers en les faisant imprimer :

    Mon œil sera la lampe ardante continuelle
Devant l'image sainte d'une Dame si belle,
Mon corps sera l'autel.

Par mille et mille voix je chanteray l'office ;
Puis espanchant mes pleurs et coupant mes cheveux,
Je feray de mon cœur, tous les jours, sacrifice.

LXXI

Celuy qui veut sçavoir tout le contentement
Qui se peut espérer d'une amour vertueuse,
Ce qu'elle a de pouvoir pour rendre bien heureuse
La foy, la loyauté d'un très fidelle amant ;

Celuy qui voudra veoir le plus cruel tourment
Qu'Amour onc' inventa pour rendre malheureuse
La chère liberté d'une âme généreuse,
Par la légèreté d'un soudain changement ;

Il se doit informer des discours de ma vie,
Et veoir en quel malheur a esté convertie
Ma grand' félicité par le piteux effet ;

Que l'infidélité d'un amy contrefait [1]
Imprima, sous couleur d'une amoureuse flamme,
Dans l'esprit insensé d'une légère femme.

LXXII [2]

Pauvres Amants, évitez le malheur
Qui vous offusque et les yeux et le cueur.
Libres et francs cognoissez vostre honneur,
Et ne suivez désormais cet' erreur.
Puisque l'Amour est contraire au bonheur
Et de nos ans nous ravit le plaisir
Pourquoy nous suyt ce volage désir
Qui ne nous paist que d'un charme trompeur,

---

1. D'un faux ami.
2. Cette pièce est tout entière de la main de Brantôme.

Que le servage et le joug amoureux
Soÿt, à jamais, de nos âmes banys;
Et jouyssant des plaisirs infinis
La liberté nous rendra bien heureux.

LXXIII

CHANSON [1].

Amans qui vous plaignez qu'Amour vous a dompté,
Qu'il emporte l'honneur de votre liberté,
Qui faictes de vos pleurs une source féconde,
Qui mourés, qui bruslés au feu de tant d'ennuictz,
Voyés mon mal, mes fers, la prison où je suis,
Je vous dirés que c'est le paradis du monde.

J'ayme avec tant d'ennuictz é tant de cruaultés
Qu'entrant en ma prison je voy de tous costés
La mort é le péril d'une perte commune,
Feux à tromper les yeulx de cent mil ennemis,
Envieulx é jaloux du bien qui m'est permis;
Mon amour é ma mort courent mesme fortune.

O mourir aggréable, ô trespas bien heureulx!
S'il y a quelque chose au monde adventureulx
De mal, de feu, de mort, courés à ma ruine;
Rien n'est de si cruel, rien de tant inhumain
Qui vaille, seullement, un baizer de sa main;
Mais qu'une mort est peu pour chose si divine.

Ce sont mots inventés, de jour é de la nuict,
De dire qu'il est jour quand le soleil nous luict,
É que la nuict survient quand la terre s'oppose [2];
Il n'y a d'aultre jour, d'aultre nuict, d'aultres cieulx
Que voir ou ne pas voir le ciel de vos beaulx yeulx.
Vous, le ciel, le soleil, estes la mesme chose.

---

1. Écrite par une main qui n'est ni celle de Brantôme, ni celle de Mataud et avec une orthographe différente. Elle n'est peut-être point de Brantôme.
2. La terre, en tournant sur elle-même, *oppose* et *s'oppose* deux états contraires, la lumière à l'obscurité, le jour à la nuit.

Mes yeulx ne sont point yeulx si ce n'est pour vous voir,
Mon cœur n'est point mon cœur sinon pour recevoir
Les traictz de vos beaultés que j'adore é que j'ayme.
Je n'ay point de désir que pour vous désirer,
Je n'ay point de souspir que pour vous souspirer,
É je ne suis point moy si ce n'est pour vous-mesme.
Si je ne pense en vous mes pensers sont jaloux,
   Si je suis hors de moy je me retrouve en vous,
Je vis, je suis en vous é rien ne me commande,
Quelque fouldre du ciel qui me puisse advenir,
Que l'espoir de la mort où je veulx parvenir;
Si le péril est grand la gloire en est plus grande.
   Si suis-je bien heureux de porter ces liens,
Les gehennes é les fers que j'ayme é je retiens,
Comme un esclave tient les marques de sa prise.
Qu'on ne m'apreigne[1] plus que c'est de liberté.
J'ayme tant la prison où je suis arresté
Que je faictz de mes fers l'honneur de ma franchise[2],
   Que je tiens ce nom cher d'esclave, et qu'il me plaist.
Je ne veulx plus sçavoir d'aultre nom ce que c'est;
Mais je l'ayme d'aultant qu'il vous est aggréable.
Je l'ayme aussi, d'aultant que je monstre é je rends
Tous les effortz esgaulx, é le nom que je prends
Est un nom plein d'honneur é d'effort véritable.

LXXIV

Mon cœur ayant veu que son compaignon
Rompoit le vœu de leur vie commune
S'est dépité contre luy et fortune.
Avoit-il tort? il me semble que non.

Et, pour cela ne perdra ce beau nom
D'estre fidel; mais, vous, comme la lune

---

1. *Apreigne*, apprenne, se dit encore en patois périgourdin.
2. Liberté.

Tout inconstant vostre cœur n'est à une.
C'est le croissant dont portez le renom [1]

D'estre léger; ce titre vous est digne,
Je m'en rapporte aux filles de la Royne [2]
Elles ont veu aussi bien comme moy

Le changement de ce que sçavez dire;
Mais, moy, je sens que c'est cruel martire,
Quand le destin est rompu par la foy.

LXXV

Comme l'on voit celuy qui par honneur
S'est conservé en quelque belle place,
Sans craindre rien, ny canon ni menace,
Estre estimé digne de grand' valeur;

L'on me verra tout ainsy en mon heur
Ferme et constant; car ma place est la grâce
D'une que [3] sers qui toute autre surpasse,
Dont je me fay, pour jamais, serviteur.

Aussy faut-il que ma persévérance
Prenne le fruit de ma belle espérance,
Car, sans espoir, le guerrier n'est au Roy;

Pour son hazard, est afin que son maistre
Par quelque bien le veuille recognoistre.
Ainsy, Maistresse, observez cette loy.

---

1. Ce sonnet s'adresse évidemment à une Diane. — Voy. la note I de la pièce XXXVIII.
2. Les filles d'honneur de Catherine de Médicis.
3. Que je sers.

LXXVI

Sur mon lit assailly d'infinies langueurs.
Je discours, à part moy, de ma vie passée;
Je me présente au vif en quelle destinée
Fut mon commencement et comme il fut heureux.

Et puis, tout à un coup, je ressens ma douleur.
Voilà comment, pensif, je passe mon année
Le feu [1], le froid, le chaut d'une ame passionnée;
Ainsy Fortune en moy espreuve ses rigueurs.

Mais je voudrois sçavoir si, par une constance,
L'on pourroit adoucir avecques l'espérance
Ces faitz si furieux et sa grand' [2] cruauté

Dites, mes compaignons, si par expérience
Vous avés esprouvé toute ma [3] pénitance,
Afin que par conseil mon mal soit arresté.

LXXVII

Las! je voy bien que vous sentez dans l'âme
Mon triste deuil, son pitiable [4] sujet;
Telz sont vos ditz, vos escritz, le projet,
Et tel le feu de ma très sainte flamme.

Si vous plorès en mé disant, Madame.
Las! je vous pers et vous laisse l'objet
De mon bon cueur, lequel sera suget [5]
D'accompaigner le vostre qui m'enflamme.

1. *Var.* L'enfer.
2. *Var.* Cete.
3. *Var.* Pareille.
4. Pitoyable.
5. Obligé.

Assurez-vous qu'avecques ce bon cœur
Le mien sera compaignon de malheur,
Et que tous deux, courant mesme fortune,

Vous les verrez gaigner un mesme port,
Francs de vouloir et faire mesme mort.
Leur destinée ainsy sera commune.

LXXVIII

Je ne sçay pas qui porte le beau nom
D'Élizabet[1] qui fut dévote fame;
Mais je sçay bien que ma très sainte Dame
En a bien un que j'estime aussi bon[2]

LXXIX

Raison avez d'estimer vostre Dame;
Car Dieu n'a point plus de part en son âme
Que vous avez sur son cœur et pensée,
Et sur son nom duquel l'avez prisée.

LXXX

Ceux qui font vœu au saint de Compostelle[3]
Ont trop de mal pour un si long chemin;
Il vaudroit mieux qu'ils vinssent droit à celle
A qui ce saint donna son nom divin[4].

---

1. Sainte Élisabeth de Hongrie.
2. Allusion probable à Isabelle de Limeuil. (On sait qu'Isabelle et Élisabeth sont le même nom.)
3. Saint Jacques.
4. Jacqueline de la Fayette, mariée à Guy de Daillon, comte du Lude; ou Jacqueline de Rohan qui épousa le sieur d'Entragues. Ce sont les deux seules Jacqueline que Brantôme ait citées dans son énumération des dames et demoiselles suivant la cour. Il se pourrait encore qu'il voulût parler de Jacquette de Montberon, femme, comme nous l'avons dit, de son frère André de Bourdeille.

Cet argument est bien pris, ce me semble;
Mais il faudroit que nous fussions ensemble;
Et puis après on verroit confermée
La sainteté que Dieu vous a donnée.

LXXXI

Je n'escry point d'amour n'ayant point de maistresse;
Je n'escry de douceur n'esprouvant que rudesse;
Comme saint et dévot j'escry de sainteté
Des faits et des vertus d'une sainte beauté.
La sainteté est bien fort honnorable,
Et la beauté n'est pas moins désirable.
Mais si mettez tous les deux en balance
La sainteté peut cheoir en décadence.

LXXXII

Un amoureux ses amours chantera,
Un capitaine honnorera sa gloire,
Un favory ses faveurs vantera,
Un conquérant publiera sa victoire;
Moy, malheureux, qui n'ay rien dans le cueur
Que tout malheur, je plain donc mon malheur.

LXXXIII

Hélas! de quoy sert-il à une âme affligée
Luy présenter raison par douleur et ennuy?
Ne vaudroit-il pas mieux la rendre consolée
Par cette grand' vertu dont surpassés autruy?

LXXXIV

Au ciel n'y a qu'un soleil qui nous luit,
Mais deux soleils luisent sous ta paupière;

Ce sont tes yeux dont la vive lumière,
Fait un beau jour de la plus noire nuit.

LXXXV

Dieu aima fort la Magdeleine
Pource qu'elle l'aimoit bien fort;
Et moy je suis en autre peine,
Car pour aimer je sens la mort.

LXXXVI

Si je voulois me vouer à un saint,
Je me vouerois au sainct de Compostelle[1];
Car celle-là de qui je suis attaint
En a le nom et la puissance telle.

LXXXVII

L'aveugle Amour est bon de sa nature,
Et, si du mal, en aimant nous avons,
C'est pour autant que le trop nous suivons
Après noz sens errant à l'avanture;
Donc, les malheurs qu'en aimant l'on endure
Viennent de nous qui nostre mal couvons.
C'est nostre faute et ne nous en devons
Prendre à celuy qui de l'Amour a cure.
Le feu profite à qui sçait en user,
Mais qui voudroit de sa flamme abuser
Sa vive ardeur embrâseroit le monde.
Amour profite à qui sçait bien régir
De ses désirs la course vagabonde,
Et nuit à ceux qui suivent leur plaisir.
Qui voudroit faire teste aux assaux du malheur,
Il se faudroit targuer d'une vertu constante;
Mais il la faut pescher dans le profond du cueur
D'une que je cognoi, qui la fortune enchante.

---

1. Voyez plus haut, la pièce LXXX, note 4.

Son nom ne se dit point, songez qui ce peut-être;
Par ses perfections, on la peut bien cognoistre.

LXXXVIII

Ne pense pas qu'il soit facile à croire
Qu'autre que toi mérite d'avoir gloire
Sur la vertu, la valeur et constance,
Qui fait besoins pour prendre patiance
Sur les assaus que la fortune donne,
Pour maistriser, tourmenter la personne;
Rien donc ne sert de cacher ton mérite
Pour le donner à qui ne le mérite.

LXXXIX

A DU BREUIL [1].

Je ne veux point ravir sa foudre à Jupiter,
Son trident à Neptune, à Bellone ses armes,
Ny mettre à la mercy de ces tranchantes lames,
Mon pauvre corps mortel, ny fortune tenter.

En parle qui voudra, j'aime mieux fréquenter
Jour et nuit, sans danger, la compaignie des Dames,
Que me faire tuer aux cruelles alarmes,
Et aux prix de ma vie une gloire acheter.

Qu'a servy à César, ce grand foudre de guerre,
D'avoir, en son vivant, subjugué mainte terre,
S'il n'a peu éviter son très malheureux sort?

Fy de l'honneur, Le Breuil, qui à tel prix s'achète;

---

1. Le personnage à qui Brantôme adresse ce sonnet ironique et le suivant est sans aucun doute le du Breuil, gentilhomme périgourdin, que Brantôme « avoit nourri » et à qui il arriva au siège de La Rochelle une aventure racontée au tome VI, p. 66.

Certes j'aimeray mieux traîner une charrete
Que, si cherchant l'honneur, je rencontray la mort.

XC

AU MÊME.

César n'a rien gaigné, Le Breuil, je le confesse,
D'avoir tant triomphé des plus braves guerriers,
D'avoir tant subjugué de bons avanturiers,
Puisqu'il est mort comme un qui vit en la paresse.

Mais quand je pense, aussy, que sa bonne prouesse
Le fait valoir beaucoup par dessus les premiers,
Il est bien plus heureux que tous ces cavaliers
Qui meurent et sont morts en servant leurs maistresses.

Certes, c'est un grand' heur, un grand honneur aussy
D'aimer une maistresse et d'en avoir soucy;
Mais enfin l'on n'en a que peine et que tristesse.

Quant à la mort, hélas! un amant, tous les jours,
Meurt, transy, dans les bras de ses belles amours;
Un guerrier, qu'une fois, saluant sa hardiesse.

XCI

A peine sçauroit-on le nom de Jupiter;
Ou de celuy qui porte un trident pour ses armes,
Ou de la sœur de Mars qui préside aux alarmes,
Sans l'honneur qui nous doit à bien faire inciter.

Si Jupin n'eust rien fait que les Dames hanter,
Il fut mort, sans renom, en courtisant les Dames;
Et sans l'invention des voiles et des rames
Neptune eust veu l'oubly sa mémoire emporter.

Si Bellone eust filé, ne pratiquant la guerre,
Et ses os et son los seroient couvertz de terre ;
Mais d'eux trois les hautz faits triomfèrent du sort.

Heureux qui suit leur trace et qui, brave, s'achète
Une gloire qui n'est au cours du tems sujette,
En préférant l'honneur à la crainte de mort.

XCII

A MADEMOISELLE DE LIMEUIL[1].

Dedans son sein Nature concevoit
Une grandeur dont la grandeur veincue
S'abbaisseroit, pour jamais n'estre veue
Chose pareille à ce qu'elle connoit.

A tel dessein, tout ce qu'elle sçavoit
De rare et beau, estoit devant sa veüe,
Et les grandeurs dont la grandeur congneüe
Aux plus grands Dieux esgallé les avoit.

Lors, vous naissiez, quand le ciel favorable
Aidoit Nature à vous rendre admirable
De tous ses biens pour le vostre assemblez ;

---

1. Gilles de La Tour de Turenne, seigneur de Limeuil en Périgord, eut de sa femme Marguerite de la Cropte, trois filles : l'aînée dont parle Brantôme (VII, 393) et que le P. Anselme ne mentionne que d'après lui, sans donner son prénom, mourut fille d'honneur de la reine ; sa sœur cadette Isabelle, aussi fille d'honneur de la reine, est connue par ses amours avec le prince de Condé, et enfin une troisième Marguerite, fut mariée en 1575, à Jean d'Aubusson, seigneur de Villac. Je crois que les vers de Brantôme s'adressent à Isabelle dont le nom revient plusieurs fois dans ses ouvrages. Elle était très spirituelle et écrivit des pasquins. Celui qu'on fit sur son aventure :

    Puella illa nobilis,
    Quæ erat tam amabilis,

est des plus piquants. La chanson de Ronsard : « Quand je vois ce beau printemps, » n'avait pas été écrite primitivement pour Marie, mais pour mademoiselle de Limeuil.

Lesquelz, depuis ne s'estans joincts ensemble,
Ont faict qu'en rien aucun ne vous ressemble,
Et qu'en grandeur aux plus grands ressemblez.

XCIII

A LA MÊME.

Je ne suis pas de ces grands courtizans
Qui se poussant d'une gentille audace
Disent le mot avec si bonne grâce
Qu'ilz ont le bruict [1] entre les mieux disans.

Mais bien je suis l'un de ces artizans
Qui ont appris sur le mont de Parnasse
A faire un vers qui d'aage en aage passe,
Et n'ont peine de l'oubly ni des ans.

Par le moyen de telle privauté,
Ceux-là feront croistre vostre beauté,
Si la beauté croist pour estre servye.

Mais je feray, si le siècle advenir
De mes escripts se daigne souvenir,
Qu'elle vivra d'une éternelle vye.

XCIV

A LA MÊME.

Celluy qui a sa Laure tant aymée
Que l'amour prist par mort accroissement,
Chante d'amour la peine et le tourment
Et la beauté qu'il a tant estimée.

---

[1]. La renommée.

Pour vous donner pareille renommée
Vostre beau nom suffiroit seulement,
Mais pour l'amour je n'ay tel argument,
N'ayant au cœur telle flamme allumée;

Car, bien qu'amour en mon cœur ayt sa place,
Si n'est mon cœur enflé de telle audace
Que d'entreprendre entreprise si vaine;

Aussi ceux-là qui mes escrits liront,
En les lisant d'autant qu'ilz y auront
Moins de plaisir j'en auray moins de peine.

XCV

A LA MÊME.

Pour voz ayeux louer de bonne sorte
Il fauldroit bien autre esprit que le mien;
Il y fauldroit ce grand historien
De qui le nom au vostre se rapporte [1].

Mais pour garder que la Parque n'emporte
Vostre renom, je me vanteray bien
Si de Phœbus on doit espérer rien,
Que pour ce faict [2] j'ay l'espaulle assez forte.

Celluy diroit la magnanimité,
Le cœur, l'esprit, la grand' dextérité
Et les hauts faicts de vostre noble race,

Et je diray et vostre grand' beauté,
Vostre doulceur, vostre humble privaulté,
Vostre sagesse et vostre bonne grâce.

---

1. Probablement Grégoire de Tours. Voyez, pièce XCII, note I.
2. Ce faix.

XCVI

A LA MÊME.

Mais que [1] Dieu veut que je me ressouvienne
De ce beau front, de ce teinct de l'Aurore,
De ces sourcilz et de ces yeux encore,
Yeux ressemblant ceulx de la Cyprienne ;

Je recongnois cesté flamme ancienne
Et ces pensers qui me chatouillent ore [2] ;
Ce sont ceulx-là, si je m'en remémore,
Que me causoit l'arbre Palladienne.

Ainsi, premier, son regard me blessa ;
Ainsi, premier, ma flamme commença ;
Ainsi, premier, l'Amour me vint surprendre.

Mais si jamais je retumbe aux appas
Dont une fois j'ay retiré mes pas,
Puissè-je vif soubs la terre descendre !

XCVII

A LA MÊME.

Ces vieux Césars qui ont sacré la gloire
Du nom romain à l'immortalité,
Afin de rendre à la postérité
De leurs hauts faicts la grandeur plus notoire,

N'ont seulement engravé la victoire,
Dont ils avaient plus de loz mérité,

---

1. *Mais que*, dès que.
2. Maintenant, à cette heure. En patois périgourdin, *oro*.

Mais, bien souvent, du nom d'une cité
Ont allongé le cours de leur mémoire.

Combien qu'Amour, vainqueur par voz beaux yeux,
Puisse embellir son char victorieux
D'armes trop plus richement estophées,

Si ne doit-il desdaigner, toutesfois,
Puisqu'il contrainct les moindres soubs ses lois,
Que ma despouille augmente ses trophées.

XCVIII

A LA MÊME.

Ne pensez pas pour un premier project
De voz beautez qu'en mes papiers je trace,
Que je ne puisse y donner plus de grâce,
Devant mes yeux ayant un tel object?

Ne pensez pas, aussi, que le subject
Que j'ay choisy vienne de mon audace,
Ny que l'Amour d'Amour parler me face
Bien que tout cœur à l'Amour soit subject.

Quant bien j'aurois si haute œuvre entrepris,
Je ne suis pas si sourd et mal appris
Que d'apprester tel argument de rire ;

Mais si on peut louer un tel tableau,
Ce qui à l'œil nous semble le plus beau
Qui [1] me desfend de voz beautez escrire.

1. C'est ce qui.

XCIX

A LA MÊME.

Comme un bon painctre, ayant bonne practique,
De longue main arrangeant ses pourtraicts,
Ne monstre au jour les plus excellens traicts,
Ains les réserve en l'arrière-bouticque;

Ainsi ayant mis en veue publicque,
Depuis dix ans, les œuvres que j'ay fais,
Où j'ay acquis, entre les plus parfais,
Quelque degré en mon art poétique,

Je ne veux point, pour me faire estimer,
En ce tableau tout mon art exprimer
Ny voz beautez parfaictement pourtraire;

Mais je vous garde un' œuvre, où je m'attens
Vous faire veoir, devant qu'il soit longtemps,
Je ne sçay quoy par dessus le vulgaire.

C

A LA MÊME. A SES YEUX.

Quand je vous voy, Limeuil, avecques vos beaux yeux
Doucement regarder le mal qui me tourmente,
Mon cueur est si ravy, mon âme si contente
Que je metz en oubly mon tourment amoureux.

Mais quand je voy aussi que d'un œil rigoureux
Vous vous tournez vers moy et trompez mon attente,
Alors mon cœur de moy et mon âme s'absente,
Si bien que de content je deviens langoureux.

Ainsi doncques, Limeuil, aysément pouvez veoir
Combien vos yeux sur moy ont acquis de pouvoir,
Par là pouvez juger que je ne suis plus mien,

Veu qu'en l'un de vos yeux consiste mon bonheur
Et qu'en l'autre est enclos, aussi, tout mon malheur,
Et que de moy sans vous c'est autant comme rien.

CI

A LA MÊME ÉTANT MALADE.

J'ay tousjours creu, Limeuil, que la Divinité
Est exempte du mal et jamais n'est sujette
Aux passions du corps, comme chose parfaicte
Et qui ne tient en rien de nostre humanité;

Limeuil, voilà pourquoy je n'ay point visité
Le mal qui vous détient et au lit vous arreste;
Voilà pourquoy l'erreur qu'en cela j'auray faicte
N'aura peut-estre tant de blasme mérité.

Et qui croira, Limeuil, qu'en chose si divine,
Comme est votre beauté, l'infirmité domine?
De moy je ne creus oncq' que cela ne fut faux;

Car vous douant le ciel de beauté non mortelle,
Ou il vous eust osté la passion des maux,
Ou ne la vous ostant ne vous eust faict si belle.

CII

A LA MÊME. SON IMAGE LE POURSUIT.

Limeuil, si je m'en vais le long de ce rivage,
Ou que j'aille seulet dans un bois m'escarter,

Ou que sur un couteau [1] je me voise arrester,
Pour mieux pouvoir penser à vostre beau visage,

Je ne puis tant sur moy qu'aussitost un' image
Tout soudain à mes yeux ne vienne présenter
Voz plus bellés beautez pour plus me tourmenter
Et tousjours usurper sur moy plus d'advantage.

Si, par fortune, en l'eau je retourne mon œil,
Soudain il m'advise qu'en l'eau je voy Limeuil;
Tout arbre que je voy, c'est elle à mon advis.

Bons Dieux! regardez doncq comme il faut que je vive,
Puis qu'en lieu si désert retirer ne me puis
Que l'objet de mon mal tousjours ne me poursuive.

CIII

A LA MÊME, SUR SA DOUCEUR.

Doulce Limeuil et doulces vos façons,
Douce la grâce et douce la parolle,
Et doux vostre œil qui doucement m'affolle
Et faict en moy douces mes passions;

Doux vos regards, douces voz actions,
Doux l'entretien et douce la main molle,
Douce la voix qui doucement me volle
L'âme et le cœur de ses doulces chansons;

Douce la bouche et douce la beauté,
Doux le maintien, douce la cruauté
Et doux le mal qu'il faut, pour vous, souffrir

Depuis qu'en vous on voit tant de doulceurs.
Faictes, au moins, que quand pour vous je meurs
Je puisse un peu plus doucement mourir.

1. Coteau.

CIV

A LA MÊME.

D'aucun amour je ne suis offensé,
Si sents-je bien que j'ay l'âme offensée,
Et si je sens un hoste en ma pensée,
Un nouvel hoste où je n'avois pensé.

Ainsi le cerf par la plaine est lancé ;
Portant au flanc la sagette lancée,
Sent bien le coup dont sa vie est blessée,
Et ne cognoist celuy qui l'a blessé.

Mais si j'avois à sentir telle playe,
Que sans secours, en vain guérir j'essaye,
Que ne m'est-il permis de requérir,

Comme jadis en la guerre troyenne,
L'ayde que fist la hache Pélienne[1]
Qui sçut Téléphe et blesser et guerrir.

CV

A LA MÊME.

Hélas! Limeuil, je fais ce que je puis
Pour adoulcir l'effort de mon martire.
Et toutes fois je sens bien qu'il empire
Lorsque mes yeux à vous veoir je réduitz.

Je vois pensant, tous les jours et les nuitz,
A ce bel œil qui doucement me tire ;
Je vois pensant et si ne l'ose dire,
De peur que j'ay d'augmenter mes ennuitz.

---

1. La lance du fils de Pélée, d'Achille. Voyez Dictys de Crète, liv. II, ch. 10.

Si je le dis on ne voudra pas croire
Que n'ayant veu que bien peu votre face,
Elle ait si tost asservy mon courage;

Mais qui voira vostre gorge d'ivoire,
Voz deux beaux yeux et vostre bonne grâce,
Il le croira et beaucoup d'avantage.

CVI

A LA MÊME.

Limeuil, sur qui la Nature et les Dieux
Ont employé tout leur art et sçavoir
Pour nous monstrer comme dans un miroir
Tout le plus beau qui fust dedans les cieux;

Puisque de vous ilz sont si envieux
Qu'ilz ont voulu de tant d'heurs vous pourvoir,
Seroit-ce mal s'un [1] humain pour vous veoir [2]
De vos beautez devenoit amoureux?

S'il est ainsi et que je ne soye digne
De vous aymer comme chose divine,
J'aye pour le moins mon âme qui en tient.

Permettez donc que mon âme contemple
De vos beautez l'inimitable exemple,
Puisqu'au divin le divin appartient.

CVII

A LA MÊME.

Si l'on pouvoit sans offenser la loy,
En soy choisir et former une image

1. Si un.
2. Vous voyant.

Selon son gré et selon son couragé,
Pour l'adorer en esprit et en foy,

Je n'irois pas à la chambre du Roy
Pour y laisser ma foy ni mon hommage;
Mais chez la Royne irois faire un voyage
Pour adorer la belle en qui je croy.

C'est celle-là qui de l'un de ses yeux
Ravist la terre, et de l'autre les cieux.
C'est celle-là qui, comme en un théâtre,

Là où Amour arrange ses pourtraicts,
Gagne le prix de tous ses plus beaux traicts,
Si bien qu'Amour luy-mesme l'idolâtre.

CVIII

A LA MÊME.

Limeuil, si je pouvois aussi bien faire entendre
L'ardeur de mes désirs que vous me semblez belle,
Et si n'estiez non plus en vos beautez cruelle
Que mes yeux ont esté faciles à surprendre,

Il ne seroit besoing par escrit vous apprendre
Comme ma passion, vous voyant, renouvelle,
Renforce son ardeur et se rend immortelle
Au regard de vos yeux que les miens sceurent prendre;

Mais, veu que je ne puis or'attaindre si haut,
Que vostre grâce donc supplée à mon défaut;
Pendant[1], si vous voulez que voz yeux facent guerre

Au langoureux esfort de mon cœur amoureux,
Faictes qu'en les servant je vive bien heureux,
Puisque voz yeux me sont un paradis en terre.

1. Cependant.

CIX

A LA MÊME.

Pour vous louer il n'est besoing de lire
Les doctes vers que le Pétrarque a faicts,
Dont les plus beaux seroient trop imparfaicts
Pour voz beautez parfaictement descrire.

A tel subject vos yeux peuvent suffire,
Voz deux beaux yeux dont les moinsdres attraicts
Du Florentin passent les plus beaux traicts;
Autre Pétrarque il n'est besoin de lire.

Qui vouldra doncq' tel ouvrage entreprendre,
En vos beaux yeux vienne lire et apprendre
Tout ce qu'Amour de beauté nous apprend,

Sans rechercher, pour orner vostre gloire,
Tant de cristal, tant de marbre et d'ivoire
Que, sans propos, le Pétrarque dépend [1].

CX

A LA MÊME.

S'il est permis à nostre humanité
Parler de Dieu, est-elle dispensée
D'y aspirer d'esprit et de pensée
Pour se rejoindre à la Divinité?

Bien qu'inégal à vostre qualité,
Vous ne debviez pourtant estre offencee
Si jusqu'à vous s'est ma plume advancée,
Comme ravie en vostre déité.

[1]. Dépense.

Je ne suis seul de qui l'affection
Est attirée en la perfection
De voz beautez que tout le monde admire;

Que mon esprit doncques ne vous offence,
Ce que j'escripts chascun le dit et pense,
Mais un chascun ne le peut pas escrire.

CXI

A LA MÊME.

Voyant au bal, où l'on se prend et laisse
D'un grave pas l'un l'autre conduisant,
En vostre main ce flambeau reluysant [1],
Vous me semblez l'amoureuse Déesse.

Ce mésme port, ceste mesme allégresse [2]
Se veoit en vous, et ce geste duysant [3],
Mais de vos yeux sort un flambeau nuysant
Qui comme l'autre estaindre ne se laisse,

Ce vif flambeau qui tout autre surpasse,
Flambeau qui tient, icy, la mesme place
Que celuy-là dont la Cyprine luyt;

Non un flambeau mais deux soleils ressemble;
Et n'en fauldroit point d'autre, ce me semble,
Pour se conduire et fust-ce en plain minuit.

1. La danse appelée le branle des torches.
2. Agilité, légèreté. Nous avons encore avec ce sens l'adjectif allègre.
3. Agréable.

CXII

A LA MÊME.

Si La Châtre[1] et Gersay[2] méritent plus que moy,
Aussy méritez-vous plus que tous deux ensemble,
S'ilz sont plus beaux que moy et qu'ainsi il leur semble,
Vous l'estes bien plus qu'eux, la veue nous en faict foy.

Puisdonc qu'il est ainsi, et qu'ainsi je le croy,
Faictes que vostre trop à mon trop peu s'assemble,
Si bien que ma beauté à la vostre ressemble ;
Lors je les passeray en beauté et en foy.

Ainsi participans de la Divinité
Dont vos beaux yeux sont pleins, je tiendray du divin,
Et eux reposeront sur vostre humanité,

Puisque n'estans divins ilz n'ont que de l'humain,
Ainsi eux, vous et moy les uns portant les autres,
Vous serez toute à nous et nous serons tous vostres.

CXIII

A LA MÊME.

Rien de plus beau ne veit oncq' le soleil,
Ny plus tenant de l'immortalité
Que son visage en beauté non pareil
Et ses beaux yeux pleins de divinité.

---

1. Claude de La Châtre, maréchal de France, mort en 1614, la même année que Brantôme et à peu près au même âge. « C'étoit, dit celui-ci, l'un des gallants de la Cour, et autant adroict en toutes choses et aussy bien parlant et d'aussi bonne grâce et qu'on tenoit pour fort bonne espée (t. V, p. 181). »

2. Gersay, tué au siège de Rouen en 1562. Il était, dit Brantôme, « l'un des plus favori du roy François II. »

Au ciel y a deux poincts incomparables :
C'est le Soleil et Diane gentille,
Mais, en la terre, il y en a cent mille :
Sont [1] de Limeuil les grâces admirables.

CXIV

A LA MÊME.

Onques, Amour, ne te prist mieux
De t'avoir faict bander les yeux ;
Car si tu te fusse adressé
A voir les beautez de la Cour,
Toy-mesme te fusse blessé
En voyant celles de La Tour.

CXV

A LA MÊME.

L'angélique beauté,
La grâce et la jeunesse,
Et la douce privaulté
De Limeuil ma maistresse,
Suffiroit, ce me semble,
Pour faire que les Dieux
S'accordassent ensemble
D'abandonner les cieux,
Pour s'en venir icy
La servir à l'envy.

CXVI

A LA MÊME.

Telle qu'on voit l'Aurore, avant que le soleil
Tire son char doré des abismes de l'onde,

---

1. Ce sont.

Emperler l'univers d'une coiffure blonde
Et le foible matin d'un laict blanc et vermeil,

Telle on voit la clarté de la belle Limeuil,
Beauté digne du ciel, de nulle autre seconde,
Estre l'honneur de France ainçois de tout le monde
Et l'aube de la Court, le beau rais [1] de son œil.

Mais ainsi comme on voit la clarté matinière [2]
Perdre et s'esvanouir aux rais de la lumière
Que Phébus nous apporte en ce mortel séjour,

Ainsi voit-on dissoudre en bien petite espace
L'honneur de sa beauté, lorsque d'un nouveau jour
Ma Dame nous fait voir la beauté de sa face.

CXVII

POUR LA MÊME.

A Mlles de Tenye, de la Guionnière, de la Bordésière, de Pons, de Launay, de la Guitinière, de Flamin, de Fontpertui, de Bordeille, filles de la Reyne Catherine de Médicis.

Tenye [3] aux doux regards, et vous, La Guionnière [4],
Qui de l'un de vos yeux pouvez faire pasmer
Tout cela que l'on veoit, et la terre et la mer,
Et vous, aux beaux cheveux, la jeune Bordésière [5],

---

1. Rayon.
2. Matinale.
3. Probablement l'une des filles de Joachim de La Châtre et de Françoise Foucher de Tényé.
4. Voy. plus haut, p. 12, note 2.
5. L'une des filles de Jean Babou. La famille Babou de La Bourdaisière eut le privilège, comme dit P. L. Courier, de fournir de maîtresses la famille royale. Gabrielle d'Estrées est la plus célèbre.

Vous, de Pont¹ et Launay, et vous, La Guitinière²,
Qui avez bien de quoy vous pouvoir faire aymer,
Et vous, belle Flamin³, qui sçavez enflammer
Tous ceux là qui vous veoient en vertu la première,

Honneste Fontpertui⁴, et vous, gaye Bordeille⁵,
Qui en vostre gayté n'avez point la pareille;
Regardez, par accord, mon douloureux esmoy

Et si jamais pitié trouva rien dans vos cueurs,
Pour donner une fin à toutes mes douleurs,
Pour Dieu! priez Limeuil qu'elle ait pitié de moy!

---

1. Antoine, sire de Pons, comte de Marennes, mort en 1586, eut cinq filles de ses deux mariages. 1° d'Anne de Parthenay : Anne, mariée à F. Martel de Lignebeuf, et Jeanne qui devint abbesse; 2° de Marie de Montchenu : Antoinette, l'aînée, qui épousa Antoine d'Albret, seigneur de Miossens; Antoinette, la jeune, mariée d'abord à Henri de Silly, comte de La Roche-Guyon, puis à Charles du Plessis, seigneur de Liancourt; et enfin Judith, qui devint abbesse de St-Sauveur d'Evreux.
2. L'une des deux filles de Geoffroy d'Aydie, baron de Guytinières.
3. De Flamin de Leviston, maitresse de Henri II.
4. Suzanne, fille de L. de Constant, Sʳ de Fontpertuis.
5. Je ne sais s'il s'agit ici de Magdeleine, sœur de Brantôme, ou de leur nièce Jeanne. Je ne sais pas davantage à laquelle des deux s'adresse la pièce suivante insérée sans nom d'auteur dans le manuscrit :

> Bonsoir, belle Demoiselle,
> Bonsoir, Bordeille, si belle!
> En vous la beauté se range
> Comme en la face d'un ange.
> Bonsoir, belle que j'adore,
> Puisque semblez à l'Aurore,
> Lorsqu'en blancheur nompareille
> Meslée en couleur vermeille,
> Monstrant sa tresse dorée
> Et sa face colorée,
> Vient embellir nostre jour
> D'un agréable séjour.
> Bonsoir, puisque vos cheveux
> N'ont comparaison que d'eux
> Se finissant sur la gloire
> D'un front égal à l'yvoire.
> Bonsoir, le beau teint vermeil,
> Qui est au courail pareil,
> Quasi comme si Nature
> Eust faict vostre pourtraicture,
> Et l'eust peincte de ses mains
> Pour ravir les cœurs humains.

CXVIII

A MAISONFLEUR, SUR MADEMOISELLE DE LIMEUIL.

L'Hulier [1], si tu veux voir celle qui n'a seconde
Soit en vertu, honneur, prudence ou chasteté,
Sagesse avec rigueur, et dont la grand' beauté
Alaicte [2] dans mon sein une playe profonde,

Va choisir chez la Royne une Dame plus blonde
Que les raiz esclairans d'aucune autre clarté.
Puis, dis que tu as veu la rare nouveauté
Qui admirée des Dieux esmerveille le monde.

Confesse-moy après, sans m'estre favorable,
Que celle qui te lime [3] et qui t'est imployable [4]
N'a les cheveux si beaux, ny le teinct, ny les yeux,

Et puis je te diray, comptant [5], pour récompense
Que la tienne a l'honneur des beautez de la France,
Et tu me respondras : et la tienne des Cieux.

    Bonsoir, belle dont les yeux
    Sont deux estoilles des Cieux,
    Surprenant les regardans
    Du monde de traictz ardans ;
    Si bien, que qui les regarde
    Est pris avant qu'il s'en garde.
    Bonsoir, vostre belle bouche
    Qui rend honneste un farouche,
    Monstrant deux lèvres jolyes,
    Comme deux rozes fleuries
    Au matin d'un jour d'esté,
    Quand plus il a de gayté.
    Bordeille, pour mon bonsoir,
    Sur moy venez vous assoir,
    Et, en douceur nompareille,
    Baisez moy pour la pareille.

1. Voyez plus haut, pièce XXVI, note.
2. Allaite.
3. Use ton cœur.
4. Impitoyable ou qui ne veut pas se plier à tes désirs.
5. Content.

CXIX

Qui vouldra voir un amant déplorable
Ourdir le fil de son propre malheur
Et ostiné en sa fière douleur,
Se rendre à tous, fors à luy, pitoyable ;

Qui vouldra voir d'une beauté aymable
L'humble pitié joinct' avec la rigueur ;
Ce qu'Amour peut en sa plus grand' fureur,
Et comme il est vers[1] ses subjets traictable,

Qu'il vienne voir mes souspirs et mes pleurs ;
Lors il dira que des mortelz malheurs
Le ciel me faict gouster le plus damnable.

Mais, s'il peut voir ce qui me faict mourir
Dira, soubdain, qu'il vouldroit bien souffrir
Pour tel object un bien si misérable.

CXX

Je m'estois endormy sur le bord d'un ruisseau
Afané[2] du labeur de ma peine ordinaire,
Alors qu'un fol démon vint de mon sein soustraire
L'esprit, laissant le corps vuide comme un tumbeau.

Amour, qui s'esgayoit au rivage de l'eau,
S'escoula dans mon cœur pour mon seigneur se faire,
Si bien que je n'eus sang, veine, nerf ni artaire
Qui ne sentit soubdain cest estranger nouveau.

---

1. Envers.
2. Fatigué ; en pat. périg. *affona soun po*, gagner son pain par un rude labeur.

Depuis l'esprit premier recherchant son entrée
Et la trouvant d'Amour cautement occupée,
Saillit, ainsi qu'un Ange, au désert et au boys.

Là, pleurant encore sa demeure amiable[1],
   daigne, en ma faveur, acsenter[2] maintefois
De moy et mon tyran la plainte misérable.

CXXI

Comme on voit l'animal de tous le plus fidèle,
Venu à son seigneur, par degrâce[3] ou desdain,
Fuyr hors de sa chambre et retourner soubdain,
Ne pouvant oublier la maison paternelle,

Qui maisgrissant, après, de famine cruelle,
Est forcé de chercher en autre part son pain,
Et là où il le treuve à regret fait dessein
Changer l'ancienne amour à ceste autre nouvelle,

Ainsi, craignant ma Dame en son ire et fureur,
Triste je fuis, je tourne espérant mon malheur
Trouver dedans son cœur quelque brin de pitié.

Mais la trouvant plus sourde; alors, pour ne périr,
Comme un pauvre affamé qui se traîne au mourir,
Je vais quérant ailleurs le secours d'amitié.

CXXII

A MADEMOISELLE DE BRION[4].

Je commençois desja d'un discours amoureux
A louer en mes vers ceste angélique face,

---

1. Aimable.
2. *Acsenter*, rendre les accents.
3. Mauvaise grâce.
4. L'amiral de Brion Chabot eut trois filles : Françoise Chabot, mariée au

Ces beaux yeux de Brion, ceste divine grâce,
Divine assez pour plaire au Souverain des Dieux,

Quand vers moy s'adressant Amour tout envieux.
« Je ne veux point, dit-il, qu'en tes papiers tu trace
« Ceste unique beauté qui toute autre surpasse,
« Car, estant à moy seul, pour moy seul je la veux;

« Pour moy seul je la veux, puisqu'ayant origine
« Du tiers ciel où je suis, de moy seul elle est digne.
« C'est offencer le ciel quand il a de ses mains

« Formé une beauté, qu'un humain y aspire,
« Soit que parler en veuille, ou qu'il en veuille escrire ;
« La beauté née au ciel n'est pas pour les humains[1]. »

CXXIII

A MADEMOISELLE DU LUDE[2], SUR SA BEAUTÉ.

Qui vouldra veoir une exquise beauté,
Un œil remply de douce mignardise,
Un désir franc, une âme bien apprise,
Un corps vestu de toute honnesteté ;

Qui vouldra veoir une humble privaulté,
Une parolle et un cœur sans feintise,
Qui vouldra veoir son âme tost esprise
D'un feu mignard exempt de cruauté ;

Bref, qui vouldra son cœur estre ravy,
Et soubs autruy le veoir tout asservy,
Vienne veoir Lude, en qui ont mis les cieux

---

seigneur de Barbezieux ; Anne, mariée au seigneur de Piennes ; Antoinette, mariée au maréchal d'Aumont.

1. Cette pièce est transcrite deux fois dans le manuscrit. Le premier texte donne au 3ᵉ vers le nom de Mlle de Brion ; dans le second texte l'hémistiche où est son nom est remplacé par celui-ci : *ces beaux yeux pleins d'attraits*.

2. Anne de Daillon, qui épousa Jean de Bueil, comte de Sancerre.

Tant de douceur et tant de gentillesse,
Que la voyant se tiendra bien heureux
Cil¹ qui mourra pour si belle maistresse.

CXXIV

A MADEMOISELLE DE ROUET.

Je n'ay eu nul repos depuis que j'eus au cœur
Les beaux traicts de vos yeux qui me firent malade,
Car soit que seul je sois aux champs, à la bourgade,
J'ay tousjours le front bas, abatu de langueur.

J'ay voulu esprouver si de Mars la fureur
Allantiroit² mon mal; mais soit qu'à l'ambuscade
Je fusse toute nuit, transi dans ma sallade³,
Moins je trouvois la paix en tant aspre douleur.

Je n'ay jamais, Rouet, souffert douleur pareille,
Et si ay de mon sang veu la terre vermeille
De lance, arquebuzade, et d'espée en maincts lieux.

Croy donc que l'on n'esprouve en guerre plaie telle
Que celle qui nous vient au cœur par les beaux yeux
D'une chaste beauté humainement cruelle.

CXXV

Alme⁴ Océan, père de l'Univers,
Qui sépare les quatre pars du monde,
Voulus choisir ceste grand' mer féconde
Pour le séjour de tes membres divers.

---

1. Celui.
2. Adoucirait. Voy. Nicot, verb. *alentir*.
3. Sorte de casque à visière.
4. Bienfaisant. Ronsard a dit de même : *Alme soleil*.

Si l'humble vœu de ces amoureux vers
Peuvent calmer ton ire vagabonde,
Je te requiers que le ply de ton onde
N'aille esfroiant [1] la beauté que je sers.

En ta faveur, sur le premier rivage
Où reluyra l'honneur de son visage,
Je te fais vœu de lever [2], chascun an,

Un autel sainct où ma lyre captive
Ne sonnera, soubs le bruit de ta rive,
Qu'elle et tes flots, l'honneur de l'Océan.

CXXVI

Las ! il n'y a rocher tant soit-il séparé [3],
Ny mont tant reculé, ny forest tant déserte,
Ny coupeau [4] esloisgné, ny caverne secrète,
Ny rivage lointain, ny bois tant retiré

A qui l'aspre tourment qui me tient exploré [5]
N'ait monstré, quelquefois, ma peine descouverte,
Et qui n'ait plaint [6] de pleurs, d'une complainte ouverte,
Maintefois, en secret, avec moy souspiré.

Encor voy-je, souvent, ceste pasle fontaine,
Que mes yeux, deux ruisseaux, débordent par la plaine,
Tellement distiller en larmes mon malheur

Qu'il semble qu'elle noye la terre en marescage,
Quand toy, plus dure qu'eux, d'un ostiné courage,
De peur de te fléchir, t'enfuis de ma douleur.

1. Effrayant.
2. Élever.
3. Isolé.
4. Sommet.
5. Pour *esploré*, éploré.
6. Plein.

CXXVII

A MARIE

Celuy qui dans son cœur sent mille passions
Qui luy rongent le sang et travaillent sa vie,
Qui haït le plaisir, fuit toute compaignie
Et languit vainement en ses affections;
Celuy que les tourmens et les afflictions
Travaillent sans repos plein de mélancolie,
Qui transit de soupçon et meurt de jalousie,
Se nourrit de ses pleurs et tribulations,
Celuy, dy-je, qu'Amour d'un espoir esguillonne,
Qu'un angoisseux désir sans respit environne,
Qui meurt autant de fois qu'il reprend la naissance,
Vous semble-il, Marie, qu'une âme ainsi contrainte
Puisse avoir esgard, soubs une honneste crainte,
A la loy de raison ou règle de prudence?

CXXVIII

Amour voyant mes yeux s'escouler en fontaine,
Pour avoir veu le front d'une chaste beauté,
Et brusler dans mon sang la crespe[1] nouveauté
De ses cheveux brunis où luy-mesme s'enchaîne,

Me dit, en souspirant : « Puisque ta plainte est vaine
« Et que l'eau de tes pleurs ne touchent sa durté,
« Tiens, prens son couvre-chief; car, d'une cruauté
« Il faut dire qu'on peut récompenser sa peine ;

« Moy qui suis comme toy serviteur de la belle,
« N'ay eu qu'un seul cheveu dont je fais la cordelle
« De l'arc qui aux mortelz porte tant de domage,

---

1. *Crespe*, frisé?

« Et toy récompensant de ce linge tes flames
« En ensuyras [1], au moins, les amoureuses larmes
« Dont sa fière beauté lavera ton visage. »

CXXIX

Je suis las de me plaindre et m'esbahis comment
Le ciel, qui oit les cris d'une âme si gennée [2],
N'octroye, désormais, ceste fin ordonnée
A l'effort malheureux d'un si chétif [3] tourment.

Hélas! si rien sous soy ne dure fermement,
Comment peut vivre en moy l'ardeur tant obstinée
Qui recourt dans mon cœur, quand elle est terminée,
Par un secret divin à son commancement?

Certes son cours est seul qui stable et dur [4] demeure.
Tout le reste mondain est vain, et faut qu'il meure,
Qui recourt, va et vient et n'est perpétuel.

Le mal qui, sans repos, brusle dans ma poitrine,
Laissant la terre en bas, prend de luy origine,
Puisque le feu dans moy vit tousjours immortel.

CXXX

Puissay-je faire, un jour, telle vengeance
De ceste ingrate en qui j'ay mis mon cœur,
Que chascun voye que sa fière rigueur
De mes travaux porte la pénitence.

Puyssay-je voir, un jour, son arrogance
Autant vaincue et pleine de douceur

---

1. Essuyeras.
2. Torturée.
3. Misérable.
4. Ferme.

Qu'elle a de fois en moy, son serviteur,
Par sa fierté veu morte l'espérance.

Puyssay-je voir, un jour, sa belle face
Rougir, blesmir, or' en feu, or' en glace,
Pour mon amour et tellement ardoir [1]

Que, sans fléchir mon âme de sa peine,
Elle consume, et d'un juste devoir
Espreuve [2] en moy la fatale fontaine.

CXXXI

Vos yeux sont plus luysans que l'estoile du jour,
Vostre front plus serein que l'aube matinière,
Vostre tainct plus vermeil que la rose espinière,
Vostre baiser plus doux que la manne d'Amour;

Vostre sein est plus beau que le Chiprin [3] séjour,
Vostre bras trop plus blanc que la fleur printanière,
Vostre flanc plus glissant que la vague écumière,
Vostre ventre plus liz [4] qu'un petit flot qui court;

Vostre hanche va semblant une mothe scellée
De neige cincte autour, non encor violée,
Et vostre belle cuisse une blanche colonne.

Ainsi le ciel voulant admirer sa facture,
Respandit seule en vous l'honneur de la nature,
Mais il vous mit au flanc le cœur d'une lyonne.

1. Brûler.
2. Éprouve.
3. De Chypre.
4. Lisse.

CXXXII

Ainsi qu'on voit, alors que la froidure
Faict du printemps les nouvelles couleurs,
Avec le jour, sortir entre les fleurs,
La blonde cerve [1] en son alme demeure,

Le long d'un val, par la molle verdure,
Loing des maisons, de chiens et de pasteurs,
En liberté, des herbages meilleurs
Tondre, sans peur, sa doulce nourriture,

Et qui ne craint sagette ou autre poincte
Sinon alors que l'archer du boccage
Lui jecte au flanc la mort ains que [2] la peur;

Ainsi j'allois, sans craindre aucun domage,
Quand de voz yeux j'eus dedans l'âme joincte
Le traict d'amour qui me perce le cœur.

CXXXIII

Seul et pensif, ayant l'âme blessée,
Je vais errant à pas tardifs et lents,
Portant les yeux sans cesse distillans [3],
Où des mortelz n'est l'arène pressée [4].

Si j'aperçois quelque forest laissée,
Comme effroyable aux troupeaux et aux gens,
Là je m'esgare et me perds au dedans,
La face pasle et la teste abaissée.

1. *Cerve*, biche.
2. *Ains que*, avant.
3. Humides, pleurants.
4. Foulée.

Dedans l'esfroy des plus sombres destours.
Si tristement je pleure mes discours [1]
Que toute fère [2] a frayeur de ma peine.

Mais tant ne puis m'absenter ou doloir
Qu'Amour, tousjours, ne la me fasse voir
En fleur, en tronc, ou rocher ou fontaine.

CXXXIV

Tu es vrayment un Dieu, Amour, et non semblable
A un tyran félon, plein d'infidélité ;
Tu es vrayment un Dieu plein de divinité,
Et non, comme on te dit, enfant traistre et muable.

Quel supplice cruel seroit plus misérable
Que celuy dont je sens l'ostinée cruauté,
S'il n'y avoit dans toy une juste équité
Qui compensast le mal d'un confort délectable ;

Car tu fais, maulgré l'œil de la jalouse envie,
Que celle qui soustient le tyson de ma vie,
A qui l'on ne permet de me voir et parler,

Sache, mais caultement, en évitant le blasme,
Nourrir l'amoureux feu dont sa beauté m'enflamme
Et d'un traict de ses yeux mon âme consoler.

CXXXV

Quant je vais contemplant vostre rare beauté
Et les effects divins qui vous font admirable,
Je ne vois rien mortel qui vous soit comparable,
Ni dans le ciel lassus [3] qu'une seule clarté.

---

1. Je fais ma plainte.
2. Bête fauve, *fera*.
3. Là-haut.

Elle tient comme vous de la divinité;
Elle esclaire le ciel; vous, la terre habitable;
Son los est éternel, le vostre est pardurable;
Elle veut vivre vierge et vous en chasteté;

Elle surpasse au ciel en clarté toutes flammes,
Vous passez en beauté toutes mortelles Dames;
Elle aime les forest et vous aymez les boys.

Le ciel vous a du tout à elle conformée,
Fors qu'au mont Carien elle ayma quelquefois,
Et vous n'avez vouloir d'aymer ni d'estre aymée.

CXXXVI

A UNE DAME QUI PORTOIT POUR DEVISE :

La seule mort
Rompra mon sort.

Heureux celuy qui brasse une entreprise
Sur celle-là de qui la seule mort
Peut effacer son amour et son sort
Si le cueur parle ainsi que la devise.

O plus heureux qui quitte l'entreprise
De celle-là de qui la seule mort
N'a effacé son amour et son sort;
Car les effectz n'ont suivy la devise.

CXXXVII

Roland[1] perdit le sens, aimant une beauté ;
Et je pense, au contraire, aimant devenir sage;
Car j'aime, en vous aimant, une divinité,
Et la divinité ne peut faire dommage.

1. Le Roland de l'Arioste.

CXXXVIII

C'est un grand cas que, pour estre amoureux
De la beauté d'une gentille Dame,
Qu'on brusle ainsi de son ardente flamme
Qu'on en devient tout à coup furieux.
Si pour aimer on venoit[1] furieux,
Talard[2] bientost, pour vostre beau visage,
Brantosme aussi, sentiroient autre rage
Que ce Roland tant ilz sont amoureux.

CXXXIX

J'aime bien Chasteauneuf; aussi est-elle aimable,
Pour avoir l'œil si beau et le parler si doux.
Mais lorsque je vous vois autrement désirable,
J'en oste mon amour et la mets toute en vous.

CXL

Ne faites point tant de la preude femme
Pour n'avoir point sentu le trait d'Amour.
Vostre beauté n'aura jamais le blasme
De l'avoir fait seulement un seul jour.
Celles qui sont belles et bien exquises
Méritent bien un autre honneur que vous,
Car elles sont cent et cent fois requises,
Et n'en font rien. Parlez doncques plus doux.

CXLI

Mais hélas[3]! si j'avois esgaré seulement
Vos deux flambeaux des yeux et leur douce lumière,
Il faudroit rechanger ma naissance première,
Reprendre nouveau cours et nouveau sentiment.

1. Devenoit.
2. Probablement Claude de Clermont, vicomte de Tallard.
3. *Var.* : Madame.

CXLII

Ah! si mon œil la voyoit aussi bien
Que mon penser, je quitterois l'Empire
D'un Empereur ; mais, s'il falloit eslire
L'heur tout parfait, je voudrois l'austre bien.

CXLIII

ÉLÉGIE I.

Comme l'on voit souvent un corsaire de mer
Qui, jeune et peu pratic se met à escumer,
Avant que de ruer sa fureur et sa rage [1]
Sonde premièrement son hazardeux courage,
Ores sur une barque, ores sur un vaisseau
Qui ne peut seulement souffrir l'effort de l'eau,
Pillant et desrobant, faisant un grand dommage
Sur le peu qu'il rencontre avec son advantage.
Mais alors qu'il commence à ressentir son cœur
Qu'il se voit esprouvé et qu'il cognoist son heur,
Par trop audacieux il quitte l'entreprise
De s'abaisser si bas, avec si peu de prise,
Et trop bravasche et fier ose bien investir [2],
Sans avoir devant l'œil un fascheux repentir,
Ou, soit que son bon heur ou son mal heur l'endure,
Un plus brave vaisseau qu'il treuve à l'adventure.
Hélas! j'ay fait ainsi : car, lors que le menton
Me commença frizer d'un folastre coton,
Que, gaillard, j'entrepris me mettre à la campaigne
Pour suivre de l'amour la cornette et l'enseigne,
Avant que m'enfoncer plus avant aux hazards
Où sçavent se ruer les plus pratics soudards,

---

1. *Var.* sa plus extrême rage.
2. Attaquer.

Je vins à esprouver mon brandon et ma flamme,
Faisant mon coup d'essay sur une jeune Dame
Qui, telle qu'elle estoit, me fit sentir mon cœur,
Pensant estre pareil de tout autre vainqueur.
Mais il advient souvent que du bien que l'on pense
On n'en a que du mal pour toute récompense.
Car un jour que l'Amour qui me voyoit gaillard,
Monstrant un bon espoir d'un hazardeux soudard,
Ainsi qu'il ordonnoit sa troupe encouragée,
En un brave scadron [1] en bataille rangée,
Me choisit entre tous et me fit le premier
Attaquer l'escarmouche en brave avanturier,
Où je monstray à tous que ma guerre première
Promettoit plus de moy : sans que La Guionnière [2],
Qui de son seul regard me vint à estonner,
Et plus forte que moy me vint emprisonner,
Qui me retint dix mois esclave de sa face,
De son brave maintien et de sa bonne grâce,
Mais une longue absence, un long temps, un séjour,
Qui sont vrais médecins pour divertir [3] l'Amour,
Mirent hors de prison mon captivé courage,
Luy remettant au prix sa liberté en gage.
Ayant puis recouvert ma douce liberté,
Il ne me souvient plus de ce qu'avois esté
Si longtemps en prison, moins encor' de la peine
Qu'une telle beauté quelques fois nous ameine [4],
Et mieux que paravant pour estre mieux apris,
Pour estre plus rusé, je repren mes espritz.
Je mets l'enseigne au vent et cherche faire guerre,
Pour gaigner une Dame et non point une terre.
Je rencontray Rouet d'un port audacieux,
Qui me vint abaisser mon front si orgueilleux
Et me monstra que c'est de faire une entreprise
Sur une telle Dame en amour bien aprise ;
Et qu'il est plus aisé, et tousjours l'a esté,

1. Escadron.
2. Voy. pièce XII, note 1.
3. Détourner.
4. Amène.

D'entreprendre à gaigner une forte cité,
Mettre ses murs à bas, foudroyer sa tempeste,
Que sur telles beautez brasser une conqueste.
Je sçay à quoy m'en prendre et l'ay prouvé [1] souvent
Que tous ces beaux dessins s'envolent dans le vent.
Et mesme quand je veis, un jour, une Déesse
Portant nom de Diane [2] avecques sa jeunesse,
Je m'estimay autant d'estre son serviteur
Comme si j'eusse esté ou Roy ou Empereur.
Je ne diray comment une belle Renée [3],
Que les Dieux nous ont fait ici-bas estre née
Pour nous ravir les cueurs de sa chaste beauté,
De son plaisant regard, de son honnesteté,
Non, je ne diray pas comme ell' m'a ravy l'âme,
Comme ell' me fait mourir par sa cuisante flamme ;
Car, volontiers l'on voit les dernières chaleurs
Sur la fin de l'esté monstrer plus leurs vigueurs.
Heureux, et plus qu'heureux si j'eusse ma pensée
Ferme, tousjours ainsi en ce pas arrestée,
Et si je n'eusse creu, trop présumant de moy,
A l'Amour que j'avois esleu pour mon vray Roy,
Qui me vint abuser, me vantant ma prouesse,
Estimant ma valeur, mon bon cueur, mon adresse,
Disant qu'il me vouloit avancer en grandeur,
Me poursuivre du bien, pourchasser mon honneur,
Et me met en avant de vous aymer, Madame [4],
Que j'estime et je crain plus que toute autre Dame,
Et pour qui volontiers je mourrois constamment,
Si je pensois, mourant, vous servir loyaument.
Madame, je sçay bien que le peu d'apparance
Que j'ay de vous aimer m'oste toute espérance,
Je cognois bien aussi que j'ay trop entrepris
De vous dresser [5] mon cœur qui sera toujours pris
Dedans telles prisons sans espoir de victoire,
Mais je n'en prise pas moins pour cela ma gloire ;

1. Éprouvé.
2. Voy. pièce XXXVIII, note 2.
3. Renée de Rieux.
4. Ceci s'adresse-t-il à Marguerite de Valois?
5. Adresser.

Car bien que telz amours tant sont-ilz hazardeux
D'autant sont-ilz peneux [1], brusques [2] et dangereux,
Et s'ilz ne sont autant que d'autres profitables
Les peines, pour le moins, en sont plus agréables.
Ne vous estonnez pas, Madame, si l'ardeur
Où je nourris mes sens, adorant la grandeur
De voz perfections, de votre bonne grâce
Qui luit si gentiment en vostre belle face,
M'a mis là, que je veux tout danger encourir,
Si je puis, pour vous plaire, heureusement mourir.
Car, volontiers, un cueur généreux se hazarde
De passer au mitan [3] d'une flamme gaillarde;
Et d'autant plus l'objet est brave et excellent,
D'autant doit-il monstrer son désir plus avant
Ou soit qu'il en espère ou soit que son attente
Ne luy promette rien du bien qui le tourmente;
Comme moy qui me sens autant ou plus heureux,
Languissant en mon mal et bruslant en mes feux,
Que fut jamais Roger entre les bras d'Alcine,
Quand il en tiroit d'ell' ce que bien on devine.
Je ne veux m'arrester pourtant à vous servir,
Encore qu'autre bien je ne puis desservir.
Vous me pouvez, Madame, avec vostre puissance,
Me défendre à jamais vostre belle présence,
De ne vous acoster, de tousjours m'absenter
Du lieu où je verray vostre grandeur hanter,
Mais de me commander que soudain je desface
L'amour que j'ay voué à vostre sainte face,
Il vous faut donc oster vostre perfection,
Et j'osteray soudain ma grand' affection;
Pendant, je nourriray mon ardeur et ma rage
D'un mensonge plaisant ou d'un songe volage
Qui alège souvent un amant langoureux,
Quand songeant quelquefois il rêvasse en ses feux;
Ou bien, seul, à part moy, battant une campaigne,
Traversant un taillis, guindant [4] une montaigne;

---

[1]. Pénible; en italien *penoso*.
[2]. Rudes.
[3]. Milieu.
[4]. Se guindant sur, gravissant.

Je feray ces discours, hélas! discours humains
Qui rempliront de vent mes abbayantes [1] mains.
Verdoyante campagne et vous belles prairies,
Qui jaunissez de fleurs si gentiment fleuries,
Vous, plaisante vallée et vous coulans ruisseaux,
Qui arrousez leurs flancs de voz plaisantes eaux,
Ombrageuses forêts, et vous belles collines,
Antres, tertres bossus, vous grottes, leurs voisines,
Escoutez mes discours et si quelque pitié
Se loge dedans vous, plaignez moy à moitié,
Et aidez à mon mal ; et, lors que ma Déesse
Vous ira visiter appelez-la sans cesse
Par son nom si divin que vous sçavez très bien.
Importunez-la fort qu'elle me fasse un bien,
Au moins puisqu'elle veut m'estre si rigoureuse,
D'une seule faveur seulement amoureuse,
Qu'elle me veut priver de l'aube de son jour,
De son plaisant regard, de son honneste amour ;
Au moins qu'elle ait pitié de ma peine et mes plaintes,
De mes désirs ardans, de mes flammes si saintes,
Qu'elle m'en sache gré, et en ait un regret.
Sachez en, je vous pry', en cela son segret [2].
Si je sens une fois au moins qu'elle regrette
Avec une pitié mon amour si parfaite,
Je veux mourir content ; je veux estre enterré
Dessous le myrte vert de Vénus adoré,
Et veux sur mon tombeau que graver on en fasse
Ces vers que on lira d'une plaisante face,
Que je pry' tous Seigneurs, tous braves Cavaliers,
Tous galans Paladins de lire tous entiers :
« Celuy qui gist icy, en ce lieu misérable,
Messieurs, c'est un amant en amour déplorable,
Qui aima longuement, sans pouvoir estre aimé,
Un sujet à la Court en grandeur estimé.

---

1. Ouvertes, de *béer, bader*, ouvrir la bouche inutilement, ou au figuré, mains tendues en vain. A ce sujet, le dictionnaire de Trévoux observe avec raison que *abboyer* et *abbayer* ont deux origines et deux significations différentes. — Nous disons encore *bouche béante, abîme béant*. En patois périgourdin, *badu* a les deux significations bailler et bayer.

2. Secret.

Il mourut, puis après content de sa fortune,
N'ayant autre faveur ny récompense, qu'une
Qu'on luy dit, que sa Dame abaissant son orgueil
A la fin fit de luy un lamentable dueil. »

CXLIV

ÉLÉGIE II.

Comme un guerrier, animé de prouesse,
Qui a perdu sa peine et sa jeunesse,
Se hazardant au service d'un Roy,
Faisant son sang le tesmoin de sa foy,
Après qu'il voit que son Prince et son maistre
Ne veut, ingrat, son labeur recognoistre,
En barbe blanche et en cheveuil[1] grison,
Seul, se retire à part en sa maison ;
Et là, pensant en l'honneur qu'il mérite,
Se passionne et s'enfle et se despite,
Croisant les bras et regardant les cieux,
Jure, proteste, et atteste les Dieux
De ne vestir jamais en nulle place,
Pour guerroyer, ni armet, ni cuirasse.
Mais, quand il oit[2] le tabourin sonner
Chant de la guerre, il y veut retourner,
Et, sans respect de serment ny d'injure,
Prend son harnois et suit son avanture.
Je suis ainsy : car, ayant fait séjour
Longtemps en vain sous la charge d'Amour,
Ayant porté longuement son enseigne,
Tenu sous luy l'amoureuse campaigne,
Receu sa soulde[3], et longtems travaillé,
Couru, cherché, assailly, bataillé,
Enflé de gloire et de persévérance,
Ce fier tyran, pour toute récompense,

---

1. *Cheveuil*, cheveu.
2. Entend.
3. *Soulde*, solde.

De mon service et de ma loyauté
M'a outragé d'extrême cruauté ;
Si que, despit contre un si meschant maistre,
Je fei serment de ne vouloir plus estre
Son serviteur, comme j'avois esté,
Et n'engager jamais ma liberté.
Mais mon serment s'envola dans la nue,
Serment d'amour jamais ne continue,
Car aussitost que j'apperceu voz yeux;
Yeux, je me trompe, ains deux astres des cieux,
Et voz cheveux, mes liens, dont le moindre
Pourroit un Scythe en servage contraindre ;
Et quand j'ouy vostre parler, qui fait
Foy que l'esprit est divin et parfait,
Lors j'oubliay mes sermens et mes peines.
Un souffre ardent s'esprit dedans mes veines
Par voz rayons, lequel se feit vainqueur
De ma raison, et m'alluma le cœur
Du haut désir de consacrer ma vie
A vous que j'ay pour maistresse suivie,
Maistresse non, mais Déesse qui tient
Si bien mon cœur, que plus ne m'en souvient.
Je sçay combien cette heureuse naissance
Qui vous honore est haute de puissance.
Je cognoi trop, et de là vient mon mal,
Qu'à vostre sang le mien n'est pas égal,[1];
Et si voi bien que j'ay l'aisle trop basse
Pour devancer l'honneur qui me surpasse,
Et, le voyant, je suis désespéré
De parvenir à ce bien désiré,
S'il ne vous plaist abaisser la victoire
Et m'estimer digne de vostre gloire;
Car, autrement, hélas! sans m'appeller,
En si haut lieu je ne pourrois aller.
Souffrès, Madame, au moins que je vous ayme
Plus que mon cœur, que mes yeux, que moy-mesme,
Et permettez que je puisse honnorer
Vostre beauté, qui me fait demeurer

1. Il s'agit sans aucun doute de Marguerite de Valois.

Ravy d'esprit, quand je voy que Nature
Pour vous orner sur toute créature
A despouillé tous les cieux, et a fait
En vous, Madame, un chef-d'œuvre parfait.
Ou s'il vous plaist de n'estre point aimée,
Ne soyez point sur toutes estimée.
Ostez des yeux cette vive clarté,
Ostez du front l'honneur et la beauté,
Ostez la grâce, ostez ces belles roses
Sur vostre teint tout freschement escloses ;
Ostez la bouche, ostez le ris, ostez
Cette douceur par qui vous surmontez
Hommes et Dieux, ostez cette belle âme ;
Vous n'aurez plus de serviteurs, Madame,
Car vos beautez sont cause qu'un chacun
Vous presse et prie et vous est importun.
Encore l'homme eslève sa paupière
Vers le soleil et vit de sa lumière,
Bien que le trait de ses feux radieux
En le voyant lui offence les yeux ;
Souffrez ainsi qu'à mon dam je vous voye,
Et que meurtrier de moy-mesme je soye ;
Car il me plaist de mourir, regardant
Vostre bel œil si clair et si ardant.
Au temps passé les plus grandes Déesses
Quittant le ciel, les Dieux et les hautesses [1]
Ont bien choisy, çà-bas [2], pour serviteurs
Non pas des Rois mais des simples pasteurs ;
Et, Jupiter, plain d'amoureuses flammes,
Laissant son foudre, a bien aimé noz femmes :
Car, volontierz, amour et majesté
En mesme lieu n'ont jamais bien esté.
Celles qui sont en amour bien aprises
Jamais ne sont d'un grand seigneur esprises.
Toujours l'amour des Princes les déçoit,
Dont tout le peuple à la fin s'apperçoit,

---

1. Les grandeurs.
2. Ici-bas.

Comme d'un feu qui brusle une campaigne ;
Car la raison leur fureur n'accompaigne.
Mais, quand amour vient allumer le cœur
D'un gentilhomme, il est certain et seur,
Obéissant et craignant de desplaire,
Et ne commet [1] son plaisir au vulgaire ;
Ains, au contraire, à fin qu'il ne soit veu,
Cache sa playe et recelle son feu,
Le nourrissant d'une douce pensée,
Sans que la Dame en soit point offensée ;
Comme je fay : car, par discrétion
Je veux aimer, non pour l'ambition
De m'eslever au danger d'une faute.
On dit bien vray : « tant plus la cendre haute
« Couvre la flamme, et tant plus au dedans
« Du feu couvert les brandons sont ardans. »
Que pleust à Dieu que par expériance
De mon ardeur vous eussiez cognoissance !
Lors, je voudrois par espreuve monstrer
Qu'un plus loyal ne se peut rencontrer,
M'estimant Dieu, si vous avez envie
Qu'en vous servant j'employasse ma vie ;
Cent mille fois je ne craindroi mourir
Si je pensoi par là vous acquérir.
En cependant, vostre cœur magnanime
Ne doit trouver mauvais si je l'estime,
Si je le sers et si vous adorant
Je vois [2], pour vous, si doucement mourant ;
Car je ne veux plus grande récompense
Que de languir pour le bien que je pense.

CXLV

DIALOGUE.

Tant que n'avez esté si bien servie
D'un qui devoit n'espargner point sa vie

1. Confie.
2. Vais.

A vous donner tout autre traitement,
Vous sçavez bien si j'aimay loyaument.
— Ouy, je le sçay, aussi pour récompense
Ne demandiez que de voir ma présence,
De la servir, l'honorer seulement.
Je l'ay permis et non pas autrement.
— Aussi je n'ay aspiré d'avantage
Que de jouir de vostre beau visage;
Car voz beaux yeux me rendoient plus heureux
Qu'un bien présent ne rend les amoureux.
— Je n'ay esté, aussi, si rigoureuse
De vous priver de cette veue heureuse;
Car de me voir vous avez eu cet heur,
Tant qu'avez eu quelque bonne couleur.
— Je vous dy donc un adieu lamentable,
Puisque mon œil est si fort misérable
Qu'il ne vous voit, comme il a d'autres fois
Que vous estiez sous de fascheuses lois.
— Pour lors j'avois perdu toute l'attente
Du bien présent qui me rend si contente,
Et désirois sous l'amour me ranger
Pour finement d'un autre [1] me vanger.
— Or, donc, heureux cent fois dire je m'ose
De vous avoir servy de quelque chose ;
Si, pour le moins, quelque gré m'en sçavez,
Ou mort ou vif pour serviteur m'avez.
— Ouy, je vous sçay et bon gré et vous ayme
D'un bon vouloir et d'un amour extrême ;
Mais je ne puis vous veoir si privément,
Car aujourd'huy l'on parle extrêmement.

1. *Var.* : d'un mary.

CLXX

STANCES FAICTES POUR UNE HONNESTE DAME, SUR UN ENNUY QUI LUY SURVINT.

Si les eaux de mes pleurs qui noyent mon visage
Pouvoient noyer l'ardeur de mon cruel orage,
Mon cœur, je te voudrois en un roc transformer ;
Et vous, mes yeux ternis, vous deviendriez deux sources,
Filles de ce rocher, qui de leurs vives courses
Esteindriez le fourneau qui me vient consumer.

Mais quand vous le feriez, vous ne pourriez esteindre
Le feu de la douleur qui m'incite à me plaindre,
Ny les charbons ardans de si forte langueur,
Car les venteux souspirs, souffletz de ma pauvre âme,
A l'envy[1] de vos pleurs, ralumeroient ma flamme,
Et le froid et le chaut combattroient en mon cœur.

Comme on voit, dedans l'air, de deux nues contraires
La foudre s'éclater sur les monts solitaires,
Le ciel, de peur qu'il a, tient son front obscurcy.
Mes pleurs et mes souspirs feroient ainsi la guerre ;
L'esclair en sortiroit et le bruit du tonnerre ;
Mais cela pourroit-il amortir mon soucy ?

Mes yeux, vivez en paix et tarissez la trace
Des torrens escoulez sur le long de ma face ;
Mais, qu'au lieu de mes pleurs, ma langue aille conter,
Héraut de mes ennuis, ma misérable plainte
Et la juste douleur qu'une injuste contrainte,
Sans l'avoir déservy[2], me fait icy porter

Et à qui me plaindray-je ? à ces déserts sauvages,
A ces champs, à ces prez, ou bien à ces rivages ?
Mais, hélas ! c'est aux sours ; et ma pleurante voix,
Ainsy que dedans l'air une poudre espandue,
Se perd avec le vent et n'est point entendue ;
Car que peuvent sentir les rochers et les bois ?

1. *A l'envy*, malgré, *invite*.
2. Mérité.

Si le faut-il pourtant, puisque pour compaignie
Je n'ay rien que les champs et ma fidelle amie
Tesmoins de mes regrets, n'ayant plus ce bonheur
D'estre près de plusieurs dont l'honneste service
Ne fut jamais taché d'un reprochable vice,
Coronnant leurs désirs du seul point de l'honneur.

Que j'aimerois ma voix si elle estoit pareille
A ce vent tramontain, qui quand il se resveille
De son lit plain d'horreur, sa voix qui se conduit
Par le vague de l'air et l'haleine souffrée
De son large gozier, rend la mer toute enflée;
Le ciel, la terre et l'air respondent à son bruit.

Ainsi ma triste voix irois partout espandre,
Et quelqu'un de pitié qu'il auroit de m'entendre
S'adouciroit peut-estre aux souspirs de mes cris,
Ainsy qu'on voit souvent la fureur enragée
Du lion affamé soudain estre changée
Au souspirant aboy de l'aigneau qu'il tient pris.

Mais ce qu'on oit[1] ainsy, cette onde qui murmure,
N'est-ce point de pitié de ma triste advanture
Et veut, comme je fay, souspirer mon tourment?
Et ces arbres qui sont sous cette longue allée,
Qui semblent abaisser leur cyme eschevelée,
Hélas! je croy qu'ilz ont de mon mal sentiment.

Or, si vous en avez, je vous veux donc apprendre
Ma peine, et la graver dans votre escorce tendre.
Tous ceux qui vous verront y verront ma douleur,
Vostre escorce croistra, mais puis son accroissance
Donnera, quant et quant, parfaite cognoissance
Combien injustement je souffre mon malheur.

Injustice est-ce bien, puisque mon innocence
Et mon honnesteté se punist comme offence,
Et que je porte un mal sans l'avoir mérité?
Car le premier motif, ce n'est que fantaisie,
Un fantosme, un corps vain dont son ame est saisie.
Mais, las! mon tourment est un corps de vérité.

Il me souvient de ceux qui voyant une nue
Se promener en l'air, croyant trop à leur veuë,

---

1. Entend.

Fantastiquent¹ soudain tel objet qu'il leur plaist,
A chasque trait de l'œil ilz voyent mille formes
De lions, de taureaux et de monstres difformes,
Et leur œil abusé de faux semblant se paist.

Ou bien, souvenez-vous d'un homme à qui le songe
Fait croire vérité ce qui n'est que mensonge;
Il voit je ne sçay quoy qui trouble son repos,
Et son cerveau débile imagine une fainte²
Qui le tient, en dormant, en cervelle et en crainte,
Et encore au resveil la peur court par ses os.

Une façon courtoise, une douceur honneste
Que l'on tient à chacun leur met le mal en teste,
Les point³, les esfarouche et les tient si poureux
Qu'une ombre seulement, une mouche qui passe
Vous les fait ombrageux comme un tan qui les chasse,
Et pensent que noz yeux ne soient nez que pour eux.

Bien sont-ilz nez pour eux, puisque le mariage
Nous met dessus le col le joug d'un tel servage;
Mais quel mal y-a-il de parler et de voir?
Pensent-ilz que le cueur aye tant de foiblesse
Qu'un impudicqu' amour tout aussitost le blesse,
Qu'on permet à quelcun un si commun devoir.

Et que doy-je espérer si de cette louange
Il en fait, désormais, un vice si estrange
Qu'il luy fait oublier le sens et la raison?
Ainsy voit-on souvent l'estomac qui demande
D'un appétit mal sain une bonne viande⁴;
Ne la digérant point, il la tourne en poison.

Ma douleur me contraint de penser que les hommes
Ne mesurant nos cueurs non selon que nous sommes,
Mais qu'ils prennent pour nous l'aune⁵ de leur désir.
Rarement viennent-ilz afronter Damoiselle,
Si ce n'est pour avoir quelque butin en elle,
Bornant tous leurs desseins d'un vitieux plaisir.

---

1. *Fantastiquer*, se mettre en tête, s'imaginer.
2. *Fainte*, fiction.
3. Les pique.
4. *Viande*, nourriture.
5. La mesure.

L'Amour a bien des traitz dont la subtile amorce
Fait le feu dedans nous, nous semond[1] et nous force ;
Mais l'honneur qui séjourne au plus haut de noz yeux
Estaint tout aussy tost le brazier qu'il attize ;
La vertu qui le suit rompt le trait qu'il aiguize,
Nous traçant le sentier pour cheminer aux cieux.

Je déteste l'erreur de ces folles qui disent
Que l'honneur est bourreau de l'aise, et le mesprisent.
L'honneur est mon thrésor, ma richesse et mon bien,
L'honneur est l'esmeraude en la bague enchassée ;
Si la pierre se perd, la bague est délaissée,
Puis l'on la met au coffre et ne sert plus de rien.

Si j'aime le parler, l'honneur, la gentillesse,
La grâce, le discours de quelcun qui s'addresse
A me faire service, et, me doit-on blasmer ?
Le soleil est bien haut, toutes fois il n'engarde
Personne d'icy bas que l'on ne le regarde.
L'honneur et la vertu se peut tousjours aymer.

Ah ! que d'un clair cristal ma poitrine n'est faite,
Afin qu'il veit à l'œil mon amitié parfaite,
Et qu'un seul point d'honneur et la seule vertu,
De deux soldatz suyvie et de crainte et de honte,
Tient le fort en mon cœur, lui commande et le domte,
Et que d'un autre amour il n'est point combatu.

Cristal n'est-elle pas, mais bien une fournaize,
Mes pensers, les charbons ; mes regretz sont la braize ;
L'enclume c'est mon cœur, le marteau, mon soucy ;
Mon honneur est le fer qui se bat sur l'enclume ;
L'Amour est le Vulcan ; le feu qui s'y allume
Le despit insensé d'estre sans cause ainsy.

Il faut donc que je sois la tourtre[2] qui se branche
Non plus sur ces lauriers, mais sur la seiche branche ;
Aimant pour son confort les lieux les plus secretz,
Elle hait compaignie et fuyant la verdure
Veut prendre seulement le sable pour pasture,
Et seulette, à part soy, fait ses tristes regretz.

---

1. Convie.
2. Tourterelle.

Je les fais à vous, fleurs, mais vostre destinée
Est au pris de la mienne heureuse et fortunée.
Vous avez des printemps, des estez, des hyvers;
L'un seiche vos cheveux, l'autre les renouvelle;
Mais, quant à moy, je n'ay qu'une saison cruelle
Qui fait mes désirs secs, mes ennuys tousjours vers.

CXLVII[1]

SUR Mlle DE PIENNE[2].

Mon Dieu, qu'Amour m'a faict passer de tristes nuicts
Dès lors qu'elle eût porté ma liberté en gage
Dans le sein de Pienne où je suis en servage.
Je suis pis qu'un pasteur, lequel despuis

Qu'il a pait ses brebis, s'en vient fraper à l'huis
De sa maison, où il vit avec son mesnage
Et s'endort à son aise et sans sentir la rage,
La rage, sans sentir la guerre et les ennuis

Qu'alors je sens; car or' je la voy une Hélène,
Or' une Pallas, or' une Vénus, pleine
De ses beautez qu'elle prend pour son Mars baiser.

C'est un caméléon, qui retient couleur telle
De beauté qui luy plaist. Ainsi l'amant fidèle
Quand il a tel object ne sçauroit refuzer.

CLXXII

SUR LE DUC DE NEMOURS[3].

Quand mon duc de Nemours, mon plus vray prince,
Tiroit, dedans son lict, après la mort,

1. Ce sonnet est bâtonné de la main de Brantôme avec cette note marginale fort juste : *toute ceste ryme est imparfaite et manque* (défectueuse).
2. Anne ou Jeanne de Halluin, femme de Florimond Robertet, seigneur d'Alluye
3. Jacques de Savoie, duc de Nemours, mort en 1585. Cette pièce est barrée, comme la précédente (sur Mlle de Pienne), de la main de Brantôme qui a mis

D'un brave cœur et d'un pareil effort
Qu'un lion affamé qui les dents grince

Contre un veneur qui d'un espieu le pince;
Mars, quant et quant, s'en offensa bien fort
Qu'à son soldat on faisoit un tel tort,
En l'ostant à son Roy et sa province.

« Mais si la Mort le veut, je veux mourir
« Avec luy, dict-il; car, le secourir
Je ne puis autrement contre la Parque. »

Elle adonc, pour sauver Mars, n'a permis
Que mon bon Duc fust dans le cercueil mis;
Ainsi tous deux ne passeront la barque.

en marge la note suivante : *ceste rime de mesme est manque et imparfayte, encores que le sens soyt bon pourtant et le subjet.*

TABLE DES MATIÈRES.

I. Traductions de Lucain.

Arguments de ce que contiennent les dix livres de Lucain. 1

Commencement du premier livre de Lucain. 3

Épistre dédicatoire à Marguerite de Valois. 4

Harangue militaire et soldatesque de César qu'il fit à ses gens le jour avant la battaille de Pharsale. 8

Harangue de Pompée sur le poinct de la journée pharsalique. . 13

Comparaison des deux harangues précédentes. 15

Épistre dédicatoire à très haute et très grande princesse, la royne Marguerite. 17

Harangue que fit la reine Cléopâtre à Jules César. 18

Description du festin donné par Cléopâtre à César. . . . 21

II. Fragment de la vie de François de Bourdeille, père de Brantôme. 30-57

Préface ou lettre de Brantôme à son neveu Henri de Bourdeille, 30 ; âge de Brantôme à la mort de son père, 30 ; ressemblance de Henri de Bourdeille avec son aïeul ; antiquité de la maison de Bourdeille, 31 ; antiquité de la maison du Fou agrandie par Louis XI et par François Ier qui fait épouser Lyette du Fou au maréchal de Montpezat. François de Bourdeille, page d'Anne de Bretagne, ainsi que le maréchal d'Estrées qui raconte leurs espiègleries à Brantôme, 32-33 ; amitié de la reine Anne pour lui et sa sœur Louise ; tombeau, dans l'église des Cordeliers, de celle-ci, qui était filleule et favorite de Louis XII ; sa mort à quinze ans ; son aventure avec un cordelier amoureux d'elle, 34-36. Sa sœur Anne, filleule de la reine Anne, la remplace à la cour et épouse le baron de Maumont, 36-37. François de Bourdeille est rappelé par ses parents ; comment il s'échappe d'auprès d'eux pour s'en aller au royaume de Naples où il reçoit bon accueil ; paris que lui fait gagner son habileté comme cavalier ; est blessé à la bataille de Garigliano ; estime que Bayard faisait de lui, 39-40 ; se distingue dans la guerre de Romagne ; est pris en amitié par le pape Jules II ; ses aventures au jeu avec lui ; bulle qu'il en obtient lui permettant de manger du beurre en carême, 41-43 ; est blessé à la bataille de Ravenne ; rentre en France ; mort d'Anne de Bretagne ; est bien accueilli de Louis XII ; équipage et gens qu'il ramène avec lui ; son maître palefrenier qui meurt centenaire, 44 ; assiste à la bataille de Marignan ; son amour de l'indépendance lui fait refuser une charge de lieutenant de cent hommes d'armes ; revient en France avec M. de Bourbon, 44-45 ; son mariage avec Anne de Vivonne, fille d'André de Vivonne, sénéchal de Poitou, 44-45 ; dot de celle-ci ; ses riches habillements ; fêtes pour ses noces, 45-49. F. de Bourdeille va servir en Italie sous Lautrec ; son combat contre un capitaine espagnol ; sa générosité ; donne leur premier cheval de guerre à MM. de Burie, d'Essé et de Saint-Martin ; leur respect et leur reconnaissance pour la maison de Bourdeille, 51-53 ; assiste à l'entrevue d'Ardres ; Louise de Savoie lui défend de combattre dans le tournoi ; comment il y figure ; ses prouesses, 53-54 ; es. emmené en Angleterre par Henri VIII qui lui fait des cadeaux, 54-55 ; son entretien à ce sujet avec François Ier, 55. Il expédie des chiens de chasse par son laquais La Souche au roi d'Angleterre qui lui envoie en présent une guilledine ; ce que le bonhomme Feu raconte à Brantôme sur ce La Souche. F. de Bourdeille assiste à la bataille de Pavie. 56-57

III. Oraison funèbre de feu madame de Bourdeille faicte par moy, seigneur de Brantôme, son beau-frère, 59-73.

Généalogie de la maison de Montberon, 59 et suiv. ; le

roman d'Artus, 61; l'institution des chevaliers de la Table-Ronde, 61-62. Le château de Montberon pris par les Anglais, et repris. Richesses qu'y avait apportées une abbesse; pièces d'or représentant deux hommes armés; Jacques de Montberon, maréchal de France, 62; Adrian de Montberon, un des neuf preux de Charles VIII; favori de Louis XII; conseil qu'il lui donne; sa postérité, 63-64; René de Montberon tué à Gravelines; sa sœur Jacquette de Montberon, femme d'André de Bourdeille, 64-65. Illustration de la maison de Bourdeille d'après les romans de chevalerie.. *Il Morgante Maggiore* et deux romans espagnols cités, 65; Élias de Bourdeille mort à la première croisade; Arnaud de Bourdeille, sénéchal de Périgord, frère du cardinal de Bourdeille, 66. François de Bourdeille, père de Brantôme; André, son fils aîné; ses exploits; son mariage avec Jacquette de Montberon; éloge de celle-ci; illustration de sa maison; est nommée dame de Catherine de Médicis; sa beauté; ses vertus; son esprit; ses poésies; son savoir; s'entendait en architecture; a fait bâtir le château de Bourdeille; son économie; refuse de se remarier, 70-71; sa réponse au prince Henri de Condé qui menaçait de l'assiéger; sa piété; sa mort, 72-73.

IV (et non XI). Tombeau (en vers) de Mme de Bourdeille, en forme de dialogue, faict par son frère de Brantôme qui parle avesque elle et elle respond. 74-77

V (et non XII). Autre tombeau (en prose) de Mme de Bourdeille, faict par son mesme dict frère. 78-80

VI (et non XIII). Épitaphe ou tombeau (en vers) de Mme d'Aubeterre ma niepce, faict par moy de Brantosme, son oncle, en forme de dialogue; l'oncle et la nièce parlans. 81-85

VII (et non XIV). Autre tombeau (en prose) pour madicte dame d'Aubeterre, 86-87. — Adieux de Brantôme à la poésie, 87.

VIII (et non XV). Nombre et roolle de mes nepveux, petitz-nepveux, ou arrière-petitz-nepveux à la mode de Bretagne, que moy Brantôme je puis avoir, et que j'ay faict aujourd'hui 5 novembre MDCII 88

IX (et non XVI). Combat. — Interprétation des huict vers qui se lisent dans les vitres de la grande sale du chasteau de Brantôme. 107-120

X (et non XVII). Testament et codicilles de Pierre de Bourdeille, seigneur de Brantôme. 120-154

LEXIQUE.

Introduction. 157

Lexique. 168

Poésies inédites de Brantôme publiées par M. le docteur Galy.

  I. Ne pensés pas de lire icy des vers. 401
  II. Qui voudra voir un amant misérable. 402
  III. Si j'ay voulu si haut sur l'amour entreprendre. *Ibid.*
  IV. Et de quoy sert d'estre dame si grande 403
  V. Ainsi qu'un fan qui a perdu sa mère. . . . . . *Ibid.*
  VI. S'il estoit aujourd'huy un tel arc amoureux. . 404
  VII. *A Strozzi.*
    Strozze, si l'on a veu venir vostre maistresse. 405
  VIII. *A Brissac.*
    Brissac, si vous plaignez un brave cavalier. 406
  IX. S'il faut rompre la foy, dit un jour ce Romain. 407
  X. Les remèdes d'amour j'ai pratiqué cent fois. . *Ibid.*
  XI. Amour, quiconque dit que Vénus soit ta mère. 408
  XII. Vous me dites un jour que j'escrisse de vous. . *Ibid.*
  XIII. *A Ronsard.*
    Je sçay qu'il n'est permis à un brave homme
             [et fort. . 409
  XIV. Mon Dieu, que le destin peut faire de faveur. . 410
  XV. Madame, je sçay bien qu'il n'est si fier combat. 411
  XVI. *A Strozzi.*
    C'est un grand cas, Strozze, je fais ce que
             [je puis. *Ibid.*
  XVII. J'en aymay une et la servy dix mois. 412
  XVIII. Ah! quel heur ce me fut quand j'entray dans
              [la salle. 413
  XIX. Il est bien vray cela que me dit un devin. . . . *Ibid.*
  XX. *A. Ronsard.*
    Tant que l'amour heureux un subjet m'a presté. 414
  XXI. J'ai vescu d'autres fois, presque deux mois ou trois. 415

XXII. *A Beaulieu.*
Beaulieu, quand tu seras tantost dans la grand'
[salle. 415
XXIII. Je ne veux point sçavoir, trop soucieux.... 416
XXIV. Qu'il prit mal, une fois, à ce Grec généreux... *Ibid.*
XXV. *A Théligny.*
Théligny, qui de Dieu as eu la cognoissance. 417
XXVI. *A Maisonfleur.*
Maisonfleur, je ne puis aimer une pucelle. 418
XXVII. Ah! je voudrois estre roy de la France..... 419
XXVIII. Vien-çà, Vénus; mais pourquoi m'assaux-tu. *Ibid.*
XXIX. Comme on fait peu de cas d'un grand chesne
[asseiché. 420
XXX. Madame, il me souvient que me dites un jour.. 421
XXXI. Puisque l'heur me dit mal en nostre Court de
[France. *Ibid.*
XXXII. Et quoy, Madame, hé! voudriez-vous avoir.. 422
XXXIII. Vous, amans, qui avez jusques au ciel d'amour. 423
XXXIV. Qui a veu d'autres fois de cygnes un troupeau. *Ibid.*
XXXV. Combien que mainte nef périsse combatue.. 424
XXXVI. J'ai navigué longtemps par un destin fatal.. 425
XXXVII. *A Ardelay.*
Ardelay, qui a eu d'autres fois cognoissance. 426
XXXVIII. Mon Dieu, que le malheur garde bien ma fortune. 427
XXXIX. Vous, amans, qui courez un même fortunal.. *Ibid.*
XL. Hélas! je le croy bien, en voyant la beauté.. 428
XLI. C'est un grand cas que pour estre amoureux.. *Ibid.*
XLII. *A Mlle de Rouet.*
Si pour aimer on venoit furieux....... 429
XLIII. Non, je ne veux nier que qui veut asseurer... *Ibid.*
XLIV. *A Ronsard.*
Hélas! faut-il, Ronsard, qu'un langoureux
[amant. *Ibid.*
XLV. *A Tallard.*
C'est un grand cas, Talard, quand je m'en
[vois esbattre. 430
XLVI. *Au même.*
Comme Narcisse au bord d'une fontaine... 431
XLVII. *Au même.*
Je ne veux plus ainsi pétrarquizer...... 432

XLVIII. *A. Tallard.*

   Talard, si vous aimez Rouet pour vostre dame. 432
XLIX. Qui n'a veu d'autres fois une plaisante aurore. 433
L. Quand j'entrevoy dessous l'air brunissant. . . . 434
LI. Je sçay fort bien que cette grand' beauté. . . . *Ibid.*
LII. *A Mlle de Chasteauneuf.*

   Lors, Chasteauneuf, que le ciel vous eu faite. 435
LIII. Je ne puis oublier mes premières amours. . . . *Ibid.*
LIV. Non, non, je le confesse, il faut dire le vray. . 436
LV. Non, non, je ne suis pas de ces folz amoureux. 437
LVI. *D'une dame qui m'avoit donné le tanné pour couleur.*

  Ouy, Ouy, Maistresse . . . . *Ibid.*
LVII. Deux veufves je cognois 438
LVIII. *A une dame qui m'avoit dit que je la desdaignasse.*

  Celuy qui de vos yeux. 439
LIX. J'ay creu et croy que tousjours la jeunesse. . . *Ibid.*
LX. Ne pensez pas que la trop longue absence. . . 440
LXI. O quel malheur, quel tourment, quel martyre. *Ibid.*
LXII. Discourant, l'autre jour, avecques vous . . . 441
LXIII. Ha! Dieu, que c'est une grand'cruauté. . . . *Ibid.*
LXIV. Hélas! je le vei bien, quand cet œil languissant. 442
LXV. Las! sans la voir, je la vois à toute heure. . . 443
LXVI. *Sonnet qui me fut envoyé d'une dame bien sage et bien vertueuse.*

  L'amour ressemble un champ, le laboureur,
            [l'amant. *Ibid.*
LXVII. *Responce.*

   Ne pensez pas que la grand' avarice. . . . 444
LXVIII. Las! on dit que l'espoir nourrist l'affection . . . 445
LXIX. Je me travaille assez pour oster l'apparance. . *Ibid.*
LXX. Solitaire et pensif dans un bois escarté. (Sonnet
            de Desportes). 446
LXXI. Celuy qui veut sçavoir tout le contentement. . . 447
LXXII. Pauvres amans, évitez le malheur . . . . *Ibid.*
LXXIII. Amans qui vous plaignez qu'Amour vous a
            [dompté. 448
LXXIV. Mon cœur ayant veu que son compaignon. . . 449
LXXV. Comme l'on voit celuy qui par honneur. 450

LXXVI.	Sur mon lit assailly d'infinies langueurs . . .	451
LXXVII.	Las! je voy bien que vous sentez dans l'âme.	*Ibid.*
LXXVIII.	Je ne sçay pas qui porte le beau nom.	452
LXXIX.	Raison avez d'estimer vostre dame.	*Ibid.*
LXXX.	Ceux qui font vœu au saint de Compostelle. .	*Ibid.*
LXXXI.	Je n'escry point d'amour, n'ayant point de [maistresse.	453
LXXXII.	Un amoureux ses amours chantera.	*Ibid.*
LXXXIII.	Hélas! de quoy sert-il à une âme affligée. . .	*Ibid.*
LXXXIV.	Au ciel n'y a qu'un soleil qui nous luit. . . .	*Ibid.*
LXXXV.	Dieu aima fort la Magdeleine.	454
LXXXVI.	Si je voulois me vouer à un saint.	*Ibid.*
LXXXVII.	L'aveugle Amour et bon de sa nature. . . .	*Ibid.*
LXXXVIII.	Ne pense pas qu'il soit facile à croire.	455
LXXXIX.	*A Du Breuil.*	
	Je ne veux point ravir sa foudre à Jupiter.	*Ibid.*
XC.	*Au même.*	
	César n'a rien gaigné, Le Breuil, je le con-[fesse.	456
XCI.	A peine sçauroit-on le nom de Jupiter. . . .	*Ibid.*
XCII.	*A Mlle de Limeuil.*	
	Dedans son sein Nature concevoit.	457
XCIII.	*A la même.*	
	Je ne suis pas de ces grands courtizans. .	458
XCIV.	*A la même.*	
	Celluy qui a sa Laure tant aymée.	*Ibid.*
XCV.	*A la même.*	
	Pour voz ayeux louer de bonne sorte. . .	459
XCVI.	*A la même.*	
	Mais que Dieu veut que je me ressouvienne.	460
XCVII.	*A la même.*	
	Ces vieux Césars qui ont sacré la gloire. .	*Ibid.*
XCVIII.	*A la même.*	
	Ne pensez pas pour un premier project. . .	461
XCIX.	*A la même.*	
	Comme un bon painctre, ayant bonne prac-[tique.	462
C.	*A la même. A ses yeux.*	
	Quand je vous voy, Limeuil, avecques vos [beaux yeux.	*Ibid.*

TABLE DES MATIÈRES.

CI. *A la même. Étant malade.*
J'ay tousjours creu, Limeuil, que la Divinité. 463

CII. *A la même. Son image le poursuit.*
Limeuil, si je m'en vais le long de ce rivage. *Ibid.*

CIII. *A la même. Sur sa douceur.*
Doulce Limeuil et doulces vos façons. . . 464

CIV. *A la même.*
D'aucun amour je ne suis offensé. 465

CV. *A la même.*
Hélas! Limeuil, je fais ce que je puis. . . . *Ibid.*

CVI. *A la même.*
Limeuil, sur qui la Nature et les Dieux. . 466

CVII. *A la même.*
Si l'on pouvoit sans offenser la loy. . . . . *Ibid.*

CVIII. *A la même.*
Limeuil, si je pouvois aussi bien faire en-
[tendre. 467

CIX. *A la même.*
Pour vous louer, il n'est besoing de lire. . 468

CX. *A la même.*
S'il est permis à nostre humanité. . . . . *Ibid.*

CXI. *A la même.*
Voyant au bal, où l'on se prend et laisse. . 469

CXII. *A la même.*
Si La Châtre et Gersay. 470

CXIII. *A la même.*
Rien de plus beau ne veit oncq' le soleil. . . *Ibid.*

CXIV. *A la même.*
Oncques, Amour, ne te prist mieux. . . . 471

CXV. *A la même.*
L'angélique beauté. . . . . *Ibid.*

CXVI. *A la même.*
Telle qu'on voit l'Aurore, avant que le soleil. *Ibid.*

CXVII. *Pour la même.*
Ténye aux doux regards. 472

CXVIII. *A Maisonfleur. Sur Mlle de Limeuil.*
L'Hulier, si tu veux voir 474

CXIX. Qui vouldra voir un amant déplorable. . . . 475

CXX. Je m'estois endormy sur le bord d'un ruisseau. *Ibid.*

CXXI. Comme on voit l'animal de tous le plus fidèle. 476

TABLE DES MATIÈRES.

CXXII. *A Mlle de Brion.*
Je commençois desjà d'un discours amoureux. 476
CXXIII. *A Mlle de Lude. Sur sa beauté.*
Qui vouldra veoir une exquise beauté... 477
CXXIV. *A Mlle de Rouet.*
Je n'ay eu nul repos depuis que j'eus au cœur. 478
CXXV. Alme Océan, père de l'Univers. . . . . *Ibid.*
CXXVI. Las! il n'y a rocher tant soit-il séparé. . . . 479
CXXVII. *A Marie.*
Celuy qui dans son cœur sent mille passions. 480
CXXVIII. Amour voyant mes yeux s'escouler en fontaine. *Ibid.*
CXXIX. Je suis las de me plaindre et m'esbahis
[comment. 481
CXXX. Puissay-je faire, un jour, telle vengeance . . . *Ibid.*
CXXXI. Vos yeux sont plus luysans que l'estoile du jour. 482
CXXXII. Ainsi qu'on voit, alors que la froidure. 483
CXXXIII. Seul et pensif, ayant l'âme blessée. . . . . . *Ibid.*
CXXXIV. Tu es vrayment un Dieu, Amour, et non sem-
[blable. 484
CXXXV. Quand je vais contemplant vostre rare beauté. *Ibid.*
CXXXVI. *A une dame. Sur sa devise.*
Heureux celuy qui brasse une entreprise. . 485
CXXXVII. Roland perdit le sens, aimant une beauté. . . *Ibid.*
CXXXVIII. C'est un grand cas que, pour estre amoureux. 486
CXXXIX. J'aime bien Chasteauneuf; aussi est-elle aimable. *Ibid.*
CXL. Ne faites point tant de la preude femme. . . . *Ibid.*
CXLI. Mais hélas! si j'avois esgaré seulement . . . *Ibid.*
CXLII. Ah! si mon œil la voyoit aussi bien. 487
CXLIII. Élégie I.
Comme l'on voit souvent un corsaire de mer. *Ibid.*
CXLIV. Élégie II.
Comme un guerrier animé de prouesse. . . 492
CXLV. Dialogue.
Tant que n'avez esté si bien servie. 495
CXLVI. *Stances faictes pour une honneste dame.*
Si les eaux de mes pleurs qui noyent mon
[visage. 497
CXLVII. *Sur Mlle de Pienne.*
Mon Dieu, qu'Amour m'a faict passer de
[tristes nuicts. 501

CXLVIII. *Sur le duc de Nemours.*
        Quand mon duc de Nemours. 501

ERRATA :

Page 66, note I. *Verdaaero*, lisez : *Verdadero.*

Page 107, avant-dernière ligne. *Francœur, je suis monté sur Bon-Renom*, lisez : *Francœur je suis, monté sur Bon-Renom.*

Page 161, ligne 1. *Termes périgourdins*, lisez : *des termes périgourdins.*

Page 165, ligne 4. *Expire*, lisez : *expier.*

Page 176, dernière ligne. *Cosne*, lisez : *Cosme.*

Page 347, ligne 4. Supprimez l'article *Redonder* et remplacez-le par celui qui est donné à l'errata de la page 388.

Page 388, à l'errata. Supprimez la première ligne : *à l'article curieux*, etc.

www.ingramcontent.com/pod-product-compliance
Lightning Source LLC
Chambersburg PA
CBHW051137230426
43670CB00007B/845